李龙潜文集

李龙潜 著

齊魯書社

图书在版编目（CIP）数据

李龙潜文集 / 李龙潜著. -- 济南 : 齐鲁书社, 2019.12

ISBN 978-7-5333-4247-0

Ⅰ. ①李… Ⅱ. ①李… Ⅲ. ①社会科学一文集 Ⅳ. ①C53

中国版本图书馆CIP数据核字(2019)第287606号

李龙潜文集

LILONGQIAN WENJI

李龙潜　著

主管单位	山东出版传媒股份有限公司
出版发行	齊魯書社
社　　址	济南市英雄山路189号
邮　　编	250002
网　　址	www.qlss.com.cn
电子邮箱	qilupress@126.com
营销中心	（0531）82098521　82098519
印　　刷	山东临沂新华印刷物流集团有限责任公司
开　　本	720mm×1020mm　1/16
印　　张	26.5
插　　页	2
字　　数	355千
版　　次	2019年12月第1版
印　　次	2019年12月第1次印刷
标准书号	ISBN 978-7-5333-4247-0
审 图 号	GS（2020）849号
定　　价	98.00元

序

兴起于20世纪30年代的中国经济史学经过一代又一代学人的不懈努力,如今已经发展成为根深叶茂、果实累累的繁盛学林。广东史学界薪火相传,人才辈出,成为中国经济史学的南方重镇。李龙潜先生长期从事明清经济史、香港史等领域教学研究,著书立说,成就卓著,是中华人民共和国成立后成长起来的著名经济史学家,广东经济史学者主要代表之一。

李龙潜先生1931年出生于广东化州一个平民家庭,童年时曾在家乡念小学和中学。1950年高中毕业,考入中山大学历史系学习。由于家庭经济困难,只读了一个学期,即停学到博罗中学任语文与历史教师。他念念不忘重回中大,完成大学学业。1953年,得高校设干部助学金之助,回到了中大历史系。其时中山大学经院系调整,历史系汇集了原中山大学、岭南大学及广东联合大学、湖南大学等学校有关教职人员,名师云集,师资阵容之强大,堪称中大之最,在国内亦不多见,特别是中国古代史领域,有陈寅恪、岑仲勉、刘节、董家遵、梁方仲、陈序经、何竹淇、杨荣国等"八大教授"(参考梁承邺《无悔是书生:父亲梁方仲实录》)。在优越的师资教学条件和学术环境里,李先生刻苦问学,增长了见识,开拓了眼界,也立下了从事史学研究之宏愿。

1956年,李先生完成本科毕业论文《明代矿业的发展》,留校当进修生兼助教,跟随著名经济史学家梁方仲教授研习明清经济史,成为梁方仲教授的一名助手,从校注《明史·食货志》开始,进入明清史、经济史研究的广阔天地。1957年,李先生由于身体健康原因休养了半年,到1958年,适逢“大跃进”时期，被抽调至海南师专文史科任教，后兼任该校图书馆馆长。“文革”期间，下放至农场劳动。1972 年调回学校。1973 年春，李先生参加广东省哲学社会科学研究所等单位组织的《龚自珍诗文选注》一书修改工作，随后参加金应熙教授主编的《中国古代史》明清部分编写工作。1979 年，暨南大学复办，李先生正式调入该校，从事明清经济史教学与研究工作，一直到 2015 年去世。

李先生从小喜好读书，求知欲极强，以齐白石印文“一息尚存书要读”激励自己。童年时广泛涉猎中国古典文史著作，吸取国学素养，奠定了厚实的文史根基。进入中山大学历史系之后，在梁方仲教授等名师指导下，利用中山大学图书馆丰富的馆藏图书资料，有目的、有计划地系统研读明清史基本典籍。在海南师专任教期间，条件艰苦，经济困难，在教学工作之余，挤时间自学文史知识，阅读《史记》《汉书》等经典史籍，并利用寒暑假和公干出差广州的机会，前往广东中山图书馆和中大图书馆查阅古籍。据李先生回忆，有一个暑假，他在中山图书馆阅读了数十种明版图书，如张瀚辑《皇明疏义辑略》、冯琦辑《经济类编》、王偁撰《虚舟集》、陆容撰《式斋文集》等，写下两册六百多页的笔记。（李龙潜《我和明清史研究》）李先生以常人不能及的坚韧毅力和学术定力，长年累月，孜孜不倦地翻阅古籍文献，爬梳史料，在明代军户、屯田、庄田、盐政、矿业、钞关、商税、外贸、行商，以及明清时期鱼鳞清册、契约文书、商品经济等领域收集到大量的相关史料。他有一个良好的读书习惯，阅读必做笔记，并将此类笔记命名为“读书小札”，内容分为四类：一是记录书的版本、馆藏编号和作者行状；二是对重要的、罕见的类书，抄录有关明清经济的目录；三是史料抄录；四是在抄录史料后加写按语，以及读后感或总体印象。从 20 世纪 60 年代到他去世前，所做笔记有六十本，其中两本在“文革”中失散，其余都保存下来，成为李先生留给后人的宝贵学术遗产。（李龙潜《我和明清史研究》）

李先生从事教学、研究五十余年，得到许多良师益友的提携指点，影响最大的当然是梁方仲教授。梁方仲教授为现代著名历史学家，中国社会经济史学的重要开创者和奠基人,“专攻经济学,而博学多能”(罗尔纲《忆梁方仲教授》),撰写了一系列高水平、开拓性的创新成果,如《明代鱼鳞图册考》《一条鞭法》《明代黄册考》《中国历代户口、田地、田赋统计》等经济史学经典名作,对明代赋役制度研究造诣尤深,赢得国内外学界的高度赞誉,学界有“一条鞭打遍天下”之说。据汤明檖、黄启臣先生介绍,梁教授的治学方法可归结为五个方面:一是“小题大做”,二是讲求新的观点和新的方法,三是重视史料的搜集与整理,四是重视史料的考释,五是重视计量方法。(汤明檖、黄启臣《梁方仲传略》)叶显恩先生也认为,梁方仲教授视史料为史学研究的生命,极重视史料的收集、整理和考辨,务求完备,同时注重实地调研,重视民间文献的收集利用;主张先专题研究而后综合研究,“入手处不妨小,所见及者则不能不大”;注重宏观与微观相结合,把田赋问题置于国家与基层社会之间的关系层面来探讨,进而把握明代社会经济。(叶显恩《中国社会经济史学的重要奠基者》)李龙潜先生得梁方仲教授真传,治学严谨认真,治史讲究章法,对搜集到的史料必做认真的考证、鉴别、辨伪;凡涉及典章制度、名物术语,务求弄清其含义,得其正解,穷究制度源流;运用“小题大做”、比较研究等方法,探索明清时期各个领域、各个部门的发展演进过程,触类旁通,总结导引出社会经济发展的规律,论从史出,体现了实事求是的治学精神和实学风格。李先生在史料搜集方面用力之勤、功底之深、积聚之厚,素为学界所称赏。

20世纪90年代末,李龙潜先生应出版界之邀,在《学林春秋》撰文介绍他在明清经济史研究上辛勤探索的历程,提到除了梁方仲先生,还有两位前辈学者对他的人生旅程与学术生涯影响很大。一位是明史大家李光璧先生。1958年,生活·读书·新知三联书店出版李光璧先生编辑的《中国农民起义论集》,收录了李龙潜先生的《明正统年间叶宗留、邓茂七起义的经过及特点》一文。对于初涉史坛的青年后学而言,这是前辈李光璧先生对后学的肯定和激励,对李龙潜先生树立学术自信、坚定走学术研究之路起到了重要作用。其后两人经常书信往来,虽终生未能谋面,但结下了深厚的友谊。另一位是明清史名家谢国桢先生。20 世纪 60 年代初，李龙潜先生与谢先生已有书信交往，有问题困难，便向谢先生请教，不管问题大小，谢先生有问必答。谢先生还给李龙潜先生寄赠过一首诗："文章何堪与世争，胸怀辽阔自峥嵘。不求秦宓虚谈论，俯首工农作老兵。"（李龙潜《我和明清史研究》）前辈大家对后学满怀厚爱，给年轻后学开示治学正途与人生道理。李先生奉之为座右铭，恭恭敬敬地把谢先生赠诗抄录在"读书小札"的扉页上。李先生面对浩瀚学海，踏实问学，以广阔胸怀博采众长，学问因之而长进，境界因之而扩扬。

范文澜先生有句名言："板凳一坐十年冷，文章不写一句空。"李龙潜先生读书既多，长年累月，积累赡博，博学而精思，用之专题研究，自然水到渠成，触类旁通，左右逢源，写出《明代屯田制度》《明代庄田的发展和特点》《明代盐的开中制度与盐商资本的发展》《明代广东对外贸易及其对社会经济的影响》《明代广东三十六行考释》《明代钞关制度述评》《明清丈量鱼鳞清册残卷中的几个问题》等一系列明清史与经济史名篇，时过数十年，至今仍不失其学术价值。1988 年，李先生出版了经多年潜心钻研而写就的《明清经济史》一书。该书 40 余万字，全面系统地叙述了明初至鸦片战争前中国社会经济发展的历史，结构严谨，史料赡博，言必有据，据必足征，钩沉发覆，建树良多，尤以典章制度研究最见功力，得到韦庆远、黄启臣、夫马进、森正夫等知名学者的肯定，成为改革开放初期我国明清经济史研究的代表性著作，入选全国高等学校专业教材。

此外，李龙潜先生整理出版了《明清广东稀见笔记七种》《离乱见闻录》《香港纪略》等地方珍贵历史文献，主编《明清时期珠江三角洲区域史研究》《十四世纪以来广东社会经济的发展》，合作编著《宋元明清社会经济史》等著作。2002 年，李先生在台湾稻乡出版社出版了《明清经济探微初编》一书，收录了他本人的一批代表性成果。这些成果涉及明清史、经济史、广东史、香港史等诸多领域，展示了李先生广阔的学术视野和多方面的学术成就。

李先生与学术界有广泛的交往,20 世纪 80 年代以后被选为中国盐业史学会、中国明史学会等全国性学术组织的理事,重视与国内外学者的学术交流,尤其与港澳台同行联系密切。1989 年,他主持召开第三届明清广东社会经济暨电白经济发展战略研讨会,对推动广东明清经济史研究、促进国内外学术交流做出了积极贡献。

李先生一生从事教学、研究工作,积累了 3400 册(部)学术书籍,留存下来的笔记、抄本、手稿资料达 1000 种,不少是他收集的素材、研究成果的半成品或初级产品,有些是他在学校上课的讲义,皆多年心血之结晶。李先生去世后,他的家人将之悉数捐给广州图书馆。广州图书馆为李先生藏书开设专藏,与姜伯勤、蔡鸿生教授等学术大家的专藏一起,构成现代岭南学术文化的重要亮点。

笔者晚生末学,往常有机会接触到李先生,深深为这位待人谦和、平易近人、埋首学问、教书育人、将毕生贡献给祖国教育与学术事业的前辈硕学所折服。聆听他的教导,拜读他的著作,尤其在明代海外贸易与清代十三行等问题上,诸多获益,启发良多。现在李先生文集付梓在即,遵先生家人之嘱,不揣肤浅,勉为其难地写下这篇有感而发的短文,作为文集弁言,同时寄托对李先生的深切怀念和崇高敬意。

李庆新谨识

2018 年 9 月 28 日

目 录

书　评

历史小品文

学术论文

试论明代社会经济发展的特点

明人说，明代社会是“天崩地塌”的时代。从经济形态来看，是经济转型而未转成的时代，是承上启下的时代。这个时代处于封建社会后期，社会演变剧烈，矛盾错综复杂。社会经济的发展，究竟有哪些新东西，可以左右或影响社会经济的发展？与过去有什么不同？有什么矛盾？有什么特点？这是值得研究的。研究清楚，有利于阐明中国封建社会发展规律，是有意义的。不过，这题目很大，非有深厚的社会经济史的知识、经济理论的素养及概括能力强者不能完成。我自不量力，在学习过程中，就这个问题谈一下自己的体会，旨在抛砖引玉，不足之处，或有误解，希望方家指正！

明代社会经济发展的特点，归纳起来，我认为有如下几点：

第一，随着明代封建土地所有制的演变，农民依附关系削弱。

明代封建土地所有制的演变中，引人注目的首先是官田向民田转化。明代封建土地所有制包括官田和民田两大类。官田名目繁多，影响较大的主要有一般官田（包括还官田、没官田和断入官田）、庄田、屯田和牧马土场等。如一般官田，自嘉靖以来，江浙及江西、广东等省，开始施行官民田“扒平科则”的政策，到了万历初年福建实行一条鞭法，取消了官民田的科则差别，“一则起征”①。这样，“封建朝廷所征收的田赋已经是根据它的君王资格征收的赋税，而不再是以土地所有者资格征收的地租”②。无怪时

---

① 参见（清）李元仲纂修《同治宁化县志》卷1《田亩志》。

② 伍丹戈《明代土地制度和赋役制度的发展》，福建人民出版社，1982年，第115页。

人指出，承佃官田既久，承佃者“各自认为己业，实与民田无异”①。他们实际上已成为自耕农。同时，自明中叶以后，随着明政府赋重役繁政策的实施，他们都用出让租佃关系的方式来实现官田的售卖，史称：“其更佃实同鬻田，第契券则书承佃而已。”②于是这部分官田便转入了贵族、缙绅地主手中，成为他们的私产。屯田、牧马草场被侵占成为私产的事例就更多。如军屯，景泰年间，宣府屯田被“在京僧寺夤缘陈乞霸占为(私)庄者，不下十余处”③。成化、弘治年间，顺天、保定等卫所屯田，被官绅侵占为私产的就有41000余顷④。同时，由于赋重役繁，屯军逃亡，遗下荒田，官府“不拘军民、僧道、流寓、土著人等，悉听尽力开耕，给与执照，世为己业”⑤。至明末，由于侵占影射严重，制度紊乱，积重难返，根本无法清理。正如崇祯年间户部大臣毕自严说，侵占屯田“‘相沿已久，难于核实。请无论军种民种(屯田——引者)，一照民田起科。’帝是其议”⑥。于是现存屯田大都变成民田了。牧马草场亦“多为亲幸陈乞以为私庄”⑦。如太监刘永诚“蒙赐武清县利上屯庄田二百五十余顷，因侵占牧马草场地二百余顷”⑧，于是这部分的牧马草场亦变成个人的私产了。至于庄田，虽在形式上是官有土地，但实际上早就向封建地主土地私有制转化了。如皇庄，明人周轸明确地指出：“天子藏富于民，而皇有庄是示天下私也。”⑨这是甚有道理的。所以明人郑大郁才把皇庄看成皇帝的“私藏”⑩。说明皇庄建立的过程，也就是官有土地向封建地主土地所有制转化的过程。贵族地主的庄田，其中“赏赐”“乞请”和“求讨”而来的，一般来说，都是通过皇帝由国家控制的官田

① (明)顾起元《客座赘语》卷2《条编始末》。
② (明)顾起元《客座赘语》卷2《条编始末》。
③ 《明武宗实录》卷13。
④ (明)马文升《清屯田以复旧制疏》，载(明)陈子龙等辑《明经世文编》卷63。
⑤ (明)庞尚鹏《清理甘肃屯田疏》，载(明)陈子龙等辑《明经世文编》卷360。
⑥ (清)张廷玉等撰《明史》卷256《毕自严传》。
⑦ (明)丘濬《大学衍义补》卷35《屯营之田》。
⑧ 《明孝宗实录》卷41。
⑨ (明)朱健《古今治平略》卷4《国朝农政》。
⑩ (明)郑大郁《经国雄略·屯政考》卷2《皇庄田》。

拨给的，允许他们收租，允许他们世袭，但不许买卖，而且保持着追收追夺等支配和干涉权，可见这部分土地所有权仍属封建国家，他们仅有占有权而已。所以皇帝在赐予土地时，说明是给其“管业”①的。其他侵夺、“投献”和“购买”而来的土地，则既有所有权，亦有占有权，可以任意处理这些土地。如嘉靖十七年，没收重犯外戚张鹤龄、张延龄的庄田，其原系奏讨者追没入官，“其自买顺义县庄田一处计四十七顷，许令变买”②。这两种得来的土地混合在一起，就其土地所有制形态而论，便具有两重性，即封建国家所有制和封建贵族地主所有制。时间一长，必然转化，向地主土地所有制发展，如那部分“赏赐”“乞请”而来的土地，在法律上，是不能买卖的，但由于允许世袭，允许“管业”收租，已经具有私有性的实际，因而出现了“转卖”“典卖”的现象。如弘治十七年，皇亲会昌伯孙忠之曾孙铭及其侄贤将被赐地 500 顷出卖，得银 450 两，买主是皇亲庆云侯周寿。③ 这虽是违法的卖买，但一经买去，占有权转移，日久月长，随着专制主义中央集权削弱，清查不明，无法追夺，占有权退色，所有权显露，于是这部分官有土地便渐渐地向地主土地私有制转化了。

其次是土地买卖盛行，自由性和私有性加强。明代田制非常复杂，官田有各种不同的类型，如上所述。民田也有不同的类型和各种不同的等则，有沙田、梯田、桓田之别，还有大亩、小亩之分等。正如王方中同志指出：“这种土地占有制的庞杂情况，正是中世纪土地占有制的特点。”④产生这种情况，主要是人为的，也有自然形成的，效果都一样。这种情形，不仅中国如此，西欧也一样。正如列宁指出：“中世纪的土地占有制底庞杂性，是在阻碍着经济的发展；身分的体制是在妨害着商业的流转。”⑤所不同

---

① 《明英宗实录》卷 35。

② 《明世宗实录》卷 211。

③ 《明孝宗实录》卷 210。

④ 王方中《明代一条鞭法的产生及其作用》，载中国人民大学中国历史教研室编《明清社会经济形态的研究》，上海人民出版社，1957 年，第 110 页。

⑤ 《十九世纪末期俄国底土地问题》，载《列宁文集》第 3 册，人民出版社，1954 年。

者，中世纪欧洲是领主制，在法律上土地不能买卖，土地占有等级结构十分突出；中国是地主制，土地占有的等级结构不及欧洲鲜明，土地买卖很早就已经出现。只是宋元时期土地兼并的特点，主要是采用非经济手段如强夺、强占等，土地买卖还不够突出，是次要的。迨至明中叶以后，由于商品经济的发展，土地买卖在宋元的基础上日益频繁，虽然采用非经济手段如强夺、强占等去兼并土地依然存在，但已经是次要的，货币卖买逐渐成为土地兼并的基本途径，“土地所有者可以象每个商品所有者处理自己的商品一样去处理土地”①。从前“溥天之下，莫非王土”的名誉上属于皇帝所有即官有土地的观念，明中叶以后也开始变化，皇帝使用土地，一样需要出价购买。史称：“（明）武宗幸扬州，买民舍自居，仍以契付税课局批税藏之。”②这虽是个别事例，但也反映了土地私有性的强化程度。地权的转移非常迅速。明人张萱引用一首诗，反映了当时土地频繁转移的情况：“一派青山景色幽，前人田土后人收。后人收得休欢喜，还有收人在后头。”③当时，常熟有一家暴发户与乡人方交易买田，一道人在其墙上题诗云：“多买庄田笑汝痴，解头粮长后边随。看他耕种几年去，交付儿孙卖与谁。”④当时，土地买卖需签订文书，如万历三十二年九月初十日江苏省黄阿邵出卖土地的文书：

> 东关一图立契妇黄阿邵……前田五号，共计五亩六分五厘，今凭中立契，尽行出卖与一都二图邵伯善名下为业，三面议定纹银四十两正，共银当成契日一并交收足迄，其田一听买主受业。（原件藏南京博物馆）

此外，有扬州地区天启二年十一月孙桐卖田文书一件，和这件卖地文

① ［德］马克思《资本论》，载《马克思恩格斯全集》第25卷下，人民出版社，1974年，第696页。
② （明）杨仪《明良记》，《丛书集成初编》本。
③ （明）张萱《西园闻见录》卷24《田宅》。
④ （明）顾元庆《夷白齐诗话》，《丛书集成初编》本。

书内容大同小异。所异者:一是卖田文契人孙桐之下,除了“引领人”“见人”,还有“土产经纪刘柏”画押;二是另有付契即红契,纳税后,经地区政府盖印生效,成为收执证据。从这两张田地契约中,不仅可以看出当时商品货币经济已经渗入农村,土地成为商品,投入流通领域,每亩地价纹银六两多,土产经纪兼做土地买卖的中介人,而且可以看到没有过去出卖土地要先问亲房本族人是否购买的现象,而是径自卖给别都别乡别姓人,不受封建政治权力、封建宗族势力的干涉,这就意味着土地从封建宗法的桎梏中解脱出来,具有明显的完整的土地自由买卖的性质。应该指出,这种自由性质的土地买卖,在明代刚出现,是个别的事件,但是,也是土地私有性加强的表现和标志,也是明代土地制度的特色。

随着封建土地所有制的演变,人身依附关系也起了变化,具体表现如下:一是自明中叶以后屯田、牧地上人身依附关系较强的屯丁、牧民——官府佃农,和负担赋役较重的一般官田上的佃农,都有部分地转化为自耕农,如上所述;也有一部分转化为贵族地主庄田上的佃户,这部分佃户,人身依附关系仍旧很强烈。自然,在土地兼并和中央专制集权的干预下,上述自耕农和佃农都可以互相转化。但就上述那部分官府佃农转化为自耕农的,不再存在先前的地主与佃农的人身依附关系。这是显而易见的。

二是上述土地买卖自由化程度加强的事例,说明宋元时期土地买卖契约中的“抑配租佃”和“随田佃客”的情况已基本消失了,佃农取得了基本的人身自由,人身依附关系也开始松弛。

三是赋役、地租的货币化。随着商品经济的发展,明政府只要有货币,就可以随时在市场上买到所需的行政物品和军用品,也可以在市场上雇人服役。同时,为了简化征收手续、减少麻烦,明政府向人民征发的赋役亦由实物改为货币,由劳役制改为雇役和代役制。如正统年间将江浙、江西、湖广、广东、广西、福建等地田赋改为折色,称为“金花银”,米麦每石折银二钱五分，至成化二十三年(1487)，改为折银一两。[1] 至万历九年(1581)张居正进行经济改革，在全国实行一条鞭法的赋役制度，在役法上，把各种役目合并，取消了“力差”，由官府雇役充当。实行赋役合一，“计亩征银”，除了江南供应宫廷用的漕粮，其余地区如山东等地赋役全部征收白银，扩大了赋役征收中的货币比重，使过去的实物税逐渐转化为货币税，“力役”改为“雇役”，说明货币在征收中已取得了主要地位。在此需要指出，自一条鞭法实行以后，农民可以用钱折役，使农民与封建国家的人身依附关系进一步削弱，农民获得了相对的人身自由。“今日赋税之法，密于田土而疏于户口，故土无不科之税，而册多不占之丁”[2]，就是这种情况的反映。同时，赋役“概以银收”的办法，不仅农民生产的农产品，就是地主收取的地租也有部分要投放市场，换取货币，以交纳赋税。农民为了适应市场的需要，经营多种经济作物如棉花、烟草等，扩大了农产品商品化的范围。地主为了减少麻烦，适应赋役缴纳的需要，在商品经济刺激下，为了满足生活的享受，需要货币购买奢侈品，于是将实物地租改为货币地租。货币地租主要在经济作物种植发达的地区出现。如在浙江海盐县，嘉靖时人钱薇说：“邑城南境……人以钱为租，瘠者每岁钱八百，肥者千。”[3]这些肥瘠土地是春种麦、秋种豆的。在松江地区，嘉靖、隆庆年间，大学士徐阶在华亭县亦把实物地租改为货币地租，“岁租银九千八百余两，上海、青浦、平湖、长兴者不计也”[4]。在广东新会的葵田，史称：“新会之西沙头、西涌、黎乐、新开滘诸乡多种之，名曰葵田。周回二十余里，为亩者六千有余。岁之租每亩十四五两。”[5]地租率很高的原因，是和葵田上的葵树一起出租的。似此情况还有东莞县沙亭乡的沙地，史称：“农人喜种排草”，因其可制香药出售，

① 乾隆官修《续文献通考》卷2《田赋考》。

② (明)顾起元《客座赘语》卷2《户口》。

③ (明)钱薇《均赋书与郡伯》，载(明)陈子龙等辑《明经世文编》卷214。

④ (明)范守己《曲洧新闻》卷2。

⑤ (明)屈大均《广东新语》卷16《器语·蒲葵扇》。

“其利甚厚”，所以愿意以“重价佃之”。[①] 说明江浙和广东地区不论种植经济作物还是粮食作物的土地上都出现了货币地租，这与商品经济的发展有很大的关系。货币地租和实物地租形态一样，同是在封建生产方式的基础上产生的；但是，由于它的推行，作为封建生产方式重要特征的人身依附关系“必然会转化为一种由契约规定的，即按成文法的固定规则确定的纯粹的货币关系”[②]。这是地主和佃农关系的重大变化，佃农对地主的依附关系，将进一步削弱，佃农的地位比在实物地租形态下有所提高。

四是永佃制的出现，反映了佃农的人身依附关系进一步削弱。永佃制的产生，需要从分配关系谈起。在土地私有性加强的潮流中，地主利用土地的垄断权，提高定额地租的数量，于是实行划佃增租的办法，即在租期满前，用佃户欠租或收回自种等借口，另行高租招佃。但佃农已投下了工本，改良了土壤，划佃显然对他们的生产不利，因而出现了欠租抗租的斗争。地主面对佃农的抗租斗争，地租得不到保证，于是又利用土地的垄断权实行押租制。所谓押租制，是在缔结租佃契约时，使用经济手段向佃农预收一笔租佃保证金，以保证地租的实现。于是佃农在分配问题上，又展开了对划佃增租的斗争，要求稳定的佃耕权，争取永佃权。永佃权早在宋代就在个别地区出现，明代有发展趋势。在永佃制之下，地主的土地被分割为土地所有权和使用权。如在福建，同一块土地的所有权，称为“田骨”，使用权称为“田皮”。[③] 所以有一田二主或一田三主之说，如在漳州府，史称：“惟是漳民受田者，往往惮输赋税，而潜割本户米，配租若干石，以贱售之。其买者亦利以贱得之。当大造年，辄收米入户，一切粮差，皆其出办，于是得田者坐食租税，于粮差概无所与，曰‘小税主’。其得租者，但有租无田，曰‘大租主’。（民间买田契券，大率记田若干亩，岁带某户大租谷若干石而已。）民间仿效成习，久之，租与税遂分为二，而佃户又以粪土银私授受

① （明）屈大均《广东新语》卷26《香语·种排草香》。

② ［德］马克思《资本论》，载《马克思恩格斯全集》第25卷下，人民出版社，1974年，第900页。

③ （明）魏时应《长平富垅荐山书院祀田碑文记》，转引自杨国桢《明清土地契约文书研究》，人民出版社，1988年，第103页。

其间，而一田三主之名起焉。”[①]所谓“粪土”，《嘉靖龙岩县志》载：“粪土，即粪其田之人也。佃丁出银币于田主，质其田以耕。田有上下，则质有厚薄，负租则没其质。沿习既久，私相授受，有代耕其田，输租之外，又出税于质田者，谓之小租。”[②]这里说“佃丁出银币于田主，质其田以耕”，是押租制的表现，即交给地主押租银，从而获得了永佃权（田面使用权），所以说“负租则没其质”。佃丁拥有田面权便“私相授受”，以“质”典形式出让田面权（粪土田），收取“小租”（即小税）成为“小税主”。于是这块土地上便出现了“一田三主”。说明在永佃制下，田皮（田地使用权）可以和“田骨”（田地所有权）一样出典甚或买断。结果：一方面地主土地的垄断权被打破，土地的所有权和使用权被分离，反映了封建土地所有制正在走上分解、衰落的道路；另一方面永佃权经过佃农辗转出典转让，永佃制会出现反复变化，但新佃与地主不发生直接关系，佃农对地主的人身依附关系进一步削弱或解除，反映了封建土地所有制日趋没落。

总之，随着封建土地所有制的演变，有的佃农演变为自耕农，如上述官田上的佃农，有的虽然仍是佃农，但比较从前佃农对地主严格隶属关系来看，其人身依附关系进一步削弱或解除。他们的社会地位有所提高，和自耕农一样，经济独立性日益增强，生产的积极性有所提高，他们积极改良土壤，改进生产技术，提高了亩的面积产量，促进了农业生产的发展。

第二，明代商品经济的发展结果：以劳役制为基础的官营手工业逐渐衰落，以雇佣劳动为核心的民营手工业逐渐发展。

明中叶以后，商品经济的发展和繁荣，包括两方面的内容：一方面由于分工的扩大，农业和手工业的分离，出现了许多脱离了农业的独立的手工业部门，农业和手工业之间，手工业部门之间互相交换的结果，促进了商品经济的繁荣，这是正常的繁荣；另一方面，与此相反，商品经济的发展和繁荣，不是建筑在社会分工、农业和手工业并行发展的基础上，而在很大程度

① （明）顾炎武《天下郡国利病书·福建备录·漳州府志》。

② （明）汤相等纂《嘉靖龙岩县志》卷2《民物志·土田》。

上是建筑在封建地主阶级集中了大量的财富、过着日益奢侈腐化没落生活的基础上，为适应地主阶级的需要而造成的商品经济的繁荣，这是虚假的繁荣。这两种商品经济的繁荣，引起了两种直接生产者不同性质的分化过程，前者引起市场上两极分化；后者是地主阶级压迫剥削所造成的。这两种分化过程的结果也不同，市场上的两极分化，是小商品生产者在市场上激烈的竞争引起的，一方面造成拥有生产资料并需要雇佣劳动来增值资本的企业主；另一方面贫困破产的小商品生产者需要出卖劳动力，出现了劳动力市场，这种商品经济的发展，将成为资本主义的前提。地主阶级的压迫剥削造成了农民的贫困和破产，结果出现了大量脱离农业生产的流民，生产遭到破坏，商品市场缩小，产生了封建社会危机，成为明中叶以后直接生产者分化的主流。从当时的流民运动看，大量贫困破产的农民，还没有转化为自由的雇佣劳动者，他们或是死于沟壑，或是成为自耕农，或是依旧回到农村做地主的佃户或佃仆。在广大农村的小生产者，许多人没有和市场发生关系，长期处于自然的交换之中，如晋江，“农夫有至老死不一足城市……郡以内少行商，其坐贾本甚微，或不能满百金”[①]。福建原是商品经济发达的地区，农村情况尚且如此，其他偏僻地区，便可想而知了。在农村的加工业，除了部分经济作物的加工业，其余的手工业基本上是农民的家庭副业，还没有和农业分离，其中以棉纺织业最显著，所以“男耕女织”的经济结构仍旧顽固地存在。市场上的两极分化现象并不是普遍的大量的出现，这是我们对明中叶以后商品经济的发展和繁荣的估计。

明代商品经济发展的结果：首先促使以劳役制为基础的官营手工业走向衰落。明代官营手工业管理机构十分庞大，不仅工部、户部、内府、卫所都司，甚至地方官府都设有监局管理，行业复杂，经营范围广泛，包括纺织、陶瓷、采矿、冶铸、军需、造船、造纸等行业。举凡皇帝和宫中日常生活所需的手工业品，如袍服靴鞋巾帽乃至厕纸，都是官营手工业的产品，各种建筑

① （清）怀荫布修，（清）黄任等纂《乾隆泉州府志》卷20《风俗》。

所需的原料，官府行政用品和军队军需等，也都是由官营手工业提供。明政府通过各级管理机构，实行工匠制度，组织管理生产。

明代工匠制度是承袭元代工匠制度而来的，它是官营手工业的基础。劳动者在匠籍的束缚下，从事奴役性的工作，就其来源和劳动而论，完全是劳役性质的（下面将具体论述）。这种封建劳役性质的工匠制度的主要基础是"自然经济、地主世袭领地的闭关自守和自给自足"①。它是以商品经济不发达为前提的。在商品经济不发达的情况下，封建统治者在生活上和行政上所需要的手工业品，不能依赖市场供给，只由自己组织官营手工业的工场或作坊，强制手工业者进行奴役性的生产。产品主要供封建统治者享用，并不投入市场，也不计成本、不谋求利润、不扩大再生产。因此，以劳役性质的工匠制度为基础的官营手工业完全是自给自足的自然经济组织形式。但是，明中叶以后，商品经济的发展，已促使"自然经济基础"在某些商品经济发达的地区开始瓦解，这就势必导致以劳役制为基础的工匠制度的瓦解和官营手工业的衰落。列宁指出："商品经济的发展同工役制度不相容（潜按：列宁同时还说劳役经济的特征差不多完全适用于工役制。即这里的工役制也适用于劳役制，虽然工役制是劳役制的继续，是过渡形式）……商品经济和商业性农业的每一步发展都破坏着这一制度实现的条件。"②今以官营冶铸业来说明。

明代最大的官营遵化冶铁厂，其劳动力来源，有从卫所军抽调来的军夫军匠和派送来服役的囚人，还有征集而来的民夫民匠（即住坐工匠）及固定的轮班工匠。他们的工作时间，民夫民匠和军夫军匠是"每年十月上工，至次年四月放工"。轮班工匠是"岁分为四班，按季办柴炭铁沙"，即按季轮班工作。至于囚人的工作时间，是没有规定的。他们的待遇各有不同，在政治上，囚人是没有人身自由的，军夫军匠和民夫民匠有不完全的人身自由，对于差派的劳役是必须承担的，对主管的劳役机关更有直接的身

① 《俄国资本主义的发展》，载《列宁全集》第3卷，人民出版社，1984年，第162页。

② 《俄国资本主义的发展》，载《列宁全集》第3卷，人民出版社，1984年，第177页。

份隶属关系；在经济上，除了轮班工匠未知，“凡民夫民匠月支口粮三斗，放工住支，军夫军匠月粮六斗，行粮三斗……各军俱给冬夏衣布二匹，绵花二斤八两……囚人，每名日给粟米一升”。[①] 较之明初住坐工匠“月给粮一石”已经降低。民夫民匠固然生活痛苦，就是军夫军匠的生活待遇也较前期为差。因此，他们在食不饱穿不暖的生活条件下，从事劳役性的生产劳动，自然对生产不感兴趣，甚至纷纷逃亡反抗，这样，生产率自然不能提高。如嘉靖八年(1529)较正德四年(1509)，大鉴炉就减少了7座，生铁减少了23.4万斤，白作炉减少座数不明，不过钢铁减少了1.2万斤，总计各种铁产量共减24.6万斤，差不多减少了三分之一，可见其产量下降十分厉害，已经到了不能保证正常生产的境地。这就说明劳役制已经成为阻碍和束缚官营冶铸业的桎梏。面临着这种严重的情况，统治者无法从冶铁业中收到满足自己欲壑的利益，于是到了万历年间，当无法维持正常生产的时候，只好改变剥削形式，采取征银的办法。史称：万历九年(1581)，工部题准：“将山场封闭，裁革郎中及杂造局官吏，额设民夫匠价，地租银征收解部，买铁支用。”[②]这个办法的改变，说明工匠制度的瓦解，官营冶铁业衰落了。

明代各种官营手工业中，实行工匠以银代役的办法，时间先后不一致。据《明会典》卷189《工匠二》记载，最早出现于成化二十一年(1485)。不过当年以自愿为原则，不做硬性规定。至嘉靖四十一年(1562)才统一规定，一律以银代役。是年工部题准：“行各司府：自本年春季为始，将该年班匠通行征价类解，不许私自赴部投当。仍备将各司府人匠总数查出，某州县额设若干名，以旧规四年一班，每班征银一两八钱，分为四年，每名每年征银四钱五分。”这是对占工匠总数80%的轮班匠的规定；住坐匠直到明末仍旧被束缚在封建剥削之下，但其人数也在日益缩小之中。明政府将工匠的剥削形式，从亲身充役的劳役制改为征银代役的工役制，尽管在当时的历史条件下，由于“农民经济还没有完全脱离地主经济……结果，地

① (明)申时行等重修《明会典》卷194《遵化铁冶事例》。

② (明)申时行等重修《明会典》卷194《遵化铁冶事例》。

主就有可能通过工役制形式继续实行旧的经济制度。‘超经济的强制’的可能性也仍然存在着”①。但这种剥削形式的改变,不仅说明手工业产品市场的兴起,手工业产品商品化的程度大有提高,明政府可以用不着亲自派官经营手工业,如冶铁厂可以撤销,只要将“额设民夫匠价,地租银征收解部”,就可以“买铁支用”了;而且这种剥削形式的改变,使得官府对手工业部门进一步放松原先严密的统制政策。如冶铁业,只要缴交矿课给官府,就可以自由经营,这就为民营矿业的发展扫清了障碍。同时,说明以劳役制为基础的工匠制度的瓦解,官营手工业开始走上衰落的道路。工匠与官府的封建生产关系中的人身隶属关系开始松弛,工匠变成独立的小生产者,有了较多的工作自由,有了劳动生产的主动性和积极性,从而使民间手工业获得进一步的发展。

其次,促进以雇佣劳动为核心的民营手工业发展。上文提到小商品生产者在市场上竞争的结果,出现了劳动力市场。如万历时,在苏州,史称:“我吴市民罔籍田业,大户张机为生,小户趁织为活。每晨起,小户百数人,嗷嗷相聚玄庙口,听大户呼织,日取分金为饔飧计。大户一日之机不织则束手,小户一日不就人织则腹枵,两者相资为生久矣。”②有资料说,上述有的机户“名隶官籍”③,机工听“行头分遣”④,带有前资本主义的迹象。但据万历二十九年(1601)曹时聘在奏疏中说,二者的关系是“机户出资,织工出力,相依为命久矣。……(织工)得业则生,失业则死。臣所睹记:染坊罢而染工散者数千人,机户罢而织工散者又数千人,此皆自食其力之良民也”⑤。一方面是拥有织机等生产资料的机户,需要购买劳动力增值资本;另一方面是“得业则生,失业则死”的机工,他们之间是雇佣的关系,工资以日计,分金佣一日,从“我吴市民罔籍田业”及“机户罢而织工散”二

---

① 《俄国资本主义的发展》,载《列宁全集》第3卷,人民出版社,1984年,第165页。
② (明)蒋以化《西台漫纪》卷4《纪葛贤》。
③ (清)许治修,(清)沈德潜等纂《乾隆元和县志》卷10《风俗》。
④ (清)宁云鹏等修,(清)沈世奕等纂《康熙苏州府志》卷21《风俗》。
⑤ 《明神宗实录》卷361。

语看，他们又没有存在封建的依附关系，机工完全是“自食其力之良民”，是有出卖劳动力自由的，技术好的机工能得到较高的工资。可见他们是一种资本主义性质的自由雇佣劳动关系。以雇佣劳动为中心的民营丝织业已在江南地区兴起，出现了资本主义萌芽。

以雇佣劳动为核心的民营手工业，在榨油业中也存在。如万历十七年(1589)嘉兴石门镇的油坊，明人贺灿然写道：

> (石门)镇油坊可二十家，杵油须壮有力者，夜作晓罢，即丁夫不能日操杵。坊须数十人，间日而作。镇民少，辄募旁邑民为佣，其就募者类赤身亡赖，或故髡钳而匿名避罪者。二十家合之八百余人。一夕作，佣直二铢而赢。……千百为群，即坊主人亦畏之。①

石门镇是“苏杭闽广之通衢”②，交通便利。“镇饶米菽丝纩，商贾辐辏”③，商业繁盛，手工业发达。上引文说明：一、20家油坊雇了800余人从事商品生产，每坊平均40余人，规模相当可观。同时，一油之炼，要经过炒碾蒸榨等过程④，如果没有明显的分工是难以想象的。因此，这种油坊已属手工工场形式。二、油坊雇工是“赤身亡赖”或“故髡钳而匿名避罪者”，其实基本上是失业流亡的农民，本身没有任何生产资料，工资是“一夕作，佣直二铢”，即一天二分银，比上述丝织业的佣工工资高一倍。坊主不是依靠封建特权，而是依靠资本的力量去雇工，坊主和雇工间没有任何封建依附关系，因此坊主人对于雇工“亦畏之”。这种主雇关系在嘉兴府的榨油业中是普遍存在的。桐乡“中人之家”“货钱”“雇工人”开设的油饼坊就是一例。⑤ 三、坊主是夏镇、淮扬、楚、湘等处商人，他们利用当地的梅

---

① (清)邝世培等修，(清)杜森等纂《康熙石门县志》卷7《石门镇彰宪亭碑记》。
② (清)严辰等纂修《光绪桐乡县志》卷1《疆域志上·市镇》。
③ (清)邝世培等修，(清)杜森等纂《康熙石门县志》卷7《石门镇彰宪亭碑记》。
④ 参见(明)宋应星《天工开物》卷12《法具》。
⑤ (明)李乐《见闻杂记》卷6。

豆,雇工“作油作饼”,然后运往外地销售。[①] 他们的商业资本已向产业资本转化了。根据这些分析,上述油坊是以雇佣劳动为中心的资本主义的生产形态,应是没有疑问的。此外,在采矿冶铸业、陶瓷业中亦存在上述情况,说明以雇佣劳动为中心的民营手工业兴起,并出现了资本主义生产关系的萌芽。

明代官营手工业的衰落,反映了中央专制集权的削弱;资本主义生产关系的萌芽,震撼了封建主义的社会结构,动摇了封建统治的基础,标志着封建社会的没落。

第三,明代社会经济发展的地域性和不平衡性非常突出。

由于明朝是个大帝国,长期以来,经济发展不平衡,有的地区商品经济发展较快,大部分地区仍是非常闭塞的自然经济占统治地位。譬如沿海与内地,山区和平原,就是如此。也有经济发达的地区,如南方的徽州府,尚存在着落后的佃仆制,并以此进行生产。为什么佃仆制不出现在北方而在南方呢?是什么原因造成的,即其社会历史和社会经济的根源是什么?早在20世纪60年代初,傅衣凌教授指出:“徽州各府属则以商业资本的发达,尤有助长这种奴仆制盛行的倾向。”[②]傅教授在这里说的是奴仆制,其实是包括佃仆、庄仆在内的。商业资本发达,如何能助长佃仆制的盛行?他没有进一步说明,也就不得而知。到了20世纪80年代,胡如雷先生又重新提出来,他说:

> 南方……大量存在世仆、佃仆、庄奴、奴仆等劳动者。……我怀疑南方是否出现了第二度农奴化。西方第二度农奴化的产生与资本主义商品经济的发展有关,我国在明清时期资本主义萌芽还相当微弱,是不是传统的封建城市人口的膨胀对商品粮需要的增加同资本主义

---

① 蒋兆成《明清时期杭嘉湖地区乡镇经济试探》,《中国社会经济史研究》1986年第1期。

② 傅衣凌《明清农村社会经济》,生活·读书·新知三联书店,1961年,第1页。

萌芽结合起来促成了第二度农奴化的提前出现呢?[①]

我们认为十五、十六世纪西方资本主义工场手工业的兴起,商业、手工业城市的发达,对商品粮食和工业原料的需要增加,导致农产品价格上涨。在这种历史条件下,似德国的封建领主受到了刺激,从前用固定金额折役和折收实物地租,显然对他们不利。为了适应新的市场要求,增加收入,获得更多农产品以便出售,攫取货币以供挥霍,他们不仅把自由民普遍地沦为农奴,而且把业已废除了的劳役地租恢复起来,使生产关系由实物地租倒退回劳役地租阶段。农奴制在德国"重新复活了,再版了"[②],恩格斯称之为德国历史上的"第二次农奴制"[③]。而明代南方的佃仆制与西欧"第二次农奴制"是不同的。众所周知,佃仆制的产生不是始于明代,可以追溯至晋朝,西晋的部曲、"佃客"实即其滥觞。从生产关系来考察,部曲、"佃客"和佃仆都是与田主具有主仆名分的同一类型的佃农,其人身依附关系只有程度上的差别,经过隋唐农民起义的打击,在北方基本上已经消失。[④]但自西晋以后北方士族向南迁徙,这种部曲、"佃客"制亦随之而迁来,于是到了宋朝在南方便盛行起来,如北宋时,京东地区"岁恶民移,寿隆谕大姓富室畜为田仆"[⑤]。南宋时,徽州人罗愿也指出,这些人"或迫饥寒,或遭诱略"[⑥]而沦为佃仆。当时南方的经济刚刚赶上或开始超过北方,而佃仆制在北方已经销声匿迹,却出现在南方,除了上述有其历史根源,还有社会经济原因。据明人徐贞明说:"东南生齿日繁,每人浮于地……今天下浮客,依富家以为佃客者何限。"[⑦]换言之,就是南方劳动力过剩,民欲耕而无地,这些无地的农民,称为"浮户",多投靠缙绅地主为佃客。同时,因为赋

① 胡如雷《中国封建社会形态研究》,生活·读书·新知三联书店,1979年,第420页。

② 《恩格斯致马克思》68,载《马克思恩格斯全集》第35卷,人民出版社,1974年,第124页。

③ 《恩格斯致马克思》67,载《马克思恩格斯全集》第35卷,人民出版社,1974年,第122页。

④ 叶显恩《明清徽州农村社会与佃仆制》,安徽人民出版社,1983年,第296~297页。

⑤ (元)脱脱等撰《宋史》卷333《朱寿隆传》。

⑥ (宋)罗愿《罗鄂州小集》卷5《鄂州到任五事札子》。

⑦ (明)徐贞明《潞水客谈》。

役繁重，农民负担不了，被迫带地投靠地主，充当佃仆；而这时期北方庄田较多，且还有旷废，因而土地问题不突出。所以佃仆制出现在南方，不见于北方，是与其历史根源和经济因素有关系的，而和西欧“第二次农奴制”没有什么必然的联系。

相反地，有的经济上比较落后的山区，在一定历史条件下，也可能出现资本主义生产关系的萌芽。因为商品经济的发展，引起了经济作物的普遍种植，而许多经济作物是最适宜于山区种植的，如茶、漆、棕、靛、竹、木材、果品等。这些山货常作为手工业原料通过市场而出卖。所以，某些山区曾出现了商品性较明显的特色。如位于武夷山下的铅山，是个山区县，商品经济十分发达，就和种植经济作物有关。再加上山区“天高皇帝远”，所遭受封建势力的摧残和压迫较诸经济发达的地区稍轻一些。这样，有的山区就有可能出现资本主义生产关系的萌芽，如浙东山区的蓝靛业和其他山区的采矿冶炼业可以佐证。

综上所述，落后的佃仆制不出现于北方，却出现于社会经济发达的南方如徽州府；资本主义生产关系的萌芽不出现于封建势力强大的城市，却产生于沿海的一些经济发达的城镇和偏远的山区，这是由社会历史根源和经济因素决定的。可以作为例子，说明明代社会经济发展的地域性和不平衡性的特点。

第四，传统的地主经济的式微和宗族地主经济的兴起。

明代的地主阶级，在商品经济的影响下，发生了一些量的变化，特别是在商品经济发达的东南地区，有些地主不满足于单纯的地租收入，而急于经营商业，攫取商业利润。史称：“吴中缙绅士夫，多以货殖为急。”[①]明代广东的官僚地主庞尚鹏之父，“曾与家人负贩，及壮，为木商”。他家的经营原则就是攫取商业利润，他说：“如商贾无厚利，而妄意强为，必至尽亏资本。”因而他提出“民家常业，不出农商”的治家格言，改变了自古以来地

① （明）黄省曾《吴风录》。

主阶级“力农为本”的单纯经营土地的信念。[①] 明代福建的城居地主也没有例外,同样插手商业活动。他们把在乡下收取的地租,除了自己需要消费的部分运入城市,其他余下部分完全出售,“相率积银,逐末生息”[②]。也有的地区个别地主甚至经营经济作物,进行商品生产,开始向经营地主转化。如“(河南)南阳李义卿,文达公贤之曾大父也。家有广地千亩,岁植棉花,收后载往湖湘间货之”[③]。以上这些地主和商品经济有联系,得风气之先,改变了传统的地主经济结构和经营方式,属于开明的进取类型。在整个地主阶级中,这样的经营方式并不普遍。大多数地主包括贵族缙绅地主尚是坚持传统的地主经济结构和经营模式。他们拥有大量的土地,如贵族地主中,天启年间,瑞王占有陕西、山西、河南、四川诸省庄田多至三万顷[④]。缙绅地主占有土地的数量也很惊人,史称:明末河南“缙绅之家”占“田之多者千余顷,即少亦不下五七百顷”[⑤]。他们经营土地,主要采取租佃制,单纯地收取地租。地租的形态,明中叶以后,定额地租制逐渐占据了主要地位,特别是折租制和货币地租制的出现,使他们无需似实行分成地租制那样,亲自监督和干预生产,以及给佃农提供种子、农具等生产资料。在定额地租下,他们可以不必关心生产,连收取地租也委托家臣或“豪奴悍仆”去管理。当经营不善,遭到佃农欠租抗租的时候,他们便依靠封建政权的力量去追取地租。如万历十三年(1585),杭州府钱塘知县替缙绅地主林颢向佃户叶耀用刑,追取地租,“叶受笞三十,至家死”[⑥]。天启六年(1626),庐江知县陈宪皋接受富家监生刘士杰、朱继芳等人的贿赂,“终日代为迫租取债,小民苦之”[⑦]。类似事件尚多,今不备举。欠租抗租斗争普遍开展,是传统地主经营业态式微的表现。在商品经济的刺激下,他们生

---

① (明)庞尚鹏《庞氏家训》。

② (明)周之夔《弃草文集》卷5《广积谷以固闽圉议》。

③ (明)张履祥《杨园先生全集》卷43《近古录一》。

④ 《明熹宗实录》卷82。

⑤ (清)郑廉《豫变纪略》卷3《巡按御史高名衡上疏》。

⑥ 《叶耀蛇》,载(明)冯梦祯《快雪堂漫录》。

⑦ (明)郭尚友《漕抚奏疏》卷1,北京图书馆藏善本。

活更加奢侈、淫逸和腐化。史称："勋戚宗绅，竞尚侈靡"[①]，"多以衣服、饮食、宫室、舆马相尚"[②]。如南京屯田御史钱海山，罢官归鹿苑里，拥有大量的膏腴土地，"自鹿苑至城居凡六十余里，置美庄四十九处，所至饮食供帐，无不备具"，过着"红楼绣闼，宫商粉黛，以及山珍海错"的豪奢生活。[③]乌程董份尚书"富冠三吴"，他拥有的珠玉金宝，甚至连皇帝的"内帑不能与之比"。万历时，他的孙女出嫁，有妆奁衣饰三百箱，用六百女子舁之。他家豢养了鼓吹戏剧诸伎三班，每"遇宴会，则声歌杂沓，金壁夺目，引商刻羽，杂以调笑"。[④] 他们之中，还有些人沉溺于园林之美，寄情山水，啸傲林泉，经营别墅山庄。只是这些山庄，"恒不治生产"，庄内"皆高楼广厦，列植奇花怪石"[⑤]，常常为"一木一石，费中人数家之产"[⑥]。他们分割和集中大量的社会财富，本来可以用于扩大再生产，却被他们的奢侈腐化生活消耗殆尽。总之，他们完全丧失了封建社会初期地主阶级的气质，无所事事，生活空虚，不求上进，但求享乐。明人窦悦耕有诗云："人生安分只逍遥，莫向穷时叹不遭。赫赫几时还寂寂，闲闲到处胜劳劳。一心似水惟平好，万事如棋不着高。王谢功名有遗恨，何如刘阮醉陶陶。"[⑦]这首诗完全反映了他们没落颓废的人生观。在这样的社会环境里，有的缙绅地主的后代开始败家，逐渐出卖土地，史称：广州府司狱陈均，福建人，"景泰年间，告老附籍本处（南海）桂州堡，置田六顷余。均死，子好奢华，日穿罗绮赴场走马，引人观看，露锦绣百端，遍街衢游荡，逞自己威仪。买地承宣街，起屋费银三百余两，即今卖与黄知县，六顷余田，廿余年则尽倾散"[⑧]。似这

---

① （清）吴九龄修，（清）蔡履豫纂《乾隆长治县志》卷8《风俗》。

② （清）郑廉《豫变纪略》自序二。

③ 《海山侍御》，载（明）钱五卿《鹿苑闲谈》。

④ （明）范守己《曲洧新闻》卷2；《万历邸钞》万历十八年庚寅卷。

⑤ （明）范濂《云间据目抄》卷5《记土木·附适园记》。

⑥ （清）徐昆《遁斋偶笔》卷上《青山庄》。

⑦ （明）张萱《西园闻见录》卷22《高尚》。

⑧ （明）霍晚节《霍氏仲房族谱家箴》，载（清）霍秋田《雍正太原霍氏族谱》卷3，残本，佛山祖庙藏书。

样的缙绅地主后代奢侈腐化而败家的事例，史籍记载，不绝如缕。如在江南，“川沙王氏，自嘉、隆间以素封起家”。至万历年间，其后代“公覲玩好声色，服食起居，必极一时之选，豪华性成，家虽中落不改。……崇祯末，家渐式微。鼎革后，废毁殆尽矣”。[①] 又在嘉靖中，武进县，据唐荆川说，地主“富家之宕子，急于售产（指田地——引者）”[②]。在地主阶级中，缙绅地主后代败家事例，固然是衰落的表现，就是一般地主，在生产上，随着传统的地主土地经营的式微，他们也“变成了多余的阶级，甚至已经……变成了直接的障碍”[③]，不管他们如何凶残，如何作威作福，他们的政治经济地位都一天不如一天了。他们已随封建社会没落而没落了。

为了挽救衰落的地主家族经济，为了巩固自然经济的基础，有的顽固的缙绅地主大搞宗法组织和宗族经济活动，从而形成严密的宗族组织制度并带动宗族经济的兴起。本来自明中叶以后，传统的宗法关系，如“贵贱”“良贱”“尊卑”“长幼”等血缘宗族关系，在商品经济的冲击下，伴随着佃农、奴仆的抗争，这些封建宗法关系日趋松弛。如在安徽，《太函集》记载：“诸贾为会，率以资为差，上贾据上座，中贾次之，下贾侍侧。”再不是以年齿少长，而是以资本大小安排座次。同时，原来宋元时官府只允许品官之家于居室之东建家庙，祭祀高、曾、祖、父四代祖先。庶人不许建家庙，但许在居室的中间建龛祭祀祖父二代祖先。[④] 可见宋元时祭祀祖先限于家族范围。自嘉靖十五年（1536）十一月夏言请世宗允许臣民祭祀始祖始，于是扩大了祭祖权，出现各支同姓宗族联宗祭祖的现象。[⑤] 这样家庙便变成祭祀始祖的大宗祠，扩大了祭祀祖先的规模和范围，显示了明代祭祀祖先的宗族性特点。在这样的前提下，缙绅地主在农村大搞宗族组织活动，普

① （清）叶梦珠《阅世编》卷5《门祚二》。

② （清）顾炎武《天下郡国利病书·常镇备录·武进县志》。

③ ［德］恩格斯《论封建制度的解体及资产阶级的兴起》，载尚钺编《封建社会历史译文集》，生活·读书·新知三联书店，1955年，第14页。

④ 参见（明）王圻《续文献通考》卷115《宗庙考·大臣家庙》。

⑤ （明）夏言《桂州夏文愍公奏议》卷21《乞诏天下臣民冬至日得祀始祖议》。

遍出现大建宗祠、祭祀始祖的现象。如在广东佛山，史称："(明)世宗思以尊亲之义广天下，采夏言议，令天下大姓皆得联宗建庙祀其始祖，于是宗祠遍天下。……我族各祠亦多建在嘉靖年代。"①所以明末屈大均说：广州府"每千人之族，祠数十所，小姓单家，族人不满百者，亦有祠数所。其曰大宗祠者，始祖之庙也"②。安徽旌德的戴氏宗族，也是在世宗诏令之后建置始祖祠堂的。史称："至明世宗诏令天下士庶，得祀始祖，族人因于万历丁酉(1597)辟地构祠。"③在浙江新昌县，万历时，民间也建"始祖祠堂，以冬至日祀之"④。可见明代掀起修建宗祠祭祀始祖的热潮。与此同时，为了控制族权，他们强化了族长的权力；为了贯彻以孝治天下，推行"分疏戚、序尊卑"的封建礼教，他们编纂族谱，策划构建宗族组织机构。特别值得注意的是，大搞宗族经济，使宗族经济在各地迅速兴起，对后来社会经济的发展影响很大。

宗族经济的结构和内容：一是普遍设置族田。族田是宗族存在的基础。每个宗族都置有族田，族田因用途不同而又称为祭田、祀田、尝产、公田、学田、义田等。明代的族田是宋元时期族田形态的延续，但在数量和分布上都远远超过以往任何时期，而且发展速度惊人。如在广东番禺沙湾留耕堂的族田，万历十五年(1587)只有14亩，明末增长至2144亩，康熙五十七年(1718)增达16409亩，乾隆年间续增达31676亩，至1920年竟达56575亩。在333年间增加了约4040倍。同时，族田发展的结果，有的地方超过了总耕地面积一半或以上。⑤ 根据1934年陈翰笙先生等人的调查统计，番禺、中山的族田占总耕地面积50%，顺德、新会的族田占总耕地面积60%，珠江三角洲各县族田平均占50%。⑥ 除了广东，其他省区的族田

① (清)冼宝干《岭南冼氏宗谱》卷2《宗庙谱》。

② (明)屈大均《广东新语》卷17《宫语·祖祠》。

③ 《旌阳留村戴氏族谱·留村叙伦祠记》,1929年刊。

④ (明)田琯修,(明)吕光洵纂《万历新昌县志》卷4《风俗志·祭礼》。

⑤ 参见叶显恩、谭棣华《论珠江三角洲的族田》,载广东历史学会编《明清广东社会经济形态研究》,广东人民出版社,1985年,第26页。

⑥ 陈翰笙主编《广东农村生产关系与生产力》,中山文化教育馆,1934年,第15~17页。

亦有发展。根据李文治先生统计的族田资料，宋元时只有70多宗，明代多达200宗。明代族田的发展，主要分布在长江以南，广东、福建、安徽、江西、江苏广大地区比较普遍。①

族田的来源，主要是族人捐献、遗产归公、分家提留和以族产收入购置等，其中以族人捐献为多，而族人捐献又以乡绅为主，他们往往是创建者。如吴县族田义庄的创建者，多系“累世仕宦之家”②。又如在福建福州，史称：“叔祖(林)廷瓒……恐嗣子不肖，以私田若干亩克之宗祠，计供祭外，差有遗积。”③族田的收入主要用于缴交赋税、祭祀祖先、赈济族人、兴办教育、备荒以及举办公益如修路建桥、筑塘设坝、立茶亭办义渡等。如万历年间苏州吴氏宗祠置有族田六百亩，“内以二百亩为奉公田，以资公役；以五十亩为报本田，以供粢盛，以会族食；以五十亩为敦睦田，以恤匮乏，以尊高年；以五十亩为嘉礼田，以时婚配，以重人伦之本；以五十亩为凶礼田，以谨丧葬，以厚人道之尊；以百亩为劝学田，以教以掖，以成后昆之美；以百亩为备荒田，以储以散，以裕歉岁之需”④。对于建立祠堂和建置族田的目的，清人张永铨说：“祠堂者，敬宗者也；义田者，收族者也。”⑤所谓“敬宗”，即慎终追远，追溯宗族血缘关系的尊卑伦序，最终也是为了“睦族”。所以清人陈宏谋也说：“敬宗即所以睦族。”⑥“收族”也就是“睦族”。可见利用祠堂族田作为维系宗族的血缘关系，防止族人离散，达到维持宗族秩序的目的。

二是建置圩市，完全是为了宗族集团的利益而开设的。无论北方和南方，都有宗族共有的圩场集市。如在福建顺昌县，史称：“惟四郎公即乐耕织，守居原地石碧，是为四世祖。于宋淳熙二年买到张廷郎荒山一片，地名

① 李文治《明代宗族制的体现形式及其基层政权作用——论封建所有制是宗法宗族制发展变化的最终根源》，《中国经济史研究》1988年第1期。

② 曹允源、李根源纂《民国吴县志》卷31《舆地考·义庄》。

③ 《云程林氏家乘》卷11《家范·祭田引》。

④ 《光绪吴氏支谱》卷12《创立继志义田记》。

⑤ (清)张永铨《先祠记》，载(清)贺长龄撰《皇朝经世文编》卷66《礼政十三·祭礼上》。

⑥ (清)陈宏谋《寄杨朴园景素书》，载(清)贺长龄撰《皇朝经世文编》卷58《礼政五·宗法上》。

禾口……于万历年间始开墟市，所造屋宇店房上冈下街，冈街之祖（租？——引者），先年三房均分为定，遗有空基，所造蓬厂之租，抽归四郎公位下春秋供祭之需，轮流管理。”[①]不过，在广东，圩场甚多。史称，明宣德年间，番禺萝冈墟就是里人钟守分、钟百揆等首建，铺百余间。[②] 万历以前，吴川县梅菉墟“本梅姓、陆姓创始，故曰梅陆墟”[③]。万历年间，阳春县东门外的河亭墟，也是胡、杨二族兴建的。[④] 建置圩市的目的，就是抽取地租和课税。明代宗族的头面人物建置圩市抽取地租的具体个案，一时未找到史籍记载。但嘉靖二十八年(1549)广东布政使司分守岭南道左参政项乔实行禁革墟主称：“近又查有势宦乡豪于墟市、埠头交易凑集去处，或多开店面，或多搭卷蓬，或代出架阁，类先夤缘立为墟主，每岁愿纳银在官，听其取民顾赁之利，官府利之而不知其害，往往给帖与之。”[⑤]可见明代墟主已“掘地征商”，收取地租。由于他们横征暴敛（见下文），遭到项乔的禁革，但是根本没有禁革除绝，至清代仍然存在，“虚主按期收地租”[⑥]。如嘉庆年间顺德村头墟“墟地铺宇……向归四十排输税收租者，仍归经管”[⑦]。至于宗族的头面人物征收课税的情形，如在阳春县，史称：万历年间，阳春县东门外的河亭墟，因“用胡、杨二家地……准二姓收税”[⑧]。该墟一直到康熙年间尚是胡、杨二姓收税。[⑨] 由于圩场的土地，原是税地，需要向官府缴纳田赋，因而只要继续向官府缴税，便可以在其上建筑铺舍，供商人做生意，而地主经批准便成为圩主，有权管理圩场，征收课税。圩主征收的课税，因为各自为政，没有制度，任由圩主个人意志决定，名目繁多，各地不

---

① 《张氏族谱·禾口墟记》，转引自傅衣凌《明清社会经济变迁论》，人民出版社，1989 年，第 37～38 页。

② （清）李福泰修，（清）史澄等纂《同治番禺县志》卷 18《建置略五·墟市》。

③ （清）梁兆罂纂《梅菉志》卷 1《地理·沿革》。

④ （明）张文锆修，（明）罗兆旗纂《万历阳春县志》卷 2《墟市》。

⑤ （明）黄佐纂修《嘉靖广东通志》卷 25《民物志六·墟市》。

⑥ （清）张渠《粤东闻见录》卷上《墟》，《岭南丛书》本。

⑦ （清）郭汝诚修，（清）冯奉初等纂《咸丰顺德县志》卷 5《建置略二·墟市》。

⑧ （明）张文锆修，（明）罗兆旗纂《万历阳春县志》卷 2《墟市》。

⑨ （清）康善述修，（清）刘裔炫纂《康熙阳春县志》卷 4《山川志·墟市》。

一。综合起来,计有:(1)牙税,即充当牙人,撮合买卖双方成交,从中抽取佣金。圩主从牙人所得的佣金,提取若干,称为牙税。这在明初是禁止的,不许官牙私牙的存在。但是牙人“阳结明文而阴擅其利”①,一直存在。(2)商品税,如上所述,明代广东墟主“每岁愿纳银在官”,官府“往往给帖与之,彼即依凭恣肆,无时无处不任意抽分,虽柴米鸡豚之常资,油盐酱醋之末品,亦无不厚取其税焉”②。此外,尚有落地税、牌照税等。这些课税,如何抽法?税则如何?不明。明中叶以后,课税曾经一度“属公家”,收归官府所有,但官府为了省事和收到足额税款,实行包税制,因而使势宦乡豪——多为宗族的头面人物,可以“类先夤缘立为墟主”。如上所述。他们征税,势如虎狼,私“设公座,陈刑具”③,严刑威迫,横征暴敛。他们借此中饱私囊,而缴交官府的只是很少的一部分。如嘉靖年间,东莞卢孟吉“违例用强抽取墟税”,五年间,“得银八百余两”,由于他“买嘱该县吏书,串招止捏得银七十八两,又称花费二十八两免追”,实上交只五十两。④ 所以明人王临亨说:“豪右因以抽税。今税已属公家,公家所得者百一耳。尝闻有一小墟岁收可得百金,仅纳银八钱,其大者可推矣。”⑤结果“小民日受其害,敢怒而不敢言”⑥,严重地阻遏了地方圩市商业的发展。宗族所控制的圩市,抽取的地租和课税,除了部分流入私囊,其用途和族田没有多大分别。如上引福建顺昌县张族共有的禾口墟,其所抽的地租,就是“抽归四郎公位下春秋供祭之需”的。又如在东莞,明人叶春及说:“章村有墟,为肆若干……坐肆之租有常,负戴提挈贸于途者无常,薄取之。岁入若干镪,会民读法春秋赛祠,问高年,宾髦士,凶荒祈望,一岁经费,皆取给焉。”⑦可见宗族抽取“坐肆之租”和“负戴提挈贸于途者”的落地税,作为

---

① (明)黄佐纂修《嘉靖广东通志》卷25《民物志六·墟市》。

② (明)黄佐纂修《嘉靖广东通志》卷25《民物志六·墟市》。

③ (明)王临亨《粤剑编》卷2《志时事》。

④ (明)戴璟主修《嘉靖广东通志初稿》卷18《风俗·御史戴璟正风俗条约》。

⑤ (明)王临亨《粤剑编》卷2《志土风》。

⑥ (明)黄佐纂修《嘉靖广东通志》卷25《民物志六·墟市》。

⑦ 叶觉迈修,陈伯陶纂《民国东莞县志》卷21《建置略六·墟市》。

祭祠等经费。也有作为办学经费的，如成化十年，琼州副使涂棐令州县“择地建学”，并令其“以近学墟市租税充束脩”。[①]

综上所述，宗族所控制的族田和圩场的经济，即宗族经济，著名的明清史专家郑天挺教授称为“乡镇经济”。他说：这种经济是“掌握在地主绅士、祠堂族长手中的地主集体经济”[②]。族田名义上属于宗族共同所有，但实际上在绝大多数情况下，为族中地主乡绅所把持。由于族田多为乡绅捐献，如上所述，因而有权支配和控制族中经济大权。族田由于打着宗族共有旗号，又禁止典卖，因此，能够保持相对的稳定性。而传统的地主经济主要由土地构成，为使自己经营的土地长久安全，最保险的办法就是转化为族田，一者可免败家之子“典卖诸弊”，二者可免被中央专制集权的代表皇帝动辄抄没。因此，缙绅地主热衷于经营和增置族田。无怪《红楼梦》第13回中秦可卿教凤姐说：“合同族中长幼，大家定了则例，日后按房掌管这一年的地亩、钱粮、祭祀、供给之事。如此周流，又无争竞，亦不有典卖诸弊。便是有了罪，凡物可入官，这祭祀产业连官也不入的。便败落下来，子孙回家读书务农，也有个退步，祭祀又可永继。”族田成为地主阶级保持和维护封建土地所有制的重要手段之一。族田的发展，如上所述，至清末民初在东南沿海和华南地区，如在珠江三角洲，“私人地主土地所有制日渐向宗族集团土地所有制转化”[③]，使封建宗法关系中已呈松弛化的土地关系又来一次反复，封建土地关系再次被强化，成为封建社会延续的因素之一。至于宗族所设立的圩市，正如著名的中国经济史专家傅衣凌教授指出：“不是单纯的建筑在商业和自由的手工业上面，而是为着适应封建地主的需要，解决自然经济的矛盾而开辟的。”“所以这些市场具有非常浓厚的地方的特征，无论度量衡、商品种类、贸易习惯以及运输权诸方面，都有

---

① （明）唐胄纂《正德琼台志》卷17《社学》。

② 郑天挺《鸦片战争前清代社会的自然经济与资本主义萌芽》，《中国社会经济史研究》1982年第1期。

③ 叶显恩《明清珠江三角洲土地制度、宗族与商业化》，《香港中国文化研究所学报》1997年新第6期。

自己的规定,族与族、乡与乡之间各有不可侵犯的条规。”[①]宗族势力控制和操纵的圩场,具有浓厚的封建的地方割据特征,严重地阻滞商品的流通,使小范围地区经济与外界绝缘,保持自然经济不变。所以郑天挺说宗族势力“大搞乡镇经济是地主阶级保护封建经济、自然经济的反动手段”[②],自然对资本主义萌芽的成长起阻碍作用了。

---

① 傅衣凌《明清社会经济变迁论》,人民出版社,1989年,第39页。

② 郑天挺《鸦片战争前清代社会的自然经济与资本主义萌芽》,《中国社会经济史研究》1982年第1期。

明代南京马快船考释

一　引言——明代南京马快船的由来及其任务

明代南京马船和快船最初是由运输军马和辎重而得名。朱元璋和张士诚两支力量大战于鄱阳湖,“实资舟楫之利”①,朱元璋的军队最终把张士诚部队歼灭。明代政权建立以后,为了巩固长江一带的防卫,建都南京,驻重兵守卫②,军队所用马匹,多由四川、云南市易或少数民族进贡而来。史称:“国初,四川、云南市易马骡,及蛮夷酋长贡马者,皆由大江以达京师,有司用民船载送。”③

这些运送马匹的民船,官方就叫作马船。当时,需要军马很多,民船不足供应,明政府便开始建造马船。洪武六年(1373),朱元璋一次便命令“工部主事魏浚于沿江府县督造马船二百八十五艘,以备运载四川所市马匹”④。与此同时,军队载辎重用的船,称为快船。正如万历年间南京礼部尚书姜宝说:“当时载军马为马船,载辎重为快船。”⑤对马船和快船的建置目的,嘉靖初年兵部尚书柴昇也清楚地说:“我太祖高皇帝创业之初,设造此船,盖欲储备水战,以防不虞,防奸御侮之深谋,而

---

① (明)姜宝《船政新书序》,载《续修四库全书》878《史部·政书类》。

② (明)倪涷《船政新书》卷1《快船雇募疏》:“皇祖开国之初,设四十八卫,拱护神京,无非居重驭轻之意。今日之留都,诚为根本之重地,然都城内外编户,军卫居其大半,干城爪牙,于是焉赖。”

③ (明)李东阳等撰《大明会典》卷200《河渠五·船只·马船》。

④ 《明太祖实录》卷84。

⑤ (明)姜宝《船政新书序》,载《续修四库全书》878《史部·政书类》。

为保障江淮之至计，岂为装运进贡而设及南北往来使臣之用也。”[①]嘉靖年间南京兵部尚书王廷相亦说：“马快船只乃国初置，备水军征进辎重之用。”[②]永乐以后，朱棣迁都北京，除了大小黄船“供奉乘舆北驻及进贡方物而设”[③]，还令马船和快船“专以运送郊庙香帛、上供品物、军需器仗及听候差遣”[④]。于是马船和快船的任务相同，明人便把这两种承担官府运输任务的船只，总称为马快船。所以后来柴昇说，当时，北京宫廷“凡服食器用工料财物，无不取给于南，而此船（指马快船——引者）装载运送之差，盖昉于此”[⑤]。可见马快船是个共名，它的别名不仅有马船、快船，还有快平船、风快船、红船、平船、乌龙船、黑楼船、黄船等。在此需要指出，永乐以后，马快船的任务虽然很广泛，但是已从最初单纯运输军马和军需转变为运送“郊庙香帛、上供品物”为主的运输工具，从最初具有军事防守江淮的军事意义转变为交通运输意义。由于原先为军事需要而设，属卫所系统，总领于兵部，所以《大明会典》卷149《驿传五》中有马快船一目。这是马快船的背景，是首先要了解的，故标其目为引言。

二　明代南京马快船甲夫的佥编制度

明代南京马快船主要由江淮、济川二卫马船和南京锦衣等四十卫快船组成，都是洪武初年建置的。其甲夫的佥编制度，则迥然不同。

南京锦衣等四十卫风快船，“每船一只，该小甲一名，以董其冈（纲?），军余十四名，随船帮驾”[⑥]。所谓“小甲”以董其“纲”，即“纲首”，是一船的

---

① （明）柴昇《题为陈言救时弊以弭寇盗事》，载（明）陈子龙等辑《明经世文编》卷107。

② 《明世宗实录》卷117。

③ （明）王世贞《弇山堂别集》卷99《中官考十》。

④ （明）李东阳等撰《大明会典》卷149《驿传五·马快船》。

⑤ （明）柴昇《题为陈言救时弊以弭寇盗事》，载（明）陈子龙等辑《明经世文编》卷107。

⑥ （明）柴昇《题为陈言救时弊以弭寇盗事》，载（明）陈子龙等辑《明经世文编》卷107。

首领，负责一船的事务。[①] “军余”即军户余丁，“随船帮驾”，即充当水夫。这些小甲水夫，最初是由南京锦衣等四十卫所正军中点充，其每月有月粮。明人说：“快船夫，国初取诸京军，无所资给而应役，后来正军不足，则滥及于军余。”[②]后来才从南京锦衣等四十卫军户中的余丁佥充，并且形成制度，每十年一编。史称：“凡锦衣卫等四十卫风快船，每十年一次，编审夫甲。”[③]《大明会典》亦载：“凡南京快平船小甲，例于南京锦衣等四十卫所余丁内，十年一编。”[④]每船“小甲一名，余丁十四名”[⑤]。其编审原则，大体上以身家厚薄为准，即所谓“佥其有力者充之”[⑥]，身家厚者编为正甲，次编为余丁，余丁“随船帮驾”，故又称水夫。其待遇和正军一样，小甲月粮，“每月支米一石”[⑦]，另“有安家月粮十二石，长差行月粮一百一十一石，短差则行月粮七十四石而已”[⑧]。这里所说的“安家月粮”大概就是月粮，长短差行月粮大概就是行粮，非是月计，而是出差时限内的总计。同时，免去其他夫役，如嘉靖六年奏准，“凡各卫快船小甲，置买上元、江宁二县田地，不及百亩者，止寄庄纳粮，免其铺行夫役，或有家资而无田地，亦不得派有司夫

① 按小甲，又称“正甲”。一般具备一定文化、衣冠整齐者才能充任。史称：“凡衣冠人等，皆向充正甲，一船之领袖。”［见（明）倪涷《船政新书》卷4《客问》］其后因剥削过重，始有“帮甲”。史称：“后因船（指快平船——引者）无定主，易于朽坏，乃佥有力者，使总一船之事，而名之为小甲。夫荷戈执殳、屠估负贩之流，岂真有力哉？就其侪伍之中，稍能自树者，强而名之，强而用之耳。而长途之费用不赀，积猾之需求无厌，彼将何以堪之也。故有一船而三四甲者矣，一甲而数人垛名朋役者矣，垛名不已而加之以帮甲。”（同上书卷1《快船雇募疏》）又称：“每审辄定十年，每年正甲一名，帮甲十名。”（同上书卷2《船政弊害缘由》）众甲分立，无人负责不成，故后来便出现了“总甲”。史称：“天顺八年正月十二日，即该钦奉诏书内一款，南京马快船只赴京公干，除例该听候半年外，其余有装运物料前来到京者，许令总小甲将原领勘合赴部投收，伺有内外差使官员奏开合用船只数目，该部方许依数差拨，以遵旧制，钦此。”［（明）王概《王恭毅公驳稿》卷上《马船》］“总小甲”与地方治安的“火甲”“总甲”职务有别，也没有业务关系。

② （明）姜宝《船政新书序》，载《续修四库全书》878《史部·政书类》。

③ （明）李东阳等撰《大明会典》卷158《南京兵部》。

④ （明）李东阳等撰《大明会典》卷149《驿传五·马快船》。

⑤ （明）李东阳等撰《大明会典》卷158《南京兵部》。

⑥ （明）倪涷《船政新书》卷2《船政弊害缘由》。

⑦ （明）湛若水《湛甘泉先生文集》卷19《请复快船月粮以除帮甲困苦疏》。

⑧ （明）倪涷《船政新书》卷2《船政弊害缘由》。

役”[①]。水夫“旧例每名每月支粮米五斗，不分出差在外，回坞听差，常川关支”[②]。至嘉靖八年，议准快船小甲余丁“长差以一年为限，给行粮六个月，短差以八个月为限，给行粮四个月，每人一月该米三斗，折银一钱二分”[③]。

江淮、济川二卫“原额大小马船八百一十七只……每船小甲一名，随船水夫一十九名”[④]。按此计算，则要佥甲夫共一万六千三百四十名。而倪涷称：“国初二卫马船共八百一十七只，而夫共二万三百六十二名。二卫官员，相沿私役，殆不可记。”[⑤]这说明卫官私役水夫非常严重。小甲水夫是在造船所在府县民户中佥充。史称：“马船乃洪武元年令湖广、江西二省，太平、安庆、宁国三府沿江地方，惯熟风水，造船佥夫解部听用。”[⑥]

其佥编夫甲的方法，与快船在军户中佥编甲夫方法不同，待遇也不一样。根据倪涷所说，马船佥编甲夫有两种方法：

一是垛集而来的。如“湖广、太平二处水夫，系垛名永充，原无工食，故设有赡夫田，听各夫回籍取讨田租及户丁津贴”[⑦]。

二是计粮佥充的。如在湖广郴州，史称：“以本属六州县差米通融均编江济水夫八十名，银三百二十七两六钱。”[⑧]在江西等地，史称：“江西、宁国、安庆三处以民粮审编，十年一换，悉照解军事例，佥妻发解，遇缺清勾，而各夫工食，仍自回取讨。”[⑨]

弘治年间，南京兵部尚书王轼奉诏条陈马快船只事宜时，亦说：“江淮、济川二卫水夫以田亩丁粮佥充者，十年则审编更易，遇有消乏，宜如旧佥替。若洪武间钦取夫船并免军充役者，后有逃亡，本宗丁尽户绝，宜遵诏

① （明）李东阳等撰《大明会典》卷158《南京兵部》。
② （明）湛若水《湛甘泉先生文集》卷19《请复快船月粮以除帮甲困苦疏》。
③ （明）李东阳等撰《大明会典》卷158《南京兵部》。
④ （明）湛若水《湛甘泉先生文集》卷19《请复快船月粮以除帮甲困苦疏》。
⑤ （明）倪涷《船政新书》卷1《议水夫听事揭帖》。
⑥ （明）倪涷《船政新书》卷2《船政弊害缘由》。
⑦ （明）倪涷《船政新书》卷2《船政弊害缘由》。
⑧ （明）徐学谟纂修《万历湖广总志》卷28《徭役志下·郴州》。
⑨ （明）倪涷《船政新书》卷2《船政弊害缘由》。

即与除免。”[①]王轼所说的“钦取”，就是倪涷所说的“垛集”，是作为力役征发而来的，是免其军役而充水夫力役的。他们的待遇，没有工食供给，只设有“赡夫田”，听其回籍“取讨田租及户丁津贴”而已。他们是终身服役，“垛名永充”。王轼所说的“以田亩丁粮佥充者”，就是倪涷所论的“以民粮审编”，十年一换。佥解以军法从事，即“悉照解军事例，佥妻发解，遇缺清勾”，是世袭罔替的。户绝水夫，后来由罪犯顶补。如正德十四年(1519)，“题准徽、宁、池、太等处问发充军人犯，不拘远卫附近，终身永远俱免充军，发江淮卫顶补当涂县户绝水夫”[②]。其待遇“与正军相同，每月支米一石，又有原籍工食银两”[③]。当时的工食银两，是从水夫原籍征发而来的，史称：“国初，江西、湖广、太平、安庆，皆有司造船，而佥夫驾运，故有赡夫田，其资本厚。宁国以路近，故每夫岁编工食十两解部，内扣二两为修造工料，而八两给夫，比之江西等处，尚为不及，后经题准，江西等处将工食料价征银解部，其数渐减至于四两与三两五钱，而宁国乃减止六两，视他处反优焉。”[④]可见因原籍不同而异，“有六两、四两、三两五钱”[⑤]的。一般都较上述快船甲夫优。

还有大小黄船，亦是明政府的重要交通运输工具。史称：“国初造黄船，制有大小，以备御用。至洪熙元年，计三十七只，正统十一年，计二十五只。常以十只留京师河下听用。”[⑥]这些大小黄船，原是“永乐以来供奉乘舆北驻及进贡方物而设”[⑦]。除了大小黄船，尚有预备大黄船，供皇帝巡幸之用。匾浅黄船，制式同小黄船，“取其小且轻”，供太常寺进时鲜用。[⑧] 其编审小甲夫役等项，史称：“黄船则审甲由兵科，造修由工部，而拨差由外

① 《明武宗实录》卷5。

② (明)李东阳等撰《大明会典》卷158《南京兵部》。

③ (明)湛若水《湛甘泉先生文集》卷19《请复快船月粮以除帮甲困苦疏》。

④ (明)倪涷《船政新书》卷4《客问》。

⑤ (明)倪涷《船政新书》卷2《调度大纲》。

⑥ (明)李东阳等撰《大明会典》卷200《河渠五·船只·黄船》。

⑦ 《明世宗实录》卷117。

⑧ (明)沈启《南船纪》卷1《黄船图数之一》。

守备。”[①]和马快船体制不同。

三 明代南京马快船的打造和维修

洪武初年，马船和快船的体制不同，其打造和维修不一样。上引湛甘泉说“原额大小马船八百一十七只”，与《大明会典》所载原额数符合，完全由地方官府承造。史称：

> 洪武十年，令武昌、岳州、荆州、归州各造马船五十只，每只定民夫三十名，以备转送（指由四川、云南市易马骡和少数民族贡马——引者）。后复定江西、湖广二省并直隶安庆、宁国、太平三府造马船共八百一十七只，佥拨水夫二万三百六十余名。广西全州灌阳县造马船二十一只，佥民夫五百二十五名，俱隶江淮、济川二卫，其工食、料价银两亦系原编省府征解。[②]

按这里《大明会典》记载，是说洪武十年以后，才命令江西、湖广二省并直隶安庆、宁国、太平三府造马船共八百一十七只（不包括广西所造二十一只马船在内，因不久便革罢），其实早在洪武初年已在沿江一带造马船，如上引洪武六年魏浚就在沿江府县督造马船二百八十五艘。所以南京兵部车驾司员外郎倪涷才说：“马船乃洪武元年令湖广、江西二省，太平、安庆、宁国三府沿江地方，惯熟风水，造船佥夫解部听用。”[③]可见这里《大明会典》的记载是综合洪武年间造马船而言，具体时间数目便疏忽了，从而造成疑惑，应改为洪武年间湖广、江西二省并直隶安庆、宁国、太平三府沿江地方共造马船八百一十七只，包括上面提到的洪武六年、十年所造的马船共四百八十五只在内，才符合史实。洪武二十八年（1395），始设江

---

① （明）倪涷《船政新书》卷4《黄船》。
② （明）李东阳等撰《大明会典》卷200《河渠五·船只·马船》。
③ （明）倪涷《船政新书》卷2《船政弊害缘由》。

淮、济川二卫专管马船事宜。史称："洪武二十八年，始设江、济二卫，使之停泊船只，安插人夫，而它卫所不与焉。"①

看来江、济二卫当时只管停泊船只和安插人夫事宜，不管造修船只。史称："凡船只朽坏，皆发回（原造修府县——引者）修造。"②具体情况，目下尚不了解。后来大概"发回修造"，废时误差，便改为随船甲夫修理。如大马船，史称："两卫大马船，向不修理，遇差，即令本甲科派各夫，自行整舱，殊非事体。"③于是水夫不仅要负担力役，而且要负担银差。

南京锦衣等四十卫快船原额，现见史书记载不同，如沈启《南船纪》卷2引《工部条例》称："南京各卫快船额设七百八十八只。"（潜按：此非原额，是后来减存之数。《西园闻见录》卷70："万镗疏曰：南京锦衣等卫额存快船七百八十八只"，可资佐证。）又如《船政·题例》中，南京兵部尚书臣熊等题奏："查得旗手等卫原额快平船共八百只，先年奏革一十七只，见在船七百八十三只。"查《大明会典》卷158《南京兵部》称：嘉靖三十七年题准，"锦衣等四十卫快船八百只，屡经奏减，见存……快船七百五十只"。可见这八百只快船，亦非原额，是后来减存数。原额究竟多少？《大明会典》卷158《南京兵部》称，快船，"原额船九百五十八只"。明人李昭祥《龙江船厂志》卷2《舟楫志》亦称"快船原额九百九十八只"。两者相差40只，恐是笔误所致。今依《大明会典》所载快船原额数。这些原额快船的打造，早在洪武初年已经开始，并投入使用，如上引军事上"载辎重为快船"。永乐以后，沿着大运河，南北往返，络绎不休，常有损坏，便由南京兵部车驾司通知龙江提举司委官相勘，应否修理或拆除，重新打造，"料计会办给"，然后由南京兵部车驾司委官"领赴造船厂兴工"修造。④

著名的龙江造船厂在南京城西北，明初在此设置龙江提举司，负责造船。当时黄船修造由龙江造船厂负责，马快船亦有专厂负担，如南京锦衣

① （明）倪涷《船政新书》卷2《船政弊害缘由》。
② （明）倪涷《船政新书》卷2《船政弊害缘由》。
③ （明）倪涷《船政新书》卷3《造修船只之法》。
④ （明）李昭祥《龙江船厂志》卷2《舟楫志》。

等四十卫的造船厂，江济二卫收木厂及拨船厂都在龙江造船厂范围之内。史称：“造船厂、江济二卫收木厂并在赤字铺，江济二卫拨船厂在驰字铺……黄船厂在誉字铺。”①可见龙江造船厂内，不仅有黄船厂制造黄船，还有属于四十卫的造船厂和江济二卫的收木厂和拨船厂，各厂分别担负起各项生产任务。

打造和维修快船的工本费用，宣德年间，实行官府与军余按比例负担的办法，史称：“宣德十年奏准物料每船以十分为率，官给六分，军余自备四分，中府委官于造船厂督造。”②“军余自备四分”，即由小甲和在船水夫负担。当时，小甲领“官给六分”的工料银两，和委官同赴造船厂造修船只。他们不仅负担力役，还要负担造修船只的银差。小甲所领的工料银两，不够修造费用，常要赔补。再加上长差在外，“而长途之费用不赀，积猾之需求无厌，彼将何以堪之也”③。这样就导致个人充当小甲很难支撑下去，到了正德八年(1513)便实行“垛甲”的办法，史称：“正德八年，因差繁难，每船佥取军余三五名，名曰垛甲，照分出银，帮助小甲出水。”④

所谓“垛甲”，实际上是数人朋充甲役，如倪涷说：“故有一船而三四甲者矣，一甲而数人垛名朋役者矣！”后来“垛名不已，而加之以帮甲，帮甲不已，而波及于余丁，一船所累，毋虑数十百家”⑤。

据此可知“帮甲”与“垛甲”又不同，据南京兵部车驾清吏司员外郎李迁说：“查得快船帮甲之设，当初审编殷实人户，止照分数出办年例贴差银两，其于造船修船并不干预。”⑥这说明正德以后，帮甲负担造修船只的任务。史称：“南京锦衣等四十卫快平船只，先年系是各船帮甲领银承认造修。”⑦

---

① 《江宁府志》卷5《城厢》。

② (明)沈启《南船纪》卷2《马快船条例之五》。

③ (明)倪涷《船政新书》卷1《快船雇募疏》。

④ 南京兵部车驾司编《船政》，载《续修四库全书》878《史部·政书类》。

⑤ (明)倪涷《船政新书》卷1《快船雇募疏》。

⑥ 南京兵部车驾司编《船政》，载《续修四库全书》878《史部·政书类》。

⑦ 南京兵部车驾司编《船政》，载《续修四库全书》878《史部·政书类》。

宣德年间实行的“官给六分，军余自备四分”的造修船只的物料比例，中间可能有变化，至弘治初年才又恢复，但是存在弊病很多。所以，弘治年间，倪岳说：“及其（快船）敝坏打造之际，初年料物，俱系工部出办。近年奏定官出六分，自备四分，官出者不以时给，打造不前；自备者负累军余出办，贫苦百端，交收在官，又被卫所官员侵欺花费。及用造船，毫厘无措，以致船只无由完备，军余办价不已，似此事理之弊蠹，不为变通，则官军之贫穷，何由苏息。”[1]因此，他向南京兵部建议，查勘各卫打造修理快船事。他说：

> 南京兵部各委公正廉能官一员……查勘各卫打造修理未完快船共若干只。见领料办价打造者若干只，已领杉篙等料花费无存者若干只，已办价花费无存者若干只，人船俱无下落者若干只。每船通计该用银若干两，各以料价二项分数多寡计算，见有而不足者应该补足，花费而无存者应该全给，通将侵欺官员查出拿送法司，照例从重问罪，监追前价，其不足之数，亦将兵部每年原收马草场等项地亩银两，照数那借支给应用，并行南京工部即将该给物料作急支给。除人船俱无下落者开豁不必打造外，其余船只督并打造完备。……仍行管船官员不时点闸，务要用心爱护，依时修舱。以后仍照例十五年以外，不堪撑驾者，官给全料，十年以里损坏者，责与本船夫甲备料修理。[2]

他的建议很重要，对整顿船政、打击贪污起了一定作用，同时反映了打造船只制度不健全，需要整顿，于是停止了“官给六分，军余自备四分”的造修船只的物料比例制度，改为官府提供物料银两。明政府从弘治十年（1497）给一百两到正德十二年（1517）提高到一百二十两。史称：“南京兵部奏行会议，原给银一百两，不敷成造，南京工部添银二十两，兵部添银一十两，其底船不许变卖，存留改造匾浅船，装载芦柴等用，除去钉板银十两，

① （明）倪岳《青溪漫稿》卷14《奏议·会议》。

② （明）倪岳《青溪漫稿》卷14《奏议·会议》。

每船共银一百二十两,每年成造六只。”①

嘉靖时期,随着明朝宫廷奢侈生活的需要,南方运输至北京的生活用品和手工业原料逐渐增多,再加上内臣及达官贵人援例多用船只,差拨快船运输就较为繁忙。但是,由于造修船只积弊较深,未能革除,“以致停造年久,败船满坞,近因差使繁多,几于无船可拨”②。因此,明政府开始重视造修船只事宜。如嘉靖九年(1530),世宗皇帝亲自下达任务,规定:“快船每二十年一造,十年一大修,五年一中修,每年造船四十只。”③只因可以修理,就不必新造,所以不久,“又议准南京各衙门快船,如有损坏,应修理者,照旧修理,不堪修理者,听本部委官验过,给官价成造。惟取足原额,不必拘定四十只之例”④。为了取足原额,完成造修船只的任务,南京兵部车驾司对造修船只实行了一系列措施:

首先,新造快船,每只工料银加至一百五十两。史称:“嘉靖元年,又该南京兵部车驾司奏议,每船一只,兵工二部各加银一十五两,与前一百二十两,共一百五十两,每年成造一十二只。”⑤

其次,处置船底。由于新造一只快船,只给一百五十两,仍不够支用,小甲赔补太多;同时,底船存留,改造匾浅船,常常弃置不用,造成浪费。至嘉靖四年(1525),实行将船底出卖,部分补作小甲造船工食。史称:

> 嘉靖四年,又该南京兵部议处船底,为照每年改造快船,小甲(陪)[赔]补不下百两,而有用底船因仍丢弃,诚为可惜。今后快船听差二三十年委果损坏,复查明白,即将钉板估计价值,内除十两资助本船打造工食,余价定作三分,南京工部坐二分,兵部坐一分,于该给银内各作扣除作数。兵部覆议所卖底船,必须会同南京工部差委该司经

① (明)沈启《南船纪》卷2《马快船条例之五》。
② 南京兵部车驾司编《船政》,载《续修四库全书》878《史部·政书类》。
③ 南京兵部车驾司编《船政》,载《续修四库全书》878《史部·政书类》。
④ (明)李东阳等撰《大明会典》卷158《南京兵部》。
⑤ (明)沈启《南船纪》卷2《马快船条例之五》。

管官员眼同验估，责付本船小甲变卖，不必拘定年限，挨次成造，仍咨该部会同南京工部议处施行。①

出卖船底，弥补造船费用，避免丢弃浪费，本是好办法，但是"看估扣算"的环节中，产生"那移"或"欺骗"的弊病；同时，各官对船底"会勘，未免后时"，因而改为"比照漕运底船事例"，"每只定作银二十两"，作为底船的价格。如果"间有遭遇风水漂流损坏底船，难拘定数，须是临时估算"②。

其三，重申"官修官造"。南京兵部虽然屡出告示，申明快船"官修官造，不许拘扰帮甲"，但实际上造船厂和拨船厂向帮甲冒滥科派的事，仍然存在。史称：

照得本部车驾司见行事务，莫大于修造船只。南京锦衣等四十卫军余困苦莫甚于帮甲。嘉靖二十一年，该本部题奉明例，各卫船只官修官造，不许拘扰帮甲。该厂（造船厂、拨船厂——引者）踵习旧弊，于领给官银之外，仍开帮甲自备帮助银两数目，造册完报。此外，冒滥科派更多，各卫军余未能苏息。③

其实这种拘扰帮甲的弊政，早年已经存在，造成的后果是相当严重的。史称：

据南京旗手等卫军余方钦等连名告称：先年蒙佥快船帮甲，每船或四五名，或七八名，各照分数出银，如遇有差，共出银二十两付与小甲应役，无差年分共出银十两，以助小甲出水。近年以来，一应修船造船等费，俱令帮甲出银陪补，少则五六十两，多则百十余两，往往将各

① （明）沈启《南船纪》卷2《马快船条例之五》。
② （明）沈启《南船纪》卷2《马快船条例之五》。
③ 南京兵部车驾司编《船政》，载《续修四库全书》878《史部·政书类》。

家产子女变卖,犹不能办,如金吾后卫帮甲朱昇因修船无措,夫妇二人同溺死于水;羽林右等卫帮甲蔡清、徐胜、陈清等亦因修船逼迫自缢身死……其他挈家逃走者不计其数。[①]

为了阻塞“奸贪之辈,巧说买木价银不彀,造修用度不敷”,而开拘扰科派帮甲之门,曾将小甲冯聪、王立等拆造样船、小甲任福等大修样船、王荣等中修样船所用工料银逐项开载,刊刻成书,“散与各甲”,并打造碑记,立石大书以记其事,发给两厂遵守。[②] 但是,这些措施没有起到示范作用,造修船只任务不能完成,直接影响差拨船只,整个嘉靖年代,始终存在,无法解决。

嘉靖年间,造修快船,由南京兵部车驾清吏司直接管理,虽然存在许多问题,特别是利用修造船进行贪污之事无法杜绝。但从他们定出的造修船只的规划看,还是比较严格周密,包括稽财用、搭篷席、查底船、算板片、遵定式、核物料、禁故板、严工程、精造作、裁冗费、谨堤防等,对造修船只的全过程各个环节,都关照到,如谨堤防一条,提出造修蓬厂堆积竹篙、芦席等物,要注意防火防盗。值得特别注意的:一是遵定式一条,由于原来马快平船长短、广狭俱有原定尺寸,只是“积年匠作或多通同夫甲,妄意增减,预图揽载之利者,使大其量,而有容间存省料之心者,虽小其材,而亦用事属故违法难轻贷”,因此,要求“今次造修船只,匠役务要恪遵原定丈尺,如法造作。本职(车驾清吏司主事——引者)每日诣厂看工,即带原画图样,随将船身前后内外板木物件长短、广狭、厚薄尺寸,逐一查对,如有违式增减,定将匠作治罪,仍追工食,官甲连坐”。[③] 二是精造作一条,要求“承委官员务要严督匠作,凡船周身紧要去处,俱用正色坚实新木,其合用整段板片者,不得零碎饾钉,致易惊损,如拆造止完脚梁帮底拖泥,就行侧底舱缝,庶得坚固,钉锔俱要粗壮,密施油灰,务使细匀深入。……违者痛责船工,完

① 南京兵部车驾司编《船政》,载《续修四库全书》878《史部·政书类》。
② 南京兵部车驾司编《船政》,载《续修四库全书》878《史部·政书类》。
③ 南京兵部车驾司编《船政》,载《续修四库全书》878《史部·政书类》。

日仍取具各匠结状,如不及造修年分损坏者,根究追陪,决不轻贷”[1]。这样监督管理造修船只,严格要求,使嘉靖年间造修的快平船的质量得到保证,形制雄伟,构造精密,较从前坚固耐用。史称:“所造船只合查比旧式稍从浅狭,使易于撑驾牵挽,奸人不得多揽装载以缓行,船甲不至陪添工料以受累,且又便江防之用,不失立名风快之初意。”[2]它与马船、平船的样式虽然不甚相远,但亦各有特色,正如明人倪涷说:“马船上高而下浅,密舱而狭旁,便于乘座。快船上浅而下深,舱疏而旁阔,便于装贮。而平船无楼,盖装运竹木之具也。”[3]然而,由于政治腐败,贪污成风,船政弊病,沉积太深,始终无法根除,亦无法走上新的轨道。

大黄船

[原载(明)李昭祥《龙江船厂志》]

① 南京兵部车驾司编《船政》,载《续修四库全书》878《史部·政书类》。

② (明)沈启《南船纪》卷2《马快船条例之五》。

③ (明)倪涷《船政新书》卷4《客问》。

快船

[原载(明)李昭祥《龙江船厂志》]

四　明代南京马快船的管理机构和差拨

明代南京马快船的管理,主要是编审、修造和差拨事宜。编审和修造,前面已有专节讨论。本节从机构的角度来谈管理和差拨事宜。

明代马船夫甲的编审,原由江西、湖广二省并直隶太平、宁国、安庆三府与江淮、济川二卫管理,后来才和黄船一起归南京兵部管理。快船编审、修造和差拨,原由锦衣等四十卫管理,景泰元年(1450),亦归南京兵部管理。所以《大明会典》载:“凡黄船俱隶本部管理……凡南京江淮等卫马船,修造、差拨俱隶本部……凡锦衣卫等四十卫风快船,每十年一次编审夫甲及修造、差拨之事,景泰元年俱改隶本部。”[①]这样,自景泰以后,南京兵部实际上成为南京马快船的总管,其下设机构有:

车驾清吏司。设主事一员,专管船政,具体管理工作:(1)编审快船小

① (明)李东阳等撰《大明会典》卷158《南京兵部》。

甲,史称:“旧因快船小甲,关系甚重,原由车驾司编审,故有更替顶补,亦由车驾司定夺。”(2)发水夫工食及小甲接贴银两,史称:“水夫年终或临差支领工食及小甲接贴银两,皆具通状过部,送车驾司,行卫查造手册领结,仍取船政分司指掌册,磨勘明白给发。”(3)监督前站经手。所谓“经手”,即出差宦官的走卒。史称:“前站经手,每月初二日赴车驾司点卯,查其有无坏法,违者依律究遣。”(4)管辖新添船厂工匠,史称:“旧例每月添匠赴车驾司点卯,盖恐其代内官装做漆器,私带进京,事属无益,今即停免。”①

船政分司。前身为船政厅,亦管船政。具体管理工作:(1)管理修造船只事,如提估船只,验明定等;“具案呈堂,批车驾司查明支给”官银;给发造船应用木植油麻钉锔等项。(2)负责收取锦衣等卫丁银文册,并知会车驾司。又“江济造报夫余册,照旧止申船政分司”。(3)负责“委官告假,各甲巡风,船行执结,回坞报到及报杠验装,告卖底薪,摆江季报,一切琐务”②。

黄船厂。专管黄船及修造事宜。

拨船厂。原管差拨,报杠验装。万历以后,由管船主事管理,“则拨船厂为虚设,乃以快平船之修理者属之”③。于是拨船厂便改为快船厂,专管快船修理。报杠验装,改由二卫委官负责。

造船厂。管新造船只,“总收木植”。万历以后,改为马船厂。

以上各厂,由把总指挥管理总厂务。这些把总指挥多以江济二卫掌印官兼任。④

下属机构过多,职责不专,常给工作带来困难,如“旧例追扣出则等项银两,但由船政厅出票,车驾司不知其多寡,及各甲完纳,止向车驾司投批,船政厅不知其完欠”。船政厅又如何去追收?或是给工作造成损失,如“厂卫各官贤否事迹,皆船政分司,日逐亲临,事事有据,乃至岁中举刺奖

---

① (明)倪涷《船政新书》卷3,本段未注出处者,俱见此。
② (明)倪涷《船政新书》卷3,本段未注出处者,俱见此。
③ (明)倪涷《船政新书》卷1《厘正五议疏》。
④ (明)倪涷《船政新书》卷1《厘正五议疏》。

戒，尽由车驾司，而分司绝不相与，车驾司既无定见，则临期遍用耳目，反致失真”①。

差拨船只是重要的船政事宜。拨船向来“由车驾司说堂定数，送船政分司照数序拨”②，每季船政分司向兵部报告所差拨船只数目，以备查考。被拨出差船只，需先到拨船厂报杠验装，“开具在船什物，告给印信批单，交付随船小甲领驾赴京”③。

由于小甲产业有厚薄，承担差役能力有强弱，编差相等而导致劳逸不均，因此，隆庆六年（1572），根据产业厚薄，将小甲分为三等编差。史称：“快平船小甲劳逸不均，议于十年内量编三差，其业厚者则定以全差，稍次则二差一差，又次则二三人朋合一差。”同时，对船只交接，亦做出规定，史称：“凡上甲领船，必候差完回坞，方许交付下甲接管，其关支月粮，亦以领船日为始，以交船日住支。依次轮流，周而复始。”④

马船和快船数量不等，构造也不同，差拨的原则就不一样。嘉靖二十一年（1542）是“三七兼拨”。史称：“年例起运进贡等项所用马快船不过四百只，三七兼拨，快船止用二百五十只，三年一差，其止用七百五十只。”⑤到了万历二年（1574），马、快船增减不一，便改为“以后差拨，马船四分，快船六分，不许那移”⑥，差拨马快船的原则便改变了。

差拨马快船的对象：一是南京各衙门，每年进贡等项需用船只，这是比较固定的。如成化年间，南京“司礼监二起：制帛一起，计二十杠，实用船五只；笔料一起，实用船二只。守备并尚膳监等衙门二十八起……”⑦这是比较宽松的，即船只装载不满，空间较多。而存坞船只不够差拨，所以到嘉靖九年（1530），令并省南京进贡等项船只，如“南京守备厅：一起鲜藕与荸

---

① （明）倪涷《船政新书》卷3《申明职掌之法》。
② （明）倪涷《船政新书》卷3《申明职掌之法》。
③ （明）李东阳等撰《大明会典》卷158《南京兵部》。
④ （明）李东阳等撰《大明会典》卷158《南京兵部》。
⑤ （明）李东阳等撰《大明会典》卷158《南京兵部》。
⑥ （明）李东阳等撰《大明会典》卷158《南京兵部》。
⑦ （明）李东阳等撰《大明会典》卷158《南京兵部》。

荐并用船三只……南京司礼监：一起制帛，用船三只……”[1]著为定例，计并省船只数目，共九十五只，其中南京太常寺二至十一月份，青梅、雪梨等装小黄船七只。比成化年间已略为减少。二是钦差大臣公侯伯出外公干，如操江镇守之类，或赴王府册封，在京大臣以礼致仕还乡及丁忧病故者，张真人朝觐回还，南京内外官进贡回还，亲王之国等用船，常常不固定，带有临时性。无论哪一种，都要经过一定的手续，船只才能发行。如关于进贡等项人员赴京，史称：

> （嘉靖）二十八年，令南京守备衙门并南京兵部，以后遇有进贡等项人员赴京，先期约会务选奉公守法之人，其随带人役，止许四名，仍酌量事体，定限回销，刻板印刷格眼长单一张，黏连原差批文，填写应付数目，给付应差人员收执，沿途逐程如前依数填写。待至京之日，将原来关单缴部，查勘果无稽迟及需索情弊，方许填给勘合，应付回还。中间若有分外需索，即填注格眼单内，以凭参究。[2]

这里说南京各衙门进贡等项人员赴京，需选奉公守法之人充当押运官员，然后申请拨船，经南京守备衙门并南京兵部审查，批文，车驾司填写应付数目，并给长单一张，黏连原差批文，给付应差人员收执，沿途驿站才能应付人夫。同时，填写印信空白勘合一纸，给该船小甲收执，要求“自仪真起，将前单投入该县驿递，填写奉到日时，应付过廪粮人夫实数，用印钤盖，仍付收执。沿途州县驿递，一体填印。到京之日，将前勘合送司查对，若有司阿谀奉承，及应付稽迟，一体究治”[3]。

如果不依上述制度差拨，车驾清吏司擅自拨船，便要受到法律处理。如天顺年间，“田聚明招：假写田太监揭帖，赍赴兵部车驾司，与郎中章瑄，

① （明）李东阳等撰《大明会典》卷158《南京兵部》。

② （明）李东阳等撰《大明会典》卷158《南京兵部》。

③ （明）李东阳等撰《大明会典》卷149《驿传五 · 马快船》。

诈说尚膳监田太监使我来上付大人有快船，讨一只前去河间府踏勘田土，章瑄不合听从，擅将快船一只拨与等情。依此招词，章瑄显有听从嘱托情由”。“今拟前罪事属未当”，“谭福住、章瑄俱依不应得为而为之事理，重者律减等，各杖七十”。[①] 可见当时官员用船制度尚比较严，自此以后，随着政治腐败，嘱托拨船或多拨船只的事才逐渐增多，差拨制度才被破坏。

由于马快船系官营的交通运输工具，所过关卡，免征关税。商人可能借此乘搭，运载货物，降低成本。而押运马快船的内臣和小甲人等，也可能借此牟取私利。他们常常是装载贡品，不满一船，留下空间装载商货。如成化六年(1470)，姚夔指出：“南京马快船只，往往装载官物数少，私物数多，每船一只或止有一二杠，其余俱系附搭客商军民物货。沿途索要人夫拽送，搅扰驿递，虽节有禁例，因循日久，其弊尤甚。”[②]他们或是虚报品物，务求多拨船只。如嘉靖九年(1530)，史称：“管运内臣，乃有假进贡以规利者，拨船之际，虚张品物，务求多船，以济己私。”[③]他们或是违例少装柜只，争取空间，揽载客商货物。如成化二十年(1484)，由南京兵仗局“起运军器七千二百件，装盛六百七十四柜，其管运官不肯照依本部(南京兵部——引者)奏准每船装二十五柜则例装运，每船止装一十七柜”[④]。他们甚至违例多拨船只，如正德十六年(1521)，史称：“南京年例进解马快船只，旧例每起不过三只。正德元年以来违例拨给，比旧加多，揽载客货，沿途搅扰，本等禀给夫役之外，勒要银两数多，甚为民害。”[⑤]他们甚至把官物置于舱外，以舱内承载商货。如正统十四年(1449)十月，应天府江宁县前任主簿王冕揭露：“南京快马船供送官物，船夫岁食粮米，近者每供送辄贿其官，将一船所载官物散十余船，甚至暴露船舱之外，而以舱承揽客货，沿途起夫拽送，动辄百余船，有司承送不暇，如马槽本粗物，暴露日久，至则朽

---

① (明)王概《王恭毅公驳稿》卷上《马船》。

② (明)张萱《西园闻见录》卷70《船政》。

③ 《明世宗实录》卷117。

④ (明)王恕《太师王端毅公奏议》卷6《论拨船事宜奏状》。

⑤ 《明世宗实录》卷1。

裂不堪用矣。”[①]他们甚至利用马快船走私官盐，如成化年间，内官监太监王敬“带百十号马快船只，装载私盐”[②]前往江南发卖。面对这种严重的局面，明政府一方面严禁黄马快船招商揽货，规定被差拨的黄马快船，自装运之后，限五日以内启程，不得停留招商揽货。[③] 同时，执行严刑，如弘治十三年(1500)，“议准，凡黄船附搭客货及夹带私物者，小甲客商人等俱问发极边卫分永远充军，若止是空身附搭者，连小甲俱发附近充军。马快船附搭客货及夹带私物者，小甲客商人等俱发口外充军，货物入官，若客商人等止是空身附搭，照常发落”[④]。另一面是严检杠柜装船，派专员监视。史称：“凡拨船装运物件，行御史给事中各一员监视，不许多占夫船，其每年拨过船数，仍咨兵部以备查考。”[⑤]到了成化十二年(1476)又重申“马快船只柜杠，务要南京内外守备官员会同看验，酌量数目开报，南京兵部照例会同给事中、御史看验满载，方许发行”[⑥]。此外，严禁沿途索夫挑运商货。早在宣德四年(1429)就提出船头置木板事例，规定“自今运物船、马快船，俱令掌船者每船预置木牌一，大书本船军夫数目、姓名，有急运应增者，上水不过七人，所司给与印信帖子，大书所增贴于牌上，以牌竖于船头。所过有司如牌所增给之，下水不给，违者许被害之人及有司指实以闻。仍遣内外官不时沿路搜检，私载物货，究治其罪”[⑦]。自然，明政府这些措施，有的虽然很严厉，但是，效果甚微，违例差拨马快船只、招商揽货、走私官盐等始终存在。

五　明代南京马快船营运中的弊端及万历年间的船政改革

自宣德、正统以后，马快船甲夫负担差役繁重，官府给予的待遇渐被减

① 《明英宗实录》卷184。
② (明)王恕《太师王端毅公奏议》卷5《乞取回买玩好王太监奏状》。
③ (明)李东阳等撰《大明会典》卷158《南京兵部》。
④ (明)李东阳等撰《大明会典》卷158《南京兵部》。
⑤ (明)李东阳等撰《大明会典》卷158《南京兵部》。
⑥ (明)李东阳等撰《大明会典》卷158《南京兵部》。
⑦ (明)徐学聚《国朝典汇》卷162《兵部二十六 · 邮驿》。

削，如快船甲夫月粮，倘不出差，便被停支。史称：随船余丁“旧例每名每月支粮米五斗，不分出差在外，回坞听差，常川关支”①。至嘉靖十年(1531)，“在坞无差年分，随船余丁退出回卫听差，月粮通行住支……船回在坞，看守修造，俱各无粮，负累困苦，日不聊生”②。按原来规定，他们除了月粮，还有行粮，如上所述，但至景泰元年(1450)，亦被停支。平江侯陈豫奏：“南京各卫马快船军士例支月粮外，每遇差遣，又各支行粮，比之征操官军非惟劳逸不均，实亦虚费粮赏，乞命该部量与减省……事下户部议……马快船军夫行粮，宜暂住支。从之。”③以后曾经恢复，“快船余丁仅支两月行粮六斗”，直至成化十九年(1483)，他们“率多匮乏，弃船以逃”，才恢复旧例，小甲“应支月一石者，内除家小米四斗，按月支用，其听守六月，每月六斗，共三石六斗，并余丁止支两月、凡六斗者，今加再倍为六月，共一石八斗，尽数给之”④。同时，马船与快船体制不同，待遇亦不同，苦乐不均。如明人湛若水指出：“马船设有各省每岁解来工食及船料银两，而快船则无有；马船甲夫尚照旧支有月粮，而快船则无有焉，是二样船只，苦乐不均也。”⑤值得特别提出的：一是各府县征收马船水夫工食，事体错杂，难于综核，结果有的府县“几年无解，而径行改编者矣”；有的府县原无水夫，如“册查芜湖、黄梅、黄安、泸溪、兴安、城步等县，原无水夫，而岁征解银一千七百余两”；有的府县编审与岁支银不一致，如“当涂县岁支银陆千余两，而止编贰千余两”。⑥ 嘉靖初年，江西等处一般都拖欠，无法交纳。史称：“济川等卫快船(潜按：马船之误)工料，额设江西、湖广、南直隶等处，每负课不完。”⑦收支马船水夫工食银如此混乱，自然无法依时合理支放给水夫。二是管理官员及公差内臣人等对他们索诈、剥削和压迫，把他

① (明)湛若水《湛甘泉先生文集》卷19《请复快船月粮以除帮甲困苦疏》。
② (明)湛若水《湛甘泉先生文集》卷19《请复快船月粮以除帮甲困苦疏》。
③ 《明英宗实录》卷194。
④ 《明宪宗实录》卷245。
⑤ (明)湛若水《湛甘泉先生文集》卷19《请复快船月粮以除帮甲困苦疏》。
⑥ (明)倪涷《船政新书》卷1《厘正五议疏》。
⑦ (明)焦竑《玉堂丛语》卷2《政事》。

们逼上绝路。如弘治年间倪岳揭露:“照得马快船,专备装载官物之用。近年以来,差使浩繁,驾船夫甲,横被管运内外人员索诈,艰苦不可名状。”①其中受害最深的是马船夫甲:

如南京内官监年例,该运黑沙洲等处芦柴,计把不啻千万,占差六百料马船共一十六只,随船水夫约五六百人,每年芦柴就派水夫各自砍斫装载,管押官每船一只,要银二三十两,水夫贫难,多将月粮卖矮,方免捶楚。及交柴之际,管场官又行索取,每柴一束,要钱一文,柴满千万,则钱亦千万,钱不敷者百般刁难。②

其他被派往芜湖抽分厂运载板枋的马船,亦被管押人员索诈,“逼迫人夫,因而逃窜数多,船只废坏”③。快船甲夫的遭遇也一样,如明人柴昇揭露:“近年以来,差遣频繁,使用重大,在坞者窘于修理,在途者困于征求,往往弃船逃走,经年不获,市鬻子女,失弃家业。”所谓“在坞者窘于修理”,即按规定,快船甲夫负担快船修理费用。“在途者困于征求”,所费实难计算。他举例说:

盖每船一遇差拨,则公差内臣并跟随家人伴当,及投托无籍之徒,便问甲夫逻要进见礼物,帮船银两,往来看船、顾脚、台(抬?——引者)轿、柴米、酒肉,百般需索,俱于甲夫名下揽敛应用。稍有迟误,凌辱绑打,棰苦百端,甚至拘拿。……及至一船京差往回,动经费银四五十两。不勾(够?——引者)花销,只得营谋规避,或投充牺牲所军役,或投充庙户,或投充神帛堂,或充各监局匠役,或充内外守备军伴,资籍盘据,影射差役。卫所迫于势要,行拘不发,部司为之掣肘,难定

① (明)倪岳《青溪漫稿》卷14《奏议·会议》。
② (明)倪岳《青溪漫稿》卷14《奏议·会议》。
③ (明)倪岳《青溪漫稿》卷14《奏议·会议》。

编佥，以致贫难之家，二三朋名，四五帮贴，驾船不一二差以下。户人之产，罄然一空，逃亡日继。[①]

甲夫不堪管官和内臣的欺压，纷纷逃亡。虽然明政府对待逃亡的甲夫，援用军法严厉处置，如弘治二年南京兵部左侍郎白昂言："南京江淮、济川二卫马快船夫逃亡者众，宜如逃军事例，责令邻伍首解……从之。"[②]但亦不能遏止甲夫逃亡。弘治年间倪岳指出，仅"江淮、济川二卫马船夫逃已万人以上"[③]。至万历初年，快船积弊就更严重、更突出。南京兵部车驾司员外郎倪涷揭露其弊端共有15条，其中关于编审甲夫制度的弊病和甲夫所受到的欺压索贿情况，就占了大半，综合起来，有下列五点：

（1）编差放富差贫，不合理。他说：每临编审之年，富家上户贿赂编审，从而免差，"而贫弱之辈，横被编差"。

（2）十年一次编审甲夫，由于"十年之内，家力消长不一，人丁存亡不齐，有差既当出水，无差又纳年例，故遇缺则呈补，告贫则查替。及其将差，初则牵扯无干，次则推调同役，次则科派户丁，官役乐于多事，任意反覆，名曰十年一审，实则岁无宁日"。

（3）编审差役，没有准则，"由而不著"，给积猾之徒开了索贿的后门。如十年定三差，"每差朋有数役，其间分上中下三甲，而又某人分帮某人几个月，又某人系当出水，某人系当贴差。究其缘由，支吾不一，询之众役，亦尽茫然，总是积猾故神其说，使不可测，得以上下其手。而尺籍之徒听部卫之督责，亦不能辩"。

（4）甲夫逃亡，"将营操正军掣补，以致戎伍日虚，武备单弱"。

（5）"内使以快船为利，每每多求"，以载私货，差使无度，"十年之差，每八九年而已尽"，非重行编审，无以为继。

---

① （明）柴昇《题为陈言救时弊以弭寇盗事》，载（明）陈子龙等辑《明经世文编》卷107。

② 《明孝宗实录》卷26。

③ （明）倪岳《青溪漫稿》卷20《与兵部论快舡事宜书》。

至于“内使讨船之后，即役使船丁，扛抬私货，每船不下二十名，并无宁日”[①]，亦属弊病，上已详述，不再重复。

总之，快船积弊，擢发难数。从卫所军之积弱因由，和军户余丁小甲人等的存亡，以及马快船的继续运作来考察，到了非改革不可的时候了。万历十一年（1583），南京礼部尚书姜宝推荐倪涷出任南京兵部车驾司主事，负责船政改革任务，称“倪君有八面之才，又最能任大事”[②]，得到神宗批准。万历十二年（1584）倪涷到任。倪涷，字西田，浙江上虞人。他深知船政改革的困难和险阻，如他说：“船政系留都弊薮，奸宄之所藏，每年蠹鱼其间者不下万人，而一旦尽□之，宁无鞅鞅。”[③]从而导致中伤、报复。但是他又想到“职之抵留都驾曹也，曾未匝岁，而快船军丁所报自尽，及举室流离，逼鬻妻女，折卖房屋者，业已数拾。每一念之，寝食俱废，苟可以救，庸计其他”[④]。从而坚定了他改革船政的决心，并付诸实践。

他对船政改革主要从编审夫甲制度、差拨和造修船只三方面进行。首先谈编审夫甲制度的改革。

编审夫甲制度，最早开始于嘉靖十一年（1532），在马船中进行，即由编审改为招募，史称：

> （弘治）以后，（马船）水夫在外有骚扰之患，而在内有逃亡之弊，船只在外则潦草塞责，而在内则等候缺差。节经本部及抚按条议，至嘉靖十一年始著为令，各处酌量水夫工食及修船料价，征解本部，名曰工料银两。其船皆本部自造，而水夫亦皆就近召募，各夫既多土著，颇为便益。而内使官役及沿途衙门，亦以其系应募之人，少宽索诈，故水夫愿充者多。[⑤]

---

① （明）倪涷《船政新书》卷2《船政弊害缘由》。
② （明）姜宝《船政新书序》。
③ （明）倪涷《船政新书》卷4《纪事》。
④ （明）倪涷《船政新书》卷4《客问》。
⑤ （明）倪涷《船政新书》卷2《船政弊害缘由》。

从劳役制改为征银,即从力差改为银差,如在汉阳府,原编“济川卫(马船——引者)水夫三十九名,每名连料价征银四两五钱五分”①。湖广武昌府,“江济(水)夫一千四百一十二名,每名银四两九分五厘”②。递年征银解部,然后招募水夫应役。从上引编审甲夫改为招募,说明可以缓和内使官役及沿途衙门对水夫的索诈,而“各夫既多土著,颇为便益”,“故水夫愿充者多”。但仍旧存在弊病,概括起来,约有两端:

一是水夫消亡,无法勾补。史称:“各处原有水夫户口册在部(兵部——引者),相沿不改,至以后投充之人,皆冒各处户籍,反以实为虚,使有逃亡,何从拘解,是一弊也。”③

二是各夫工食的派放,多寡不同,有六两、四两、三两五钱之别,“凡补某处水夫,即支本处银数,事已不均矣。且各夫惟在进京小马船者为最苦,其在下江大马船者次之。又有窜名在官,资衙门之利,而无船差之扰为至逸,乃其工食反有逸者厚而苦者薄”。同时,各夫工食从其地方所派,而本处银未解到,本夫不可支领。“于是立为数项借支名色,不惟在官人役,得操缓急之柄,而扣借扣补,券册棼乱,易于为奸,至有本县银两,三年不解,遂将各夫改入他县者”。此外,“各夫工食皆年终支放,出差之时,不准全给,长差止与七钱五分,短差止与六钱。各夫揭债无路,则预扣重息,将工食立券,推与书库等役及京城奸富之家。而借其银两,实未得半,及至放时,竟被全扣,是一弊也。”④

万历年间,倪涷吸取了马船审编甲夫制度改革的经验,稍作变通,去弊推利,对快船编审甲夫制度进行改革,制定了《派丁编银之法》和《募夫着船之法》。所谓《派丁编银之法》,其内容如下:

各卫查照见在船数,每船壹只,派征银叁拾两。因银数多寡难定,

① (明)刘汝松等修,(明)朱衣纂《嘉靖汉阳府志》卷5《食货志》。
② (明)徐学谟纂修《万历湖广总志》卷26、卷27《徭役》。
③ (明)倪涷《船政新书》卷2《船政弊害缘由》。
④ (明)倪涷《船政新书》卷2《船政弊害缘由》,本段未注出处者,俱见此。

故派丁以为准则,富者或以壹人而派叁丁、伍丁,以至拾丁、贰拾丁,贫者或壹人止壹丁,或贰人共壹丁,或叁人共壹丁,尽壹船户内人数,扣派壹百丁。每丁编银叁钱,共足叁拾两。计丁编银,计力派丁,人多不增,人少不减,名曰快船工料银。或先曾审有听继人户,亦照例派丁,每丁亦照例纳派银叁钱。或系正军者,以其食粮免操,除量力派丁外,仍征油艌银贰两,不在叁拾两之数。①

这里有几点值得注意:第一,每年"每船壹只,派征银叁拾两",以一百丁计,每丁征银三钱。假如一船所属军户余丁共十七人,其中富而有力者十人,共派九十三丁,余七人,贫者每人一丁,共七丁,总共一百丁,征银三十两。尚审有听继人户二人,派二丁,共征银六钱。正军五人,除了"量力派丁",已计在九十三丁之中,每人尚需征油艌银二两,五人共十两。总计该船共需征银三十两,听继人户征银六钱,正军五人征油艌银十两,名曰快船工料银。倘若该"船有家力消乏,难足叁拾两之数者,查有听继抵作正数,无听继者,将户内人丁(即贫而无法纳丁银的人——引者)报充水夫,资其输纳,并不板及别船"②。

第二,所谓"计力派丁",就是派丁以贫富为准则,富者即有力者,派丁较多,"或以壹人而派叁丁、伍丁,以至拾丁、贰拾丁","贫者或壹人止壹丁,或贰人共壹丁,或叁人共壹丁"。凡负担快船丁银的人户,是世袭的,"子孙世世,止纳丁银",和油艌一样,"遇恩不赦,遇灾不免",只免去其他差役。至于"未派丁以前,拖欠出则、冒破、余剩、半差底薪、年例等项银两,尽行蠲免"。同时,十年一编,十年之内,该人死亡,"查其遗有妻子产业者,丁银仍于妻子身上追纳;如故绝无产而有朋役者,朋役代认;如无朋役及虽有而无力者,本户派纳;如一户俱贫,必难加派者,该卫查通船有力之家派补;如通船俱贫,即于充夫之人与正军派补;如无,即于一船内均派,

① (明)倪涷《船政新书》卷3《派丁编银之法》。

② (明)倪涷《船政新书》卷3《派丁编银之法》。

永为定例”[1]。

第三，审丁派银，以见船为单位。编制《丁银册》的格式：“派丁着见役小甲，会同轮年各甲，从公报派。册内先开报派人姓名，次开逐年收解姓名，次将纳丁银人，逐户细开。如一户赵甲，计几名，某人某人共派几丁，如内又有家力不等者，后开某人几丁，某人某人共几丁。”并设收解一人，负责填报《丁银由票》，制订《丁银册》，收解工料银，并将工料银缴交给南京兵部船政分司总库，由其出给完票式，并批回该卫附卷。“过期不解及解不足数者，许该卫提究，如有欠户，许收解呈卫，即与查追，细户无欠，原由呈缴。”[2]

所谓《募夫着船之法》，其内容如下：

先行江济二卫，查尽在册马船夫余外，方行招募。招募以船为单位。募夫快船二百一十只，每只十六名，包括小甲一人在内。新募小甲二百一十名，“每名各给银伍两，作守船饭食，其工食仍俟次年当差之时，方与各夫一齐支领”[3]。“小甲为壹船之主，俱要正身应役，遇差先行该卫，备查年貌，填注勘合，以便稽查”[4]。随船水夫的雇募，主要由江济二卫负责。如果小甲临差进京，缺少水夫，江济二卫亦准其领用“贴银雇代”[5]，可见小甲领取贴银，限于进京差使。各夫工食以岁计，旧夫工食原有三等，如原马船水夫工食银，宁国岁工食银六两，湖广、江西或三两五钱，或四两。今拟进京船夫属长差，定为六两，一般是四两，亦有三两五钱者。因有长短差之别，各夫工食银不同，很难绝对平均。但无论如何，一般都比原来有所增加。

今进京船夫，一切陆两是增叁分之壹矣……即以拾年计之，使岁

① （明）倪涷《船政新书》卷3《派丁编银之法》，本段未注出处者，俱见此。
② （明）倪涷《船政新书》卷3《派丁编银之法》，本段未注出处者，俱见此。
③ （明）倪涷《船政新书》卷3《募夫着船之法》。
④ （明）倪涷《船政新书》卷3《夫役工食之法》。
⑤ （明）倪涷《船政新书》卷3《夫役工食之法》。

得银肆两，则拾年总得肆拾两，修船出差之费共以捌两为适中，叁差共费贰拾肆两，所余者止壹拾陆两。其叁两伍钱者，止拾壹两耳。今岁得银陆两，拾年总得陆拾两，而伍差共费银肆拾两，所余者尚贰拾两，比之旧数更有余饶。①

这里所述《募夫着船之法》，有几点值得说明和注意：

第一，雇募制，如上所述，开始于嘉靖十一年(1532)，在江淮、济川二卫马船中实行。今次锦衣等四十卫快船水夫俱改照马船雇募制。所以倪涑说："雇募原照马船之例，非创法也。"②马船快船合并统一使用，需要消除分别，如他说："马快平船，事同一体，必使夫无分别而后事始合一，故快船之夫先尽马船旧册夫余，而快船人丁拨充马船夫役，彼此浑然并无分别，方成一体之义。"③马船在册夫余，无须重新招募，因在册夫余已是从招募而来，故这次招募除外，多余者可拨充快船水夫，尚缺者二百一十只船的水夫才招募。所有水夫均需编入《指掌册》内，以便稽查。

第二，江济二卫在册水夫，即马船水夫，原有两种：一种"原系江西、湖广、太平、安庆、宁国批解来京者，此为祖役；其近日招募，系快船户内派丁人数及投派丁银者，则输纳所资，所有夫缺，理应世代顶充"，即世袭制，没有不顶缺的自由。另一种是"以前冒籍入册者，乃朦胧之弊，及今别户投充者，乃势不得已，止许壹辈充当"。所谓"今别户投充者"，即非军籍人户，这种人"既非祖役，又与丁银无干……其在正册者，止除民籍"，俱许与旧册内军户余丁一起，一体收补快船夫缺，"止许壹辈充当"④，亦非雇募一差半差，都带有强制的超经济的徭役性质。

第三，凡被雇募之夫，"年贰拾岁，方准补役；年未及者，不许滥充"。各夫真正籍贯，需填入《指掌册》格内，以便查究，缺夫补役。如有逃故，

---

① （明）倪涑《船政新书》卷4《客问》。

② （明）倪涑《船政新书》卷4《客问》。

③ （明）倪涑《船政新书》卷4《客问》。

④ （明）倪涑《船政新书》卷3《夫役工食之法》，本段未注出处者，俱见此。

“该卫当时揭报本司，随即住粮，并填注《指掌册》格内，如官识隐匿日期，冒支钱粮者，依律究治”①。

第四，旧例军余应充水夫，要妻子随行，招募以后，一仍其旧。不过，过去支放月粮，没有定准，今着为定例，“凡新补者，每月止收粮陆斗，叁年之后，加妻粮肆斗，俱行卫查勘明白，方准收支，妻故者住支”②。

第五，上述嘉靖十一年马船招募水夫，南京兵部车驾司总库支放工食，是“随县”派给，即从原籍县分解到工料银内支给，“每封止以壹贰人领出，扣分各夫，颇生弊端”。如该县解银不及时，即无法依时支放。今通融一体，各夫皆随本船，不拘县，“每船扣给壹封付小甲领出分散”。每年十二月份，通行放给，其借支改编名色，尽行革除。同时，过去各船临差拘于岁终总放之例，只预给少量银两，致使水夫人等揭债应役，苦不堪言。而“在官人役乘之为利”，放债生息。今改为长差支一年，短差支八个月，“如拨差已在拾月之后者，准支壹年，但通不得支过本年”③。

第六，倪涑认为《派丁编银之法》，即审力派丁编银，是“悉用有司条编之法，每船一只，编银叁拾两，审照贫富以为差等，征银解部，募夫应用”④。但当人问及《派丁编银之法》与一条鞭法有何不同，他又解释：

是则不可同日语矣。盖民家条鞭，利者什九，而累者什一，徭役轻重，何啻天渊，上差下户，原不相及，乃只丁升米一例派编，是贫与富为资也。履亩起科，而大商巨贾，一无所问，是农与商为役也。军家快船，上者身亡家破，而最下者，亦岁办银伍钱柒分；今上者不及拾金，而下者或壹钱，或空名寄册，永无卫所之扰，是贫富两利之道也。且条编所派，皆有恒产，而此则尺籍穷军，多无宿粒，其所派征，不足以当所用

① （明）倪涑《船政新书》卷3《夫役工食之法》，本段未注出处者，俱见此。

② （明）倪涑《船政新书》卷3《夫役工食之法》。

③ （明）倪涑《船政新书》卷3《夫役工食之法》，本段未注出处者，俱见此。

④ （明）倪涑《船政新书》卷1《快船雇募疏》。

之半，与量出为入者，难易又径庭矣。[①]

倪涑对一条鞭法的理解，和时人没有两样。一条鞭法是万历年间全国性的赋役改革，《派丁编银之法》是交通运输行业中船政的改革，意义大小，“是则不可同日语矣”。但有相同之处，就是从力差改为银差，从力役改为征银解部，募夫应用，这是明代夫役制度一大变化。力役货币化，是当时商品经济发展的必然结果。军户余丁所负担的力役也没有例外，倪涑揭露：“卫所余丁，无壹人不差者，最轻者莫如守宿夜巡，岁犹出银柒捌钱。今此辈（指快船余丁——引者）或以贰人朋壹丁，则每人所出，不过壹钱伍分，叁人则壹钱矣。”[②]快船余丁比其他军户余丁所负担还要轻些。

其次，对差拨的改革。由于马船和快平船的体制不同，如“马船向系各处自编字号，而快平船又系四十卫类编，节年裁减不一，错乱难查”[③]。同时，“旧因船号、夫籍、银数，错乱不齐，莫能综核”[④]。此外，“运官多先期咨讨图夫役之用，而奸甲夤缘推就，以致奸弊多端”[⑤]。因此，给差拨船只使用带来极大困难，如船只已经朽烂，只存船号，实际无船，如何差拨呢？要有计划地差拨船只，按秩序进行。倪涑首先是综核船只，统一体制。当时见在马快船共940只，内进京小马船364只，快平船500只，走下江大马船76只，这76只大马船，其中有26只属于“沉卸及朽坏应拆者”，实际上可用的只有50只。将这26只大马船拆卸改作小马船，这样小马船便有390只。为了减少募夫费用，增加水夫工食，将原有快平船500只，裁去290只，只存210只。又从裁去的快平船290只中，选“船身坚固者”90只，“抵换拆造马船，编入快船号内”，这样小马船390只减去90只，存300只，

① （明）倪涑《船政新书》卷4《客问》。
② （明）倪涑《船政新书》卷4《客问》。
③ （明）倪涑《船政新书》卷2《调度大纲》。
④ （明）倪涑《船政新书》卷4《纪事》。
⑤ （明）倪涑《船政新书》卷3《差拨验装之法》。

快船210只,加90只,共300只。[①] 彼此适均,按照一江一济调配原则,调配方便。新定快平船300只,为了防止沿途之诈害,“乃于快船尾舱,改篷为板,周围画彩,平船皆造活楼,使装卸随时,内仍快平之旧,而外似马船之形”[②]。这样统计,进京小马船和快平船便有600只。既经画彩以后,便可以据此进行重新编号,即如下:

今江淮大马船二十五只,取国字,小马船一百五十只,取泰字;济川大马船二十五只,取民字,小马船一百五十只,取安字。江淮快船一百二十五只,取风字,平船二十五只,取调字;济川快船一百二十五只,取雨字,平船二十五只,取顺字。各为号,总为国泰民安,风调雨顺,皆自一而二,由始至终。内守备移讨船只,除去马快名色,正开字号。[③]

同时,编定运输物品和时间,如“进京内官监起运杉楠杂木船,正月中旬拨……下江尚膳监采打鲥鱼船,叁月初旬拨”[④]。

上引中的江济二卫大马船,因需“各将一只,改作黑楼船,以备部堂督操乘用”[⑤],实在二卫大马船各二十四只。根据“国泰民安,风调雨顺”字号,分为春秋两案,每案查照各差先后、一江一济的调配原则,依字号顺序差拨。

由于减少船只,差拨便不能照旧,即需要从三年一差改为两年一差。倪涷说:“旧例进京马快平船,三年一差,今减船三分之一,须二年一差矣。恐夫力不堪,于是增其工食。”如“进京者,增三分之一为六两,下江者皆四两,听事者,皆三两五钱”[⑥]。同时,运输任务不变,船只减少,改为两年一

① (明)倪涷《船政新书》卷2《调度大纲》。
② (明)倪涷《船政新书》卷2《调度大纲》。
③ (明)倪涷《船政新书》卷2《调度大纲》。
④ (明)倪涷《船政新书》卷3《差拨验装之法》。
⑤ (明)倪涷《船政新书》卷2《调度大纲》。
⑥ (明)倪涷《船政新书》卷2《调度大纲》。

差，快平船才够调配使用。他说："旧额快船肆百壹拾伍只，而拾年叁差，则每年应差者壹百贰拾肆只半而已，平船捌拾伍只，而拾年叁差，则每年应差者贰拾伍只半而已。今贰年壹差，而快船足贰百伍拾只，平船足伍拾只，适与原数相合（即每年快平船应差者一百五十只——引者）。"①

过去拨差，最难处理的是长差船。所谓"长差船"，自正统年间开始，每年拨船一百只在通州守候，听皇室使用，六个月满才能回南京，因此叫长差船。"旧日马船以长差为苦，而快船以长差为利，又无定著，故拨差之际，奸弊丛生。今马快一体，则长差皆其所苦矣，故凡拨长差者，皆与好差，使苦乐相准。"同时，旧例长差船一百只，原分上下半年各五十只，"然船只往来，不能适合其期，反致无船听守"，影响用船。因此，今次查定长差船一百只，即每年江淮卫泰字号拨二十八只，风字号拨二十二只，济川卫安字号拨二十八只，雨字号拨二十二只，两卫共一百只，"陆续序拨。又改刻勘合令赴北部投递，依限听守，务使循环不乏"缺用。至于旧例南京兵部差官管押听守船只，及"通州各船皆听被处参将朔望卯酉"，悉被停革。但限期未满者，北京兵部不发勘合，参将不放回南京。②

最后，造修船只方面的改革，共有 17 条，其中主要是：

（1）明确任务，限时完成。马快船经过长时期的运作，许多已损坏，历年虽有修理或打造新船补充，但由于种种原因，如修造费用，较长时期实行"官给六分，军余自备四分"的物料比例制度，费用常不足，修造自然受到限制。今作改革，实行官修官造，主要料价由官府供应，并提出歇业修理的办法，进行维修。歇业修理的办法，早在天顺年间，明人郑纪就已经提出。他说："南京济川、江淮骁骑等卫马快船近二千只，终年差使，无时休息，非惟人夫难以接应，而船只亦易损坏。臣之愚见，每年所差只用五百只，其余与其歇役修理，以备下年更替。"③当时是否实行，不清楚。倪涑却是实行

---

① （明）倪涑《船政新书》卷 4《客问》。

② （明）倪涑《船政新书》卷 2《调度大纲》，本段未注出处者，俱见此。

③ （明）郑纪《东园文集》卷 2《奏议 · 备荒五事》。

了的。他"将进京马快平船,每年造修壹半,每半分为两案,定于正、七月中旬,将轮该船只提出估验等则,依期完工,不许迟至叁个月",以免影响差拨使用。同时,旧例大马船向不修理,如上所述,"遇差,即令本甲科派各夫,自行整舱,殊非事体"。今一律改为官修官造,两卫马船"除黑楼船外,各实在贰拾肆只,见今编号,皆以极损者在前,依次提修,每年各捌只,其序编在后者,见今尚堪应因,叁年壹周,循环修理"①。

(2)严禁科派和索诈。旧例验船、勘船和估船定等修造,奸弊最多。如验船,过去既有该卫指挥把总验过,又有别卫指挥经历,"钻求重勘,索诈多端"。今尽禁革。又如勘船,过去多带官从,以示体面,还要发银给快船厂置办饭菜,二三日便用官银五六金。尤其可恶的是,"官役乘机科派,殊非法纪"。今即禁止,只允许"带夫皂肆伍人,每人日给俸钱拾文,使自买饭食。亦不许跟上各船,本司即带该厂人役,将原造勘册,所开损坏去处,随意点出,亲验有无相同,增减等则,各船总集一处,一日可完,自备蔬饭一餐,尽足为适,此虽小节,实杜弊源,不可忽也"②。

(3)建立领支和报销料价制度。过去造修船只,小甲领取料价。"旧因料价不定,给发无限,而各甲困于使费,又暂图目前,故任意告领"。结果:有多领者,谓之"出则";有未开用过者,谓之"余剩";有开用太多者,谓之"冒破"。由于多领,无从报销,因而不依期呈缴勘册,冒破、余剩亦无法查出。俟其出差以后,才委别卫经历人等磨算木价勘册,查刷前项银两。"每案动经数千,经历有奖礼,算识有工食,亦复数拾金,然后委官行追,永无杜绝",导致"各甲困穷拼命者有之,委官肆行侵渔者有之,种种弊害,不可殚言"。"今扣额给单,有无出则,先自了然。勘册与料单(限三日——引者)同缴,冒破、余剩,随到随刷,每案应追甚少,即于各船应领工食内扣完,绝无丝毫拖欠,而且省委官算识之费。"③

---

① (明)倪涷《船政新书》卷3《造修船只之法》,本段未注出处者,俱见此。
② (明)倪涷《船政新书》卷3《造修船只之法》,本段未注出处者,俱见此。
③ (明)倪涷《船政新书》卷3《查扣银两之法》,本段未注出处者,俱见此。

综上所述,倪涷的船政改革,重点是在编审和差拨上。他的《派丁编银之法》和《募夫着船之法》的推行,无疑对南京船政改革起了良好的影响,为后来的船政改革奠定了基础。正如万历四十年(1612)南京兵部车驾清吏司管理船政主事祁某说:"本职谬司贡舫,事称烦琐,所幸前人苦心之成规,章章具在,要惟循守而修明之,可幸无失。"①所谓前人成规,实指倪涷的船政改革章程,载在《船政新书》中。他的船政改革,虽属改良性质,无法彻底解决所存在的积弊。正如他自己说:"自古议法,未有纯乎无弊者,惟利多而害少,则从之。"②承认有利也有弊。先择其利者而言:一是精简机构,裁撤冗员。倪涷说:"裁革委官六十二员,每员随伴人等,各不下拾余人,动以千计。又革江济食粮总识伴当柒拾陆名。又革各卫识字贰百余名,此辈每年阴蠹何止万金。贰百年利窟,一旦塞之,亦人情所不堪也。"③二是审力编丁,富而有力者不免。他说:"快船有力者向多夤缘交结,或窜入衙门,未经编有差使。今一概派丁,宜其不以为德也。"④同时,减轻贫者的负担。如从上所引军户余丁所负担的差役来看,他说:"卫所余丁,无壹人不差者,最轻者莫如守宿夜巡,岁犹出银柒捌钱。今此辈或以贰人朋壹丁,则每人所出不过壹钱伍分,叁人则壹钱矣。"⑤此外,在改革中,也贯彻减轻夫役的原则。如上述实行编丁着船法后,以前夫甲拖欠"出则""年例"等四千三百余两,一律蠲免。所以明人顾起元说,万历十四年,倪涷"自编丁之法立,而马快船小甲之苦息"⑥,"于是百年之积困,一朝顿苏,卫之应快船役者,家家如脱汤火,愿子孙世世祷祠倪君,不敢忘矣"⑦。这虽有些溢美,然而基本符合事实。

若就其存在问题而言,如差拨,虽然费了很大的力气,裁减了船只,增

① (明)佚名辑《条议船政拨差事宜书册》,载《北京图书馆古籍珍本丛刊》56《史部·政书类》。
② (明)倪涷《船政新书》卷4《客问》。
③ (明)倪涷《船政新书》卷4《解怼》。
④ (明)倪涷《船政新书》卷4《解怼》。
⑤ (明)倪涷《船政新书》卷4《客问》。
⑥ (明)顾起元《客座赘语》卷7《俗侈》。
⑦ (明)顾起元《客座赘语》卷2《快船》。

加水夫工食，调配和组织了马快船继续运作，但是，也存在着倪涷没有想到的，二十多年以后即万历四十年便出现了“赶案”事件，史称：“两厂之船，本有次序，而中不免于紊乱者，则赶案之船为溷也。其所谓赶案者有二：有奉文补差、稽留公务而已越本案修造之期者，有逗留不归、累月经年而不及本案修造之期者，虽均为赶案而情罪则有分矣。即逗留不归者，其情罪亦有二：有奸甲玩法，将船无力南还，或私自揽载而逾期始归者，有前甲已故，致船遗弃于北，佥甲往接而逾期始归者。”①反映了造成赶案的种种原因，其中值得注意的是“奸甲玩法”和“私自揽载”，改革以后，仍旧存在。因此，打乱了原编次序，需要重新编定，这就是万历四十年《条议船政拨差事宜书册》的由来，说明了倪涷船政改革的局限性。

六　结论——明代南京马快船对国计民生的影响

第一，明代南京马快船是官营，完全为明代封建王朝交通运输服务。明代封建王朝依靠南京马快船的运输，获得了江南各地的物产和各监局所需的手工业原料，如木料板枋等，解决了宫廷生活所需的多种物资。但由于明中叶以后，随着政治腐败，宫中奢侈腐化，要求供应物资增多，加剧向人民搜刮；同时，内官监运，乘坐马快船的各级官员增多，他们多索船只，多索甲夫和搬运夫，骚扰驿站和沿途居民，残酷地压迫剥削驾船甲夫，使他们生活十分困苦，从而不断反抗逃亡。明政府对待逃亡甲夫，采用军法制裁，也无法遏止。甲夫弃船逃亡，打乱了马快船的差拨秩序，破坏了马快船的运输制度。万历以后，虽然进行了船政改革，减轻了甲夫一些经济负担，但是，这种改革属改良性质，无法解决船政制度衍生的各种弊端，驾船甲夫的反抗斗争，终明之时，一直没有停止。

第二，明政府规定马快船的任务时，提到除了替皇宫运输“郊庙香帛、上供品物”，还有“听差遣”一条。换言之，就是明政府有任务，需要运输

① （明）佚名辑《条议船政拨差事宜书册》，载《北京图书馆古籍珍本丛刊》56《史部·政书类》。

时,马快船要随时听候差遣。这样,马快船的服务范围就较广泛,总计其服务项目有:(1)运石修路,史称:成化十年(1474),北京朝阳门直抵张家湾道路五十余里,原是泥路,"或值阴雨连绵,泥水淤泞,且有低洼处所,车陷难行",需要用石铺过,以利行人。当时"龙潭、清龙等山出石,俱属应天府。合着……南京马快船只带运"至张家湾,以备修路之用。次年,修垫通州一带道路,又令马快船运沿河产石至通州河下,供修路用。[①] (2)运盐赈济,如成化六年(1470)五月,南京十三道监察御史言,"湖广灾伤,拨淮盐五万引,以南京马快舡运至彼处赈济"[②]。(3)运钱入太仓钱库,如万历四十七年(1619),明政府在南京铸钱,"开一百炉,铸十个月,成钱三万万个,共重二百四十万斤",便令马快船50只运至北京,转入太仓钱库,供应支用。[③] (4)以快船充战船用,如宣德十年(1435),"南京守备内承运库大使袁诚奏请以各卫风快船四百艘作战船"[④]。(5)借马船充巡船,巡捕盐徒。史称,成化二年(1466)一月,南京守备太监王敏等奏:"近委把总指挥丁玉等将兵分投,巡捕盐徒,缘巡船修造未完,欲借马船一十六艘,暂以充数。从之。"[⑤]这些马船是否能起到巡船的作用不得而知,但亦反映了马快船只视官府的需要而服役,其中有的工役如运石修路对民生尚是有益的。运钱入太仓,对国计亦是需要的。

第三,由于押运内臣和驾船甲夫等人擅搭商货,便利客商逃避税收,使明政府财政收入受到损失,明政府对此实施严刑峻法,却屡禁不止。到了成化十年(1474),做出有限度的让步,史称是年"奏准马快等船,每驾船军余一名,食米之外,听带货物三百斤"[⑥]。一船甲夫十六人,共可带四千八百斤货物。这就使带商货合法化。同时,商人为了减少运输费用,而租用

① (明)戴金编纂《皇明条法事类纂》卷50《工部类·修理桥梁道路》。

② 《明宪宗实录》卷79。

③ (明)杨嗣昌《杨文弱先生集》卷1《处置南京铸钱稿》。

④ 《明英宗实录》卷6。

⑤ 《明宪宗实录》卷25。

⑥ (明)李东阳等撰《大明会典》卷158《南京兵部》。

廉价的快船运输大量的商品。如1598年,利玛窦及其随员由南京至北京,就是乘坐进贡的快船进京的。他们看到押运的内监为了牟取私利,将船舱空出,租给商人。而商人利用"无数为朝廷运送物品的船只来到北京,其中有许多船并未满载。商人们乘机以非常低的价格租用这种空船只的面积。这种办法所供应的比当地产品还要多,从而解决了匮乏并减少了赈济之需"①。这些情况,使人想到马快船的设置,从最初具有军事防守江淮地区的意义,转变为交通运输服务的意义,后又扩大了服务对象,从专门为皇室服务扩展至为商人交通运输服务,客观上促进了南北各地商品交流和商品经济的发展。这是社会经济发展的必然结果。

第四,打击官盐的流通,影响明政府的边储和国计。在马快船这条交通运输线上,不仅有内官和各级官僚挟带私盐,就是马快船小甲人等也进行私盐的买卖活动。他们一是和盐徒合伙,进行私盐买卖。史称成化三年(1467),"及有公差回还,马快运粮舡只,动辄一二百只,交通各处盐徒,合为伙计,在于长芦、直沽并山东张秋地面,广收私盐,成舡满载,狐假虎委(威?——引者),公然装往南京、宁国、太平、池州发卖"②。二是独资经营,沿途收买私盐,载回江南转手卖出。史称私盐徒在天津丁家站等处,将私盐"卖与南京回还马快舡只……带回江南、江北,搀越发卖"③。由于他们打着皇家的旗号,"狐假虎威",各地巡检司及巡盐御史都不敢检查,他们公然大宗贩卖私盐。史称:

(成化十三年)天津、靖海、兴济、沧州一带,有等奸诈军民通同盗贼之徒……专贩私盐以度日……堆积在家,动致数千百斤,以候回还马快、运粮舡只及官民等舡,减价贱卖,全无忌惮,习以成风。……内外势要官员所讨马快舡或七八(十)只,少则不下一二十只,或接受帮

① [意]利玛窦、[比]金尼阁著,何高济等译《利玛窦中国札记》,中华书局,1983年,第327页。
② (明)戴金编纂《皇明条法事类纂》卷18《户部类·盐法》。
③ (明)戴金编纂《皇明条法事类纂》卷18《户部类·盐法》。

> 钱而纵其收买,或自出银两而亲兴贩,其至马快舡小甲人等,买求外夷之人,假作奏讨舡只,亦买私盐,张挂龙虎旗号,摆列旗纛,吹打响器,声甚盛,沿途军卫有司并巡检司兵惧其势要,莫敢盘诘,间有盘诘者,祸患立至。……近年马快舡只所载私盐到于南京、龙江关、上新河,亦多卖于彼处势要之人,公然敢与铺行发卖。盐法之坏,莫甚于此。①

私盐盛行,自然影响官盐的流通。“所以两淮行盐地方,十去八九,以致客商支盐,到于仪真驾下,停滞千余万引,日久并无水客议价,一向阻滞不通。”②可见对明政府垄断盐的生产和流通影响很大,从而影响明政府的边储和国计,这是不言而喻的。

第五,押运官员为了私利,常多讨马快船只,形成船队,横行于河道之上,阻碍水上交通,滞留一切军民船只,包括漕运船只,影响北京粮食的储备和供应。如太师王端毅揭露:成化八年(1472),扬州等处,久旱不雨,河道淤浅,“当斯之时,北有守冻回还等项船只,南有白粮并各卫所兑运船只,一往一来,相挨而行。又有南京装运官物马快船只日逐相继而来,每起或五七十只,或三四十只,且又船大载重难为撑驾,其余运粮等项船只一见前来,举皆退避让路,动经数日,不敢前进”。为此,需要下令马快船暂候有水时日逐起发运,让漕船先行,“庶几京储不致迟误”③。正是这种情况的反映。同时,快船甲夫逃亡,遇有朝廷紧急运输任务,“快船力不可支,辄将营操正军掣补”④;至于明中叶以后,将军户余丁佥补“帮甲”,余丁不足,也将正军掣补,结果都削弱了卫所军的战斗力量。正如嘉靖十二年(1533),南京兵部尚书王廷相指出:“南京各卫所军士,近来逃亡过半,所佥帮甲,共该陆柒千名,余丁不足,多将营操正军掣补,行伍日虚,武备渐弛。

---

① (明)戴金编纂《皇明条法事类纂》附编43《禁革沧州军民堆卖私盐及客船夹带私盐例》。

② (明)戴金编纂《皇明条法事类纂》卷18《户部类・盐法》。

③ (明)王恕《太师王端毅公奏议》卷2《论报管河工程及乞禁马快船附搭私货奏状》。

④ (明)倪涷《船政新书》卷2《船政弊害缘由》。

至如豹韬等陆柒卫尤称疲敝。”①

第六,明政府经营的企业,主要是为皇家的消费服务,常不计成本和经济效益,因而常常亏本。马快船则是一例。史称,弘治十八年(1505),“南京诸司岁用六百料(按:料即石之意),马船八十八只,运送芦柴、城砖、白土及竹木板枋,每船费月粮二百四十余石,银一百余两,而往来留滞,所运不偿所费”②。这对政府的财政支出自然有影响。

---

① 南京兵部车驾司编《船政》,载《续修四库全书》878《史部·政书类》。

② 《明武宗实录》卷5。

明代修建郡县城池的几个问题

本文所述明代郡县城池有两部分,即“城”与“池”。古书上解释:“城者,盛也,所以盛受民物而崇墉深堑以环卫之也。”[①]“崇墉深堑”即指建池以卫城。明人乔缙的《修城记》指出“城”与“池”的功能:“城所以御暴保民,池所以设险守国。”[②]城池之上冠以“郡县”一词,用意在于表示传统城池,虽然近代城市是由传统城池发展而来,但实际上是有区别的。同时,本文的研究范围,不包括都城南京和北京,因为关于都城研究学术界早已有专文;也不包括巡检司城和卫所司城,前者如绍兴府,汤和筑的三江、白洋、庙山等巡检司城[③],后者除非郡县城池与卫所城同城者才涉及,如松江府南汇所城,史称“南汇县城,在府东一百二十里,本南汇所城,金山卫之分治,明洪武十九年信国公汤和筑”[④],南汇县城是由南汇所城发展而来的。至于明中叶以后兴起的镇城,如佛山镇、朱仙镇、汉口镇、景德镇等四大名镇,也不是本文主要的研究对象。

本课题的专题研究论著,目前只有个别的如杭州城的研究论文,以及一些综合性的专题论著,如城市史涉及个别城池,至于城池建筑的情况及其发展的过程,尚未见有专题论文,故有研究的空间。同时,我因研究明代城镇坊厢徭役制度,需要弄清楚其背景,因此不揣浅陋,努力收集史料,进

---

① (清)吴九龄修,(清)史鸣皋纂《乾隆梧州府志》卷5《建置志·城池》。

② (明)陆釴等纂修《嘉靖山东通志》卷12《城池》。

③ (明)萧良干修,(明)张元忭等纂《万历绍兴府志》卷2《城池志》。

④ (清)宋如林修,(清)孙星衍等纂《嘉庆松江府志》卷13《建置志·城池》。

行初步的研究，目的是介绍郡县城池的修建情况，及其在历史进程中的作用，不妥之处盼方家指正！

一 明代修建郡县城池的政策

谈明政府对修建郡县城池的政策，不能不提朱元璋"高筑墙"的逸事。明人朱国祯写道：

> 国初有"高筑墙，广聚粮，缓称王"之言，一以为朱升，一以为陈碧峰，其说不一。然太祖初得和阳，即分地甃城，此时谋臣尚未合，隐士尚未搜也。[①]

前几年陈梧桐教授所著《洪武大帝朱元璋传》称，龙凤三年(元至正十七年，1357)朱升对朱元璋说"高筑墙"之言。而朱元璋得和阳，"分工甓城"事，在至正十五年(1355)春，事见《明史》卷1《太祖本纪一》。所以，朱国祯上文否定"高筑墙"一事对朱元璋的影响，但比较慎重，没有持是或否的意见。近人夏玉润先生根据《朱枫林集》及其他文献，进一步否定了朱升向朱元璋提出"高筑墙"一事。[②] 而《明史》卷136《朱升传》称：朱升，休宁人，"太祖下徽州，以邓愈荐，召问时务。对曰：'高筑墙，广积粮，缓称王。'太祖善之"。则是采取肯定的态度。究竟是朱升或是陈碧峰提出，早在万历年间朱国祯就弄不清楚真实情况如何，目下更难弄清楚。所以孙正容引录了朱升对朱元璋说的话，称"元璋深韪之，命参帏幄"。又引"今人王春瑜据《朱枫林集・序》，以元璋见朱升乃'亲临其室'，非召问"[③]，对《明史》记载此事的细节，有所纠正。但从整个事件来考察，朱元璋对修建城池一事，无论是朱升还是陈碧峰提出，他都一直重视，积极地执行"高筑

---

① (明)朱国祯《涌幢小品》卷4《都城》。

② 夏玉润《重读朱升及〈朱枫林集〉——兼析疑点重重的"高筑墙，广积粮，缓称王"》，载张显清主编《第十三届明史国际学术研讨会论文集》，湖南人民出版社，2011年，第10页。

③ 孙正容《朱元璋系年要录》，浙江人民出版社，1983年，第59页。

墙”的政策，在全国各地修建和扩建了许多城池，这是不争的事实。

在朱元璋时代，由于修建城池出于军事上巩固战绩的需要，因此在战时，每攻城略地成功，必须建城池，违者以军法议处。朱元璋身体力行，在战时令军修筑城池。如在和阳，史称至正“十五年春正月……遣张天祐等拔和州……议分工甓城，期三日。太祖工竣，诸将皆后。于是始出檄，南面坐曰：‘奉命总诸公兵，今甓城皆后期，如军法何。’诸将皆惶恐谢”[①]。他不仅自己力行，而且写信鼓励别人修城。如至正二十年（1360）在徽州赐汪同书云：“修城事理，军民人等甚是，极得其当重务。”[②]同时，支持别人修城，如“至正末，王师取诸暨，是时县为州将军胡大海重筑州城……未几，守将谢再典以诸暨叛，大将军李文忠驰来击之，未克，乃去州六十里别筑一城，不旬日而成，楼橹濠栅毕具。上闻诸暨变，遣使来议别为城。使至，城已完，上大喜，赐名诸全新州。已而绍兴平，旧城亦下，仍即旧城为县”[③]。明朝建立以后，朱元璋仍旧重视修建城池，洪武五年（1372），定六部职掌，规定工部要参与城池的设计及营建，史称：“工部掌天下百工……总部掌城垣、工匠。”[④]洪武十三年（1380），重定六部官制，重新规定工部“总部，掌天下经营兴造之众务，凡城池之修浚，土木之缮葺，工匠之多寡，程式之经度及工匠口给赏劳之属”[⑤]。洪武末年，工部总部改为营缮清吏司，但仍旧是“掌宫府器仗、城垣、坛庙经营兴造之事”[⑥]。并规定修筑城池要报建，如洪武二十六年（1393）规定“凡天下都司并卫所城池，军马数目，必合周知，或遇所司移文修筑，须要奏闻，差人相度，准令守御军士或所在人民筑造，然后施行”[⑦]。这虽然是指卫所城而言，其实这种报建制度对郡县城池同样适用。当年就规定：“若在外藩镇府州城隍，但有损坏，系干紧要去处

① 《明史》卷1《太祖本纪一》。
② （明）朱国祯《涌幢小品》卷1《御札》。
③ （明）萧良幹修，（明）张元忭等纂《万历绍兴府志》卷2《城池志》。
④ 《明太祖实录》卷74。
⑤ 《明太祖实录》卷130。
⑥ （明）李东阳等撰《大明会典》卷181《营缮清吏司》。
⑦ （明）李东阳等撰《大明会典》卷124《城隍一·都司卫所》。

者,随即度量彼处军民,工料多少,入奏修理,如系腹里去处,于农隙之时兴工。”[①]同时,屡次命令地方修建城池。如洪武四年(1371),命“李文忠筑成都新城”,洪武二十四年(1391),“命都督刘真创立甘肃城池”。[②] 可见朱元璋对修建郡县城池,一直采取“高筑墙”的积极政策。

洪熙以后的皇帝,都承继了朱元璋修建郡县城池的积极政策,并且逐渐完善而形成一种制度。首先,让地方官员明确修建城池乃是本职要务,史称“郡有守,守土之法,城池为先”[③]。换言之,修筑城池是地方官员施政的第一任务。其次,实行奖罚制度,让风宪官纠举处罚,如“洪熙元年诏:城池之设,所以御暴卫民,遇有坍塌损坏,随即修理,合用物料,支给官钞买办,不许因而生事扰人,若有坐视不行修理,从风宪官纠举”[④]。同时,表扬城建有功的官员。如成化六年(1470),右佥都御史吴琛奉命南巡,立志修建宝庆府新宁县石城,他“暑不张盖,险不御舆,夙出而夜息,地不遗僻郡,政不弛末节”,分析选址,考察地形。又安排某卫千户陈纲、邵阳县主簿汪玉分理,“辇石伐木,薙冗补罅,墉而扃之”,结果“既固且完”。大学士李东阳撰《新宁县石城记》,并刻碑立石,使他们名垂千古,流芳百世。[⑤]

明中叶以后,明政府为了巩固政权,防止南倭北虏的侵扰,更重视修建郡县城池,认真执行朱元璋的积极政策。明初所建的城池,因为年久,“多有坍塌,或被豪强侵占,掘为田园池沼,种植养鱼之类”,因此,正统十四年(1449)规定:“但有古城之处,其见存者,所司量加修补。其有坍塌为园田者,即便用功补筑,务在坚厚完固……旧无城池,所司量可以开筑者,听从具奏,待众闲时,从容为之。”景泰三年(1452)也下令:“各处城池曾经修筑未曾成者,须量民时,或别设法,修筑完备,固保官司人民。”[⑥]特别是嘉靖

① (明)李东阳等撰《大明会典》卷187《营造五·城垣》。
② (清)龙文彬纂《明会要》卷75《方域五·城郭》。
③ (明)林庭㭿修,(明)周广纂《嘉靖江西通志》卷10《广信府·城池》。
④ (明)黄佐纂修《嘉靖广东通志》卷15《舆地志三·城池》。
⑤ (明)李东阳《怀麓堂集》卷92《新宁县石城记》。
⑥ (明)黄佐纂修《嘉靖广东通志》卷15《舆地志三·城池》,本段未注出处者,俱见此。

皇帝登上皇位，立刻发布修建郡县城池的诏令，史称："圣天子嗣位，诏修城垣，天下臣工夙夜兢惕，奉命惟谨。"①当时地方官员奉诏惟谨，认真执行，使许多崩坏的城池得到修理，尚有遗址的也得到重建，被豪强侵占为田园池沼的也得到清理。这样，许多城池便被承传保留下来了。

在此需指出，元朝建立之始，对修建郡县城池并不似明代朱元璋那样积极，究其原因，元朝由于是游牧民族统治，对城市的重要性认识不足，可能还受到大禹拆城平池被后人推为明君及秦始皇标榜德政"坠坏城郭"的影响，以为城池是军事防御体系，既然海内统一，不再打仗，还要城市有何用！因而发布了一些不利于修建郡县城池的政策，如至元十五年(1278)，"罢岭南城池修筑"②。甚至后来对江南城池，悉命铲夷，史称："元世祖既定江南，凡城池悉命铲夷，其土湮之于堑，故民杂居遗堞之上。"③但是，后来随着阶级矛盾和斗争的展开，地方起兵反抗，元统治者又命修城，如"至正十一年，兵起汝阳，所在云扰，诏天下缮完城廓。廉访使李帖木儿谋于监郡太守高履计民资厚薄，量城丈尺，分筑之"④。因此与明代相比，元代修建郡县城池不积极，规模和数量都小一些。

在积极修建郡县城池的政策下，明代郡县城池究竟有多少？明人说："圣朝稽古为治，凡通都大郡、边徼小邑，莫不有城郭。"⑤朱国祯也说："今天下名城数千。"⑥此数字恐怕包括各种城市在内，若从郡县建制看，城池不会有这么多。明代地方郡县建制：设十三布政司，下辖府、州、县，其下是乡，乡下是里，城中是坊，坊里是基层组织，里亦称都或国。布政司常设在府城中，实际是(省)府、州、县三级。根据洪武四年吏部统计，天下府"百

① (明)王懋德等修，(明)陆凤仪等纂《万历金华府志》卷26《艺文·东阳县城记》。
② (明)欧阳保等纂修《万历雷州府志》卷8《建置志·城池》。
③ (明)皇甫汸等编《万历长洲县志》卷8《城池》。
④ (明)皇甫汸等编《万历长洲县志》卷8《城池》。
⑤ (明)林庭㭿修，(明)周广纂《嘉靖江西通志》卷36《南安府·城池》。
⑥ (明)朱国祯《涌幢小品》卷4《城门》。

四十一”，州“百九十二”，县“千三百”，府、州、县共1633个。[1] 但私人统计各不相同，如明人陆化熙统计：“南北直隶府二十二，州三十六，县二百一十三。承宣布政使司十三，共领府一百三十八，州一百四十六，县九百四十三。”[2]与明人章潢的统计，略有出入，章氏说南北直隶县222个，布政使司总领府158个、州247个、县1151个。[3] 从县一项统计看，前者是1156县，后者是1373县。前者统计时间截至天启五年，后者统计时间大约在其后，统计了新置州县，所以总数较多。成化间，马钧阳说：“今天下百四十七府，二百七十七州，千一百四十五县。”[4]共府州县1569个，与前引章潢的统计相近。嘉靖时，郑晓统计：“南北直隶府二十二，州三十六，县二百一十三，承宣布政使司十有三，领府一百三十八，州一百四十六，县九百四十三。”但他说：“凡省司外府州县，则领以各道，皆国初斟酌设置，后增设者，悉乱政不书。”[5]自然不准确。而《明史》统计称：“终明之世，为直隶者二：曰京师，曰南京。为布政使司者十三……其分统之府百有四十，州百九十有三，县千一百三十有八。羁縻之府十有九，州四十有七，县六。”[6]包括少数民族地区建制。另外，法国国家图书馆藏有一张16世纪的中国地图，大地图引言为万历二十二年（1594）仲夏山阴王泮注，上写“明代两都十三省，隶府一百五十二，州二百四十，县一千一百零七”[7]。各书统计，由于时间、范围和标准不同，因而存在差异。《明史》记载较为全面，姑以其数据为准，明代府州县共有1543个。当时，在明政府推行“高筑墙”的防卫政策过程中，只有个别府州县没有修建城池，如史称明中叶“大江以南，邑多无城者”[8]。所谓“无城”，则未建有城墙厢郭者，如江西抚州府崇仁县，因

① （明）谈迁《国榷》卷4《辛亥洪武四年》。
② （明）陆化熙《目营小辑·方舆原始》。
③ （明）章潢《图书编》卷34《皇明舆地总图建置》。
④ （明）郑晓《今言》卷2。
⑤ （清）傅维麟撰《明书》卷39《方域志一》。
⑥ （清）张廷玉等撰《明史》卷40《地理一》。
⑦ 参见《中国史研究动态》1981年第6期。
⑧ （明）韩浚、（明）张应武等纂修《万历嘉定县志》卷3《营建考上·城池》。

“县治瞰溪，难施板筑，今无城”，至弘治时，“环治大小街巷，各置门楼栏栅凡三十余所”。[①] 福州府闽清县，截至万历年间尚“无城，惟东南北面创三敌楼，置栅为门，昕夕启闭”。[②] 在此需要指出的是，明代行政建置虽然有升降，但总的趋势是增置为多。如华南地区，福建在洪武二十六年（1393）只有八府五十县，到万历六年（1578）增设了漳平、永安、归化、永定、寿宁等县，共有八府一直隶州五十八县。广东在洪武二十六年只有十府七州六十县，到了万历六年增加了顺德、从化、饶平、高明、恩平等县，合计十府八州（内一直隶州）七十四县。一般来说建置增加，新建城池出现，郡县会相应增多，反映了统治者加强统治和经济发展的需要，这是必然的趋势。因此，明代郡县城池的修建，估计有1300座。

二　明代修建郡县城池概况

明代修建的郡县城池有三类：一是在原有郡县城池的遗址上重建，或在郡县城池的基础上修建。如山西布政司属下县城，普遍是在原有旧城的基础上重建。[③] 通州，明初也是在宋元城池的基础上进行修建。[④] 二是在原有郡县城市旁边扩建新区，事例见后。三是另选址新建，前朝选址多是依山傍水，明时选址先择水陆交通要道、腹地广阔、商品交换频繁之处。如广东三水县城池，嘉靖六年（1527），新建于北江与西江汊道思贤窖的江口，陆路“道里旷邈，车马络绎”[⑤]，水陆交通方便，腹里靠近广州及珠江三角洲，商品经济发达。选这样的区域建新城池是恰当的。

明代修建郡县城池的程序，首先是确定领头人，其次是筹集经费，再次是组织施工，最后是完工评估。领头人一般都是府、州、县的长官。上面提到明政府规定，凡修建城池都要向上一级报告，经批准后才能动工兴建。

---

① （明）林庭㭿修，（明）周广纂《嘉靖江西通志》卷18《抚州府·城池》。
② （明）喻政等纂修《万历福州府志》卷5《城池》。
③ 参见（明）李侃、（明）胡谧纂修《成化山西通志》卷3《城池》。
④ 参见（明）林云程修，（明）沈明臣等纂《万历通州志》卷3《经制志》。
⑤ （清）李友榕等修，（清）邓云龙等纂《嘉庆三水县志》卷2《建置·立县条议》。

如广东肇庆府城，即“古端城，控扼海道，藩屏上流，形势便利，地居冲要”。但旧城崩圮，需要在原基础上进行修建。洪武元年(1368)，知府黄德明便“依律禀命于省，请修城郭”，经批准后，便成立庞大的城建小组，参加者有府、县二级官员，如府判徐宝童、知县戴允恭、县尉阮良、巡检张子和、帅府照磨冼元亮以及总旗佐谦、陈定等共十六七人。知府黄德明是总负责人，他“选吏督其事”，负责组织施工。参加劳役者是所谓“好义者”，实是“里民”，则按其“产之厚薄，力之多寡”来派工，“户满三十者，周一役，或二十者其一工”。这里所谓“役”，是指职役；所谓“工”，是指劳工。经费工料“砖石木植灰瓦之用，皆官给之”。自洪武元年七月开工，至九月讫工，共九十天。施工结果：“城之圮者，垒石为基，累砖以甃其隙，鳞次栉比，端方周正，新旧之迹泯焉。”“度城五丈余，建楼四楹，为间二百有一十，复因旧址重建敌楼三十五，以复旧制。”①

明代修建郡县城池工程相当复杂，特别是新建城池，需要选址，包括规划与布局、城和池、城和廓诸方面，其中需要解决的关键问题是经费的筹集和劳工的来源。修建城池的经费，明中央政府除了都城，基本上不拨款，由地方政府解决。各地解决的办法不一样，今分述如下：

(一)由地方政府拨款作经费。各地经费来源不同：一是来源于节存羡金和工匠银。如通州，属扬州府，其城池原是土城，建于后周显德四年，至六年甃以陶甓，宋时建戍楼，增筑瓮城，元时曾修理，不久圮坏。至明初相继修筑，如守御千户杨清等设三吊桥，辟三水关，以通市河。弘治间复浚市河，修水关，正德间复甓三瓮城。此后大修治是隆庆二年，郑守舜臣因嘉靖时城墙被淫雨摧毁三百余丈，“其軈瓟而立者又半之”，加之防御海寇倭夷的侵扰，非高城深池不可，因此经上级批准，决计重修。经费筹集，即“检郡帑羡金”银五百六十两有奇，“及见征停黄闸工匠银四百八十两有奇”，“遂为市灰运甓，畚钟具备”，从是年四月开工，凡三月工乃讫，“视前

① (明)黄佐纂修《嘉靖广东通志》卷15《舆地志三·城池》，本段未注出处者，俱见此。

增筑二尺有奇,外甓既直,内土亦广,以至雉堞楼橹焕然改观,有伟金汤,二百年以来所未有也”。① 二是来源于赃罚银并拆毁淫祠等项银。如嘉靖年间广东新建三水县城,“共用银捌千六百陆拾柒两伍钱,其夫匠之雇募,物料之买办,俱合于广、肇二府库贮赃罚并拆毁淫祠等项银内动支”。② 三是来源于丁银羡余。如弘治九年,广东博罗县城中公廨、仓廒、官宇占十之七,居民无余地,需要扩建西城,佥事王相便“用丁粮羡余”作经费,“广四里,周一千二十五丈,增雉堞一千三百四十七、更铺廿八、敌楼四、门六、水门三,以便民汲”。③ 又如万历年间,江苏宿迁县建城,其经费来源于“任内所蓄纸赎银麦仅四百两”及“发帑金(官币)漕粟三千二百有奇”,“复捐赎锾二千九十有奇”。④ 四是来源于欺隐田粮者。如成化十四年,修建广东韶州府城时,知府“访知部民欺隐田粮者不可胜计,兹欲核其实,宥其愆,俾各捐资来助,以共成斯役……令出,部民欺隐者惕然改悔,争先得白金二千余两”,于是千户赵雄主持,将捐资“市石倩工”修筑。⑤ 这里所谓“捐献”,实则是地方政府清理田赋,将欺隐田粮款项清出作修城经费。所以当时的官吏说:“取有余之财,固将颓之城,足以保障一方,诚善政也。”⑥五是来自没官资产。如隆庆年间广东新宁县修城,其经费是“县旧有没官房屋、田土、牛马等件共计价值三百五六十金,奸民侵占守御营房并私相典当,即不追究其罪而薄征其税,共计价值二百余金,皆先年隐匿不暇究者,至是照数检括还官,并原估纸赎四百余金,几计千两”。⑦ 六是来源于官币。如隆庆年间广东高明县修城,“费出于官帑者十一,出于罚

① (明)林云程修,(明)沈明臣等纂《万历通州志》卷3《经制志》。

② (清)李友榕等修,(清)邓云龙等纂《嘉庆三水县志》卷2《建置·立县条议》。

③ 张友仁纂修《民国博罗县志》卷4《政制三·城池》。

④ (明)喻文伟《建城迁治记》,载(明)喻文伟修,(明)刘筹、(明)何仪纂《万历宿迁县志》卷7《词翰志》。

⑤ (明)黄佐纂修《嘉靖广东通志》卷15《舆地志三·城池》。

⑥ (明)黄佐纂修《嘉靖广东通志》卷15《舆地志三·城池》。

⑦ (明)李义壮《重修城池记》,载(清)王暠修,(清)陈份纂《乾隆新宁县志》卷4《前艺文册》。

锾者十九”。[①] 所谓“罚锾”，实际上就是上述的赃罚项。成化五年广东封川县将内城倍筑，“出官帑白金千七百余两”作为经费。[②] 成化六年，清远县“发官帑六十余缗”修建砖城。[③]

(二)捐助，分官民。官方，如万历年间通州建望江楼。原来早在南门望仙桥南、盐仓坝南、端平桥西、战坝东各建望江楼一座，共4座，“跨河作浮梁以利涉，遇警则撤梁集众，凭戍楼守焉”。后来被倭寇毁灭。然而这些望江楼在战略上意义重大，所以郡人尚书马坤捐俸，令人“入市材鸠匠，凡百具举。城基旧崩入河，移命甓筑，已乃建楼其上，凡五间，视旧增丽，楼为重檐复壁，后启扉以便回眺城中，楼外及翼垣皆环以女墙，栋梁榱桷丹雘黝垩之饰，焕然一新，大观杰制，追雄百雉矣”。万历四年，州守林云程重建，在望江楼上建匾曰“江山一览”，更显美观壮丽。[④] 民方，主要是发动义民捐助。如南直隶应天府溧水县城，“旧城相传自隋筑”，至明初已无可考。至正十八年(1358)，知州邓鉴重筑，周七百三十丈，门六。洪武至正德间曾屡次重建，寻毁。至嘉靖四年，义民刘崇、赵伸、徐铎等出资，县丞孙禄率义民汤瑞、骆玉修建文庙，东扩二十八丈，建石桥以泄水。后因水患，城圮。嘉靖三十七年知县曾震始建石城，高三丈，广如旧，门仍之。“内二门居民所(捐)建”。[⑤] 当时，义民陈灌“捐金三百，造西城楼橹”[⑥]。洪武十八年，广东程乡县(今梅州梅县区)城需要扩大，拆西城垣，易石为址，上累以甓，扩城费用，由“邑人叶文保捐资筑”[⑦]。天启年间开化县筑城，“适监台傅公闻之，捐三百金，于是邑好义者助工有差”[⑧]。另外，认造城门。如

---

① (明)区益《重修城记》，载(清)邹兆麟修，(清)蔡逢恩纂《光绪高明县志》卷3《建置志·城池》。

② (明)黄佐纂修《嘉靖广东通志》卷15《舆地志三·城池》。

③ (明)黄佐纂修《嘉靖广东通志》卷15《舆地志三·城池》。

④ (明)林云程修，(明)沈明臣等纂《万历通州志》卷3《经制志》。

⑤ (明)吴佐诠修，(明)黄汝金纂《万历溧水县志》卷4《城濠》。

⑥ (清)傅观光等修，(清)丁维诚等纂《光绪溧水县志》卷13《人物志下·尚义》。

⑦ (清)王之正等纂修《乾隆嘉应州志》卷2《建置部·城池》。

⑧ (明)朱朝藩修，(明)汪庆百纂《崇祯开化县志》卷1《建置志·城池》。

嘉靖三十四年浙江义乌县始用石筑为门楼，“颇如城门之制，便于守望……西北曰湖清，义民陈伦、黄凤、金香□□助造，又复设二门于东北，曰槐花，义民金爚助造”①。

（三）按丁粮出费，募工建城。如浙江金华府浦江县城，治在山谷，地多瘠确，民贫，常赋仅供，役民筑城，属重役；同时，没有经费，“无公帑之发”，筑城非常困难。而县令许宗镒尊明政府之令“有城垣未备、守御未严者，俾以时筑”，于是迎难而上，从嘉靖三十五年十月开始，将建城任务“均派一邑，（城墙）每丈配丁粮若干，官给文凭对户照支，俾民各募工坚筑，仍为之期，未及期而倾圮者，罚治更筑。令既出，民咸欢趋工……越戊午（嘉靖三十七年）某月日告成”。② 这段话不够具体明确，究竟每丈配丁粮多少？每户出费多少？同时，工程有难易，如何评定，“费最巨者，官为补助”，标准如何？总之，这种办法，实际上是把建城的费用和工程任务让民负担，官府确是“营之以渐，无棘其欲”也。和这种出费办法相类似的，是福建南靖县的“计亩出费”，史称：“本县但令约保各自报其约内田亩，旬月之间，报亩二十四万三千七百有奇，查其登版征赋者，不过一十五万九千一百有奇耳。况访得势豪之田，约保所不敢报者，尚十之三四也，犹为有法乎？”③“计亩出费”，则视修城经费总数而按亩分摊，但由于欺隐之弊版籍不确，且“约保所不敢报者，尚十之三四”，自然无法公平出费。此外，崇祯十一年太平府繁昌县筑城，“议费出于田亩均输，计银三万余两”④。看来亦是属于“计亩出费”类。

（四）坐派都鄙里甲。如在东乡，崇祯年间“广筑外城……总计丈尺，分派都鄙，某都某鄙共出公费筑城若干丈”⑤。在台州，弘治十六年（1503）

---

① （明）周士英纂修，（明）熊人霖增修《崇祯义乌县志》卷2《城池》。

② （明）瞿景淳《浦江县城记》，载（明）王懋德等修，（明）陆凤仪等纂《万历金华府志》卷26《艺文》。

③ （明）顾炎武《天下郡国利病书·福建备录·南靖志》。

④ （清）黄桂修，（清）宋骧纂《康熙太平府志》卷6《城池》。

⑤ （明）艾南英《天佣子集》卷4《上本县王父母论东乡事宜请筑外城书》，载沈乃文主编《明别集丛刊》第5辑第39册。

之前“修理城垣”，所需费用，“概州县十年里长甲首共应之”。[①] 在无锡，明人朱国祯说：“过无锡县，见其城焕然一新，内白外蓝，皆以石灰涂藻，宛若世家萧墙一般。每丈约费银二两，计城可三四千丈，闻皆取办于甲里者。”[②]在广东顺德，景泰年间修筑县城，其费用由番禺、南海两县里甲共同出办，“南海城银原派九千”[③]。由于坐派地方里甲或报大户出办，因而导致吏胥勾结，贪污腐败。如南海、番禺两县，明人霍与瑕指出：“且以筑城一事言之，两县出办夫役，已告劳矣。外县则报大户，报砖石，报贴户，得财别报，延及通邑，有平白出牌，责大户输银在库，称备帮贴者；有砖石未齐，将大户罚数十两者；有松椿到官，经月不收，责取分例者。无涯之苦，岂可枚举。”[④]

此外，修城的经费，在广东高明县政府将池濠出租，“岁得鱼利之金十以为（疏浚濠池之用）火药之资”[⑤]。

至于劳工的来源，亦很复杂。除了上述提到的募工雇工，还有各种途径。如在广东，一是调拨外县夫匠助筑城。如成化六年清远县筑城，时当镇压徭族动乱之后，“兵困民疲”，都宪韩雍令英德、四会夫匠凡千三百人助筑。[⑥] 嘉靖六年在白塔村修筑三水县城，史称：“其合用工役，即于新割都鄙内人户拨用，仍量免杂差派办料物三年，以苏民困。”[⑦]二是调城兵筑城，令佃人疏濠。如隆庆五年（1571），高明县修筑城池，“役咸取之城兵”，濠“令佃者疏浚，深广倍前”。[⑧] 在广州，永嘉侯朱亮祖调卫所军兵筑城，史

① （明）黄绾《明道编》卷4，中华书局，1959年，第51页。

② （明）朱国祯《涌幢小品》卷4《府县城池》。

③ （明）霍与瑕《霍勉斋集》卷12《附录·陈青田公复书》，载沈乃文主编《明别集丛刊》第3辑第18册。

④ （明）霍与瑕《霍勉斋集》卷12《拟罪言上代巡陈青田公》，载沈乃文主编《明别集丛刊》第3辑第18册。

⑤ （明）区益《重修城记》，载（清）邹兆麟修，（清）蔡逢恩纂《光绪高明县志》卷3《建置志·城池》。

⑥ （明）陈骐《重修城垣记略》，载黄佐纂修《嘉靖广东通志》卷15《舆地志三·城池》。

⑦ （清）李友榕等修，（清）邓云龙等纂《嘉庆三水县志》卷2《建置·立县条议》。

⑧ （明）区益《重修城记》，载（清）邹兆麟修，（清）蔡逢恩纂《光绪高明县志》卷3《建置志·城池》。

称:洪武十二年十二月,广州修筑城池,朱亮祖“发卒三万人拓广东城百余丈”[①]。至于施工的组织形式,一是采取包工制,如在浙江萧山县,嘉靖三十二年修筑城池,采取包工制。史称:“城基约地九里有余,周回共一千六百八十丈。邑中该递年一千四百名,人各分工一丈二尺,料价出于官,人给银二十五两三钱,工食令其自办,以有余补不足,约每工费银六两。其工食之费颇烦,则择城中之殷实者任之,以其得享有城之利也。”[②]二是据田派役,如在嘉定县,嘉靖三十二年修筑城池时,“画田而授役”,即按田地分摊工役,附以赏罚之法,即“赏罚其用命、不用命者”。[③] 三是按里甲派役,如在浙江平湖县,万历年间“邑修城,旧役里甲、吏胥因缘为奸,侯请当道派入条鞭”,而成为一种赋役负担了。[④] 在福建长乐县,弘治年间始建城,“规制弗称,久之倾颓”,嘉靖三十二年在原有城址的基础上拓而大之。当时由知县詹莱为总策划,由市民分区负责施工,实行“坊里各役一人,人各辖一区,不过稽其成而已”。[⑤] 其工役大抵亦由市民任之。在通州,隆庆元年筑城,亦是按坊厢单位“召市民而役之”[⑥]。

此外,有“以工代赈”的形式组织施工的。如弘治年间,大名府浚县筑城,史称:“明年丁巳(弘治十年)麦薄,收民有饥者,侯(知县刘台)乃仿古儆民意,首事西堧,先坎木奠基,基定而后筑土,高广以度,瓦覆垩(潜按:垩,白土,泛指用来涂饰的土,用白色的土粉饰之意)涂。”总七十丈。“廿人为工,工一领以二人,领十,总以二人……复揭其姓名,俾各占方就工……盖计工分力,奸惰不售。”[⑦]可见使用饥民代赈形式筑城是非常严

① (明)黄光升《昭代典则》卷8。

② (明)萧良幹修,(明)张元忭等纂《万历绍兴府志》卷2《城池志》。

③ (明)徐学谟《筑城记》,载(明)韩浚、(明)张应武等纂修《万历嘉定县志》卷3《营建考上·城池》。

④ (明)程楷修,(明)杨俊卿纂《天启平湖县志》卷13《名宦志》。

⑤ (明)郑世威《长乐县筑城记》,载(清)徐景熹修,(清)鲁曾煜等纂《乾隆福州府志》卷4《城池》。

⑥ (明)林云程修,(明)沈明臣等纂《万历通州志》卷3《经制志》。

⑦ (明)刘瑞《浚县兴造记》,载(明)石禄修,(明)唐锦纂《正德大名府志》卷10《文章志》。

苛的。

明代修筑郡县城池，经费无论来自公或私，工作役军或民，并不是牧歌式的，而由于个别府县政治腐败，给军民带来极大的痛苦。如广东镇平县县城，崇祯六年始建，知县胡会宾撰《清粮减编牍并议》称：该县“修理城垣等项，俱额外坐派，小民不堪重累”①；又如江西吉安府府城，“国朝甲辰（至正二十四年，1364）大都督朱政来镇吉安……更筑新城三之一”②。当时吉安城市民赴役筑城的苦状，泰和人刘嵩写《筑城叹》称：

君不见，吉安城中十万户，往年筑城极辛苦，
城加百尺环两濠，日日程量深与高。
官长有号令，畚锸各自操，
累然夫丁不敢告劳。
一朝楼船江上来，大开城门引旌旄。
城之石高礉礉，濠之水何滔滔，
今日之日为谁险？
牢愧尔饥，雀飞鸣嗷嗷。③

其苦状可见一斑。刘嵩尚有《富田筑城歌》二首，亦是描写东乡人去富田筑城的苦状，其中一首云：“朝为山中坟，暮作城下窟。可怜筑城夫，见石不见骨。”④此外，浙江海昌用徭役的形式，征居民筑城的苦况，明人谢肃撰《海昌筑城行》称：“千夫凿山石，万夫捄海土，日未出已登埤，日既入犹削屡。”⑤从而寄予无限的同情。明代郡县城池的辉煌建筑，是用劳动人民的血汗和生命造就的。

① （清）王之正等纂修《乾隆嘉应州志》卷12《镇平县·艺文》。
② （明）林庭棉修，（明）周广纂《嘉靖江西通志》卷24《吉安府·城池》。
③ （明）刘嵩《槎翁诗集》卷4《筑城叹》。
④ （明）刘嵩《槎翁诗集》卷7《富田筑城歌》。按：东乡县，正德间置，属江西抚州。
⑤ （明）谢肃《密庵集》卷2《海昌筑城行》。

三　明代修建郡县城池受传统文化影响

明代许多方志的城池篇前言,都引《周易》的"王公设险,以守其国"或《考工记》的"匠人营国,方九里"一段,作为修建郡县城池的典范,可见传统文化对明代修建郡县城池的深远影响。首先,从修建郡县城池的目的来考察,明政府完全从政治、军事的要求出发,因此对城池的规划和设计,自然没有离开这个目的。如韶州府城就是根据《周礼》一书中的"守土保民"的原则,建于北面笔峰山和三面临水之中,史称:"韶(州府)城三面临江,其势易守,惟北方陆走,设以精兵,据笔峰之巅,下瞰城中,此亦不攻而自屈也,即奚不通,筑城垣包笔峰而树楼橹为不可拔之局乎。"①又如大名府浚县城池的建设,"一切主于御暴止(即卫字之意——引者)民,厚宾客,耸观瞻,严保障,非是莫举也"②。都根本没有考虑繁荣经济和发展文化原则。

其次,从城池的形制来考察,由于《考工记》是齐国的官书,其中"匠人营国"一段,是指周朝大臣姜尚(太公)在临淄封地建城,城为方形,周九里,有内外两道城墙,称为内城和外城。明代不少郡县都仿这个建城的模式,基本为方城,其布局:旁二门,中间为十字街,衙署安排在正中,左为书院,右为社坛,如通州就是这样安排的。城池形制为方形的,尚有大名府大名县、太平府当涂县、湖广襄阳府以及贵州铜仁府③等。

其三,从城池的建筑点来考察,以福青县城和青州府城为例,史称:

福清县城,国朝正德八年始为四门,东曰文兴,北曰玉屏,南曰龙江,西曰双旌。嘉靖三十三年防倭更筑垣,周九百九十三丈,高一丈八尺,厚一丈四尺,女墙一千三百,警铺二十四,建门楼四,水关二。三十七年筑三敌台,城增高四尺,环垣上为堞楼,表里辟夹道,浚濠深、广各

---

① (清)秦熙祚纂修《康熙曲江县志》卷1《修政·城池》。

② (明)刘瑞《浚县兴造记》,载(明)石禄修,(明)唐锦纂《正德大名府志》卷10《文章志》。

③ (明)沈庠修,(明)赵瓒纂《弘治贵州图经新志》卷7《贵州铜仁府地里之图》。

> 二丈。[①]
>
> 青州府城，砖城。自广固东阳废迁之后，北齐始筑今城，南枕山麓，北带河流，历唐宋金元，率皆覆土。国朝（明）洪武二年，都指挥叶大旺增修楼堞，砌以砖石，周围一十三里有奇，高三丈五尺，池深二丈五尺，阔八尺。四门：东曰海岱，南曰云山，西曰泰山，北曰稜霜。东南北三门皆有月城重关……（天顺元年）知府徐郁建北门敌楼三座，重修东门、南门敌楼四座，角楼四座，窝铺二十六所。[②]

此外，洪武年间武昌城门建“谯楼”[③]。

我不厌其烦地抄录这些文字，目的是要说明明代城池的建设点。福州府福清县城是明代新建的，山东青州府城是在宋元旧城的基础上加修扩建的，无论新建或扩建，除了官署、学宫、仓库、庙宇，一般都建有城垣、女墙、城门、门楼、城濠、水关、敌台（敌楼）、夹道、月城、角楼、窝铺、谯楼诸项。释名如下：

城垣即城墙，古时城之墙曰“墉”。《尔雅》：“墙谓之墉。”[④]凡城都有城墙，古已有之。

女墙，古时于城垣上睥睨非常之处，曰陴，亦曰堞或女墙。女墙是古之称谓，近世称垛口，沿城墙上建，即城上小墙，清李渔引《古今注》云：“女墙者，城上小墙（矮墙——引者），一名‘睥睨’，言于城上窥人也。”[⑤]在军事上用作躲避箭头之用。

城门，古城门口不相对，道路不直通。一般有东南西北四个城门，洞口叫作券门。

门楼即城门楼。

---

① （明）喻政等纂修《万历福州府志》卷5《城池》。按：明1里=360步，每步=5尺。

② （明）陆钎等纂修《嘉靖山东通志》卷12《城池》。

③ （明）贝琼《清江文集》卷18《武昌谯楼记》。

④ （晋）郭璞注，王世伟校点《尔雅》卷5《释宫》，上海古籍出版社，2015年，第77页。

⑤ （清）李渔著，沈勇译注《闲情偶寄·居室部·女墙》，中国社会出版社，2005年，第197页。

城濠即护城河，古代有说，有城必有池，故称城池。晋朝已有，《晋书·石勒载记上》称："时城隍（城濠）未修，乃于襄国筑隔城重栅，设障以待之。"①

水关，水上关口，穿城壁以通城内外水的闸门，明刘侗、于奕正《帝京景物略》称："土人曰水关，是水所从入城之关也。"②故又称水闸或水门，建于城濠之中，起到调节水位、控制流量的作用。

夹道，指城墙上两壁间的狭窄小道，春秋时已出现，用以射箭伏击敌人。

月城，城门外所筑，其形状下固上削，似瓮一样，故称瓮城；或为半月圆形小城，故又称月城。是作掩护城门，防御敌人入侵城池之用。汉代已有瓮城，如汉代玉门关大瓮城，呈正方形，长宽均为十二米，四壁夯土筑墙。敌人误入，定成瓮中捉鳖之势，插翼难飞。重门复关，易守难攻。

角楼，唐时已出现，又称团楼或转楼，广东恩平称为望楼，建在城墙的转角处，作为瞭望哨所，防御来袭击的敌人。

窝铺，以竹木为建材的，是临时支搭以避风雨的营寨；以砖石为建材的，是较长期用于作战的营垒。

谯楼，原来古代城门称谯门，"后建重楼于其上，故又称谯楼"，亦称敌台或敌楼。谯楼的功能：一是置鼓"以警昏晓"③，在广信府，谯楼又称鼓角楼，建筑宏伟高大。史称："谯楼俗名鼓角楼，在府门外稍南，累石为台，高二寻（潜按：寻，古代长度单位，八尺为寻），横广十寻，而阙其下通道东出，上起楼三层，高四丈有六尺。元吴草庐诗：'巍楼横中天，阔视纳宇宙。'其闳肆可想。"④大概因要置鼓以及报时的铜壶滴漏器械的缘故。为了区别晨昏不同声音，明代信阳州城"城东门至南门，立三门楼，东县鼓司晨，西

① （唐）房玄龄等撰《晋书》卷104《石勒载记上》。

② （明）刘侗、（明）于奕正《帝京景物略》卷1《水关》。

③ （宋）宋敏求《春明退朝录》卷上。

④ （明）曹学佺《大明一统名胜志·江西省》卷6《广信府》。

县钟司昏,又置漏小南门司昼夜四时。甃城上令旁下而走水,即积雨不坏"①。这种制度起源甚早,大概起于越王勾践时代,《舆地志》称:"勾践应门之上有大鼓,名之为雷鼓,以威于龙也。"②特别是实行城坊制度后,以朝鼓暮钟令坊门启闭,而成为教化制度。城坊制虽早已废除,但这种朝鼓暮钟的夜禁制度仍然传袭下来。如在乐安县,史称:"钟楼,在南街西,洪武十一年知县谢中建。……夫钟鼓者,所以明号令戒昏晓也。矧律有外郡城镇,凡遇夜禁,暮钟以静,晓钟未动,违者坐如律之文……使人人晨昏审听而发儆省,是诚政教之一端也。"③明初,在江西袁州府城门,甚至设官兵守卫,掌管"启闭锁钥"④。二是让更夫住谯楼,打更报时。如在歙县,史称:"谯楼在府治前,筑台为楼,九间……楼原置铜壶一座……更筹、漏箭、铁板齐备……其更夫,在明初则由新安卫幼军二十五名更番轮值,又有阴阳生一人,候筹报时。"⑤

从上述郡县城池建筑点考察来看,这些城池的建筑点,都是古已有之,非明代所创建,而是受古代城池传统文化影响的结果。同时,这些城池建筑点,构成了城池防御体系,说明明代修建郡县城池的目的,是完全从政治军事需要出发的,和近代工商业城市的建设还是有区别的。需要指出的是,明代修建郡县城地,并非是一成不变地照搬过去的形制模式,而是根据需要,有所创新,有所发展。如瓮城的设置,在明以前,都是建于城门之外,所谓"羊马城",即外瓮城。直到明初在南京建都城,才在聚宝门内建内瓮城,设置藏兵洞,将城门守御这一明显的薄弱部位变成防御作战中的强点,"充分显示了明代在筑城设防技术上的成熟与完善"⑥。

---

① (明)何景明《信阳州城碑记》,载(清)田文镜等修,(清)孙灏等纂《雍正河南通志》卷79《艺文八》。

② (明)朱国祯《涌幢小品》卷4《城门》。

③ (明)孟楠修,(明)蒋奇镈纂《万历乐安县志》卷8《公署》。

④ (明)林庭棉修,(明)周广纂《嘉靖江西通志》卷32《袁州府·城池》。

⑤ 石国柱等修,许承尧纂《民国歙县志》卷2《营建志·公署》。

⑥ 范金民、杨国庆等编《南京通史·明代卷》,南京出版社,2012年,第151页。

四　明代郡县城池的形制和类型

上段提到明代修建城池的形制，因受传统文化影响，是方形，那是根据《考工记》规定的，如周朝大臣姜尚（太公）在临淄封地建城是方形。明代许多城池都据此而建成方形，如贵州铜仁府所属县城皆模仿建为方形。[①]（图一）但是，随着社会经济的发展，科学技术水平的提高，明代郡县城池的修建已跳出了传统的模式，而是根据地势和军事防御的需要灵活建造。在形制方面，就出现了诸多形式：

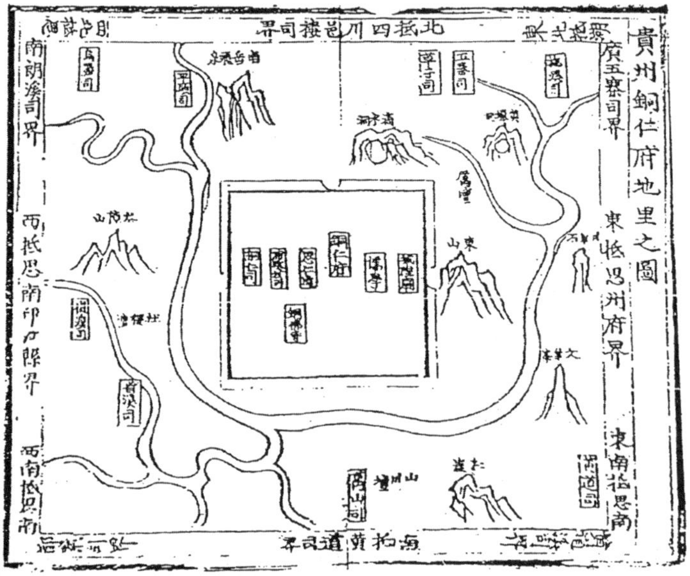

图一　弘治贵州铜仁府地里图

（原载《弘治贵州图经新志》卷7）

1. 方形圆角城，如福州府古田县城（图二），县初无城，弘治十五年始筑，建成方形圆角砖石城，史称："西北跨山，东南俯溪，广袤七里许，高一丈七尺，厚一丈，周一千三百丈有奇，为门四：东曰万安，西曰永丰，南曰迎恩，北

---

① （明）沈庠修，（明）赵瓒纂《弘治贵州图经新志》卷7《贵州铜仁府地里之图》。

曰望阙。水关五:曰威武,曰金井,曰朝阳,曰玉滩,曰观澜。城上敌楼四,警铺十有二,女墙二千三百有奇。”[①]该府长乐县城也是方形圆角(图三)。

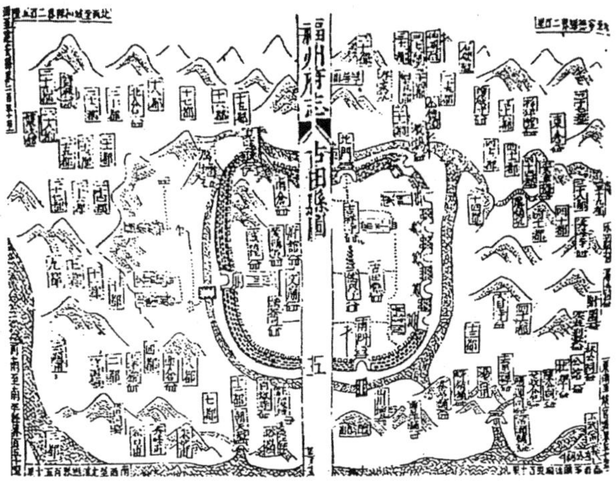

图二　万历福州府古田县图

(原载《万历福州府志》扉页)

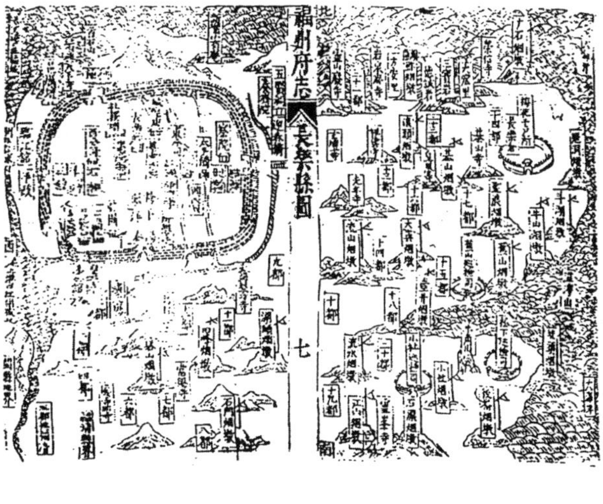

图三　万历福州府长乐县图

(原载《万历福州府志》卷首)

---

① (明)喻政等纂修《万历福州府志》卷5《城池》。

2. 圆形城，如广东兴宁县城（图四），史称："成化三年，知县秦宏创兴宁城，辟四门，建成楼，开水关，架四门吊桥，雉堞九百有三，窝铺二十四间。"嘉靖间屡有增筑扩建。[1] 应天府溧水县城也是圆形城（图五），史称：洪武戊戌（至正十八年，1358），知州邓鉴在宋元旧城基础上重筑，周七百三十丈，门六。以后屡有修改，至嘉靖间始建为石城，圆形，高三丈，广如旧。[2]

3. 方形突角城，如广东长乐县城（图六），城在紫金山之右麓，明洪武二十年知县陈坚始筑，周六百三十四丈，门四，门各有楼。嘉靖、万历年间屡有增筑、扩建，至万历十六年通前高二丈五尺，周一千〇五十九丈，马路阔一丈，池周一千〇九十五丈，阔二丈，深九尺。[3]

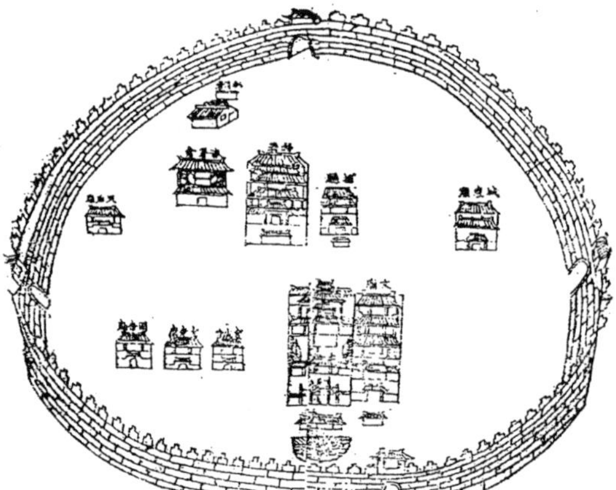

图四　乾隆广东兴宁县图

（原载《乾隆嘉应州志》卷首）

---

① （清）王之正等纂修《乾隆嘉应州志》卷9《兴宁县·城池》。

② （明）吴佐诠修，（明）黄汝金纂《万历溧水县志》卷4《城濠》。

③ （清）王之正等纂修《乾隆嘉应州志》卷10《长乐县·城池》。

圖之城縣

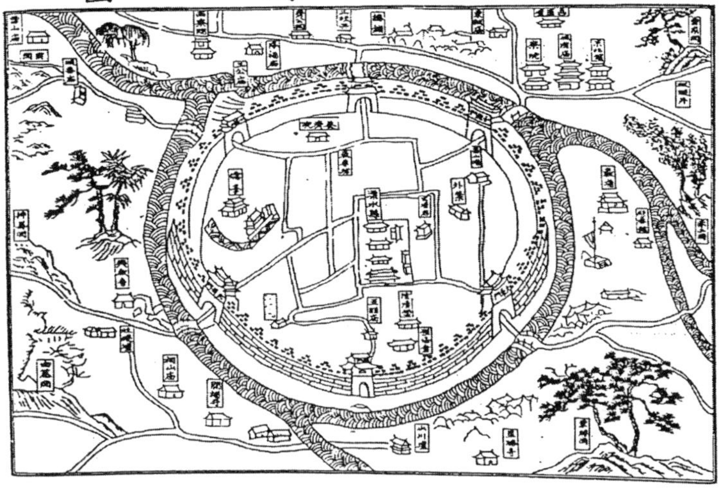

图五　万历溧水县图

（原载《万历溧水县志》扉页）

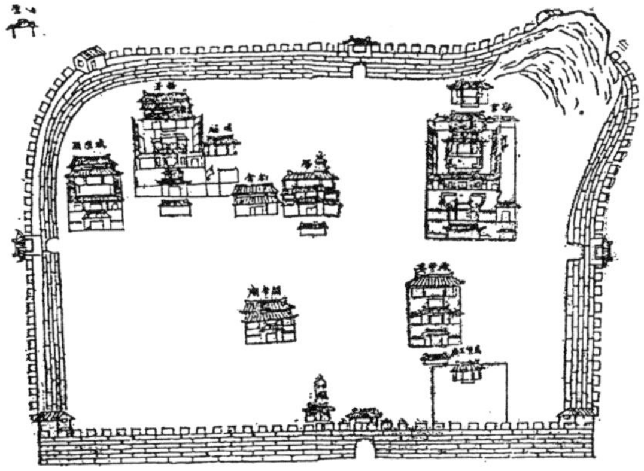

長樂城池圖

图六　乾隆广东长乐县城池图

（原载《乾隆嘉应州志》卷首）

4. 缺角方形城，如南昌府城（图七），史称："国朝壬寅（至正二十二年，1362），大都督朱文正守豫章，以城西南滨江（潜按：城西靠赣江，原为方形),改筑于内。"故成为缺角方形。周围二千〇七十丈有奇,高二丈九尺,门七。东南北三面浚濠长三千四百丈有奇,绕城楼十四座。[①] 庆阳府宁州城也是缺角方形城(图八)。[②]

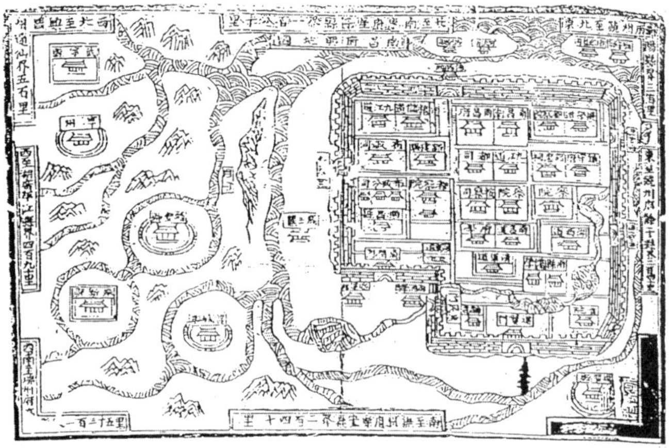

图七　嘉靖江西南昌府城池图

(原载《嘉靖江西通志》卷4)

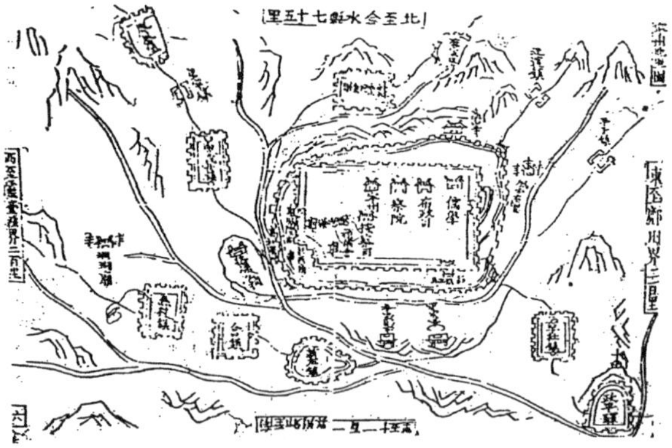

图八　嘉靖庆阳府宁州城图

(原载《嘉靖庆阳府志》卷1)

---

① (明)林庭㭿修,(明)周广纂《嘉靖江西通志》卷1《藩省·城池》。

② (明)梁明翰修,(明)傅学礼纂《嘉靖庆阳府志》卷1《图考》。

5. 不规则形城,如福州府城建于晋太康四年,历唐末,有子城、罗城、夹城及外城之筑,至宋初渐堕废,元末陈有定又加缮葺。至明洪武四年,命驸马都尉王恭在元故址基础上重筑,北跨粤王山,南则因故外城绕九仙乌石之麓,广袤方十里。以后屡有修缮,至嘉靖间,有城门七,水关四,引闽江之水入城,缭绕凡三十有六曲。因此,城形弯弯曲曲,非常不整齐,不规则,是一座方不方、圆不圆的不规则城(图二十三)。[1] 北直隶大名府旧城,亦是不规则城(图九)。

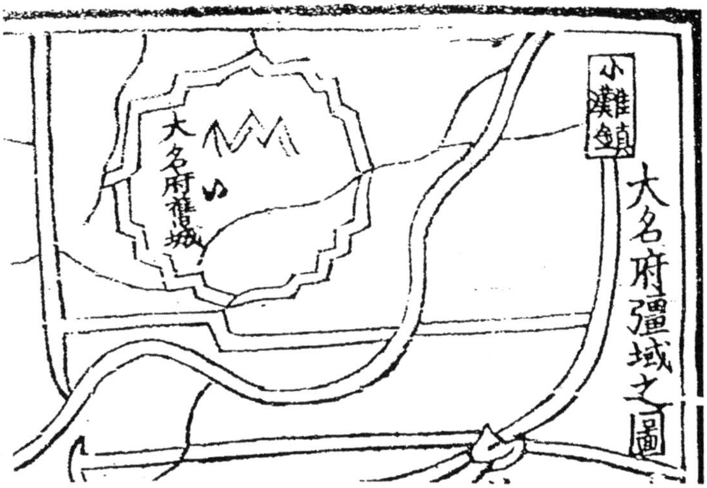

图九　正德大名府旧城图

(原载《正德大名府志》"疆域之图")

6. 卧蛋形城,如江西九江府城(图十),全城呈卧蛋形,原是九江卫城,后和府城合在一起,周十里。永乐十年用砖石包砌完固,建五门五楼,浚濠,开水窦,成为卧蛋形城,以后屡有修葺。[2] 另有和州是一座立体蛋形城(图十一)。

① (明)喻政等纂修《万历福州府志》卷5《城池》。
② (明)林庭㭿修,(明)周广纂《嘉靖江西通志》卷14《九江府·城池》。

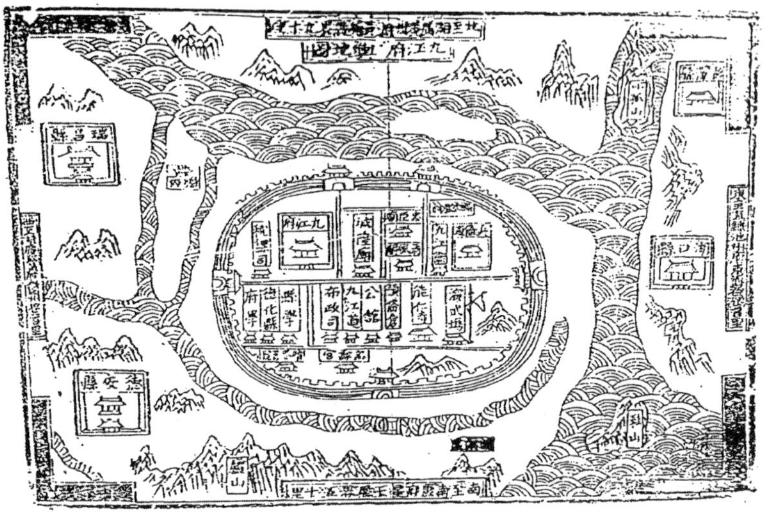

图十　嘉靖九江府城池卧蛋形图

（原载《嘉靖江西通志》卷 14）

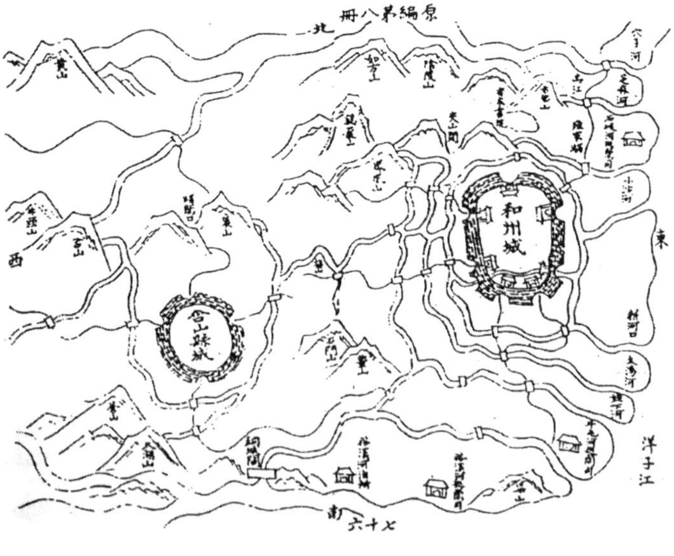

图十一　明代和州城池图

（原载《天下郡国利病书·江宁庐州安庆备录·和州志》）

7. 字形城，如长洲城(图十二)，史称："国朝平吴更加修筑，高广坚致，度越畴昔，今城为亚字形……分内外长濠，广至数丈，门皆有钓桥，以通出入，规制为极备矣。"[1]另外，通州海门新县城是一座 V 字形城(图十三)。

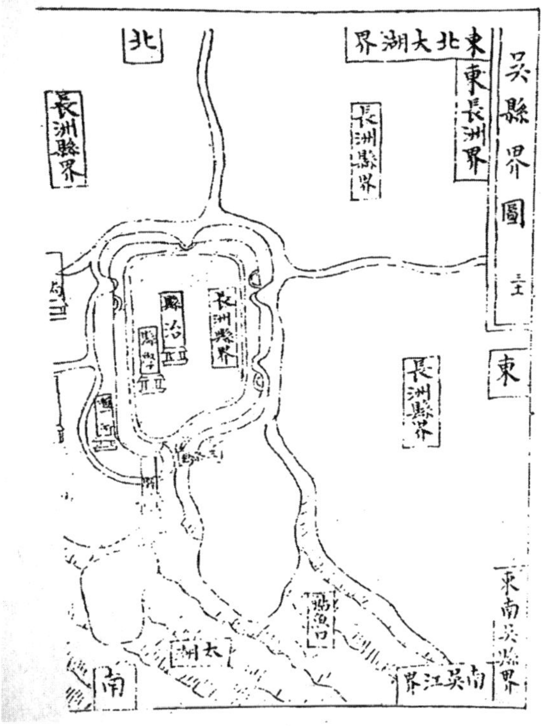

图十二 洪武苏州府长洲县城池亚字形图

(原载《洪武苏州府志》卷首)

① (明)张德夫修，(明)皇甫汸纂《隆庆长洲县志》卷8《城池》。

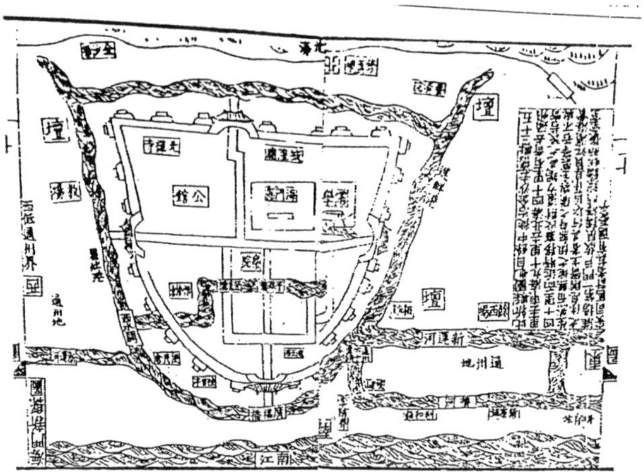

图十三　万历通州海门新县城池V字形图

（原载《万历通州志》卷1）

8. 乌龟城，如扬州府泰兴城（图十四），史称："泰兴旧有城，如龟状，因名龟城，周九里。"弘治、嘉靖间屡有修建，增至门五、街七、巷九。①

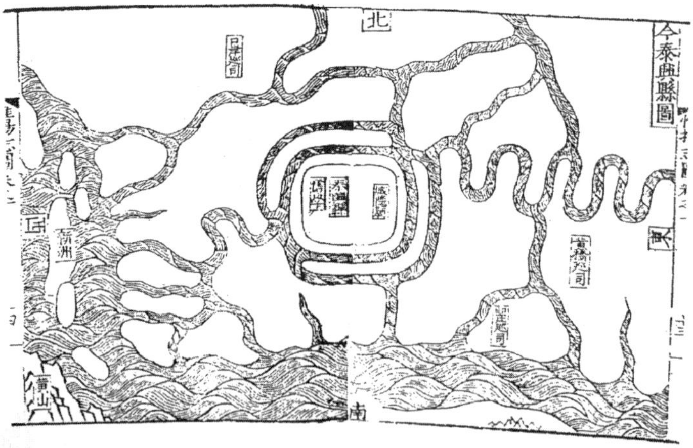

图十四　嘉靖扬州府泰兴城池乌龟形图

（原载《嘉靖南畿志》卷28）

① （明）闻人诠修，（明）陈沂纂《嘉靖南畿志》卷28。

此外,有缺角长方形城,如大名府清丰县城(图十五)。

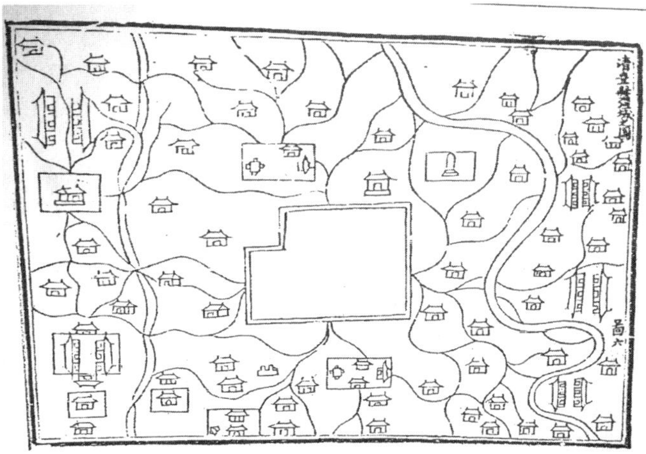

图十五　正德大名府清丰县城池缺角长方形图

(原载《正德大名府志》"疆域之图")

以上形制,不仅表明明代修建城池已经打破了传统城池的形制模式,而且说明由于技术水平的提高,自然空间的限制已无法束缚城池建设,而是因地制宜、因材致用,灵活地创造了各种风格的城池。

明代存在不同风格的城池,如果从空间来考察,可分为景观城和水巷城;如果从社会功能来考察,可分为政治中心的郡县城、市舶贸易中心的外贸城和工商业中心的工商业城三类。

先谈景观城和水巷城。所谓景观城,是以自然形势环境为特征的城池。① 例一是甘肃庆阳府城(图十六),史称:"城因原阜之势而成,其形似凤,故曰凤凰城。"东高十三丈,西高十一丈,南北高各九丈,周广七里十三步。

① 关于景观,吴必虎教授有系统的论述。他说:"在地理学中,景观最初被视为一般自然综合体……但目前景观的概念已有发展,它是由自然的和人文的地理事物和现象有规律地组合形成的地域综合体。"(吴必虎、刘筱娟《中国景观史》,上海人民出版社,2004 年,第 3 页)我写完这篇论文后,于 2011 年 7 月 24 日在上海福州路古旧书店购到《中国景观史》,看了绪言,才知道吴必虎教授上面的论述和我想的不谋而合。我说的是原始景观的概念,和吴教授上述的概念并无矛盾,非今天所指、所强调的包括人文内容的景观。

“其隍引东西二水，自北抱城而流，合于城南，折流于东。”城门四，门上各筑月城，城上各建垛楼、角楼二十四座，巡铺并敌台四十一座。南北各建关厢城：南关瓮城周三里许，后扩至六里许，“据阻山带河之险，负金城汤池之固，复成一方险要”。北关城周七里许，门三，上建垛楼三座，巡铺若干。另有道德街、抚民街、安远街三条。时人评说：“城高如山，池深如泉……二水合流，群峰环峙，龙蟠凤翥，金城汤池，襟带绥延，屏藩关辅，削阜为城，引河为池。”明人顾佐《庆阳有感》诗有“雉堞巍然依峭壁，戍楼雄峙接高云”之句。[①] 城池气象，蔚为壮观。

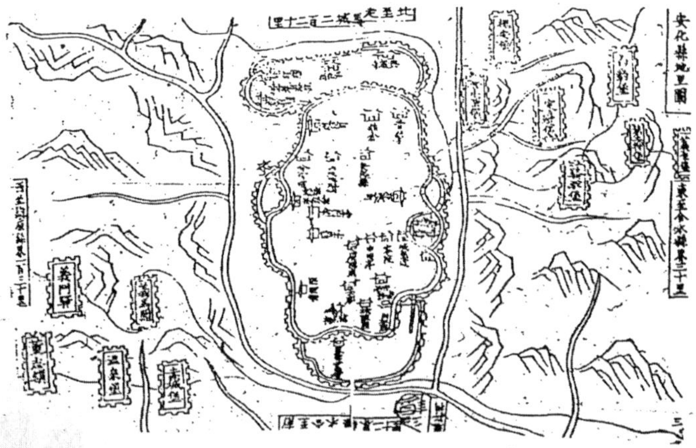

图十六　嘉靖庆阳府城池凤凰形图

（原载《嘉靖庆阳府志》卷1）

例二是庆阳府合水县城（图十七），处于“建水之阳，山脉横亘”之中，“阜矗起而锐，因以为城”。城北依山，“山顶大如方丈地，远望之如人戴卷檐帽而势欲东向拜者。然以此为城之脊垣，由是起如葫芦之蒂，其初甚狭，渐下而渐广焉，将及地复一束”，好像一座立体袖珍的葫芦蒂城。古城周七里三分，池深一丈五尺。因山斜势建雉堞，中建东西二门，门外东西二关

① （明）梁明翰修，（明）傅学礼纂《嘉靖庆阳府志》卷2《城池》《形胜》、卷4《坊市》、卷20《艺文二》。

厢，是贸易之地。[1] 因地势建城，给人以立体、袖珍的美感。

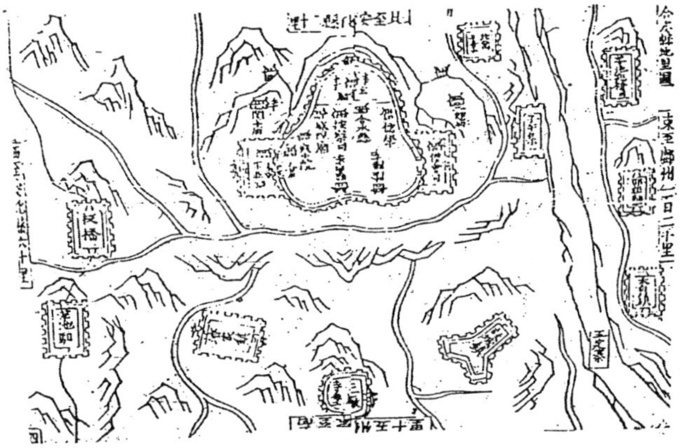

图十七　嘉靖庆阳府合水县城池葫芦蒂形图

（原载《嘉靖庆阳府志》卷1）

此外，大名府的开州土城（图十八），“前方后圆，号卧虎城”，宋熙宁间建，明朝因之[2]，也给人有威猛如卧虎的观感。

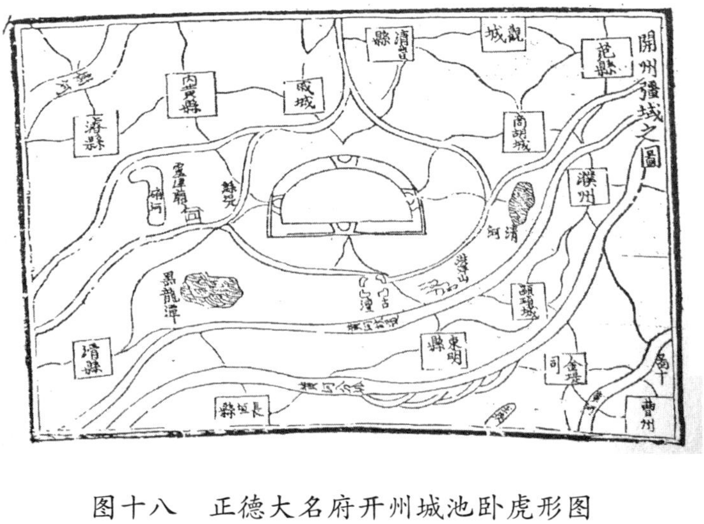

图十八　正德大名府开州城池卧虎形图

（原载《正德大名府志》“疆域之图”）

---

① （清）陶奕曾纂修《乾隆合水县志》卷上《城郭》。

② （明）石禄修，（明）唐锦纂《正德大名府志》卷1《疆域志·城池》。

以上三城的特点，都是依自然之形势建城，各以自然特征闻名，即所谓"凤凰城""葫芦蒂城"和"卧虎城"。但都有共同特点，就是"依山面水"，没有脱离建城的基本条件。

水巷城，不同于景观城，主要是利用自然环境，经过人工改造而成的城市。这或许就是上述原始的景观城内涵的发展，不仅山水秀丽，空气清新，而且是宜居的城池。这种城池很多，有绍兴、济阳、扬州、常州、淮安、夔州、济南、通州、福州、苏州、温州等，都可称为水巷城。如：

淮安府城（图十九），原有新、旧城。旧城，晋安帝义熙时筑，周十一里，门五：北门名"朝宗"，南门名"迎远"，西门名"望云"，东门名"观风"，西门稍北旧有门名"清风"，清朝已废。水门三：一在东南隅，曰"巽关"，一在西门之南，一在北门稍西。门上有子城，城上有大楼四座、角楼三座、窝铺五十三座、雉堞二千九百九十六垛。宋孝宗时，北使过此，见雉堞坚新，称为银铸城。以后屡有修筑，如"明初增修，然后包以砖甓，周置楼橹，始成今制"。隆庆间，建楼于西门子城上，额曰"举远"。[1]

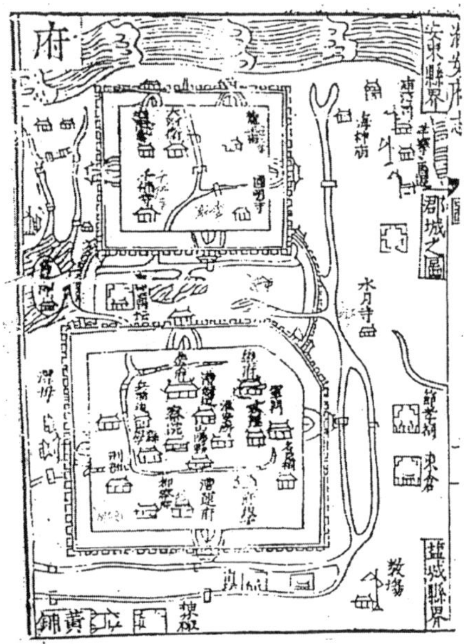

图十九　万历淮安府城池图

（原载《万历淮安府志》扉页）

新城，在旧城之北一里许，旧山阳县北辰镇，元末张士诚部将史文炳在此筑土城，洪武十年砌以砖石，周七里二十丈，门五：东西南各一，北加一，俱有楼。以后屡有修建。正德二年，东西建子城，角楼四，南北水门二，东南二面池深一丈余，西北二面，淮湖有天

① （清）卫哲治等纂修《乾隆淮安府志》卷5《城池》。

然之险。东南二门外建有吊桥。万历时,添设敌台四座。①

旧城之北、新城之南有隙地,景泰末年在此筑联城,俗称为夹城。② 为门四:东南曰“天衢”,通涧河路;东北曰“阜城”;西南曰“平成”,通运河堤路;西北亦曰“天衢”,通北关厢各处。楼四座,雉堞六百二十垛。③ 新城“西北二面临淮,东南二面设吊桥。跨濠与旧城相连,有辅车之势”,顾炎武批云:“二城雄峙,辅车相依,跨淮南北,沃野千里,水陆交通,舟车辐辏……三城鼎峙,千里环封。”④三城旧濠相通,共长二千四百四十二丈,设吊桥三座。⑤

淮安府城濠,明洪永以前,北枕黄河,西凭西湖,运河自南而东,而北行于新旧城之间。如上述所经陆家池、马路池、纸房头等处,皆粮船屯集之码头。因此,黄河、西湖、运河皆是城濠。这是淮安府城优越的自然条件。城内市河,“古由西水关引湖水入城,自(隆庆年间)筑堤成运河后,改建一小闸进水,其制甚狭。由旧城西门稍南数十步穿城下入,东流过南市桥,分为三支:一支经小八字桥县大门下桥、漕院谯楼前三思桥,又东至白虎桥,稍北行至城隍庙东,复折而南,转入府学泮池;一支自八字桥北行过大圣桥、高公桥,至北门折而东行,过章马桥、孙虎桥、古台山寺桥、梁皮桥,折而南行,穿东门大街砖桥,入东岳庙小桥,达小教场归巽地;一支自南市桥略东转,折而南行,过街心暗桥,至童王桥,复折而东入文渠、绕察院后,出南门大街南行,东入府学泮池,与东北分流之水二支相合总入巽方,谓之三奇合抱。其至章马桥,一支分流出北水关,入联城,与城外罗刘河之亥水相迎,谓之巽亥合秀,二水相合于雷神殿前,东行入新城南水关,出北水关,经东北角,过新城东门,至联城东门外下涧河,入射阳湖,东达于海”。万历四

---

① (明)郭大纶修,(明)陈文烛纂《万历淮安府志》卷3《建置志·城池》。

② 关于筑联城的时间,另一说是嘉靖三十九年(1560),史称:“二城之间,旧为运道所经,如陆家池、马路池、纸房头等处,皆粮船屯集之地,明嘉靖三十九年倭寇犯境,漕运都御史章焕疏请建造联城,自为文以纪之。”见(清)卫哲治等纂修《乾隆淮安府志》卷5《城池》。

③ (清)卫哲治等纂修《乾隆淮安府志》卷5《城池》。

④ (清)顾炎武《肇域志》第1册《淮安府》。

⑤ (清)卫哲治等纂修《乾隆淮安府志》卷5《城池》。

十八年前，黄河北徙，而新城以北无濠，迨万历四十八年和崇祯四年先后开浚后，自西角楼起至东角楼止，以达东坝濠河，于是“三城水势俱旋绕矣”。三城内便可行舟，如联城设四水关，“通舟楫者三”；旧城西水关“可行船入西湖”。[①]

淮安府城内有多少市民？根据高寿仙教授估计，至明末大约有二十万人。他写道：“光绪《淮安府志》卷3《城池》谈到，新城‘在明季，城内居民尚有万家’。曹树基据此估计，新城加上旧城和联城，城内户数至少有2万户，合计应有10万口，再加上居住在城外的人口，明朝末年淮安城市人口肯定突破了10万。从有关资料看……如果明末新城有居民1万户，旧城与联城居民当不会少于2万户，再加上关厢人口，淮城人口可能接近20万。”[②]其中流动人口占很大的比例，这些流动人口大抵是雇佣劳动者，至清初就更多，一旦遇到灾害，无人雇佣，便出现了“淮城百万之众亦且仰食无从”的现象。[③]

万历时，淮安府城内，旧城有东西长街四条，如东长街，南北抵城，另有长街六条，如都察院前街，“东西抵长街，进迎远门至谯楼，东有四街、西有五街为之纬，此其西之第一街”。新城有大街三：南街、西街、东门街。[④] 联城有南北长街、马路街。城外街著名的有相家湾街、西湖嘴大街等。[⑤] 各城皆有市，街市繁多。无论河堤上，亦或街巷中，都住有人家，每家门前都种有柳树，早在宋朝就是如此。宋人杨万里有《望楚州新城》一诗云：

已近山阳日渐昏，湖光百里望千村。
人家四向皆临水，柳树双垂便是门。
全盛向来皆孔道，杂耕今是一雄藩。

① （清）卫哲治等纂修《乾隆淮安府志》卷5《城池》。
② 高寿仙《明代淮安人口数额初探》，《明史研究》第11辑，2010年。
③ （清）卫哲治等纂修《乾隆淮安府志》卷14《关税叙》。
④ （明）郭大纶修，（明）陈文烛纂《万历淮安府志》卷3《建置志·城池》。
⑤ （清）卫哲治等纂修《乾隆淮安府志》卷5《城池》。

金汤再葺真良策，此外犹须仔细论。[1]

明人杨基曾在新城候船前往湖北江陵，他说新城“城郭逶迤曲绕河”[2]，说明新城亦已形成水巷城。当时淮安府城商业和手工业的市巷，如旧城县治稍东十字街口有县前市，与府前市、西门市构成“三市，人烟稠密，贸易居多”。在旧城西门内尚有军器局，在双寨门街东有打箔巷，在撞门店街有铜王巷，在县治东南有打线巷。还有旧城外广惠桥西的安乐关厢，尚有锡巷、钉铁巷、干鱼巷、茶巷、竹巷、花巷等八巷。这些多是手工业集中的专业卷，也有商贾贸易的集市。史称：“凡百工吏作、商贾贸易者多集焉。”[3]淮安著名的手工业：一是造船业，著名的清江船厂设在距城十里的清江浦，生产的运船占了明代造船量的十分之九。史称：“天下运船凡一万二千二百有奇，原设厂，淮安造者十九，临清造者十一，近移临清所造于淮安，各顺所便。”[4]二是酿酒业，以淮酒最著名，有五加皮酒、菉豆细酒、苦蒿酒、金橘酒、腊黄酒、黄酒、白酒、清酒、烧酒、密林禽、金盘露、秋露白、赛河清、春风酒、淮清酒诸品目。史称：“淮酒乃天下之名品也。正德以前，土人造曲户有百余家，多至殷富。”[5]商业集市还有新城的西义桥市、罗家桥市、杨家桥市、姜桥市、菜桥市共“五市，在城西北，本土及四方商贾皆萃焉，货具杂陈，甲于旁郡”[6]。明中叶，曾在淮安府山阳板闸镇设立钞关，征收商税船钞，年达本色钞300余万贯，钱600余万文，折色船料正余银22700余两。[7] 可见商品流通频繁，商业发达。特别是西湖嘴是最繁华的

---

① (清)卫哲治等纂修《乾隆淮安府志》卷30《艺文》。又(明)曹学佺《大明一统名胜志》卷15《淮安府》(载《四库全书存目丛书》史部第167册)，亦引用此诗前部分，只是其中有错字。另外《乾隆淮安府志》编者按称：“此时(潜按：指宋朝)已有新城之号，当不始于明初也。”附注于此，俟异日考之。

② (明)杨基《淮安新城候船》，载(清)卫哲治等纂修《乾隆淮安府志》卷30《艺文》。

③ (明)郭大纶修，(明)陈文烛纂《万历淮安府志》卷3《建置志·城池》。

④ (明)李乐《见闻杂记》卷7，上海古籍出版社，1986年，第615页。

⑤ (明)郭大纶修，(明)陈文烛纂《万历淮安府志》卷4《田赋志·物产》。

⑥ (明)郭大纶修，(明)陈文烛纂《万历淮安府志》卷3《建置志·城池》。

⑦ (清)卫哲治等纂修《乾隆淮安府志》卷14《关税》。

市区，因其“在运河东岸，舟楫往来多舣于此，淮上称繁华者”①。大学士邱浚曾看到淮安西湖嘴的繁华景象，他说：“唐诗称扬一益二是天下繁华地，扬州为最，今其地（潜按：指西湖嘴）阛阓人烟之盛，视淮阴反若不及焉。有感书此。”撰成《夜泊淮安西湖嘴》一诗：

十里朱楼两岸舟，夜深歌舞几曾休。
扬州千载繁华景，移在西湖嘴上头。②

从上面的描述中，我们看到淮安府城不仅是个家家河水、户户垂柳的美不胜收的水巷城，而且是个街巷纵横的繁华的工商业城。

此外，经人工构造而成的美丽的城池，还有济南府城、九江府城和浚县城。济南府城，为山东首郡。洪武四年，始内外甃以砖石，周围十二里四十八丈，高三丈二尺，池阔五丈，深三丈，门四，皆有楼。“地介青兖二州之冲，东有琅琊，西有浊江，南有泰山，北连渤海”，也是个著名的山水城池。早在元朝，诗人于钦就有“济南山水天下无”的诗句。其中最突出的是泉水，有泉城之誉，早在宋代曾巩就说：“齐多甘泉，冠于天下，其显名者以十数。”到了明代，《大明一统志》载“济南名泉七十二”，其中著名的有趵突泉、金线泉、珍珠泉等。趵突泉在府城西，上有广会桥，珍珠泉在府城内都司西北白云楼前，而金线泉在府城西，“泉乱发其下，东注城壕”，舜泉和杜康泉俱在府城内舜祠下，所以称济南府城“众泉竞出”。民居家家门前种上柳树，泉水在柳树下潺潺流过，比江南的风景更为美丽。府城西北隅有大明湖，源出历下诸泉，又名西湖。史载：“今湖多为民居填塞，治圃夹芦为沼，小舟仅通曲港，而蔬果、莲藕、菱芡、鱼蟹之利，民颇资之。”附郭历城也是，“函历诸山导其前，鹊华群峰抱其后，明湖荡漾，泺水萦环，宛有江南之胜”。由于济南“东接临淄之饶，西阻济河之限”，故“民物繁聚”，“舟车

① （明）郭大纶修，（明）陈文烛纂《万历淮安府志》卷3《建置志 · 城池》。

② （明）邱浚《重编琼台稿》卷4，《景印文渊阁四库全书》本。

远近往来相续”，交通便利，商业发达。[①]

九江府城原是卫城，洪武二十二年建，周十里二百七十八步。永乐十年，知府在卫城基础上“用砖石团包砌完固，建五门五楼，浚以水窦”。宣德以后，屡有修葺，至弘治三年，知府童潮“复用砖增砌门扇，裹以铁叶，城墙饰以灰垩，城楼、门房、窝铺更新”，各门彰以牌匾：西曰“溢浦”，南曰“迎恩”，东曰“磐石”，北曰“望京”，东北曰“福星”。[②] 经此修葺后，整座城池的城墙涂饰白色石灰，楼门更新，挂上牌匾，非常美丽壮观。

大名府浚县城（图二十），明初原为土城，建于浮丘山上。弘治年间，知县刘台重建，“首事西堧，先坎木奠基，基定而后筑土，高广以度，瓦覆垩涂，总七十丈强，接城之南北，然后已越明年春，始举东南北通筑之”。“既阅月，乃撤四门之旧，崇楼翼廊，髹绘彩耀，增警舍四隅，而水驿门之楼亦成矣，楼之前筑方叠级，以便官舟之舣者。”[③]刘台所建不仅是一座坚厚的砖石城，而且是一座色彩艳丽的城池，“殊为壮丽”[④]。

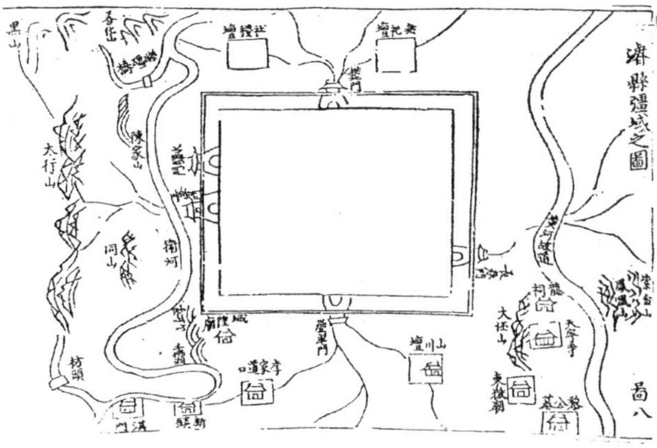

图二十　正德大名府浚县城池图

（原载《正德大名府志》“疆域之图”）

---

① （明）陆釴等纂修《嘉靖山东通志》卷5《山川上》、卷7《形势》、卷12《城池》。本段未注出处者，俱见此。

② （明）林庭㭿修，（明）周广纂《嘉靖江西通志》卷14《九江府·城池》。

③ （明）刘瑞《浚县兴造记》，载（明）石禄修，（明）唐锦纂《正德大名府志》卷10《文章志》。

④ （明）石禄修，（明）唐锦纂《正德大名府志》卷1《疆域志·城池》。

城墙涂色，还有无锡。明人朱国祯在万历年间“过无锡县，见其城焕然一新，内白外蓝，皆以石灰涂藻，宛若世家萧墙一般。每丈约费银二两，计城可三四千丈，闻皆取办于里甲者”①。不惜重金，涂饰城墙，求其美观壮丽。

其次，从社会形态和主导功能来考察，明代修建的城池又可分为以下类型：

1. 郡县城池。这类城池，如上所述，按行政等级划分为府州县几级，其规模和布局取决于行政等级，反映了中央集权的高度集中与政令的统一。在城建上各级的共同特点，主要的功能是所在地的政治中心，对所在地区实行统治，保留着传统郡县城池的因素较多，其主要的特征是具有衙门、市楼（鼓楼）、社仓（民政）、学宫、子城、罗城、城门、城关等一套行政、社会保障、防御等措施。如庆阳府宁州城，土城，旧传梁隆德间修筑，东倚山，北临沟，西、南距河，高低不等，周三里四十步。南关城周二里，门三。成化初重修。结合宁州城图（前文图八），州治在城中央，明初曾增修；狱一所，在仪门外西南；辑宁坊一座，在州治大门外，图缺载；旌善、申明二亭在州治外，东西相向，图缺载；预备仓在州治西南；南合二仓，俱在国储新巷；医学在州治西；阴阳学在州治南；谯楼在仪门南，图缺载；察院在州治东；布政分司在州治东；府馆在州治南；儒学在州治东；按察分司在州治东；城隍庙在西门外；养济院在州治西。② 以此可见宁州城的布局符合传统郡县城池的特征。又如该府的真宁县城（图二十一），是座不规则的方形城，县治在城中央，按察分司和布政司均在县治南，显示了统治者的崇高身份和地位。③同时，该城有塔做地标，有城墙设施、城门封闭的防御系统，显示了高垒深池的形象。这也说明这是一座典型的传统郡县城池。这类城池虽然日益减少，但仍然存在。

---

① （明）朱国祯《涌幢小品》卷4《府县城池》。

② （明）梁明翰修，（明）傅学礼纂《嘉靖庆阳府志》卷2《城池》、卷4《公署》。

③ （明）梁明翰修，（明）傅学礼纂《嘉靖庆阳府志》卷4《公署》。

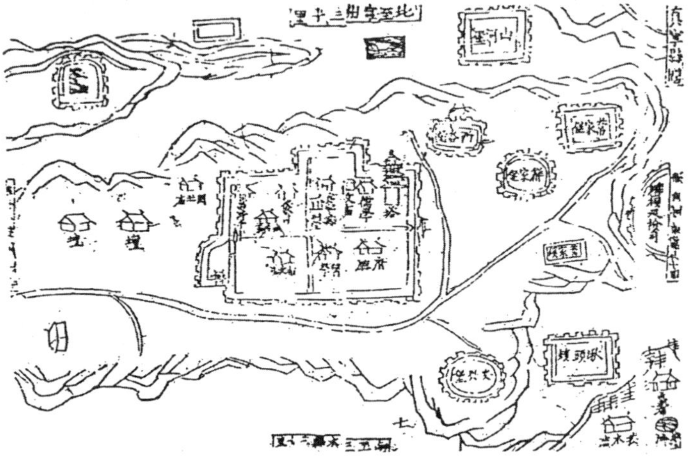

图二十一　嘉靖庆阳府真宁县城池图

（原载《嘉靖庆阳府志》卷1）

2. 外贸城池，即外贸中心。明代外贸城池，以设立市舶司为标志的，有广州、泉州和宁波诸城。广州是广东的首府（图二十二），早在唐朝就已经是对外贸易的港口城市。到了明朝，随着珠江三角洲的开发、桑基鱼塘的生态系统建成、经济作物的种植和产品的商品化，手工业相当发达，特别是丝绸业，虽然原料还用吴丝，但产品质量已超过江浙。《乾隆广州府志》引明修府志称："粤缎之质密而匀，其色鲜华，光辉滑泽。……粤纱金陵、苏杭皆不及。"[1]造船业在广州地区规模最大，用铁力木制造的大海船，坚固耐用，有乌艚和白艚两种，长五丈七尺，宽一丈多，是一种行驶较快的海船。随着手工业的发展，城南濠畔、高第、卖麻等街"商民绸缪，财货积聚"[2]，商业亦逐渐繁盛。

① （清）金烈、（清）张嗣衍修，（清）沈廷芳纂《乾隆广州府志》卷48《物产二》。

② （明）吴桂芳《议筑广东省会外城疏》，载（明）陈子龙等辑《明经世文编》卷342。

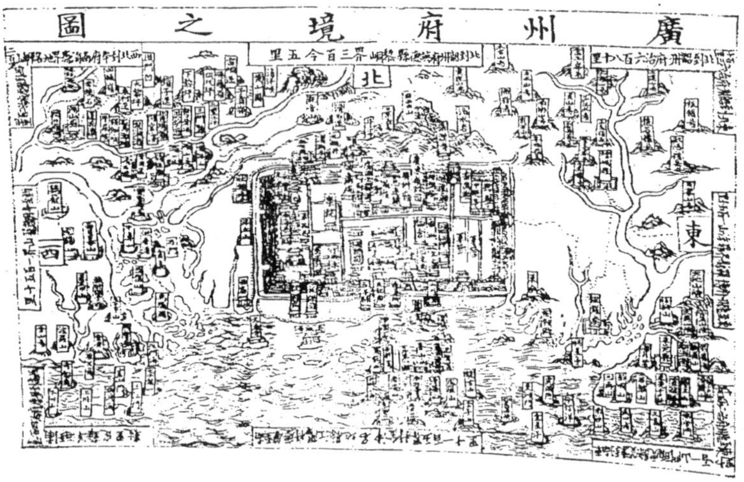

图二十二　明代广州府城池图

（原载《永乐大典》第 64 册）

明代广州城进行了两次扩建和改造：一次是洪武十三年，永嘉侯朱亮祖等人将宋代遗存下来的三城（即庆历四年经略使魏瓘在赵佗城遗址上建的子城，也称中城；熙宁二年转运使王靖在子城之东建的东城；熙宁四年经略使程师孟于子城之西增筑的西城）连接起来，合为一城，并将北城拓展至越秀山一带，将东城扩展至越秀北路，“建立五层楼为会城壮观”①。二次是嘉靖四十四至四十五年（1565—1566），时柘林兵变骚扰省垣之后，鉴于城南新发展的商业区缺乏保障，便在城南筑外城，即把原来的雁翅城连接成外城，其南界为今一德路和泰康路，周六里有余。② 经过两次整合和扩建后，广州城周共二十七里余，比唐宋时大几倍。后人称明初整合扩

① （清）阮元监修，李默校点《广东通志·前事略》，广东人民出版社，1981 年，第 157 页。

② （清）崔弼编，（清）陈际清辑《白云越秀二山合志》卷 49。

建的部分为老城，嘉靖时所筑的外城为新城。① 新城的建立，保障了商业区对外贸易的发展。原来对外贸易的接待站怀远驿亦由西湖路迁至西关，而市区的繁荣中心，亦由明初的濠畔街转至西关十八甫路段②，为对外贸易提供了方便。因此，明中叶以后，广州的外贸发展更快，隆庆以后又开放海禁，中外贸易盛况空前。史称："西洋古里，其国乃西洋诸番之会。三四月间入中国市杂物，转市日本诸国以觅利，满载皆阿堵物也。余驻省时，见有三舟至，舟各赍白金三十万投税司纳税，听其入城与百姓交易。"③这是明人王临亨在广州看到的情况，说明中外商人经营规模大，进出口货物多，税收增长快。万历以后，广州实行集市贸易，外国商人来广东贸易，被规定在广州进行。广州每年夏冬两季都举行定期市集，每次开市数星期，有时

---

① 参见徐俊鸣《岭南历史地理论集》，中山大学学报编辑部出版，1990 年，第 15 页。关于明代广州城建的次数问题，目前学术界存在两种意见：一是三次，以王双怀为代表，他写道："明代曾对广州城进行过三次规模较大的改造。第一次是在洪武三年（1370），将宋代所修东、西、中三城连接起来，形成一个整体。第二次是在洪武十三年，将北城扩展至越秀山一带，将东城扩展至今越秀北路。第三次是在嘉靖四十三年（1564），又在城南修筑了子城。"（王双怀《明代华南农业地理研究》，中华书局，2002 年，第 41 页）二是两次，以徐俊鸣教授为代表，他写道："明洪武十年（1377），把广州三城合而为一（《永乐大典》卷 11906），并向东扩展到今越秀路，向北扩展到越秀山上。周长 21 里余。嘉靖四十四到四十五年（1565—1566），又在城南加筑外城（《白云越秀二山合志》卷 49）。长 1202 丈（即 6 里余）。"（徐俊鸣《岭南历史地理论集》，中山大学学报编辑部出版，1990 年，第 15 页）两人对明初城建存在不同看法，前者把连接三城并向外扩展看成两件事，后者看成一件事，且都在洪武十年完成。据明黄佐《嘉靖广东通志》卷 15《舆地志三 · 城池》载："本朝洪武三年指挥胡通修葺旧垒。十三年永嘉侯朱亮祖，都指挥使许良、吕源以旧城低隘，上请乃连三城为一，辟东北山麓以广之。"清阮元《广东通志 · 前事略》记载基本相同。前者说洪武三年连城，不知何据，如据此胡通修葺旧垒，就附会是连城，即理据不足，何况修葺旧垒乃是明初卫所军处于战时常事，可以说已成为例行公事，乃至于建筑卫所城，这和修建郡县城是两码事。后者虽然依据连城的时间有出入，正如李默所说："此条《黄志》（即黄佐《嘉靖广东通志》——引者）载在十一年，《郭志》（即郭棐《万历广东通志》——引者）移在七年，俱不知何据。及查《郭志 · 城池》一门，又云：'在十三年'，与《事纪》岁月，自相矛盾，然亮祖出镇既在十二年，则修城在十三年较可信也。"［见（清）阮元监修，李默校点《广东通志 · 前事略》，广东人民出版社，1981 年，第 157 ~ 158 页］我认为朱亮祖出镇广东的时间，文献记载不一致，许多文献都记事在洪武十一年，如明郭棐《粤大记》卷 8《宦迹类》称："（洪武）十一年，（朱亮祖）镇广东，拓北城八百余丈。"明黄光升《昭代典则》卷 8 载：洪武十一年十二月，"永嘉侯朱亮祖发卒三万人，拓广东城百余丈"。又黄佐《嘉靖广东通志》卷 49《列传六 · 韩祯传》，亦提到他十一年任布政司参政时"展筑城池"事。因此，对明初广州城建，我同意徐俊鸣教授的两次论，又因为有都司和布政司的人领头，不限于朱亮祖一人，连城工程可能开始于十年，至十三年完成，故文献记载不同，但都不超过这期限。

② 参见徐俊鸣《岭南历史地理论集》，中山大学学报编辑部出版，1990 年，第 60 页。

③ （明）王临亨《粤剑编》卷 3《志外夷》。

长达数月。中国各地商人源源不断地把货物运来广州,使广州成为对外贸易的商品集散市场。东南亚和欧洲各国商人,都参加了广州的定期市集。特别是葡萄牙商人,获得的货品质量最好。他们把在广州市集收购的货物运往日本长崎和印度果阿出售,获得大量利润。同时,也有中国商人将货物运往东南亚一带出售,如1614年中国商人"用他们自己的船",从广州沿着海上丝绸之路的航线,把货物运往菲律宾、泰国、印度尼西亚等地出售。① 可算我国和东南亚贸易的极盛时代,商船于印度洋上络绎不绝。所以当时诗人描写广州"岢峨大舶映云日,贾客千家万家室"②,说明海上交通发达,商业繁盛,广州已成为著名的外贸大城市。正如明人李东阳所说:"广州者,东南之大都会也。"③

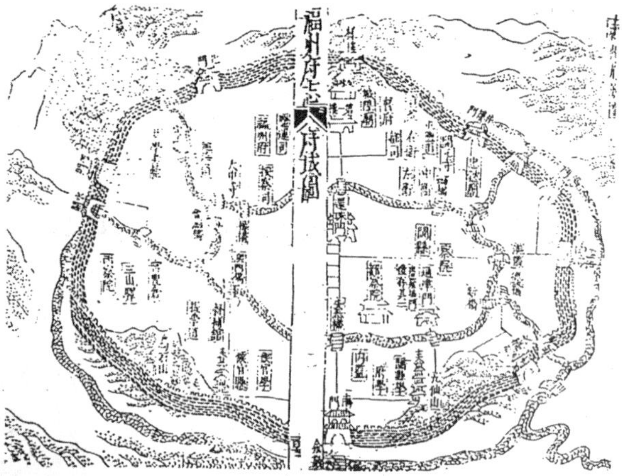

图二十三　万历福州府城池不规则图

(原载《万历福州府志》卷首"府城图")

又如泉州,原是宋元时期的外贸港埠,明初便置市舶司于此,主管琉球

① ［荷］纳茨《关于中国贸易问题的简要报告》,载厦门大学郑成功历史调查研究组编《郑成功收复台湾史料选编》,福建人民出版社,1962年,第119页。

② (明)孙蕡《西庵集》卷3《广州歌》。

③ (明)李东阳《怀麓堂集》卷27《送伍广州诗序》。

的朝贡贸易。后来琉球贡舶渐抵福州城南之河口①,为了便于港口驻泊,故于成化八年将泉州市舶司迁往福州,贡道也改由福建闽县。福州是福建的首府,府城是洪武四年在元故址上用砖石重筑而成的,有子城、罗城和夹城(图二十三)②,广十里,高二丈一尺,门七。各门外皆有瓮城重关,内皆有华表③,门之上外楼二层,中楼三层。④ 城上敌楼六十二座,警铺九十八间,堞楼二千六百八十四座,女墙四千八百〇五垛。环城三面堑濠深七尺五寸,广十丈,延袤三千三百四十六丈有奇,水关四,一在水步门之东,引南台江潮,自河口缭绕凡三十六曲,由水关入城;一在西门之南,引洪塘江潮,自西禅浦亦有三十六曲,由西水关入城;城中河数十曲,萦回于民居前后,舟航随潮汐往来,其在北门、汤门二关,但以泄潦水。⑤ 福州港的地位和作用越来越重要。城南的河口是当时的外贸码头,琉球贡船都由此进出。省内许多手工业、农业产品,如糖、棉布、麻布、蓝(染料)等,乃至湖丝都汇集于此,并由此进出销往海内外。史称福建人常去吕宋贸易,"福建诸港和马尼拉每年进行贸易的船只为十二艘或十五艘"⑥。上述说明福州府城不仅是座外贸城,也可算是座水港城。从面积上看,在明代可算得上是大城市了。葡萄牙人伯来拉在《中国报道》中说:

福州城很大,有内外都用方石筑成的高大城墙,从城墙的宽度看,中间是实以泥土,瞭望楼盖瓦,有整齐的走廊,里头可住人。他们用的

---

① (明)林玭《福建市舶提举司记》,载(明)高岐辑《福建市舶提举司志·艺文》。

② 福州城墙三重,内一重称子城或小城,外部一重称罗城或大城,又于南北之间建月城,称夹城。

③ 华表,起源甚早,尧舜时代已经出现。晋崔豹《古今注·问答释义》称:"程雅问曰:'尧设诽谤之木,何也?'答曰:'今之华表,木也。以横木交柱头,状若花也,形似桔槔,大路交衢悉施焉。或谓之表木,以表王者纳谏也,亦以表识衢路也。'"说明华表的作用:一者"以表王者纳谏",二者"以表识衢路"。如北魏杨衒之《洛阳伽蓝记》卷3《龙华寺》载:"南北两岸有华表。"周祖谟注:"华表,所以表识道路者也……古代建筑前路边每有石华表。"唐代九江有华表,白居易《望江州》云:"江回望见双华表,知是浔阳西郭门。"明清以后,福州的华表,大抵做地表及装饰之用。

④ (明)叶溥、(明)张孟敬纂修《正德福州府志》卷4《地理志·城池》。

⑤ (明)喻政等纂修《万历福州府志》卷5《城池》。

⑥ [英]C. R. 博克舍编注,何高济译《十六世纪中国南部行纪·导言》,中华书局,1990年,第18页。

> 梯级,修得平坦,人们可以骑马上下……街道是铺平的。有大批的商贩,各人在他店门挂一块大牌子,写明他出售何种商品。手艺人也写明他的行业。市场不小,售卖的物品极其丰富。城市建在水上,许多条河流经过它,河岸是倾斜的,很宽阔,作为城市的街道使用。河流上有各种木桥和石桥,和街道一般高,不妨碍船只来往。河道很宽,在河流通过城池的地方,墙上有拱门。他们的巴劳(paraos)驶来驶去,那是他们的一种船,仅在白天行驶。晚上关闭拱门,把所有的城门都关上了。这些河流和船只使该城变得十分高贵,好像它是另一个威尼斯。①

我不厌其烦地引用了这一大段,目的是为福州城池在明代所处的地位作个坚实的注脚而已。此外,外贸城市比较典型的有宁波,限于篇幅,在此就不再论证了。

3. 工商业城池,即工商业中心。这类城池在明代属于大城市,统计大约有三十座。这类城池的特点:交通发达,街道繁华,旅店、饭馆、货栈及会馆林立,居民结构以工商业者为主,富于流动性。如运河沿岸城市——临清、济宁、淮安、扬州、天津和河西务等,都有这些特征。其中以临清最为突出。

临清原为东昌府属邑,因临近清河而得名,位于会通河与卫河交叉之处,明初为码头,只建广积仓屯粮而不建城。由于“临清为南北往来交会咽喉之地,在东昌郡之北,为其属邑。财赋虽出乎四方,而输运以供国用者,必休于此而后达;商贾虽周于百货,而懋迁以应时需者,必藏于此而后通,其为要且切也。如此而可以无城池、兵戎之保障乎?”②因此,到了正统十四年,兵部尚书于谦倡议“临清当城”。他说:“临清县系是水陆冲要,又

① [葡]伯来拉《中国报道》,载[英]C. R. 博克舍编注,何高济译《十六世纪中国南部行纪》,中华书局,1990年,第17~18页。

② (明)王直《临清建城记》,载(清)于睿明修,(清)胡悉宁纂《康熙临清州志》卷4《艺文》。

有闸坝数多,以便船只往来,并收受各处攒运粮储、军国之需,不可不筑立城郭。"[①]便于景泰元年在会通河北岸,缘广积仓为基,修建砖城,俗称"幞头城",又叫旧城。"城高四寻(潜按:每寻八尺),广三寻,围九里百步,甃以甓,为门四……外凿湟,周匝深广皆九尺。"弘治八年建女墙,筑月城,濠上建石桥四。城内建有州署、府馆、文庙、察院行台、预备仓等,还设公店、盐店等,面积相当狭隘,史称"濒河之民,生聚日衍,城居不能什一"。[②] 所以到了正德嘉靖年间,为了"以卫商贾之列肆于外者"[③],便从旧城西北和西南扩展,夯土为墙,延袤二十里,跨汶、卫二水,为门六,水门三,月城四,戍铺三十二,"凿池深阔,垣高广并如旧城,而闉阁之宏丽峻敞实过之"[④],称为新城(图二十四)。

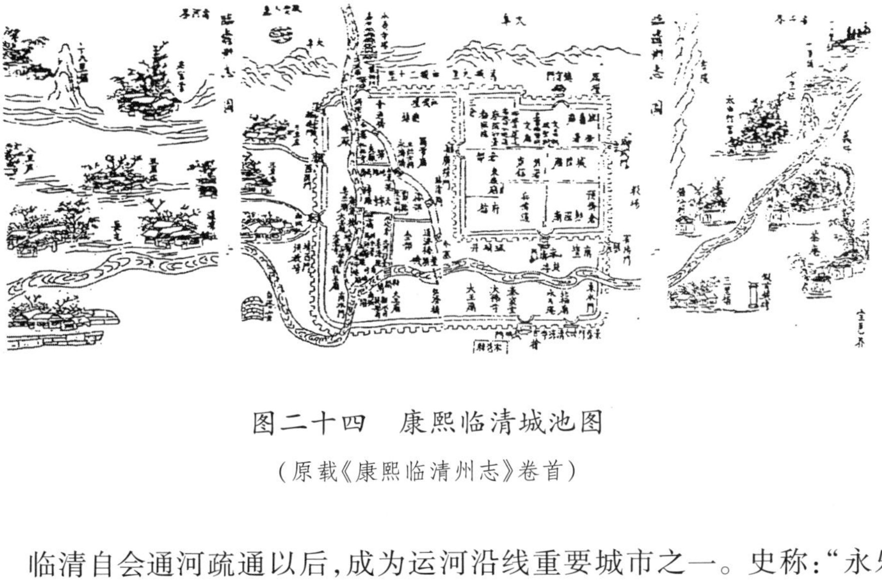

图二十四　康熙临清城池图

(原载《康熙临清州志》卷首)

临清自会通河疏通以后,成为运河沿线重要城市之一。史称:"永乐辛卯,(会通河)复加疏凿……于是薄海内外舟航之所毕由,开府分曹达官

---

① (明)于谦《忠肃集》卷7《杂行类》。

② (清)于睿明修,(清)胡悉宁纂《康熙临清州志》卷1《城池》。

③ (清)陈梦雷纂辑《古今图书集成·职方典》卷250《东昌府城池考》。

④ (清)于睿明修,(清)胡悉宁纂《康熙临清州志》卷1《城池》。

要人之所递临，而兵民杂集，商贾萃止，骈樯列肆，云蒸雾滃，而其地遂为南北要冲，岿然一重镇矣。”[①]情况确是如此，临清自永乐以后，人口增加很快，至万历时，据记载已达三万户。[②] 如果以每户五口计，三万户便有十五万口。大约到了明末，包括流动人口在内，“绅士、商民近百万口”[③]。这么多人口，分属各阶层，除了上述有绅士、商民，还有军队及“四方之人就食”者，史称：“临清南北之冲也，兵民杂居，商贾大集，四方之人就食日滋。”[④]而“本境之民逐末者多，力本者少”[⑤]。当时临清的商贾是否入籍？明人谢肇淛说：“临清十九皆徽商占籍，商亦籍也。”[⑥]顾炎武却说临清大贾“皆侨居，不领于有司之版籍”[⑦]。恐怕因商贾流动性大，没有入籍。但亦难说，为了争取应科举试，有的城市商贾亦有争取入籍的。不管如何，临清商贾占了市民很大的比重，这是不争的事实，包括本地商人和“四方之人”（其中有很多是雇佣劳动者）。所以才要扩展新城，“以卫商贾之列肆于外者”。其中州和北区是商业最繁盛的聚集之区。当时全国各地许多货物，通过漕运河络绎不绝地运到这里出售，或经过这里转销全国各地，如嘉定棉布，商贾贩鬻于临清、济宁等地。[⑧] 直隶河间府的丝织品、铁器如农具来自临清的为数不少。[⑨] 明政府设立临清钞关，征收商税船钞，大约每年四万金。[⑩] 商品流通频繁，于是新城成为商业贸易中心。关于其商业繁盛状况，万历年间利玛窦去南京，经过临清，看到的情况：“临清是一个大城市，很少有别的城市在商业上超过它。不仅本省的货物，而且还有大量来自全

① 王偀《临清州治记》，载张自清修，张树梅、王贵笙纂《民国临清县志·艺文志二》，1934 年铅印本。

② （清）王俊修，（清）李森纂《乾隆临清州志》卷 3《城池》。

③ 国立中央研究院历史语言研究所《明清史料：甲编》第 10 本，商务印书馆，1931 年，第 923 页。

④ 程敏政《东义冢记》，载张自清修，张树梅、王贵笙纂《民国临清县志·艺文志二》，1934 年铅印本。

⑤ （清）于睿明修，（清）胡悉宁纂《康熙临清州志·临清州志序》。

⑥ （明）谢肇淛《五杂组》卷 14《事部二》。

⑦ （明）顾炎武《天下郡国利病书·山东备录下·东昌府志》。

⑧ （明）韩浚、（明）张应武等纂修《万历嘉定县志》卷 6《田赋考中·物产》。

⑨ （明）郜相修，（明）樊深纂《嘉靖河间府志》卷 7《风土志·风俗》。

⑩ （清）于睿明修，（清）胡悉宁纂《康熙临清州志》卷 1《钞部》。

国的货物都在这里买卖。因而经常有大量旅客经过这里。”①明人李东阳写了《临清二绝》诗,其中之一云:

十里人家两岸分,层楼高栋入青云。
官船贾舶纷纷过,击鼓鸣锣处处闻。②

这都是当时临清真实情况的反映。

与临清同处于运河沿线的通州,亦因漕运的关系而发展起来,永乐以后成为南粮北运集散地。弘治间大学士李东阳说:“文皇建都,治必南向。州名曰通,作我东障。高城巍峨,有兵有民。漕河北来,饷粟云屯。储盈庾增,新城是筑。”③通州新城之建,和漕运有密切的关系。当时,通州张家湾成为“百货汇集处”,商业亦非常繁盛。④ 至于山东其他城市如青州府城,亦有“东方巨镇”之称,非常有名气。⑤

明代长江三角洲地区的工商大城很多,也很集中,其中著名的有苏州府城、湖州府城和芜湖县城,分述如下:

苏州府城,据陆广微《吴地记》载,周敬王六年,伍子胥曾筑大小二城:大城周回四十二里三十步,小城八里二百六十步。陆门八,水门八。另建罗城作亚字形,“其城南北长十二里,东西九里。城中有大河,三横四直。苏州名标十望,地号六雄,七县八门,皆通水陆。郡郭三百余巷,吴(县)、长(洲)二县古坊六十,虹桥三百有余。地广人繁,民多殷富”⑥。隋时,始名苏州。⑦ 历经唐、宋、元各朝修葺扩展,至明,城池规模范围基本固定,

---

① [意]利玛窦、[比]金尼阁著,何高济等译《利玛窦中国札记》,中华书局,1983 年,第 337 页。
② (明)李东阳《怀麓堂集》卷 91《临清二绝》。
③ (清)于敏中等编纂《日下旧闻考》卷 108《京畿》。
④ 参见商传《试论明代的社会阶级结构》,载朱诚如、王天有主编《明清论丛》第一辑,紫禁城出版社,1999 年,第 330 页。
⑤ (明)陆钎等纂修《嘉靖山东通志》卷 12《城池》。
⑥ (明)顾炎武《天下郡国利病书·苏州备录下·陆广微吴地记》。
⑦ (明)陆化熙《目营小辑》卷 1《南直隶·苏州府》。

"城周三十四里五十三步九分（潜按：此为主城，未包括罗城九里，若包括罗城，即如曹自守《吴县城图说》所说，苏城四十五里）"[①]。门六：西北门曰阊门，西南曰胥门，南曰盘门，东南封门，东北娄门，北曰齐门，五门各有水关，惟胥门不设。明代苏州府城的特点：一是废止了张士诚作为宫殿的子城，代之在城池西侧建造新的府署。"这种变化影响到了城市中居民分布的格局：吏胥和官员集中在城市的西南角，明代大量来自于吴县和长洲县的地方精英都集中于城市西北的阊门之内。坊市制的残存最终消失。"[②]二是商业发达，商业活动超过了行政等级制度的约束，也超出城墙的约束范围，如"1506年以前，阊门外出现了十条新的街巷，其中之一的义泽巷，'虽隘，而商贾所集'；月城巷，'两京各省商贾所集之处，又有南、北濠，上、下塘，为市尤繁盛'"[③]。三是手工业发达，苏州素以生产丝绸著称于世。苏州气候温暖湿润，适宜于种桑养蚕，农村每个家庭都从事此业。城中丝绸纺织多为男性工匠的专利，生产大量的丝绸，成为与南京、杭州并列的明代三大丝绸中心之一。成化年间，苏州、南翔、昆山三地商人在临清建立行会，从事棉布的贩卖。[④] 此外，府城附近的横塘和新郭生产的植物油，金属加工业的产品，陆墓镇生产的陶器和扇骨[⑤]，也销往全国各地，闻名于世。可见明代的苏州，不仅是个古老的大都市，而且水陆交通发达，街巷纵横，是以手工业、商业著称的城市。

湖州府城（图二十五），古名吴兴，隋时始名湖州。明时被誉为"五湖之表，山泽舟车会通南国"[⑥]，水路交通非常发达。城周十三里一百三十八

① （明）顾炎武《天下郡国利病书·苏州备录上·苏州府》。

② ［美］林达·约翰逊主编，成一农译《帝国晚期的江南城市》，上海人民出版社，2005年，第47页。

③ ［美］林达·约翰逊主编，成一农译《帝国晚期的江南城市》，上海人民出版社，2005年，第48页。

④ 傅衣凌《明代江南市民经济试探》，上海人民出版社，1957年，第84页。

⑤ （明）王鏊等纂《正德姑苏志》卷14。

⑥ （明）陆化熙《目营小辑》卷2《浙江》。

步,“土沃民饶,浙西之善地”[①]。湖州府城是明代的名城之一,城内“井屋鳞次,烟火数十万家”,约十五万人,其中许多人家是外地来湖州贸易的商人。湖州生产蚕丝,史称:“惟湖以蚕。蚕月,夫妇不共榻,贫富彻夜搬箔摊桑……竣事,则官赋私负咸取足焉……故丝绵之多之精甲天下。”湖丝著称于世,居民亦以此而富。史称:“浙十一郡惟湖最富,盖嘉、湖泽国,商贾舟航易通各省,而湖多一蚕,是每年两有秋也。闾阎既得过,则武断奇赢、收子母息者益易为力,故势家大者产百万,次者半之,亦埒封君。”[②]

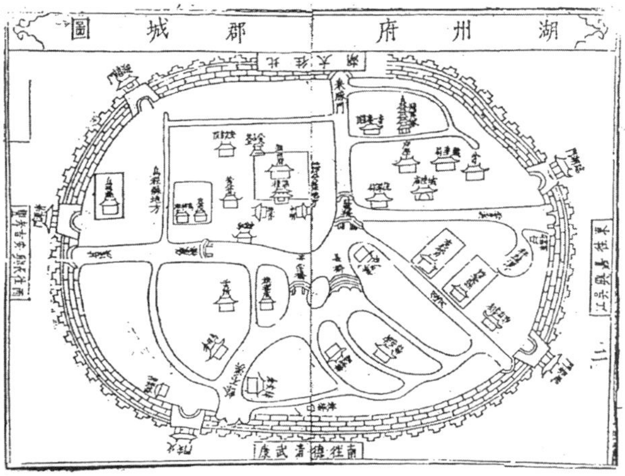

图二十五　万历湖州府城池图

(原载《万历湖州府志》卷首)

太平府芜湖县城(图二十六)亦著称于世,建于万历三年,地处长江中下游,为水陆交通要冲,是座新兴的县城。全城周围七百三十九丈,高三丈,南距大河,门名长虹。[③] 水陆交通发达,城北大巷设工部分司于鸣远楼,设抽分厂于望江楼,抽分竹木税。城内大街五条,“自县前直下名南门街,自南门左转名儒林街,自县□左转名东门街,右转一折名西门街,自太

① (明)顾炎武《肇域志》第4册《浙江·湖州府》。

② (明)王士性《广志绎》卷4《江南诸省》,本段未注出处者,俱见此。

③ (清)黄桂修,(清)宋骧纂《康熙太平府志》卷6《建置志·城池》。

平路转右名北门街”。商业发达,外商亦常来贸易。当时芜湖是天下大码头之一,“最为商货辏集之所”①。有的商店经营了二百年而不衰,如正田药店,史称:“汪一龙……万历间人,精岐黄,由休宁迁居芜湖西门外大街,创立正田药店,字号永春,垂二百余年。凡九世皆同居。慎选药材,虔制丸散,四方争购之,对症取服,应效神速,每外藩入贡者多取道于芜市,药而归。”②全城人口相当多,居住相当拥挤,史称:“时承平适郊,受廛可居者如星罗壑聚,舟车之多,货殖之富,衣冠文物之盛,殆与州郡埒,他弗能比。”③可见芜湖繁盛之一斑。

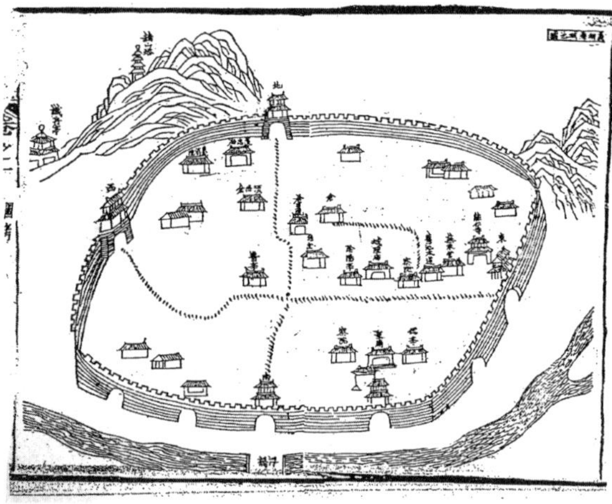

图二十六　嘉靖太平府芜湖县城池图

(原载《嘉靖太平府志》卷1)

珠江三角洲地区的工商业大城,除了广州等已在上面介绍,尚有桂林府城与肇庆府城,现分别介绍如下:

桂林府城(图二十七)位于漓江西浒。唐武德中建子城,周三十里八步,高一丈二尺。宋筑门六。至正十六年始甃以石,谓之新城。洪武初年

① (明)叶权等《贤博编》,中华书局,1987年,第22页。

② 余谊密等修,鲍实等纂《民国芜湖县志》卷58《杂识》。

③ (清)黄桂修,(清)宋骧纂《康熙太平府志》卷5《风俗》。

进行扩建，筑南城，开城濠，导阳江经新城西门外，东经马王阁后出鼻山，与漓江合。为门十二。[①] 城内手工业产品有荔浦青山酒、腊酒、朱砂、铅铝粉、水银等，其中铅粉又称桂粉，最有名气，早在宋代，官府经营，每年出售得二万助经费。私人在衡水间造作，也获利。水银“以邕州溪洞朱砂末入炉烧取，极易成……商贩出浙江，多卖与作穄器”。钟乳石产桂林接宜、融山洞穴中，静江岩洞亦有出产，颜色粗黄者不堪入药，经过加工而成玉槌，可以“居玉石上秩”[②]。城内鼓楼大街共十二条，其他街巷众多。“郡城内外，商贾远集，粤东江右人居多”[③]，商业繁盛，史称“数千里，盖西南一都会也”[④]，可见地位之重要。

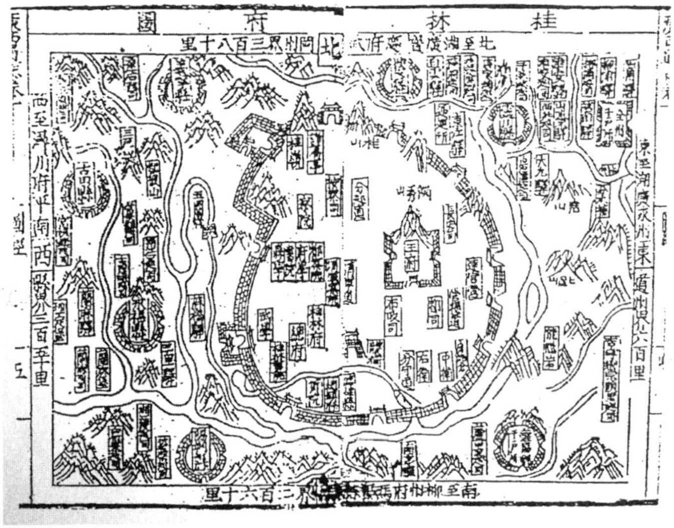

图二十七　嘉靖桂林府城池图

（原载《嘉靖广西通志》卷 1）

桂林府城可算是一座典型的依山傍水的城池。由于地属岩溶地貌，山

---

① （清）金鉷修，（清）钱元昌、（清）陆纶纂《雍正广西通志》卷 34《城池》。

② （明）陈琏纂修，（明）吴惠增补《景泰桂林郡志》卷 21《杂志》。

③ （清）蔡呈韶等修，（清）胡虔等纂《嘉庆临桂县志》卷 12《风俗》。

④ （明）林富修，（明）黄佐纂《嘉靖广西通志》卷 1《图经上》。

洞特多，石山林立。当年建子城时，就有意识地将独秀峰包在城中。城东北为伏波山，正北为叠彩山、铁封山，西北为宝积山、鹦鹉岛山，东南为象鼻山，形成千峰对立、一水抱城、洞奇石美的特独景观。“其池东曰漓江，西南曰阳江，广八丈二尺，深一丈五尺，北无池。”①漓江水清澈见底，所以明人陆化熙说它“被山带江，控岭海，扼蛮荒”②。其中独秀峰风景优美、端平、秀丽，故有“桂林山水甲天下”的美誉，并依此成为名城。

肇庆府城(图二十八)，原为土城，北宋因唐之旧，仍称“端州”。宋政和三年(1113)始筑石城，周八百七十一丈，高二丈，南临大江，城内东南、城外东北浚濠，门四。重和元年(1118)徽宗亲笔题赐“肇庆府”。岁久城圮。至洪武元年，因旧址重建以砖石，广五丈余，建敌楼，以复旧制。又因滨江，砌崖以石，用防溃陷。以后屡有修建，如成化元年置串楼八百一十，

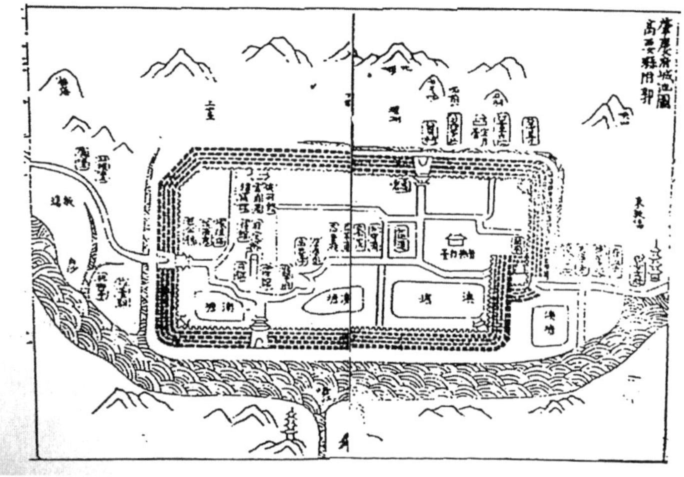

图二十八　崇祯肇庆府城池图

(原载《崇祯肇庆府志》)

---

① (清)沈秉成修，(清)苏宗经等纂《光绪广西通志辑要》卷3《桂林府》。

② (明)陆化熙《目营小辑》卷4《广西·桂林府》。

后复建披云楼，建子城，门四。[1] 万历九年，城东跃龙岗附近，是船只停泊之所，居民店铺日多，市场繁荣。为了防御西河患，从跃龙岗至镇南街口，搭排栅捍卫居民市井，并建崇禧塔为镇堤之宝。城内街道整齐如棋盘，城中建了许多祠宇，并在七星岩、鼎湖山上建宫祠寺庵，成为城郭的风景区。

肇庆府在明代是岭南的重镇，嘉靖四十三年(1564)，两广总督驻地从苍梧(今梧州)迁至肇庆，管辖今两广地区，肇庆府成为政治、军事中心。万历十一年(1583)意大利人罗明坚，次年利玛窦相继来肇庆传教，传播西方科学文化，又把我国的历史文化介绍到西方，肇庆成为中西文化交流的中心。同时，明中叶以后珠江三角洲经济快速发展，与海争田，修建桑基鱼塘，发展经济作物生产，粮食缺乏，需要仰给于广西，西江成为两广运粮之道，肇庆便成为转运站。此外，粤西的粮食、矿石、竹木料等各种商品，珠三角地区生产的盐和手工业品，都要经过肇庆转运，肇庆又成为集散地。所以万历四年(1576)，明政府便在肇庆城东(今黄岗造船厂)、西(今厂排)两边江岸设立黄江厂，征收来往西江船只的商品税。[2] 可见明代肇庆府城地位的重要性。今天肇庆已成为国家级名城，具有八百多年历史的宋城东段已经修复，成为人们景仰的珍贵的历史文化遗产。

五　明代修建郡县城池的特点

第一，明代修建郡县城池的原则，从前受《考工记》的影响，以军事防御为重点，所谓“《易》云‘王公设险以守其国’，《礼》云‘城郭沟池以为固用’”[3]。而明中叶以后，随着社会经济的发展，逐渐改为“城郭必置街坊”——以商业贸易为重点。如大名府长垣县知县杜启拓展县城时，就从城市空间结构即市民居住空间来考虑，以商业贸易为重点。史称：“初，邑城东门外为隙地，无一居民，惟寿亭侯关公祠在，亦无守者。予(杜启)来

---

① (明)黄佐纂修《嘉靖广东通志》卷15《舆地志三・城池》。

② 梁赞燊等纂《民国高要县志初编》卷7。

③ (清)甘汝来纂修《雍正太平府志》卷39《艺文志三》。

官之二年(弘治四年),念惟孤城野处,阒无关厢,非所以为固圉计也,乃于四门之外,各树表引,绳规为街衢,居宇之制,计地定值,榜曰:愿就居与售者听,沮则有罚。月彻城中六集,日以禆之,不再岁而四关皆成矣,居民稠矣,商旅集矣。"[①]杜启,吴县人,弘治三年任知县,四年建关厢,立市肆,招商贸易,做得非常成功。同时,突破了传统的城池形制模式,采取因地制宜的灵活方法,创造了各种不同形制的城池。各地地势不同,若山多崎岖之域,如庐州府英山县城,"城内之街崎岖委曲,多因山势"[②]。南方河流多,随水建城,而成为环境优美的宜居水港城,如上所述。此外,关注市民居住,改善环境,美化城市。其措施:一是拓城让市民居住贸易。如福建浦城县城,洪武十二年,"以县治民稠地狭,乃平其故址,以广民居"[③]。广东博罗县城,因城中公廨、仓廒、官宇占十之七,居民无余地,故于弘治九年"扩西城",增广四里,使百姓有居地。[④] 新会县城,天顺六年,知县陶鲁建子城,"其濒江租于市民",让"市民之安之逐其利也"。[⑤] 二是改善交通道路。如万历二十五年,应天府溧水县"修治城内街道,皆铺以石"[⑥]。又如南昌府城,明初改筑,"周二千七十丈有奇,高二丈九尺,建七门……俱以道路相通"[⑦],打破了各门不相对、道路不直通的传统。三是改善居住环境。如山东济南府济阳县城,"金天会间,所筑市井低洼,淋涝潴水,居民不堪。国朝成化二十一年知县张端疏通水道,沿濠两岸植柳二千余株,引城中水入池,达于济,民始便焉"[⑧]。北方城池植柳树,尚有弘治二年山东莘县城,"夹堤植柳"[⑨]。上述淮安府城也种柳树。城池植树,改善空气质量,对绿

① (明)杜启《建桥记》,载(明)石禄修,(明)唐锦纂《正德大名府志》卷2《山川志·津梁》。
② (明)闻人诠修,(明)陈沂纂《嘉靖南畿志》卷36《郡县志三十三》。
③ (明)黄仲昭纂修《弘治八闽通志》卷13《城池》。
④ 张友仁纂修《民国博罗县志》卷4《政制三·城池》。
⑤ (明)黄佐纂修《嘉靖广东通志》卷15《舆地志三·城池》。
⑥ (清)闵派鲁、(清)林古度纂修《顺治溧水县志》卷1《邑纪》。
⑦ (明)曹学佺《大明一统名胜志·江西省》卷1《南昌府》。
⑧ (明)陆釴等纂修《嘉靖山东通志》卷12《城池》。
⑨ (清)赵祥星修,(清)钱江纂《康熙山东通志》卷13《城池》。

化城池是有意义的,此亦是利民之举。此外,城墙涂饰,福州城门建华表,如上所述,对美化城池有作用。羊城东、西门月城内均有照墙,遮蔽内外①,既可以保护隐私,又有美化意义。

第二,明中叶以后,社会经济的发展和科学技术的进步,为建筑郡县城池创造了条件;而外敌如倭寇侵扰,内部土匪等暴乱,又需要建筑城池作为防御系统,于是促进了明政府建设郡县城池的行为。首先表现为明代郡县城池数量有所增加,新建县城较多,根据不完全统计,如广东:景泰三年,建顺德县城;成化十六年,建高明县城;嘉靖五年,建大埔县城;嘉靖六年,建三水县城。江西:正德七年,建南康府城;正德年间,建南康府安义县城;正德八年,建抚州府东乡县城;嘉靖三十九年,建广信府兴安县城;万历六年,建建昌府泸溪县城。福建:正德初,建建宁府崇安县城。山东:正统十一年,建曹州城。湖北:天顺八年,建郧阳府城……共新增十二座府县城。这虽然是不完全统计,但已可说明郡县城池的发展,出现了"凡通都大郡边檄小邑莫不有城郭"的局面。其次,从发展方式看,梁方仲教授说:"大抵古代城市之发展,添建新城是一种方式……于旧城郊外增建居民点或工商业区亦是一种方式。"②如上述明代广州城的发展就经历过这两种方式,洪武十三年将宋元时期的子城、东城和西城连成一城,并在原城北面至越秀山东北麓建居民点,建五层楼,又称镇海楼。这次扩建后,城垣扩大三分之二以上,周长二十一里,角楼四,门八,称为旧城。嘉靖四十四年又开始在城南建新城,范围包括城南沿江商业街市——高第街、濠畔街、清水濠街及卖麻街等。新城周长六里,门八。新城建成后,广州城后倚越秀,南临珠江。同时,疏浚濠渠,舟楫可通,街道种树,沿街铺面接连,有专业街如鞋匠街、饭馆街等,街道上建骑楼,成为南方城池的特色。明中叶以后,广州成为外贸城市,如上所述,当时许多商品都在广州集散,南北货的交流,使广州逐渐成为这个地区的经济文化中心城市。于是广州便开始向近代工商

① (清)颜嵩年《越台杂记》卷3。

② 梁方仲《梁方仲读书札记》,中华书局,2008年,第7页。

业城市过渡,这是一个很大的进步。

第三,明代以前,城墙的建造,主要用版筑的方法。顾颉刚先生曾经就此做了详细的描述。他说,古代筑城选用泥打的,“泥打墙必须用长条的版,两面相对,把泥土畚在版内,打得结实;再用别的版加在上面……打到五版时,就高一丈了……五版叫作一堵。……这是从竖里说,若从横里说,则三版叫作一雉,就是三丈宽”①。这种版筑方法,又叫作夯土版筑法。张驭寰先生指出:“版筑是用木板做挡土墙,立柱挡住板,夯打层层移板。”②这样就容易使城墙直线化、规范化。所以版筑直到明代个别县城尚在使用,如太原府太谷县城“始筑土为之”③。绍兴府嵊城,明初城毁,嘉靖间筑城,遇倭寇侵扰,“城工未毕,止二板”而停工。④ 版筑法有利弊:利即把城垣规划成直线,有利于施工;弊即城墙土质,水淋日晒,容易崩塌。如四川达县,史称:“达县在三峡上流,大山丛谷间,形胜险壮,盖两川一要地也。”而“县城皆土筑,蜀地多雨,岁一再修,修辄坏费多而益寡,欲图为恒计,度财与力皆未可”,因而筹划改筑石城。⑤

明中叶以后,随着生产力的发展,打石和砖瓦的制造技术有了很大的提高。如制砖,不仅能“验辨土色”,选择“粘而不散,粉而不沙”的泥土做原料,用各种方法烧造出墙砖、铺砌地面用的方墁砖、在屋椽上用以承瓦的棺板砖、用于砌小圆拱桥或拱门的刀砖(即鞠砖)等。而墙砖又分为眠砖和侧砖两种。眠砖长方形,砌城墙不惜工本就一个一个叠砌上去。如造房子,若想节省些,则在眠砖上两边各砌侧砖一行,中间实泥土和小石,亦可

---

① 顾颉刚《中国古代的城市》,《历史教学问题》1983 年第 3 期。吕思勉引毛传:“一丈为版,五版为堵。”郑笺:“春秋传曰:五版为堵,五堵为雉,雉长三丈,则版六尺。”孔颖达疏:“古之雉制,书传各不得其详。今以左氏说郑伯之城方五里,积千五百步也。”(吕思勉《中国制度史》,上海三联书店,2009 年,第 156 页)可参考。

② 张驭寰《中国城池史》,百花文艺出版社,2003 年,第 576 页。

③ (清)郭晋修,(清)管粤秀纂《乾隆太谷县志》卷 2《城池》。

④ (明)萧良幹修,(明)张元汴等纂《万历绍兴府志》卷 2《城池志》。

⑤ (明)李东阳《达县石城记》,载(明)虞怀忠等修,(明)郭棐等纂《万历四川总志》卷 27《文五》。

起替代作用。同时,能够控制火候,烧出各种颜色的砖块,如用柴薪烧制成青黑色,用煤烧制成白色。[①] 因而在明代建城中纷纷改版筑土城为砖石城,有条件建造出各种不同风格的城池,一改从前版筑的现象。

砖石砌墙,自然比版筑技术难度大,但工匠在劳动中和自然斗争中逐步克服。他们创造了各种不同的建筑方法:一是因地制宜,巧用材法。如绍兴府萧山县城,史称:嘉靖三十二年筑城,城外地因取土筑城遂以为濠,各深一丈五尺,广三丈,总计一千五百九十一丈五尺。城基筑法:“中外俱用石版,而腹内则以乱石和土筑之,基下俱用松椿,而遇有河池,则仍以石版叠砌,俟与地平,然后筑之城中。”[②]这种筑法既可省工,筑城基与挖濠相结合,挖出的泥作筑基用;又可节省石版,“腹内则以乱石和土筑之”,效用一样。这种筑法,比较合理。二是“一砖兼恒砖四”的砌砖法。如开化县城,正德间始筑土城,嘉靖、隆庆年间重筑护堤,并建月城,但屡遭水患,城亦圮塌。至天启年间,为一劳永逸计,实行重筑,改建砖石城。“采石厚奠,创官陶,每砖兼恒砖之四,(知县)亲劳来稽核工程。”由于使用每砖兼恒砖之四的筑法,起到互相牵引、巩固的作用,结果工竣,坚固无患。[③]

明代修建郡县城池,普遍改用砖石包砌,如广东高州府城,“唐始筑土城,宋元因之,洪武十四年千户陈富修拓后甃以砖”[④]。河南布政司属下八府七州一百零八县,除了记载不清楚,有三分之二府州县城都已在原有基础上扩建或增筑,都改建为砖城。如正阳县城,正德元年,知县徐渊筑土城,八年知县张玺改建砖城。[⑤] 四川布政司属下有府州县城一百二十六座,明中叶以后,改建砖石城的有一百〇一座,占府州县城百分之八十左右。[⑥] 由于普遍改用砖石包砌,用石灰浆勾缝,提高了筑砌水平,因而坚固

---

① (明)宋应星《天工开物》卷7《陶埏·砖》。
② (明)萧良幹修,(明)张元汴等纂《万历绍兴府志》卷2《城池志》。
③ (明)朱朝藩修,(明)汪庆百纂《崇祯开化县志》卷1《建置志·城池》。
④ (明)黄佐纂修《嘉靖广东通志》卷15《舆地志三·城池》。
⑤ (清)田文镜等修,(清)孙灏等纂《雍正河南通志》卷9《城池》。
⑥ (明)虞怀忠等修,(明)郭棐等纂《万历四川总志》卷五至十八《郡县志》。

耐用,曾经有效抵抗倭寇等的侵扰,也对捍卫地方安全起到一定作用。同时,郡县城市成为人们经济活动的载体,对促进地方经济繁荣、文明经商也有作用。如嘉靖末年的广州,明人叶权写道:"广城人家,大小俱有生意,人柔和,物价平。不但土产如铜锡俱去自外江,制为器,若吴中非倍利不鬻者,广城人得一二分息成市矣。以故商贾骤集,兼有夷市,货物堆积,行人肩相击,虽小巷亦喧填,固不减吴阊门、杭清河坊一带也。"[①]此外,砖石城能保存长久,所以有的城墙一直保留至今,如广州新城在越秀山的城墙,成为今天宝贵的文化遗产。

明代郡县城市建筑的历史,反映了人民群众和自然斗争的历史,也表现了明代城市的文明和进步是空前的。

2011 年 7 月 12 日初稿,10 月 25 日改定

① (明)叶权《贤博编·乙丑年游岭南记》。按:乙丑为嘉靖四十四年(1565)。

明代东莞盐政钩沉

一 引 言

东莞海盐，根据王健同志考证，早在南越国时，已经生产，汉武帝时，设盐官管理[①]，中经唐宋至元朝。元《大德南海志》卷六载："本路（广州路）所管者，靖康、香山、东莞、归德、黄田、海晏、矬峒七场而已。"其中的靖康、归德、东莞、黄田就在今东莞境内。明承元之后，东莞境内便有四个盐场。只是由于盐场的"官与课，则属广东盐课提举司，故邑旧志不详其事"。当时，盐场的群众曾请邑之儒士黎弼"仿小史之例"，编写《东莞盐场志》，并由儒士陈士俊撰《东莞场志序》。黎弼事迹不详。陈士俊，字哲卿，号雪颠，明末东莞堑头人，曾替陈建考订《皇明通纪》，著有《雪颠集》。从陈士俊《东莞场志序》中知道《东莞盐场志》分为内外两篇，内篇则记本事，而外篇主要记载法令，宽恤灶丁的政策及丁口登耗和课赋之赢缩等。[②] 但全书《东莞盐场志》只有《康熙东莞县志》卷十三《艺文十》有著录，而我查民国时期何维凝编的《中国盐书目录》及省志艺文部分，均未见著录，恐已失传，十分可惜。由于上述原因，造成明代东莞盐政基本空白，因此，研究明代东莞盐业经济就十分困难。今依靠一些零星的记载，钩稽补苴，整理成文，希望借此窥测其发展的轮廓及从中得到一些启示，对发展东莞盐业经济或许有些借鉴作用。

---

① 王健《东莞秦汉至南朝时期考古》，杨宝霖等编《东莞文史》第 25 辑，东莞市政协文史资料委员会出版，1996 年，第 134 ~ 135 页。

② （明）陈士俊《东莞场志序》，载（明）张二果修，（明）曾起莘纂《崇祯东莞县志》卷 7《艺文》。

二　明代东莞的盐场和灶户

明代东莞有四个盐场，都分布在沿海地区，其生产组织及灶户人数，据明人黄佐在《嘉靖广东通志》卷二十六《民物志七·盐法》和其他方志记载，综合如下：

靖康场在延福乡十六都，有六栅，“原额人户一千八百七十一户，人丁二丁（潜按：丁字为千字之误）七百六十七丁”，按熟盐场分办课，“每丁原派盐二引一千（潜按：千字为十字之误）斤，共有征无征大引折小引丁税熟盐五千九百五十二引一百九十二斤一十两三钱六分，共银一千一百五十一两八钱四分六厘五毫五丝五忽二微七沙五尘”。

归德场在恩德乡十二都，场署设于县西路义和圩侧，有十三栅（据《康熙新安县志》卷六《田赋志·盐课》载：后又增加三栅，共十六栅，即新桥、附场、涌头、智堡、大步涌、大田、仁堡、鼎堡、岗头、信堡、义堡、永新、涌口、后亭、礼堡、伏涌）。“原额人户一千四百五十二户，人丁三千八百三十二丁”，按熟盐场分办课，“每丁原派盐二引一十斤，共有征无征大引折小引丁税熟盐八千四百一十八引零八斤一十两，共银一千五百九十九两七分二厘三毫七丝七忽一微”。

东莞场在恩德乡十一都，原有四栅（《康熙新安县志》卷六《田赋志·盐课》载有七栅半，即：南头、辛甲、巷头、市心、海北上、海北下、海南各一栅，叠福半栅），场署即盐场课司（见上引书）在北栅，即凤冈书院基址，明陈履故乡。“原额人户四百五十四户，人丁七百七十一丁”，按熟盐场分办课，“每丁原派盐三引，共有征无征大引折小引人丁熟盐二千二百七十一引一百二十一斤，共银四百八十两五钱二分八厘七毫五丝”。

黄田场在恩德乡第十都，有四栅，“原额人户四百五十九户，人丁五百四十八丁”，按熟盐场分办课，“每丁原派熟盐三引，共有征无征大引折小引人丁盐一千四百七十七引六十六斤八两，共银二百八十八两四钱八分二厘四毫七丝五忽”。

明代东莞盐场的灶户，都是宋元以来居住在沿海的世袭的煮海之民，正如明人黄佐说："祖宗定制，籍煮海之民为灶户。"[①]其户籍编入灶籍，和民户编入民籍有相同和不同之处。按规定，民户编入黄册，"十年一造"，灶户编入灶籍亦如是，此"民户灶户之所同也"[②]。每十年编造灶籍时，所缺灶丁，"俱以附近有丁产者充之"[③]。灶户是世袭制的，世代充当，永无放免。史称："充军人犯尚支月粮，囚徒限满犹得疏放，独灶户世相继无放免。"[④]可见灶户地位之低下，和民户是有区别的。

每个盐场，设"课司"，相当于广东盐课提举司的分司，所以史称"场院官曰'提领'，后改曰'大使'"，简称"场使"，另有"吏一名，曰'攒典'"[⑤]（该志由杨宝霖教授影印，供我研究，表示衷心感谢），负责盐场的行政管理。大的盐场如归德场还设有"讥察"，史称：陈彦辉，东莞归德场人，"洪武初，归德场官以其公直有干，举充讥察，未尝乘时射利，倚势作威，有侵渔、灶丁、盐商者，必治之弗恕，由是宿蠹以除，有裨于政"[⑥]。灶户在盐场大使管理下，基层生产组织是"栅"，社会组织是"社"，所以"栅"，有时亦称为"社"[⑦]。如上所述，靖康场有六栅，即六个基层生产组织。每场栅数不限，如上述多者归德场有十六栅，少者黄田场只有四栅。每栅灶户数也不一致，如靖康场平均每栅有三百一十一户，归德场平均每栅只有九十户多些。大场以"栅"多，纳课多为标志，不以灶户多少为准。每"栅"设栅长一人，下有"栅甲"[⑧]若干人。每年由场官负责督理盐的生产和"率栅长，以督盐丁，办纳盐课"[⑨]。

---

① （明）黄佐《修举盐政记》，载《嘉靖广东通志》卷26《民物志七·盐法》。
② （明）陈履《上司鹾陈公祖书》，载《悬榻斋文集》卷3《书》。
③ （明）汪砢玉《古今鹾略》卷5《政令》。
④ （明）谭希思《明大政纂要》卷30。
⑤ （明）卢祥纂《天顺东莞旧志》卷3《盐场》。
⑥ （明）陈琏《燕溪陈处士墓表》，载《琴轩集》卷29《墓表》。
⑦ （清）靳文谟修，（清）邓文蔚纂《康熙新安县志》卷6《田赋志·盐课》。
⑧ （明）陈履《上司鹾陈公祖书》，载《悬榻斋文集》卷3《书》。
⑨ （明）卢祥纂《天顺东莞旧志》卷3《盐场》。

首先，灶户要向明政府交纳盐课，洪武初年原是实行日课制度，征收本色盐，规定“灶户日办三斤，夜办四两，周年三百六十五日，该盐一千一百八十六斤四两，每二百斤折一小引，共该五引一百八十五斤，外加耗盐每引五斤，共三十斤，共得六引一十五斤，谓之全课”①。这是按户按日计算的输课办法。洪武年间，各场盐课原额，上引明人黄佐的记载，靖康场“每丁原派盐二引一千（千字为十字之误）斤，共有征无征大引折小引丁税熟盐五千九百五十二引一百九十二斤一十两三钱六分，共银一千一百五十一两八钱四分六厘五毫五丝五忽二微七沙五尘”。《康熙新安县志》卷六《田赋志·盐课》亦袭此说。其实黄佐的记载并非洪武年间的数据，原因：一是此条以丁计的输课办法与上述洪武年间的输课办法以户按日计不同；二是洪武年间各场均输本色盐，尚未有折色银；三是盐课区分有征无征，亦是以后事（见下面论述）；四是史称：“广东所辖盐场十四……洪武时，岁办大引盐。”②“以四百斤者为大引，二百斤者为小引。”③所以郭棐说，明初广东盐课提举司每年“照场分征课”，将小引折大引，“课足引额”④。而黄佐记载的恰巧相反，是大引折小引。因此，我认为是明中叶以后的数据，但是各场的定额，如果把黄佐记载的数据，从小引折成大引，计算公式如下：

靖康场大引盐 =［（5952 小引 ×200 斤）+192 斤］÷400 斤 = 2976 大引 192 斤（斤以下小数删除）

归德场大引盐 =［（8418 小引 ×200 斤）+8 斤］÷400 斤 =4209 大引 8 斤（斤以下小数删除）

东莞场大引盐 =［（2271 小引 ×200 斤）+121 斤］÷400 斤 = 1135 大引 321 斤（斤以下小数删除）

黄田场大引盐 =［（1477 小引 ×200 斤）+66 斤］÷400 斤 =738

① （明）黄佐纂修《嘉靖广东通志》卷26《民物志七·盐法》。

② （清）张廷玉等撰《明史》卷80《食货四·盐法》。

③ （明）申时行等重修《明会典》卷34《课程三·盐法三》。

④ （明）郭棐纂修《万历广东通志》卷7《藩省志七·盐课》。

大引266斤(斤以下小数删除)

东莞章村人卢祥编纂的《天顺东莞旧志》卷三载各场岁办盐数(斤以下小数删除):

靖康场2976引69斤;
归德场4095引87斤;
东莞场1126引138斤;
黄田场738引226斤。[①]

卢祥的记载,是引洪武时的定额,是大引盐的数据,与上述明中叶的定额比较,虽然有些小出入,但差距不大。可见东莞四个盐场所办课额,从洪武到天顺年间,变化不大,说明东莞盐业的发展是相当缓慢的。至天顺年间,由于盐的品种不同,所费工本及劳力亦异,为了合理分配负担,便对熟盐和生盐分别征课,且从户改为丁计算。史称:“天顺年间造册,熟盐场分,每丁止办二引,因其用柴为本之故;生盐场分,每丁办三引者有之,办四引者有之,因其日晒无本省力之故。”[②]虽然区分生熟盐征课,但改为计丁征课后,一般都加重了负担,再加上地方动乱,治安不好,灶丁逃亡逋课,因而成化年间开始改为折色,史称:“成化十九年议定:有征一小引,折银二钱五分;无征一小引,折银一钱五分。”[③]在此需要指出,所谓“有征”和“无征”盐课,明人林希元解释说:“洪武、正统年间,两经强寇苏有兴、黄萧养之乱,灶丁消耗,遗下盐课,无人办纳,是谓无征;其见在灶户,递年煎盐办、纳盐课,是谓有征。”[④]这种解释,从字面上看,是对的;从内容上看,却掩盖

① (明)卢祥纂《天顺东莞旧志》卷3《盐场》。
② (明)黄佐纂修《嘉靖广东通志》卷26《民物志七·盐法》。
③ (清)靳文谟修,(清)邓文蔚纂《康熙新安县志》卷6《田赋志·盐课》。
④ (明)林希元《陈民便以答明诏疏》,载(明)陈子龙等辑《明经世文编》卷163。

了“无征”,“则责賦于栅长代賦”[①],而栅长则责“见存人户代征”[②]的事实。因而现存灶户不堪负担,陆续逃亡,迫使明政府对折征盐课稍作减少。史称:正德四年,盐法御史鲜冕“以宽恤灶丁”奏定,“有征熟盐一引折银二钱三分,无征熟盐一引折银一钱五分,有征生盐一引折银一钱七分,无征生盐一引折银一钱,见今奉行”[③]。但是现存灶户负担无征盐课,实在很难负担。所以到了嘉靖八年佥事林希元因见正德十六年以来追征无征盐课,灶户因而逃亡十之二三,同时,归德、靖康等场灶老陈继经、林毅等诉,灶丁逃亡,遗下盐课,由见在之丁办纳,不合理,请即除豁。故“豁无征,查新生续长佥补,重造册籍,自是课皆实征”[④]。

其次,灶户要向明政府交纳灶田的租税。由于生产上的需要,明政府允许沿海灶户拥有灶田,以供晒盐、耙沙之用。明初规定,“灶田每亩科盐二斤八两”[⑤],此外再无赋税,以示优恤。当时,灶户占田情况不明,大抵富灶占田多些,贫灶占田较少。原额灶田数量,亦未见记载。只知嘉靖二十一年东莞场有“灶田地山塘二百六十三顷六十亩五分六厘六毫,有征小引正耗丁税盐二千七百二十九引一百零九斤一十两二钱”;黄田场有“灶田地山塘一百七十一顷五十九亩二分三厘,有征小引正耗丁税盐二千二百五十六引一百一十五两三钱六分”;归德场有“灶田地山塘五百一十五顷八十亩零七厘九毫,有征小引正耗丁税盐五千一百七十三引八十三斤八两三钱六分”[⑥]。靖康场田地塘原额,未见史载,但知清初原额“上则税(潜按:指税田,下同)二百一十顷九十一亩零五厘九毫五丝三忽,中则四百一十

---

① (明)陈履《上司鹾陈公祖书》,载《悬榻斋文集》卷3《书》。

② (明)郭棐《粤大记》卷31《政事类・盐法》。

③ (明)黄佐纂修《嘉靖广东通志》卷26《民物志七・盐法》。按:关于鲜冕的奏议,明郭棐《万历广东通志》卷7《藩省志七・盐课》作正德五年,有征银二钱七分,显然有误。

④ (明)林希元《陈民便以答明诏疏》,载(明)陈子龙等辑《明经世文编》卷163;(明)郭棐纂修《万历广东通志》卷7《藩省志七・盐课》。

⑤ (明)陈志敬《请省赋敛以苏盐丁疏》,载(明)张二果修,(明)曾起莘纂《崇祯东莞县志》卷6《艺文志・章奏》。

⑥ (清)靳文谟修,(清)邓文蔚纂《康熙新安县志》卷6《田赋志・盐课》。

四顷三十五亩四分五厘一毫一丝，下则四百六十一顷七十八亩三分七厘七毫二丝八忽”[①]。清初的原额承袭万历年间的数据而来，因此，可供参考。这么多灶田地塘，明政府每年依照“每亩科盐二斤八两”计算，收入的盐斤是相当可观的。

明中叶以后，灶户的赋役负担大大加重，例如明初对灶户实行优恤政策，史称：洪武初年，“给工本钞，每引钞二贯”[②]。洪武二十七年又下令“优免盐丁杂泛差役”。宣德二年重申此令，“令各处灶户免杂泛差役”[③]。可见是全户免除杂泛差役的。至天顺年间，盐课从户改为丁出办，便改为“灶户办盐一丁，准其户下二丁帮贴”[④]，即有二丁免除杂泛差徭，帮补盐丁办盐，其余户丁需要负担里甲杂泛等差役。同时，对灶户拥有的灶田与民田，明初一律免征田赋。史称：“洪武初，不分灶田、民田，全户免科。”后因“诡寄冒免”者多，便又改为“灶丁户内田产，每丁除民田一百亩不当差役，其余民田，止令出银雇役”。[⑤] 正统末年，南海黄萧养起义，对东莞的灶户有很大的影响。为了加强统治，明政府索性把灶户编入里甲，与民一体开征赋役。明人陈志敬揭露：“天顺年间，奏奉勘合，将灶丁凑编入县里甲，灶田又科秋粮三升二合一勺，此灶丁重役也。”[⑥]所谓“重役”，是指灶田“每亩科盐二斤八两”，“又科秋粮”的意思，除了田赋，差役方面，史称：“一概与民编当差役……每人一丁，出钱五百文，田一亩出钱一十五文，十年一次，随里甲正役出办供应，谓之均平钱。……灶丁均平钱之外，每岁又有出海守哨之差。”[⑦]这样便使“盐丁一身县场二役，一田有盐粮二科”[⑧]。以前

① (清)郭文炳编《康熙东莞县志》卷5《盐法》。

② (清)郭文炳编《康熙东莞县志》卷5《盐法》。

③ (明)申时行等重修《明会典》卷34《课程三・盐法三》。

④ (清)靳文谟修，(清)邓文蔚纂《康熙新安县志》卷6《田赋志・盐课》。

⑤ (清)靳文谟修，(清)邓文蔚纂《康熙新安县志》卷6《田赋志・盐课》。

⑥ (明)陈志敬《请省赋敛以苏盐丁疏》，载(明)张二果修，(明)曾起莘纂《崇祯东莞县志》卷6《艺文志・章奏》。

⑦ (明)林希元《陈民便以答明诏疏》，载(明)陈子龙等辑《明经世文编》卷163。

⑧ (明)陈志敬《请省赋敛以苏盐丁疏》，载(明)张二果修，(明)曾起莘纂《崇祯东莞县志》卷6《艺文志・章奏》。

对灶丁的优恤政策基本上完全取消，所给的工本钞，也因钞价贬值而几乎成为废纸。所以明代东莞人刘存业说："虽优恤令典，具有成宪，而废格不行。"①至正德年间，又实行"以田报丁例"，加强对灶丁盐课的剥夺，史称："令各甲尽报老幼丁口及每田一顷另额报丁三丁……以田报丁例，与各场每丁办盐四百斤。"此例施行，盐丁的盐课增加了一倍。所以明人陈志敬指出："（靖康、归德二场）每丁旧办盐二百二十斤，尚有赡窥灶二丁，今自办四百斤，又无赡灶之丁，有违旧制之例矣。"②

上述四个盐场，都在东莞境内，从地域而言，属于东莞县。嘉靖二十一年裁革黄田场，附入东莞场。万历元年置新安县，东莞、归德两场划归新安县，东莞境内仅剩靖康场。

自万历元年以后，未见东莞靖康场像新安县盐场那样记载历年灶户丁田纳课的数据，无法统计，无法进行研究，但尚能找到许多有关盐业的政令，虽经一些官员提出改革意见，但终明之世，其弊政一直存在。如万历二十三年东莞北栅人陈志敬之孙陈履总结盐政积弊，并在向管理盐政的陈定庵反映时说：本人"籍定靖康，户悬盐课"，深知灶户比民户赋役偏重，盐政积弊由来已久，如(1)"民田每亩以三升二合起科，灶田如之，灶田每亩科盐二斤八两，则民田无之"。(2)"民册每丁岁止量编差银五分，盐册每丁则岁办盐一引"。(3)"民户止照丁口报册，未尝以田责丁"，灶户则以田责丁，每田一顷，责报三丁，办盐三引。(4)盐册三四年或五六年一造，"造册之费尽出于灶丁"。(5)以丁计出办差役，民丁老疾死故则开除，灶丁常据原额，老疾死故不蠲豁。(6)"民户田产随年消长"，产去税除。灶户以田责丁，"田去而丁不除……故有无田白丁之盐"。此六者彼此相较不啻一倍至数倍。最后他说：灶户"艰苦盈于触目，而疾痛逼于切肤，艰苦彷徨莫知底止，是以……乞赐垂仁矜恤，一切杂泛差役，亟赐蠲除，鹾海生灵赖以

---

① （清）郭文炳编《康熙东莞县志》卷5《盐法》。

② 俱见（明）陈志敬《请省赋敛以苏盐丁疏》，载（明）张二果修，（明）曾起莘纂《崇祯东莞县志》卷6《艺文志・章奏》。

立命,地方幸甚”[①]。当时政治腐败,财政拮据,陈履的意见根本不被重视,因而弊政继续施行。如灶户除了和民户一样负担里甲一役,还要负担盐场的“场当”之役,即灶甲出钱募人充场当,负责征收盐课。万历时,东莞场设“场当七名,每名工食银七两二钱,每年共计银五十两零四钱,七栅半见役灶甲出银募当”[②]。“场当”相当于民户里甲一役,在靖康场又叫“催征”,设有多少名不清楚。陈履说:“(靖康)盐场栅甲轮充见役催征,亦周而复始。”[③]至万历末年,为了镇压农民起义,筹集军饷,杨嗣昌建言增加广东盐饷三万道。当时,户科李觉斯、南赣巡抚李成名曾上疏反对。[④] 东莞、靖康等场灶民吴泰等亦诉称困难,说:“灶丁煎盐,待商以鬻,供输课饷,因该场河浅滘狭,商人船大难进,或海防严密,客商少到,盐积难销,民生坐困。”但是明政府不接受灶民的意见,巡按广东的田生金奉令征集,东莞场民吴泰等告增饷银八十两,秦兴等告增饷银三十两,靖康场民林冲汉等告增饷银三十两,龙国正等告增饷银三十两,都是发卖余盐所得而缴交的。[⑤]灶户依然处于受深重剥削的水深火热之中。

三　明代东莞盐场的生产技术

嘉靖十二年,陈志敬在家乡目击靖康盐场灶户生产的情况,写了著名的《请省赋敛以苏盐丁疏》[⑥]一文,这篇文章主要叙述灶户劳动和赋役冗重的苦状,不是专论生产技术,但是无意中说到制盐要修基围、“漏地”、“漏井”和煮盐、晒盐的情况,虽然过于简略,但结合其同时代人且旅居过东莞的屈大均关于制盐的论述,便可以窥见东莞盐场生产技术上的一些细节,

① (明)陈履《上司鹾陈公祖书》,载《悬榻斋文集》卷3《书》。

② (清)靳文谟修,(清)邓文蔚纂《康熙新安县志》卷6《田赋志·盐课》。

③ (明)陈履《上司鹾陈公祖书》,载《悬榻斋文集》卷3《书》。可见万历时已有场当,至崇祯八年仍存在,见崇祯八年知县李元条议,载(清)舒懋官修,(清)王崇熙纂《嘉庆新安县志》卷22下《艺文志·条议》。

④ 参见(明)李觉斯《粤饷万难议增疏》,载(清)郭文炳编《康熙东莞县志》卷13《艺文三》。

⑤ (明)田生金《按粤疏稿》卷4《题加盐引疏》。

⑥ 参见(明)张二果修,(明)曾起莘纂《崇祯东莞县志》卷6《艺文志·章奏》。

对了解东莞盐生产的全过程是有帮助的。

明代东莞盐场的生产基地，一般设在沿海沙坦背风之港，在五亩之盐田上，修建基围，“以防潮水”①。基围内，建有堤、窦、“漏地”（潜按：“地”字可能为“池”字之误）和“漏井”。堤中为窦，直通海边，潮水可从窦出入，“天雨水淡，晴水咸，潮消则放淡水使出，潮长则放咸水使入也”②。“漏地，以待淋卤”。漏地用草覆盖，置盐沙于草上，从堤上取水再淋之，沙沉于底，盐卤乃流。这是一种淋沙取卤的方法，技术关键在于盐沙和潮水含盐的浓度以及淋浸的次数，所含盐浓度越高，淋次越多，卤的浓度亦越高。所以陈志敬说：“靖康、归德二场，抵近惠、肇、韶，三江水涨，冲淡咸潮，春夏不堪晒沙淋卤，而秋冬才能耙办。”所以灶户“秋则耙沙，富者以牛，贫者以人代之，朝日扬水晒沙，晚则以人牛耙碎，暗明八九日一收，淋卤遇阴雨，则半月之余，沙淡转散于田，仍前耙晒，四季如常，无时休息”。这种淋沙取卤的方法，与香山县盐场的取卤法相似。史称“朔望前后潮退，卤壤遇烈日结生白花，刮而聚之……实于池，淋咸水”③成卤。可见这种淋沙取卤的方法已成为珠江三角洲制盐作业的普遍技术形态。这卤是制盐的原料，需经过试验，确定其含盐浓度，才能投入生产。浓度高，结盐快，不仅节约时间和燃料，而且对提高产量有保证，所以试卤是制盐重要的工序。当时珠江三角洲的盐场都十分重视试卤，东莞盐场自然也不例外，所用的方法较多，屈大均说：“以火照卤，卤气冲火，火灭则良卤也。投以鸡子或饭，或截小鱼为两以试之，咸皆浮矣，或杓卤而置莲子数枚，三浮五沉者淡，七八浮者则淳也。”经过试验，浓度高淳的“卤者，盐之精”④。让其流入漏井，蓄之备用。有了原料“卤”，便可以通过煮晒两种方法，制成食盐。煮者成熟盐，晒者成生盐。

---

① （明）陈志敬《请省赋敛以苏盐丁疏》，载（明）张二果修，（明）曾起莘纂《崇祯东莞县志》卷6《艺文志·章奏》。本段未注出处者，俱见该奏疏。

② （清）屈大均《广东新语》卷14《食语·盐》。

③ （明）邓迁修，（明）黄佐纂《嘉靖香山县志》卷2《民物志·食货》。

④ （清）屈大均《广东新语》卷14《食语·盐》。

首先,谈制煮盐的方法。陈志敬说:春夏间制熟盐,灶户先要“以草造屋盖灶;次采柴,月余方回;次朋合五六家,共以竹织锅,轮流煎盐”。这里煮盐的主要生产工具是竹织锅,亦称釜,或“牢盆”。屈大均说:“煮盐之釜以竹,周以蜃灰(潜按:蜃灰即蛤蜊壳烧成的灰,性质与石灰相同),涂以泥,横可八尺,深半之,置于灶背,曰牢盆,受卤二十余石,昼夜三四煮之,其竹不焦,盖盐与火同类也,盐,水中之火也。盐成则得十有六石也。”①明人宋应星曾将这种竹织锅与明代产盐中心——两淮盐区早期用的盆铁比较,他说:“其盆周阔数丈,径亦丈许。用铁者以铁打成叶片,铁钉拴合,其底平如盂,其四周高尺二寸,其合缝处一经卤汁结塞,永无隙漏。其下列灶燃薪,多者十二三眼,少者七八眼,共煎此盘。南海有编竹为者,将竹编成阔丈深尺,糊以蜃灰,附于釜背。火燃釜底,滚沸延及成盐。亦名盐盆,然不若铁叶镶成之便也。”②两淮早期用的盆铁,周阔数丈,径亦丈许,每个用铁2000多斤,使用不便,后来已改用锅𰾫,两浙称为“锅盘”,史称:“凡煎烧之器,必有锅盘。锅盘之中,又各不同,大盘八九尺,小者四五尺。俱用铁铸,大止六片,小则全块。锅有铁铸宽浅者谓之𰾫盘,竹编成者谓之篾盘。铁盘用石灰粘其缝隙,支以砖块,篾盘用石灰涂其里外,悬以绳索。然后装盛卤水,用火煎熬,一昼一夜可煎三干。大盘一干,可得盐二百斤之上,小锅一干,可得盐二三十斤之上。若能勤煎,可得四干。”③关于竹织锅,广东人钟广言解释:“用竹编成丈把阔尺把深的竹围,糊上蛤蜊灰,衔接在铁锅边上(以扩大熬盐锅的容量和蒸发面积)。锅下烧火,卤水便滚沸而逐渐结盐。”④这几条材料很重要,综合起来考察,可以说明:一、东莞盐场使用的竹织锅,比两淮早期用的盆铁轻便,而和两浙用的大锅盘相若,宋应星记述的竹织锅较屈大均所描述的体积大,其实物形制可能未见过,因而说“不若铁叶镶成之便也”,未必正确。二、东莞盐场使用的竹织锅,根据钟广言

① (清)屈大均《广东新语》卷14《食语·盐》。
② (明)宋应星《天工开物》卷5《作咸·海水盐》。
③ (明)陆容《菽园杂记》卷12。
④ (明)宋应星著,钟广言注释《天工开物》,广东人民出版社,1976年,第151~152页。

的解释，应正名为竹织铁锅，从产量来看，两浙的大锅盘，一昼一夜勤煎，可得四干，每干200斤计，可得800斤；而东莞的竹织铁锅，“昼夜三四煮”，可得十五六石，每石100斤计，共一千五六百斤。东莞的锅比两浙的大锅盘产量大一倍。这说明东莞盐场使用的竹织铁锅在当时还是先进的工具。

其次，谈晒生盐。屈大均说：“晒盐则以池，池底以石，广丈深三寸，天晴泻卤于池，不及半寸，夏秋日盛，池一日成盐二石许；冬春日微，池一日成盐一石许。”①东莞盐场制生盐，最讲究天时气候条件，一般都选择在夏天进行，明时刘尧诲重编的《苍梧总督军门志》卷十三《兵防十》提到制生盐时，强调“值晴日多晒，其色白”②。可见晴天丽日晒盐的重要。弘治年间，东莞盐场流行一首灶丁劳动之苦的诗，其中有一句说“日烈方凝雪”，原注云：“言日色之烈，则盐花拥地，白如雪也。”③显而易见，烈日晒盐结盐快而且成色好。

四　明代东莞盐的行销

明初东莞各盐场交纳盐课为本色盐，由灶户把盐运至位于广州的广东盐课提举司的官仓交纳。史称“洪武、永乐、正统年间，俱运纳本色盐斤，各丁备船装运广州盐仓交纳，用官引照卖”④给纳户口食盐钞的人。所谓“户口食盐钞”，史称：“国朝颁户口食盐于天下，而岁收其钞，曰户口钞，盖以盐课钞也。”⑤这里的“盐课”，实际上是盐的价格，因配给盐，岁收其钞，以抵课额，故有此名。当时，由各县统计户口，包括地方官员，按人口类别收缴户口食盐钞，如新安县，“永乐二年，大口支盐一十二斤，纳钞一十二贯，小口半之”⑥。各县按人口将支盐的数

---

① (清)屈大均《广东新语》卷14《食语·盐》。

② (明)应槚辑，(明)刘尧诲重修《苍梧总督军门志》卷13《兵防十》。

③ (清)郭文炳编《康熙东莞县志》卷5《盐法》引弘治年间刘存业旧志。

④ (明)黄佐纂修《嘉靖广东通志》卷26《民物志七·盐法》。

⑤ (明)倪元璐辑《国赋纪略·盐钞》，中华书局，1985年，第3页。

⑥ (清)靳文谟修，(清)邓文蔚纂《康熙新安县志》卷6《田赋志·赋》。

量上报给广东盐课提举司，然后由该司拨给相应的官引盐，通过地方官发卖给纳户口钞的人。明人郑育渐指出："夫盐钞之立，本为灶户纳盐于官，民食官盐，则计口征钞，所以抵课额也。"①据此可知这是明政府对盐实行直接抑配的专卖制度。

天顺年间，盐课改为折色，明政府没有控制到本色盐，自然无盐派给纳户口盐钞的人，只好停止了这种直接抑配的专卖盐的制度。正统末年，户口食盐钞已改为纳米，"从给事中鲍辉言，令民自买食盐于商，罢纳米令，且鬻十斤以下者勿以私盐论，而盐钞不除。后条鞭法行，遂编入正赋"②，于是户口食盐钞便成为田赋的附加税。后实行盐的开中专卖制度，所谓"开中"，是令商人输粮于边地，以备边储，政府给予盐引，赴场支盐，商人按指定地方发卖。规定"盐与引离，即以私盐论"，"犯私盐者罪至死"③。当时，广东有两种引目：一种是"商引"，史称："商引者，客商于边上纳银中盐在户部，亲赍来场支盐者也"；另一种是"官引"，"本司（广东盐课提举司——引者）亲到户部关领者也"④。商引的实行，除了成化年间实行过几次开中，其他年代，都因为路途遥远，而且引价过高，商人多不愿开中，只好实行官引⑤，即由广东盐课提举司从户部关领引目回省，直接发给开中商人。

明代广东有广东盐课提举司和海北盐课提举司，前者管十四个盐场，其中东莞、归德、靖康、黄田四场属东路，香山、海晏等场属西路。后者管十五个盐场，如白沙场等。明政府规定行盐地方，海北盐课提举司管理的盐场，主要由开中商人按规定纳军饷等银，便可往盐场支盐，运往广东、江西、湖南出售。这是可以出境行销的盐场。广东盐课提举司所管的盐场，除了偶然兑与外省开中，如正统三年，"令河间长芦及河东、陕西运司官盐，客

① （明）郑育渐《上藩台书》，载（清）刘业勤纂修《乾隆揭阳县正续志》卷8下《艺文志下》。
② （清）张廷玉等撰《明史》卷80《食货四·盐法》。
③ （清）张廷玉等撰《明史》卷80《食货四·盐法》。
④ （明）黄佐纂修《嘉靖广东通志》卷26《民物志七·盐法》。
⑤ （明）韩文《题为钦奉事》，载（明）陈子龙等辑《明经世文编》卷85。

商中给（潜按：给字为盐字之误）支给，不敷者，准于广东、海北盐课司兑支”[①]。一般是在本省境内发卖，史称：“广东盐行广州、肇庆、惠州、韶州、南雄、潮州六府。”[②]并且规定商人行盐的路线，史称：“一自南雄度岭至南赣以达于吉安，一自梧州入桂林至全州以达于衡、永，二路商盐皆出境发卖者。一自韶州至乐昌县平石村（是为东路——引者），一自连州至星子白牛桥（是为西路——引者），二路商盐皆本境发卖者。”[③]可见天顺以后，东莞县靖康四个盐场生产的生熟盐只能在东路韶州至乐昌沿线州县发卖。盐商有“水客”和“纳堂商人”两种。史称：“凡赴场买盐回省兑商者，为水客。”“凡与水客兑买告往他所发卖者，为商人”，亦称“纳堂商人”。[④] 其兑买程序，即水客先向广东盐课提举司报买盐数，预纳饷银完足，领票定限往靖康等盐场向灶户收买，运至省河，依期赴盐课提举司回销，听其将盐兑买给商人。水客原先无饷，史称：“先年止收商引之税，水客无饷。成化八年，巡抚韩雍始奏议熟盐万斤，定抽官价一两，生盐减十之一为军饷。”[⑤]商人持广东盐课提举司所领商引，向水客兑买盐斤，然后照引目行盐地方转运发卖。正德十四年，规定商人“每买正盐一引，许带余盐六引，每引二包，重二百五十斤，共十四包，计正余盐一千七百五十斤。正盐赴提举司纳引价一钱，纸价三厘，饷银玖钱，余盐六引，赴告往所在官司纳堂”[⑥]。如运“至乐昌、曲江、乳源、仁化、始兴等处发卖，于韶州府纳堂”[⑦]，“每引纳银一钱五分，共银九钱”[⑧]。按照这些盐业法规施行，不久即产生不少问题，其中主要是余盐问题，所谓余盐，即灶户生产除了交正课而剩余的盐或私煎的盐。明初政府为了管制盐的生产和流通，对余盐实行收买政策。史称：

---

① （明）黄佐纂修《嘉靖广东通志》卷26《民物志七·盐法》。
② （清）张廷玉等撰《明史》卷80《食货四·盐法》。
③ （明）刘尧诲《议疏通韶连盐法疏》，载（明）郭棐《粤大记》卷31《政事类·盐法》。
④ （明）郭棐纂修《万历广东通志》卷7《藩省志七·盐课》。
⑤ （明）郭棐纂修《万历广东通志》卷7《藩省志七·盐课》。
⑥ （明）郭棐纂修《万历广东通志》卷7《藩省志七·盐课》。
⑦ （明）应槚辑，（明）刘尧诲重修《苍梧总督军门志》卷13《兵防十》。
⑧ （明）郭棐纂修《万历广东通志》卷7《藩省志七·盐课》。

“景泰五年，令广东、海北二盐课司：灶丁有私煎余盐者，送本司，每引官给米四斗。”[1]正德前后，才许进入流通领域，但限于本地市场。史称：“正德五年，诏各运司遇有纳剩余盐，或小民自行煎办盐斤不多者，仍照旧例，许令本处贸易，不在兴贩私盐之例。”[2]而今只要纳军饷及按省河下时价纳引价，便可给票商人运往他乡别县贸易。史称，委官“又盘出余盐，亦照此例折收价银引纸军饷银两，亦免割入（官——引者），仍于票内如前填写明白，将票给还商人，照就彼处货卖”[3]。又由于余盐价轻，且现货交易，没有守支之误，因而“盐商获利颇多，盘获私盐又免入官，准以此数而责令出办，法为甚轻而赎纳亦甚易，俱欣然乐从”[4]。结果，私盐盛行，官引壅积，全省积至四十二万余。史称：“买盐水客惟利是图，中盐商人经年守候，使官引积至四十二万余，盐至今无人愿买，堆积年久，岂无地气浥烂之虞乎？”[5]二是行盐之地原有规定，不许越境货买，但是由于规定行盐之地太狭，销售有困难，所以有的商人贿赂关吏，越境广西货买。景泰二年，巡抚叶盛认为“听之则法坏，而利归于商，禁之则商滞，而利归于关津，乃请许盐商计盐多寡入米饷边而后出镜，于是公私两利”[6]。而现在重新规定行盐之地，是对叶盛允许出境的否定。所以到了正德十四年，巡抚都御史陈金又令夹带余盐按上述规定除了正盐一引许带余盐六引，多者许自首，“每引纳银二钱五分”，此外，“仍有夹带隐瞒者盘出没官，人犯照例（私盐论处——引者）问发充军”[7]。这样对余盐大量流入流通领域又有所限制了。

迨隆庆初年至万历年间，巡抚都御史殷正茂为镇压广西古田农民起义、筹备军饷及善后事宜，获明政府批准，由“官出资本”，实行“官自为市”，“每

---

① （明）黄佐纂修《嘉靖广东通志》卷26《民物志七·盐法》。
② （清）靳文谟修，（清）邓文蔚纂《康熙新安县志》卷6《田赋志·盐课》。
③ （明）郭棐纂修《万历广东通志》卷7《藩省志七·盐课》。
④ （明）郭棐纂修《万历广东通志》卷7《藩省志七·盐课》。
⑤ （明）郭棐纂修《万历广东通志》卷7《藩省志七·盐课》。
⑥ （明）徐学聚《国朝典汇》卷96《户部十·盐法》。
⑦ （明）郭棐纂修《万历广东通志》卷7《藩省志七·盐课》。

岁广东买盐七千五百引”,官运至桂林再转至湖广衡、永二府发卖,一岁二运,其获利“多可二万,少不下一万五千”。[①] 同时,江西袁、临、吉三府原食广盐,“嘉靖年间,分宜严用事,不由覆议,径夺袁、临二郡以惠淮商,厥后盐渐不行”[②]。这对广东商盐及东莞靖康等盐场产盐的行销都有很大的影响。史称:“自官运兴,于是西省专衡、永之利,而禁韶盐不得逾平石,连盐不得逾白牛,东人亏饷,楚人艰食。”[③]又如著名的“以盐策起家”的东莞盐商陈一教说:“连、韶额消二万余引,今为官盐所限,只消七千二百引,此额则失去一万二千有奇。江西郡额消二十万引,今为淮商阻塞,吉安只消六七万引,南赣只消一万五千余引,此额则失去一十二万有奇。在江西则行盐之路太狭,在广西则配搭(指商盐配搭官运盐而行——引者)之限未除,故在灶户则煮海无益,徒坐困于饥寒;在商民则生理无路,而待毙于旦夕。”结果“盐法拥滞,灶商俱困”。因此,他上疏请止官运与复行盐于袁、临二府。几经周折,后才得到批准,但已经是明朝末年的事了。[④]

在“盐法拥滞,灶商俱困”的时期,东莞靖康盐场和新安东莞、归德等盐场的灶户惨淡经营,一直维持至明朝灭亡。崇祯年间,广东盐课提举司所管十四个盐场,只有靖康、东莞、归德、香山等盐场继续生产纳课,其他很多都已停产,无课缴纳。关于当时行盐,明人鹿善继说:“查照广州府属事例,于四府各州县立埠召商,给引行盐。”“粤东本司所辖盐埠五十有六,各商例应预饷,上下挨次顶替。”[⑤]如在虎门东南四十里的茅洲立埠,在万历二十一年,东莞等场灶户常把盐运至茅洲内港埠头兑与水客,“往被哨守官兵以巡缉为由,妄捉局骗,灶苦阻滞”,“致盐堆积,无以聊生”。[⑥] 在崇祯

---

① 《广西盐法志》,转引自覃延欢《明代广西盐法刍议》,载陈然等编《中国盐业史论丛》,中国社会科学出版社,1987 年。

② (明)陈一教《复通盐路疏》,载(明)张二果修,(明)曾起莘纂《崇祯东莞县志》卷 6《艺文志 · 章奏》。

③ (清)刘坤一、(清)何兆瀛纂修《两广盐法志》卷 3《历代盐法考》。

④ (明)张二果修,(明)曾起莘纂《崇祯东莞县志》卷 5《人物传 · 陈一教》、卷 6《艺文志 · 章奏 · 复通盐路疏》。

⑤ (明)鹿善继《认真草》卷 7《粤东盐法》。

⑥ 《知县喻烛条议》,载(清)靳文谟修,(清)邓文蔚纂《康熙新安县志》卷 12《艺文志 · 条议》。

初年，“除归德场去县颇远，而场近茅洲，商船鳞集，煎出盐斤，立可发卖。惟东莞场濒临边海，波涛汹涌，商船罕至，而射利之徒告承饷埠，勒价贱买，压使低银，百般措害，民困益甚，国课难完”①。因此，有的灶户只好把盐运至顺德狮岭石滩海而卖给疍民腌鱼。靖康场的灶户只好“各运盐在本场海外发卖”②。

五　余论——两点认识

通过对明代东莞靖康等四个盐场的产销过程的探讨，我们有以下两点认识：

第一，明代东莞靖康等四个盐场生产的生盐和熟盐，质量尚是不错的，因而受到消费者的欢迎。明代东莞诗人陈琏看到虎门靖康盐场生产的盐，在夕阳照射下，非常雪白壮观，曾赋诗云：“煮海竞烧烟万灶，收盐多积雪千堆。”③清人张渠更明白地指出：“熟盐产归德等场，性柔易融，味盐而甘，便于调和，水乡之民喜食之。生盐产东莞等场，性刚耐久，其味倍盐，食之有力，山居之民喜食之。”④正统、天顺间，广东盐课提举司所辖十四个盐场盐课，每年共“额办有征、无征小引生熟盐八万九千二百八十七引九十八斤”⑤。而上述东莞靖康等四场每年额办盐课共有征无征大引折小引18118引387斤，约占广东盐课提举司额办盐课20.3%。东莞拥有的这四个盐场，都处在沿海地带，比较集中，大场如靖康、归德两场，较为出名，时人论述广东盐场，常以靖康、归德为代表。东莞属下的四个盐场在广东盐业中占有一定的地位。

第二，明中叶以后，随着商品经济的发展，明政府征收的盐课起了变化，从过去征收盐课都是本色盐，天顺年间改为折色，如上所述，于是正盐

① 《知县李元条议》，载（清）舒懋官修，（清）王崇熙纂《嘉庆新安县志》卷22下《艺文志·条议》。

② （明）田生金《按粤疏稿》卷4《题加盐引疏》。

③ （明）陈琏《鹾场夕照》，载（明）张二果修，（明）曾起莘纂《崇祯东莞县志》卷7《艺文》。

④ （清）张渠《粤东闻见录》卷上《盐田》。

⑤ （明）郭棐《粤大记》卷31《政事类·盐法》。潜按：斤下小数删除，下同。

不再入官仓,“其盐听灶户自卖”[①],由灶户直接出卖给有票水客。特别是余盐与正盐配搭开中,使余盐和正盐一样直接由商人向灶户收购,这样使灶户和明政府的依附关系逐渐削弱,灶户和市场的联系加强,有利于灶户向小商品生产者转化,有利于盐业生产的发展。但是,这些有利条件都得不到发挥,而使明代东莞的盐业生产始终处于缓慢发展之中,如上所述,究其原因:一是灶户遭受的压迫剥削比民户深重得多,如上述陈志敬所揭露的一田二粮、一身两役等剥削,终明之世,都没有废除。在残酷的压迫剥削下,灶户生活贫困化。二是明政府的法令朝行夕改,行盐地方“乍停乍复,议若聚讼”[②]。如明初设立盐厂,“广东于潮州、南雄,许行江西南、赣二府,后增袁、吉、临三府,袁、临旋罢,惟南、赣、吉、衡、永五府食广盐,近岁改行淮盐,民情大称不便”[③]。这样东莞盐场生产的盐,受到行盐地的限制,一般只能在本省甚至本地发卖,商人运卖,销路不好。史称:“若止以供韶、连二处,即每岁二千引亦不能销。”[④]灶户生产的盐卖不到好价钱,或是卖不出去,生活更加困难。正如屈大均说:“(灶户)筑田筑灶,工本繁多,往往仰资外人,利之所入,倍而出之,其出盐难,行盐之路又远,不得不贱售于商人,盖困弊未有极也。”[⑤]东莞王希文也指出:“(灶户)一日胼筋汗血,斩山煮海,得盐几何?上给国需,中充官帑,下赡妻孥,而寒淋阴雨,功不偿劳,其何以济生乎?……(商人)今引目既科,而抽金益重;盘诘严密,而支卖益难。……得不偿失,其何以营利乎?夫海民以盐为生……百里小邑,岂能尽销?……若赋取太重,则商贩不行,民虽有盐,售之何所?遂使盐丁灶户,束手无为。”[⑥]这些真是中的之论。

---

① (明)应槚辑,(明)刘尧诲重修《苍梧总督军门志》卷13《兵防十》。

② (清)刘坤一、(清)何兆瀛纂修《两广盐法志》卷3《历代盐法考》。

③ (明)徐学聚《国朝典汇》卷96《户部十·盐法》。

④ (明)刘尧诲《议疏通韶连盐法疏》,载(明)郭棐《粤大记》卷31《政事类·盐法》。

⑤ (清)屈大均《广东新语》卷14《食语·盐》。

⑥ (明)王希文《上方伯东湖吴公苏民十二策》,载《石屏遗集》附录1《王希文诗文辑佚》,上海古籍出版社,2011年,第593~594页。

也谈明清之际耶稣会士与中西文化交流问题

陈忠烈　李龙潜

明清之际来华耶稣会士与中西文化交流问题，是中外关系史上一件重大的事情，对东西方思想文化的发展有极大的影响，研究不清楚，中外关系史、中国科技史和中国文化史等都不好撰述。因此，从20世纪30年代梁启超开始至今，不断有中外学者研究，写了许多论文和专题论著。但是，看法因人而异，有褒的，也有贬的，尚未有统一的意见。由于这些问题的外文译著较少，研究有所局限；同时，牵涉中外古典哲学和自然科学各部门，没有学贯中西，精通各部门的科学发展史，不可能完成研究任务。看来个别人的能力不易达到，只有群策群力，通过大家不断研讨才能解决。基于此认识，本文想在前辈学者研究的基础上，做一些综合性的探讨，提出一些不成熟的看法，错误之处，盼指正。

一　16、17世纪欧洲的耶稣会与来华的耶稣会士

16世纪中叶，正是欧洲资本主义萌芽、发育时期。代表近代资产阶级利益的新教，从罗马教廷分离出来，实行宗教改革，在北欧、北美发展它的势力。旧教即天主教，在封建势力的支持下，罗马教廷实行“反宗教改革运动”。为适应殖民主义向外扩张的需要，1540年耶稣会成立。耶稣会成立以后，无法与方兴未艾的新教抗衡，为了挽回天主教在欧洲的威望损失，

只好改变策略,向东方发展,扩大自己的领地,巩固教皇的地位,便派出大批耶稣会士到远东各地进行传教活动。第一位到中国来的耶稣会士是万历七年(1579)的罗明坚。两年后(1581)利玛窦继来中国。有人统计,“从十六世纪末开始,直至康熙时期为止,耶稣会士先后来华者约五百人”①。而曾丽雅等据教会史学家费赖之的统计,从1581年(万历九年)至1712年(康熙五十一年)间,被派往中国的耶稣会士有127名死于海道途中,已到达中国的有249名,两者加起来才376名。② 二者统计不一致,原因未明。他们来中国的目的就是传教,正如明人朱鼎澣在为利玛窦著《西国记法》作序时指出:“高先生(会士高一志,即王丰肃——引者)则后利先生传其教于天下……高先生尝教澣曰:‘灵性有三司,匪直记含而记含,得称性灵之能,在能记有象,以及无象。……以至念兹在兹,不忘人之灵性以繇生者。’此二先生不远九万里西来意也,不然,此书一村学究教人读书法矣,岂不有负先生?”③换言之,就是利玛窦著《西国记法》,并不是如乡村学究单纯地教人读书记忆法,而是寓有宣扬“天主灵性”的传教目的。其实罗明坚早在肇庆时就说:“坚生西国,闻中华盛治,不惮风波,泛海三载,方到明朝。今居于此,非为名利,惟奉祀天主而已。”④将来华传教的目的明白地说出来。

当时来华的耶稣会士对于传教的策略,分为两派:一是激进派,其中大多为西班牙人,以桑采芝(一译作桑彻斯)为代表。他是马尼拉主教代表,具有浓厚的政治色彩。他们主张对中国施用武力,还有领土的要求,暴露了配合殖民主义者侵略的野心。1584年7月他给耶稣会日本副会长的信称:“我和罗明坚的意见完全相反,我以为劝化中国,只有一条好法,就是

---

① 郑克晟《关于明清之际耶稣会士来华的几个问题》,载《南开史学》第2期,南开大学出版社,1981年,第184页。

② 吴孟雪、曾丽雅《明代欧洲汉学史》,东方出版社,2000年,第7页。

③ (明)朱鼎澣《记法序》,载[意]利玛窦著,朱维铮主编《利玛窦中文著译集》,复旦大学出版社,2001年,第168页。

④ [意]罗明坚《天主圣教实录》,载(明)徐光启等撰《天主教东传文献续编》(二),台湾学生书局,1966年,第766页。

借重武力。”[①]二是虔诚派，以罗明坚、利玛窦为代表，他们认为在中国传教，应首先学习中文，攻读汉语文献，了解他们，尊重他们，善意对待他们，“他们的优点，是遵守法律，重视仪礼，服从政府，所以为中国归化，我们应该听凭上主的安排，不应该用武力来促其实现”[②]。为了传教，他们甚至表示与原国脱离关系，如罗明坚在肇庆向两广总督呈书请求获准居住肇庆时，就写道“尚有附件两条：(一)完全与本国脱离关系，自己情愿列入中国子民之数；(二)承认改著僧众服装”[③]。用今天的话来说，实际上就是表示脱离原国籍，加入中国籍，做中国公民，改着僧人衣服。大概有鉴于此，郑克晟教授提出对耶稣会传教士要区别对待，具体分析。他说：“在当时耶稣会传教士中，应有所区别：一种人，他们有领土欲望，与殖民主义者配合，动辄扬言要付诸武力，以进行侵略；另一种人，他们的目的在于传教，是比较虔诚的宗教信徒。为了有利于传教事业的展开，他们热心致力于对中国的研究，以使西方和中国的科学文化，达到互相交流。”[④]我们认为这是实事求是的研究态度，不然就很难得出中肯的令人信服的结论。

二　耶稣会士是中西文化交流的桥梁

本节所述的耶稣会士是指虔诚派。这一派可以利玛窦和汤若望为代表，还有中国籍的耶稣会士而被派往欧洲的，也属本节论述范围。

利玛窦是意大利人，1571 年参加耶稣会，1580 年成为司铎(神甫)，1582 年到达澳门，次年他与罗明坚抵达广东肇庆，受到肇庆知府王泮的接见，同意他们居留传教，并得两广总督批准，允许他们在城东崇禧塔附近建造中国内地第一座教堂。1586 年罗明坚返回欧洲后，利玛窦一直在肇庆、韶州二府居留了 15 年。在这期间，他学习中国语言文字，“颇知中国古先

---

① [法]裴化行著，萧浚华译《天主教十六世纪在华传教志》，商务印书馆，1937 年，第 231 页。

② [法]裴化行著，萧浚华译《天主教十六世纪在华传教志》，商务印书馆，1937 年，第 233 页。

③ [法]裴化行著，萧浚华译《天主教十六世纪在华传教志》，商务印书馆，1937 年，第 209 页。

④ 郑克晟《关于明清之际耶稣会士来华的几个问题》，载《南开史学》第 2 期，南开大学出版社，1981 年，第 187 ~ 188 页。

圣人之学，于凡经籍，亦略诵记，粗得其旨”。后去江西，再由江西至南京，又淹留5年，至1601年到北京，一住10年，1610年病卒于北京。他在1601年1月27日（万历二十八年十二月二十四日）《上大明皇帝贡献土物奏》中称：“逖闻天朝声教文物，窃语沾被其余，终身为氓，庶不虚生……臣从幼慕道，年齿逾艾，初未婚娶，都无系累，非有望幸。所献宝像，以祝万寿，以祈纯嘏，佑国安民，实区区之忠悃也。”[①]这虽对皇上有溢美之处，但亦显示了其忠诚之心。他在中国30年间，基本上实践了他对皇上的诺言。

汤若望是德意志人，1611年参加耶稣会，1622年来中国，主要研究历法并学习中国语言，一直担任明清政府钦天监监正，从事天文工作，直到1666年逝世于北京。

耶稣会士来中国的目的是传教，为了传教，他们带来了方物和科学技术，并以此作为传教手段。他们究竟给中国带来了什么呢？何兆武先生说：“最重要的是两项：一是中世纪的神学体系及其世界观，一是托勒密的世界构图。两者都是属于以往历史时代——中世纪的东西。”[②]何先生是哲学、中外关系史老专家，他从哲学观点来考察，从传教的角度来看，并提高到思想高度，从而得出的结论，未可厚非。但是从他们携带来华的实物来看，仍有一定意义。根据文献记载，实物分类如下：

1. 外文书籍：一说七千余部，明王徵《远西奇器图说录最》称：“《奇器图说》乃远西诸儒携来彼中图书，此其七千余部中之一支，就一支中此特其千百之什一耳。”李之藻《刻职方外纪序》亦说：“金子者（指金尼阁——引者）赍彼国书籍七千余部，欲贡之兰台麟室，以参会东西圣贤之学术者也。”但他在《刻天学初函题辞》中又云：“又近岁西来七千卷，方在候旨，将来问奇探赜，尚有待云。”一说万部，李之藻《译寰有诠序》云：“时则有利公玛窦，浮槎开九万之程，既有金公尼阁，载书逾万部之富。”究竟是七千多部，或七千多卷，或万部？目下未能弄清楚。据向达先生说：“所谓西来七

① ［意］利玛窦著，朱维铮主编《利玛窦中文著译集》，复旦大学出版社，2001年，第232页。

② 何兆武《中西文化交流史论》，中国青年出版社，2001年，第183页。

千卷,今北京西什库北堂(北堂为康熙时拨地建造,供法国会士学习汉语和满语地方——引者)图书馆内尚存若干部。”[①]可见向达先生是相信七千卷数目的,今仅存若干部,其余看来已散失。这些图书中,除了《奇器图说》,存在北堂的据说尚有欧几里得《原本》、托勒密《天动论》、弗里西乌斯和克拉维乌斯论天象仪的手抄本。[②]

2. 科技、工艺美术产品:根据文献记载,有眼镜、西式自鸣钟、三棱镜、钟表、日晷、地球仪、望远镜、大西洋琴、沙刻漏、大西洋各色腰带、大西洋布与葛布、大西洋国行使大银币、犀牛角、玻璃镜及玻璃瓶、圣人遗物及各色玻璃和珍珠镶嵌十字圣架、时画天主圣像、古典天主圣母像、时画天主圣母像、天主经、乾罗经、万国舆图以及机械工程器具和元件,如双压水泵、阿基米德水泵用的螺丝钉、曲轴等。[③]

以上的图书及科技、工艺美术产品进入中国,是西学东渐的表现。在中国文化发展过程中,将产生一定的影响,见下节论述。对当时的中国人来说,确是大开眼界,增长了知识,引起人们极大的兴趣。如罗明坚和利玛窦在肇庆教堂内将上述部分物品公开向社会展示时,“这些西方新奇物品果然吸引了众多中国社会各阶层人士前往参观。最能引人注意的,是大厅里那一幅世界地图。这个‘世界’,是中国人前所未闻的,所以肇庆知府王泮设想能有一幅译为中文的世界地图。于是利玛窦立即应命用欧洲方式绘制了第一幅中文世界地图”[④]给他,于此可见一斑。

西学东渐的同时,他们也做了东学西渐的工作,把中国传统文化介绍到欧洲。16、17 世纪,欧洲对中国的了解,尚是十分浅薄的。从地理学的角度来考察,中国的名称和位置都不清楚。如法国博絮埃特著的《世界

---

① 向达《唐代长安与西域文明》,生活 · 读书 · 新知三联书店,1957 年,第 524 页。

② 参见[英]李约瑟《中国科学技术史》第 4 卷,中华书局香港分局,1978 年,第 318 页。

③ 参见万明《从八封信简看耶稣会士入华的最初历程》,《文献》1993 年第 3 期;[意]利玛窦著,朱维铮主编《利玛窦中文著译集》,复旦大学出版社,2001 年,第 234 ~ 235 页;[英]李约瑟《中国科学技术史》第 4 卷,中华书局香港分局,1978 年,第 551 页。

④ 万明《从八封信简看耶稣会士入华的最初历程》,《文献》1993 年第 3 期。

史》,只记载有契丹,而没有中国,就如我们不知世界有五大洲一样。为此,在1584年秋季前,利玛窦撰写了考证“中华”这一名称的论文。在这篇论文里,他“不仅明确指出被西方称之为丝绸之国的,正是他现在所生活的中国,而且经过与中国有关人士的了解,第一次肯定了契丹或震旦就是中国的别名,在西方地理学史上作出了重大贡献”①。这里所说“与中国有关人士的了解”,主要是中国的知识分子和入教的华籍耶稣会士,因此我们可以看出,在利玛窦进行中外文化交流时,他们也参加了。在罗明坚和利玛窦的带动下,耶稣会士开始研究中国的语言和传统文献,并写成论文和专著。如法国人金尼阁于1610年到中国,编写了《西儒耳目资》,将汉字按音韵分类并用西文字母拼写,于1626年在杭州出版。又如意大利人卫匡国,他于1654年将自己看到清朝贵族攻陷浙江地区的情况,写成《鞑靼史》(或译作《鞑靼战纪》),原用拉丁文写,在阿姆斯特丹出版,后译成法文等多种文字出版。他于1655年在阿姆斯特丹发表了《中国新地志》,也被译成多种文字出版。他还于1658年发表了《中国最早期的历史》,介绍了从伏羲(公元前2952年)到纪元开始时代这个阶段中国的编年表。这个编年表至今仍然在起作用②。此外,耶稣会士“在17、18世纪以大量的通信和观测报告等多种形式,向西方介绍了中国人文、科技、政治、经济等方方面面的情况,成为这一时期中西文化交流的主流”③。英国剑桥大学东亚科学史专家白馥兰女士指出:当时“欧洲的出版商靠刊印耶稣会会士的私人回忆录以及像《有益而有趣的书信》(阿尔德,1711)那样的集子而生意兴隆”④。

为了帮欧洲人学习汉学,原籍中国福建的耶稣会士黄加略于1702年

① 高智瑜、林华《试论利玛窦的“汉化”倾向》,载《基督宗教研究》第2辑,社会科学文献出版社,2000年,第348页。

② [英]李约瑟《中国科学技术史·序言》第4卷,中华书局香港分局,1978年。

③ 高智瑜、林华《试论利玛窦的“汉化”倾向》,载《基督宗教研究》第2辑,社会科学文献出版社,2000年,第352页。

④ [英]白馥兰《中国对欧洲农业革命的贡献:技术的改革》,载李国豪等主编《中国科技史探索》,中华书局香港分局,1986年,第590页。

被派往巴黎,他在皇家文库充当路易十四的翻译,编纂汉语语法和汉文辞典①,为欧洲汉学的建立而努力。他们还把中国传统的文献介绍到欧洲。如《大学》是《礼记》中的一篇,后被宋儒所重视,朱熹在《四书集注》中说:"子程子曰:'《大学》,孔氏之遗书,而初学入德之门也。'"因此,罗明坚认为"学者必由是而学焉"②,便于1586年返回欧洲后,将中国的典籍《大学》翻译成拉丁文,并将部分内容在罗马公开发表。他是将中国儒家经典介绍到欧洲的第一人。此后介绍中国传统文献的耶稣会士越来越多,如1678年比利时籍耶稣会士柏应理将《易经》传入欧洲,引起了正在研究二进制原理的德国哲学家莱布尼茨的高度重视。莱布尼茨根据《易经》六十四卦图表,发现与自己在1678年发明的"二进制"算术极为相似,"后来虽然建立普遍适用的文字未能如愿,但《易经》的原理使莱氏的思想受到了启迪"③。柏应理还在巴黎刊行《大学》《中庸》《论语》的拉丁文本,在欧洲社会引起极大反响。

在东学西渐的过程中,值得注意的是耶稣会士对中国农业科学的特别重视。如18世纪法国来华的耶稣会士研究中国的水稻、桑树和茶叶。科拉曾著文介绍值得法国引入的中国植物有花椒树、橡胶树、樟树及竹子等。1727年中国的谷筛传到弗兰德,1730年传遍了整个法国;犁也从中国传入欧美,"中国农具对欧洲的影响也是很大的"④。这个时期,"耶稣会会士还开始寄回中国的模型和机器以及描写它们的书籍。十八世纪二十年代,一架中国扬谷机被送到法国而引起了极大的注意(哈勒曼 Harleman 1751:63)。汤执中(Pierre d'Incarville,1706—1757)也送回了一部中国的种子条播机,使农学家杜阿梅尔·德·莫苏(Duhamel de Monceau)得以详细察看

---

① 参见耿昇《法国近年来对入华耶稣会士问题的研究》,《中国史研究动态》1987年第3期。

② 参见张西平《罗明坚——西方汉学的奠基人》,载《基督宗教研究》第2辑,社会科学文献出版社,2000年,第367页。

③ 李申《一部试图总结和探讨东西方文化一致性的著作——评介〈莱布尼茨与儒教:寻求一致〉》,《中国史研究动态》1987年第10期。

④ 参见[法]于阿尔、翁同文《十八世纪法国对中国科学与工艺的调查》,《中国史研究动态》1980年第4期。

它(伯格 Berg 1976:37)”①。耶稣会士介绍中国的农业情况,对欧洲重农学派影响很大。正如埃斯安布尔《在华耶稣会士》中说:“由于耶稣会士们的传播,中国的茶、漆、园艺、接种、科举制、孔教、重农主义等都对欧洲产生了程度不同的影响。”②

综上所述,在中西文化交流中,耶稣会士充当了中西方的中介,成为东西文化交流的桥梁,“他们对文化交流的兴趣比对拯救灵魂的兴趣要大得多”③。为了中西文化交流,他们坚忍不拔,做了许多艰苦卓绝的工作。他们把中国的典籍及中国的情况介绍到欧洲,为欧洲汉学的研究奠定了基础。他们又把欧洲的科学技术介绍到中国,使中国人开了眼界,增长了知识,产生了深远的影响。所以其代表人物利玛窦,被誉为欧洲“汉学的鼻祖”④,又被誉为“中西文化交流中独树一帜的第一人”⑤,实不为过。

三　耶稣会士传入的科学技术及其对明清社会的影响

关于耶稣会士传入的科学技术问题,目前中外学术界有三种意见:一种说不是当时欧洲最先进的近代科学。“耶稣会的本质就规定了他们不可能传来近代的科学”,“所谓‘近代自然科学’就是从哥白尼开始”的,“‘以牛顿而结束’的古典力学体系的完成”,“是近代经典科学的体系(哥白尼—开普勒—伽里略—牛顿)和近代的新思维方式(培根和笛卡尔)”⑥。一种是说他们“带来的科学知识不仅为中国所无,而且在西方也还是很新

---

① [英]白馥兰《中国对欧洲农业革命的贡献:技术的改革》,载李国豪等主编《中国科技史探索》,中华书局香港分局,1986 年,第 590 页。

② [法]伊萨贝尔、微席叶《〈耶稣会士书简集〉的由来和现状》,《中国史研究动态》1980 年第 6 期。

③ [英]白馥兰《中国对欧洲农业革命的贡献:技术的改革》,载李国豪等主编《中国科技史探索》,中华书局香港分局,1986 年,第 590 页。

④ [法]戴密微《法国汉学研究史》,《中国史研究动态》1980 年第 1 期。

⑤ 高智瑜、林华《试论利玛窦的“汉化”倾向》,载《基督宗教研究》第 2 辑,社会科学文献出版社,2000 年,第 352 页。

⑥ 何兆武《中西文化交流史论》,中国青年出版社,2001 年,第 51、69、110 页。

颖的"[①]。或说"当时西方传教士输入的科学还是先进的,对中国是有帮助的,对中国知识界也有一定影响。……对中国社会所起的作用并不大"[②]。还有一种是日本学者三上义夫的主张,他说:"大多数人推测耶稣会传教士带给中国的是陈旧的欧洲数学知识。然而,只有欧几里得的《原本》才是如此。我们将在后面第256页强调指出,耶稣会传教士所传入的不属于几何学的数学发明和技术在欧洲是最新的。"[③]遗憾的是我们手头没有三上义夫的著作,无法查到他所说的数学发明和技术的内容。以上三种意见,我们认为从逻辑推理来说,第一种意见有一定的道理,因为耶稣会禁止近代科学的传播,如哥白尼学说,自然耶稣会士便不可能将之输入中国,作为近代科学体系就更不可能传来。但是,在耶稣会开禁或"禁弛"以后,有的近代科学还是有可能传进来的,或许就正如有些先生所说是漏进来的,因此,不能说得过于绝对。大概正是如此,才有第二和第三种意见。而我们不必在此再费笔墨。

需要指出的是传入什么近代科学。一是根据香港大学冯锦荣教授的研究,哥白尼学说在明末就传入了中国。他说:

> 事实上,哥白尼的学说在他死后不足八十九年已经传入中国。明崇祯七年(1634)由徐光启初修、李天经(1579—1659)续修的《崇祯历书》修成,当中收录耶稣会士罗雅谷(Jacobus Rho,1593—1638)翻译的《五纬历指》和汤若望(Adam Schall von Bell,1596—1666)译述的《历法西传》。其中《五纬历指》(《古今图书集成·历法典》所收)之《总论·周天各曜序次第一》说:"今在地面以上,见诸星左行,亦非星之本行。盖星无昼夜一周之行,而地及气火,通为一球,自西徂东,日

① 臧嵘《明清之际来华耶稣会士的评价》,《北方论丛》1981年第4期。

② 郑克晟《关于明清之际耶稣会士来华的几个问题》,载《南开史学》第2期,南开大学出版社,1981年,第199页。

③ [英]李约瑟著,《中国科学技术史》翻译小组译《中国科学技术史》第3卷《数学》,科学出版社,1978年,第115页。

> 一周耳。如人行船，见岸树等，不觉已行而觉岸行。地以上人，见诸星之西行，理亦如此，是则以地之一行，免天上之多行，以地之小周，免天上之大周也。”此外，《历法西传》的《西古历法》条也说：“有歌白尼验多禄某(Claudius Ptolemy，85—165)法虽全备，微欠晓明，乃别作新图，著书六卷。今为序次之如左：第一卷天动以图解；第二卷天并七曜图解，众星各及其次舍解；第三卷论岁差，而证其行，较古有异，论岁实，求太阳最远点，及随年日时太阳躔度；第四卷取古今月食各三度，求月小轮之径，求大轮小轮之比例，并月经纬度，推日月交食；第五卷求五星平行，用古今各三测经度，求大小两轮之比例等，终求其正经宫度分；第六卷求五星纬度。已上歌白尼所著，后人多祖述焉。”①

这段材料很重要，故不厌其烦地摘录。著名中外关系史专家方豪先生亦持此说。他说：“近人多谓明末清初输入西洋天文学者，讳言伽利略之新发明；地动之说，须迟至乾隆时，始由蒋友仁(Michael Benoist)为之介绍，其实不然。”②他在引用《周天各曜序次第一》那段材料时，开头加上一小段：“问宗动天之行若何？曰：其说有二：或曰宗动天非日一周天左旋于地内，絜诸天与俱西也。”然后解释说：“所谓‘或曰’，盖即指哥白尼(Copernicus)及伽利略。罗氏(指罗雅谷，《五纬历指》作者——引者)虽不信地动之说，但并未抹煞，而伽氏学说，生前即传入中国，可谓速矣。蒋友仁以乾隆九年(1744)入华，则已确信地动之说，而详为证明。”③二是那皮尔(John Napier，1550—1617)于1614年发明对数，著有《对数方法论》，属于近代科学。顺治七年(1650)耶稣会士穆尼阁(波兰人)在他著的《天步真原》中首先向中国介绍了那皮尔的对数并授给薛凤祚。当时薛凤祚正从事天文学的研究，原从魏文魁学习历算旧法，后穆尼阁寓金陵，主张历算新法，如推

---

① 冯锦荣《前言——从欧洲中心主义到东方本位文化》，载赵令扬、冯锦荣合编《亚洲科技与文明》，香港明报出版社，1995年，第9页。

② 方豪《中西交通史》，岳麓书社，1987年，第719页。

③ 方豪《中西交通史》，岳麓书社，1987年，第719～720页。

算交食之法，运用对数，以加减代替乘除。薛风祚才改从穆尼阁学习。薛风祚学习得怎样呢？薛风祚据穆尼阁所授的对数撰《比例对数表》十二卷。他在序中说："穆先生出，而改为对数，今有对数表，以省乘除，而况开方、立方、三四方等法，皆比原法工力，十省六七，且无舛错之患，皆实为穆先生改历立法第一功。"这可算他学习的心得或体会吧。但何兆武先生说："顺治中(薛风祚——引者)与穆尼阁谈算，改从西学，著《天学会通》十余种，其中介绍了对数。可惜的是这种把乘除转化为加减的新方法，薛风祚(或更可能是穆尼阁)并没弄清楚。是故阮元论其书说：'盖其时新法初行，中西文字辗转相通，故辞旨未能尽畅也'；又论其人说：'国初算学名家南王北薛并称，然王(指王晓庵——引者)非薛之所能及也。……仪甫(风祚字仪甫——引者)说导尼阁成法，依数推衍随人步趋而已，未能有深得也。'对数之传入上距那皮尔不过半个世纪已语焉不详。"[①]但从他翻译穆尼阁的《天步真原》来看，《四库全书总目提要》卷一〇六评论云：薛风祚"后见穆尼阁，始改从西学，尽传其术。因译其所说为此书，其法专推日月交食……风祚译是书时，新法初行，又中西文字辗转相通，故词旨未能尽畅"。换言之，因语言关系，翻译未能理想而已，并非说有什么谬误。梅文鼎订注是书时，甚至说："其以西法六十分通为百分，从授时之法，实为便用。"[②]同时，方豪评《数理精蕴》下编卷三十一至三十六称："然当时所传代数，仅二次方程式之计算及其应用而已，至四次方程式之解法，固尚未传入中土也。"[③]所以何兆武先生说："薛风祚曾从穆尼阁学习对数法，但简略不完备。"[④]这是事实。不管如何，对数是传入了中国。这一点，上引何先生的文字已经指出。

至于传入的科学技术对明清社会的作用和影响，我们认为各学科不同，应对具体学科做具体分析，现分科探讨如下：

---

① 何兆武《中西文化交流史论》，中国青年出版社，2001 年，第 131 页。

② 方豪《中西交通史》，岳麓书社，1987 年，第 706 页。

③ 方豪《中西交通史》，岳麓书社，1987 年，第 737 页。

④ 何兆武《中西文化交流史论》，中国青年出版社，2001 年，第 62 页。

1. 天文学和地理学　天文学可以利玛窦为代表。他虽然不是专业的天文学家,但他的宇宙论,发表在他著的《乾坤体义》三卷中。他的"宇宙论仍囿于托勒密体系,将天体说成以地球为圆心、由旋转的九重天构成的水晶球"[①]。托勒密体系相对于哥白尼的《天体运行论》来说,自然是陈旧的、落后的理念。但它说明:地球是圆形的。这和中国传统的"天圆地方"说完全不同。所以清人刘献廷说:"地圆之说,直到利(利玛窦——引者)氏西来而始知之。"[②]同时,以地球为圆心、日月五星列宿依地球而旋转的天体运行,运用几何学原理和方法可测出日月食变,便可准确预报并及时祈禳,打破了传统的天体运行神秘感,这对于生产和稳定社会秩序都有很大的意义。《乾坤体义》对后来也产生了一定的影响,如清代《数理精蕴》,就"多因其说而推阐之"。所以《四库全书总目提要》天文算法类《乾坤体义》条称:"则是书固亦大辂之椎轮矣。"

至于历法,明中叶使用大统历,实则元之授时历,承用了二百七十余年未尝改。宪宗成化以后,节候乖戾,交食不验,因而到了万历四十一年(1613),李之藻奏上西洋历法,指出当时钦天监推算日月交食时刻亏分之谬,力荐庞迪我、熊三拔、龙华民及阳玛诺等耶稣会士,称其所制窥天、窥日之器,种种精绝。至崇祯二年(1629)徐光启亦上疏,请改历法。于是以徐光启督修历法,又征耶稣会士汤若望、罗雅谷译书演算,在宣武门内开局修历。至崇祯七年(1634)编成历书130余卷,多发前人所未发。当时使用望远镜,用推步运算,"累年校测,新法独密,然亦未及颁行"[③]。至清初,汤若望任钦天监正,依西洋新法,造成新历,敕名时宪。当时,试验日食,"悉相符合",又验月食,"亦纤毫无爽",故赐汤若望为"通玄教师"。[④] 可见当时的历法,在耶稣会传教士的帮助下,取得了很大的成绩。

---

① [意]利玛窦著,朱维铮主编《利玛窦中文著译集》,复旦大学出版社,2001年,第515页。

② (清)刘献廷撰,汪北平、夏志和点校《广阳杂记》卷2,中华书局,1957年,第104页。

③ (清)张廷玉等撰《明史》卷31《历一》。

④ 参见郑克晟《关于明清之际耶稣会士来华的几个问题》,载《南开史学》第2期,南开大学出版社,1981年,第197页。

地理学表现在地图绘制上。明代以前,中国已有地图,如《华夷图》《天下舆图》等。利玛窦绘制的《万国舆图》,曾在肇庆城东崇禧塔附近的教堂大厅内展出,引起人们的极大兴趣,各阶层人士纷纷前往参观。当时,利玛窦绘了一幅《舆地山海全图》给肇庆知府王泮。在这幅图中,为了迎合中国人的传统心理,他把中国的位置在图上由偏东移向偏中,以取悦"中央帝国"的臣民;同时,把包括公里、时区和地名在内的说明文字,都改为中文。后来在北京,利玛窦重刊《坤舆万国全图》,比原版大一倍,共分六幅,每幅约一人高。该图的错误是"东半球纬度多误,南极图乃出臆测,四大洲比例失调,尤其藉地图宣扬宇宙结构的水晶球图式更属悖谬"①。到了清代康熙年间,耶稣会士白晋(法国人)等人分赴各地测绘各省地图,合名为《皇舆全览图》。乾隆时,耶稣会士蒋友仁绘制《增补坤舆全图》,这次根据牛顿的正确推测,将地球绘制成椭圆形。《坤舆万国全图》的绘制,给中国人和中国地理学带来极大的影响:一是使中国人认识世界之大,过去不知道有美洲,现在知道陆上有五大洲,海上有四大洋,中国并不等于"天下",也不在"天下"的中心。二是利玛窦"为迎合中国的权力心态,将中国画作世界地图的中央,便一直在中国地图学中沿误了四百年,直到以基督教纪元的第三个'千禧年'来临前夜,在中国才有命令更正"②。此外,耶稣会士在绘制地图时,也吸收了中国传统的地理学成果,如卜弥格及卫匡国就利用过罗洪先的《广舆图》③,加深了他们对中国地理知识的了解,并把这些知识传至欧洲。地图的制作,加强了中西地理学交流。

2. 代数和几何学　中国传统的数学沿着代数方向发展,至宋元时达到高峰,明代以后珠算普遍使用,代数反而逐渐消沉。而欧洲恰好在明代时代数学得到发展,有了自己的符号系统。根据李约瑟博士说,当时"耶稣会传教士把欧洲代数学介绍过去时,他们带去的不是由来已久的东西,

---

① [意]利玛窦著,朱维铮主编《利玛窦中文著译集》,复旦大学出版社,2001 年,第 172 页。

② [意]利玛窦著,朱维铮主编《利玛窦中文著译集》,复旦大学出版社,2001 年,第 172 页。

③ 何兆武《中西文化交流史论》,中国青年出版社,2001 年,第 138 页。

而是至少在技术上比较新的东西"[①]。什么是"技术上比较新的东西"呢?代数中的等式符号=。他说:"在所有符号当中,最重要的大概是使等式成为可能的等号=。"近代的等号大抵是在1557年(明代嘉靖三十六年)后由雷科德"选择两条等长的平行线作为等号,因为它们再相等不过了"。这个等号直到18世纪才得到普遍采用,而且等号两条线的长度在展开计算时常被画得很长。[②] 我国过去代数的陈述上主要是用文字写的,直到耶稣会士传来代数后,才用代数方程式,也用了等号。这种等号画得很长的做法在我国一直保留到19世纪。在这里需要指出,上述传入对数的同时,提到借根方问题,所谓"借根方即今代数"。《数理精蕴》下编卷三十一至三十六论述借根方比例甚详,"谓假借根数、方数,以求实数之法"[③]。《四库全书总目提要》谓其法"线、面、体一以贯之,而本法所不能求者,皆可以借根而得,至为精妙"。

耶稣会士将欧洲代数传入,促使中国数学家重新进行代数学的研究。如李约瑟博士指出,明代时,"宋、元的代数学完全被废弃不用了,直到耶稣会传教士及其他人引入欧洲代数学以后很久,梅榖成等人才认识到隐藏在不习见语言下的中世纪中国代数学,并重新对它进行研究"[④],使它恢复过来。特别是耶稣会传教士杜德美在1701年(康熙四十年)把许多无穷级数的公式带到中国,这件事刺激了许多中国人去进行研究工作,例如满族数学家明安图撰写了《割圆密率捷法》。[⑤]

利玛窦、徐光启合译的《几何原本》前六卷,原为古希腊亚历山大里亚

---

① [英]李约瑟著,《中国科学技术史》翻译小组译《中国科学技术史》第3卷《数学》,科学出版社,1978年,第256页。

② [英]李约瑟著,《中国科学技术史》翻译小组译《中国科学技术史》第3卷《数学》,科学出版社,1978年,第256~257页。

③ 方豪《中西交通史》,岳麓书社,1987年,第737页。

④ [英]李约瑟著,《中国科学技术史》翻译小组译《中国科学技术史》第3卷《数学》,科学出版社,1978年,第113页。

⑤ [英]李约瑟著,《中国科学技术史》翻译小组译《中国科学技术史》第3卷《数学》,科学出版社,1978年,第322页。

的数学家欧几里得的《原本》(*Elements*)的平面几何部分,是整合古代数学家关于物体的形状、大小和位置等空间性的研究成果,用演绎逻辑建立起的数学的公理化系统,初为十三卷,后为利玛窦的老师丁氏作集解,又补了两卷,共十五卷(一说后两卷分别为公元前 2 世纪伊普西克利斯和 6 世纪大马萨斯所撰——引者[①])。有人据元代王士点、商企翁《秘书监志》卷七载,至元十年(1273)司天台"合用经书"中有一部名为《兀忽列的四擘算法段数》的书,认为"兀忽列的"即欧几里得的译音[②],说明该书元时已传入中国。所谓"原本",据利玛窦的解释,是"明几何之所以然,凡为其说者,无不由此出也"。译本加上"几何",何谓?意谓度数多少之义。《几何原本》从内容和撰述时间看,显然不是近代科学,这是没有异议的。从万历三十四年(1606)秋天开始翻译,至三十五年春天刻版付印,历时不长,但是翻译严肃谨慎,"反覆展转,求合本书之意,以中夏之文重复订正,凡三易稿"。当六卷译完时,徐光启想继续译完其余九卷,但利玛窦不同意,他说:"太史(徐光启——引者)意方锐,欲竟之,余曰:'止,请先传此,使同志者习之。果以为用也,而后徐计其余。'"[③]自然,后九卷没能继续译完,徐光启感到遗憾和无奈。直到鸦片战争以后,我国数学家李善兰和英国传教士伟烈亚力(受伦敦布道会派遣来华 Alexander Wylie——引者)合作译完后九卷。这更引起人们对利玛窦动机的猜疑,说他用数学来笼络人心的目的已达到,所以不想继续。没有继续译后九卷的原因,我们认为:一是从内容看,利玛窦认为欧几里得之《原本》,"其最要者前六卷,获卒业矣。但欧几里得本文已不遗旨,若丁先生之文,惟译注首论耳"[④]。"事实上,《几何原本》《圜容较义》,都曾引及克拉维乌斯(利玛窦的老师丁先生——引者)

① 参见梅荣照等《欧几里得〈原本〉的传入和对我国明清数学发展的影响》,载席泽宗、吴德铎主编《徐光启研究论文集》,学林出版社,1986 年,第 49 页。

② 方豪《中西交通史》,岳麓书社,1987 年,第 731 页。

③ [意]利玛窦著,朱维铮主编《利玛窦中文著译集》,复旦大学出版社,2001 年,第 300 ~ 302 页。

④ [意]利玛窦著,朱维铮主编《利玛窦中文著译集》,复旦大学出版社,2001 年,第 302 页。

的拉丁文评注本《原本》后九卷的内容”[①]。二是从利玛窦翻译《几何原本》的目的看，他说：“使后之习者，知夫创通大义，缘力俱艰，相共增修，以终美业，庶俾开济之士，究心实理，于向所陈百种道艺，咸精其能，上为国家立功立事，即窦辈数年来旅食大官，受恩深厚，亦得藉手以报万分之一矣。”[②]1608 年，《几何原本》出版时，他将几部寄往欧洲，为的是让“欧洲人知道中国人是聪明的民族”[③]，可见他尚是诚恳的，应该没有私心隐秘在内。三是“义理渊深，翻译不易”。如清初梅文鼎说：“言西学者，以几何为第一义，而（利氏）传只六卷，其所秘耶？抑为义理渊深，翻译不易，而姑有所待耶？”[④]

尽管《几何原本》是陈旧的科学，但在万历年间传入中国，仍然有积极的意义和影响：

首先，推动几何学研究的发展。传统的中国数学，重实用，因而重经验的归纳，而忽视抽象的推理。其影响及于几何学，以致“在中国从未发展过理论几何学”[⑤]。所以有人论及利玛窦口授、李之藻演述的第二部数学著作——《圜容较义》时指出：“演绎几何学，也就是从抽象的公理公设出发，仅凭思维推导出具体的定义定理，而不顾结论是否符合尘世重视的资料，这在十七世纪初的中国，仍属与传统思维定势相悖的逻辑。因而利玛窦传授给徐光启的欧几里得几何学，在欧洲已属陈说，在中国仍算新鲜。”[⑥]这是有道理的，也正因此引起了我国许多科学家的兴趣和重视。利玛窦去世后明政府赐其葬地，据艾儒略著《大西西泰利先生行迹》（《利玛窦行实》）说：“时有内宦言于相国叶文忠（向高）曰：‘诸远方来宾者，从古

① ［意］利玛窦著，朱维铮主编《利玛窦中文著译集》，复旦大学出版社，2001 年，第 294 页。

② ［意］利玛窦著，朱维铮主编《利玛窦中文著译集》，复旦大学出版社，2001 年，第 302 页。

③ ［法］裴化行著，王昌社译《利玛窦司铎和当代中国社会》第 2 册，东方学艺社，1943 年，第 26 页。

④ ［意］利玛窦著，朱维铮主编《利玛窦中文著译集》，复旦大学出版社，2001 年，第 294 页。

⑤ ［英］李约瑟著，《中国科学技术史》翻译小组译《中国科学技术史》第 3 卷《数学》，科学出版社，1978 年，第 202 页。

⑥ ［意］利玛窦著，朱维铮主编《利玛窦中文著译集》，复旦大学出版社，2001 年，第 556 页。

皆无赐葬,何独厚于利子?'文忠公曰:'子见从古来宾,其道德学问,有一如利子者乎?姑无论其他,即其所译《几何原本》一书,即宜钦赐葬地矣。'"[①]可见当时朝野对利玛窦及其《几何原本》的重视。明末以来,中国许多数学家如梅文鼎都沉醉于几何学的研究,使几何学成为数学家研究的显学。特别是初学数学者对《几何原本》,将之视为数学的基础,"自是之后,凡学算者必先熟习其书,如释某法之义,遇有与《几何原本》相同者,第注曰见《几何原本》某卷某节,不复更举其言;惟《几何原本》所不能及者,始解之"[②]。梅文鼎不仅热心推介,而且认真研究《几何原本》,订正了别人研究的错误,并提出新的讨论问题,从而推动几何学研究的发展。如梅文鼎"详细考察了六卷《几何原本》阙如的正多面体的知识,并订正了罗雅谷关于正二十面体数据的一个错误。他又借助于正多面体的知识讨论'大球内容小球法',在世界数学史上尚无前例"[③]。《几何原本》对近代中国也有影响,受到重视。如官僚曾国藩曾出资刊刻了全书完整的校订本。梁启超评价云,该书"字字精金美玉,为千古不朽之作"[④]。徐宗泽评价其"说理明通,条解详悉,无一字之苟、一语之疏"[⑤]。陈寅恪曾介绍《几何原本》的满文版。[⑥]

其次是强调实用。利玛窦强调学习《几何原本》要运用其原理、方法来处理天地、天气、制器、建筑、机械、测画、绘舆地图等问题,甚至可以广泛地应用于政治、财政、农事、医药、商业方面。他举军事为例来说明,他说:"今不暇详诸家借几何之术者,惟兵法一家,国之大事,安危之本,所须此

① 转引自方豪《中西交通史》,岳麓书社,1987 年,第 732 页。

② (明)徐光启《测量法义 · 提要》,《景印文渊阁四库全书》第 789 册,台湾商务印书馆,1986 年,第 816 页。

③ 梅荣照等《欧几里得〈原本〉的传入和对我国明清数学发展的影响》,载席泽宗、吴德铎主编《徐光启研究论文集》,学林出版社,1986 年,第 57 页。

④ 梁启超《中国近三百年学术史》,天津古籍出版社,2003 年,第 9 页。

⑤ 徐宗泽《明清间耶稣会士译著提要》,上海书店出版社,2006 年,第 3 页。

⑥ 陈寅恪《几何原本满文译本跋》,载《国立中央研究院历史语言研究所集刊》第 2 本第 3 分,商务印书馆,1931 年,第 281 页。

道尤最亟焉。故智勇之将，必先几何之学……良将所急，先计军马刍粟之盈诎，道里地形之远近、险易、广狭、死生；次计列营布阵，形势所宜，或用圆形以示寡，或用角形以示众，或为却月象以围敌，或作锐势以溃散之；其次策诸攻守器械，熟计便利，展转相胜，新新无已。……以羸少之卒，当十倍之师，守孤危之城，御水陆之攻，如中夏所称公输、墨翟九攻九拒者，时时有之。彼操何术以然？熟于几何之学而已。”[①]他这种强调实用的学风，有的放矢的研究方法，受到当时学术界的欢迎和仿效。梁启超说：“自明之末叶，利玛窦等输入当时所谓西学者于中国，而学问研究方法上，生一种外来的变化。其初惟治天算者宗之，后则渐应用于他学。”[②]可见他这种强调实用的学风，冲击了当时中国学术界的传统学风，从此，学风从传统的宋代理学、明代心学讲求空谈转变为讲求经世致用的实学，出现了许多伟大的学贯中西的科学家，不拘泥于传统，勇于创新，敢于批判旧传统，吸纳外来文化。这是很大的进步。这种学风的转变，原因很多，而利玛窦强调实用的学风起了促进作用。

3. 机械工程学　奥地利工程师霍维茨认为“公元 1726 年的大百科全书《图书集成》中有些机械图……是照 16 世纪欧洲书籍中的机械图临摹的。而在 16 世纪以后，就由 17 世纪初期耶稣会传教士所写的第一批工程学书籍，把这些图传到中国来了”[③]。《图书集成》作者是否临摹欧洲的机械图？我们没有研究，不敢妄说，但这里提到“17 世纪初期耶稣会传教士所写的第一批工程学书籍，把这些图传到中国来了”，是什么工程学书籍呢？我们认为是当时传入的《远西奇器图说》。该书由耶稣会士邓玉函口授，泾阳王徵笔录，天启七年（1627）出版。该书三卷，是介绍到我国的第一部机械工程学著作，内容主要介绍力学和机械工程基本原理及其应用，有图有制作说明文，文图并茂，蔚为大观。其中特别介绍了引重机、吸水

---

① ［意］利玛窦著，朱维铮主编《利玛窦中文著译集》，复旦大学出版社，2001 年，第 300 页。

② 梁启超《清代学术概论》，上海古籍出版社，2005 年，第 23 页。

③ ［英］李约瑟著，《中国科学技术史》翻译小组译《中国科学技术史》第 4 卷第 2 分册《机械工程》，科学出版社，1975 年，第 326 页。

机、风碾、自行磨、准自鸣钟推作自行车、水日晷、代耕器及灭火之水镜等机械工程器物。王徵对这些机械工程器物十分欣赏,他在《远西奇器图说录最》中说:"且夫畸人罕遘,绝学希闻,遇合最难,岁月不待,明睹其奇,而不录以传之,余心不能已也。"又说:"兹所录者,虽属技艺末务,而实有益于民生日用,国家兴作甚急也。"可见这些传进的机械工程器物,在当时尚是珍稀的,且为民生日用所需、国家兴作甚急用,肯定是有意义的。

英国科学家李约瑟特别提到 17 世纪耶稣会传教士传入中国的机械工程组件,有(1)螺丝钉,不是简单形式的,"耶稣会传教士是以阿基米德水泵的形式带去的";(2)斯提西比乌斯双压水泵;(3)曲轴;(4)钟表装置,是 14 世纪发明的。另外,传入 13 种器物或机械,但这些东西,"因为中国许多世纪以来就知道那些东西,只是形式略有不同罢了"[①]。需要补充的是,当时还有两项新的科学发明——望远镜和佛郎机铳炮的制作技术也被耶稣会士传进来了。

以上这些机械工程组件和最新的科技产品的传入,对明清时期的机械工程学以及光学、天文学和军事学的发展,都产生一定的影响。如耶稣会传教士阳玛诺(Emmanuel Diaz,1574—1659)于 1615 年(万历四十三年)刊行《天问略》,介绍望远镜测天知识,"谓可观六十里远"。1622 年(天启二年)汤若望将望远镜带进中国并与邓玉函用以观察天及日月行星的运转。据朱维铮等专家考证,《理法器撮要》一书中提到用望远镜测天数据以及所附《经星数》所列恒星资料,就是他们留下来的或传入的新知。[②] 崇祯初年,在历局任职的李天经亦曾使用望远镜观测木星,称"仰见木星在鬼宿之中,距积尸仅半度,因木星光大,气体不显,舍窥管(望远镜——引者)别无可测"。所以阮元说,用望远镜"测验七曜为尤密",对"宿天诸星用镜验算相距及度之偏正,于修术法尤为切要"。[③] 可见望远镜的传入和使用,对

---

① [英]李约瑟著,《中国科学技术史》翻译小组译《中国科学技术史》第 1 卷第 2 分册《总论》,科学出版社,1975 年,第 551 页。

② [意]利玛窦著,朱维铮主编《利玛窦中文著译集》,复旦大学出版社,2001 年,第 692 页。

③ (清)阮元《畴人传》,中华书局,1991 年,第 409、559 ~ 560 页。

我国天文学的发展起了很大的推动作用。

在耶稣会士的影响下，一些中国学者根据需要，吸收了西方先进的科学理论和技术，在中国原有的机械制作的基础上，实行改进和创造。如王徵制造了起重机，就说“余所制机器，一人可起七千多斤，盖依《远西奇器图说》中诸制，增减裁酌而为之”①。他还利用齿轮原理制作了自行磨，利用绳索牵引犁和滑轮原理，制造了一种代耕机。他总结了自己的经验和发明，写成了《新制诸器图说》一书。另外写了《两理略》和《额辣济亚牖造诸器图说》两书，为明代的机械工程学做出贡献，反映了明代机械工程的水平。

综上所述，明清之际的中国各学科领域，自西方科学技术传入以来，所受到的影响是很大的，但对中国传统社会所起的作用显然很微弱，即不可能促进明清社会从封建主义走向近代化，因为科学所起的作用，受到当时的社会条件如政治、经济等制度的深刻制约，这已为大多数中外历史学研究所证实。

---

① （明）王徵《两理略》卷2《易闸利运记》。

明代城镇坊厢徭役制度研究(提要)

一　前　言

本文所说城镇是根据传统的政治行政制度来定的,其范围包括京城、省城、县城、散州城、市与镇。台湾学者李国祁先生也是这样分类的,只是不包括京城。[①] 同时,这里所说的“坊”,不是牌坊的“坊”,而是坊厢,是户籍行政基层组织。

明代的坊厢制度早在唐宋时已出现,史载,宋太宗时京城内外一百二十余坊,分布:“旧城内,左一厢二十坊……新城内,城东厢九坊……”[②]可见明代的坊厢制度是唐宋城坊制的延续,但是有所发展。唐宋城坊制只是地域概念,而明代坊厢却是基层行政组织,和徭役结合,便形成坊厢徭役制度。

二　明代城镇坊厢组织

关于明代城镇的坊厢组织,《明太祖实录》载:“以一百一十户为里。一里之中,推丁粮多者十人为之长;余百户为十甲,甲凡十人。岁役:里长一人,甲首十人,管摄一里之事。城中曰坊,近城曰厢,乡都曰里。”[③]这里

---

① 李国祁《清代杭嘉湖宁绍五府的市镇结构及其演变初稿》,转引自浙江省社会科学院历史研究所等编《嘉兴府城镇经济史料类纂》,1985 年,第 10 页。

② (宋)王应麟《玉海》卷 174《宫室・城》。

③ 《明太祖实录》卷 135。

规定了乡都的里甲组织:每一里甲为一百一十户,其中百户为十甲,每甲十人(户)。并规定所服徭役,即从中推丁粮多者十人为里长,每年和甲首十人,“管摄一里之事”。至于城镇坊厢组织和乡都组织是否一样,未见史料记载,只知所辖有异,如上元、江宁二县“坊厢分有图,乡辖有里”①。其实里即图,是一样的。湖广长沙府湘阴县坊厢所辖是里,《万历湖广总志》载:“湘阴县,街三,坊二:新事,归义,在城,俱领二里。”②所以到正统二年府尹邝埜整顿坊厢时,便规定“坊有十甲,甲有十户”③,这便符合上述乡都的组织编制了。不过,每坊户数各地无统一规定,如宛平县,“每坊铺舍多寡,视廛居有差”④。有的县不分坊厢而称“隅”,如浙江海盐,史称:“海盐治城四隅,自为里四。”⑤产生这些不统一的情况,既有历史原因,也和地方文化有关。

三 明代城镇坊厢徭役

明政府对城镇坊厢居民,如在南京,据明人顾起元说,洪武年间,“有人丁而无田赋,止供勾摄而无征派”⑥。换言之,只供官府传唤拘摄之外,没有其他差役。其实并非如此,差役始终存在,而且随时增加,相当繁杂,“有日办,有月办,有岁办,有三岁而一办,有定有不定,大都通三岁之仂不越入出之数”⑦。总计有如下诸项:

1. 户口食盐钞,如在浙江会稽征收盐钞,史称:“在城十六坊,成丁之人,每丁计银若干。”⑧

2. 佥市民充当马户,史称:“按余冬录:洪武二十年,命兵部遣使藉杭、

① (明)顾起元《客座赘语》卷2《坊厢乡》。
② (明)徐学谟纂修《万历湖广总志》卷15《建置志三·坊里》。
③ (明)顾起元《客座赘语》卷2《坊厢始末》。
④ (明)沈榜《宛署杂记》卷5《街道》。
⑤ (明)樊维城修,(明)胡震亨纂《天启海盐县图经》卷1《县坊镇乡图》。
⑥ (明)顾起元《客座赘语》卷2《坊厢始末》。
⑦ (明)李登等纂修《万历江宁县志》卷3《户口志·坊厢应付》。
⑧ (明)杨维新修,(明)张元忭、(明)徐渭纂《万历会稽县志》卷6《徭赋》。

严、衢、金、宁、绍及直隶徽州等七府市民富实者出资市马，充凤阳宿州抵河南郑州驿马户，今河南有市马户是也。”①

3. 充当巡拦，如在嘉定县，史称：“县有兴革之役，则用居民以大姓有行义者充之，事毕而罢。凡诸给使，代以义民。义民者，多市人也，习见官府之事。盖国家令有祇应、巡拦，不得用殷实户，但用市人，乃知虑深远矣。”②

4. 佥充铺行，明人沈榜说：“国初悉城内外居民，因其里巷多少，编为排甲，而以其所业所货注之籍。遇各衙门有大典礼，则按籍给值役使，而互易之，其名曰行户。或一排之中，一行之物，总以一人答应，岁终践更，其名曰当行。”③

5. 火夫，如在北京，明人沈榜说：“见行城内各坊，随居民多少，分为若干铺，每铺立铺头火夫三五人，而统之以总甲。”④其职责，吕坤说是“在城市关厢巡夜，原为救火防贼”⑤。沈榜又说总甲的工作，“如城内则每晚携灯护送将迎，每日早押打喧闹，每月督催房号，每年终催浚沟渠、平街道，凡地方有人命、倒卧、盗贼、火烛，必报，风雨寒暑不敢后，而又有守宿灯烛之费，有市曹搭蓬及雇夫防护之费，有各衙门家火木板纸张之费，有刑部诸司老未完，五日一比，有街道房打事件，五日一卯，有各察院、东厂、锦衣卫、东司房、西司房、礼仪房正堂及坐季千户、夜巡百户、上钟校尉、兵马司正堂、本坊各卯日，间有一日而两地分卯者，即每月领有油烛工食，数曾几何？如此而欲望得良家子为我总甲，其谁能耶！”⑥在浙江明州府，称为铺夫，史称：洪武十一年，“每坊旧设巡警铺夫，以防火盗，率以贫乏者充之，不逮富者，乃验丁编次，不分役占，悉令直宿”⑦。由于油烛工食缺乏，差役劳累，

① （明）杨维新修，（明）张元忭、（明）徐渭纂《万历会稽县志》卷6《徭赋》。
② （明）韩浚、（明）张应武等纂修《万历嘉定县志》卷6《田赋考中·徭役》。
③ （明）沈榜《宛署杂记》卷13《铺行》。
④ （明）沈榜《宛署杂记》卷5《街道》。
⑤ （明）吕坤《去伪斋集》卷5《上巡按条除利弊》。
⑥ （明）沈榜《宛署杂记》卷5《街道》。
⑦ （明）周希哲等修，（明）张时彻等纂《嘉靖宁波府志》卷25《余文升传》。

生活辛苦，因而总甲、火夫不愿充役，迫使政府改为征银雇役。如在嘉定县，即仿古间架法，据房间架收税，史称：万历间，“议通编邑屋间架，士大夫以次优免，余令出银有差，用以和雇作使，谓之火夫”①。这样，力差就变为银差了。在阳信县则是征收门摊作为火甲雇值，明人朱长春说：“门摊，旧籍其城内外廛居之夫分六则，比门而征钱，岁得银三百余两，供地方小甲火夫三项雇直。”②

6. 里甲正役，坊长和里长一样，属职役，需要负担“里甲正役”③，即要管一里一坊之事，包括拘役、迎送等项，其中的迎送、接待上官，最为繁难。如永康县，史称：明制坊长之役，“本以承勾摄、督催征而已，后乃凡百科敛皆在焉。约而言之，其所最苦者曰夫马，曰坐月。夫县当台瓯括之冲，往来者既繁，且西至杨公桥界，路止三十里，而夫马直送至芰道涉武义之境者二十五里，而不得其一夫一马之助，此夫马之费为苦也。夫祭祀乡饮公燕之陈，与什器之数，皆坊长主之，而免其丁田夫马支应，以相补复。后里长以为不均，乃令坊长兼纳丁田，仍供什器而免其夫马支应，其祭祀乡饮公燕并归里长役焉，而势不得不为坐月，坐月之令一定，需索科克之弊乘之而起，而坊里胥困矣”④。在安徽太平府，史称：“旧设坊长，该办铺陈家伙等项什物。”⑤在松江府，史称：“杂泛，凡祗应、禁子、弓兵悉佥市人。”⑥

此外，京城九门征收商税，明初佥派铺户负担，由大小铺户出粮雇夫代役，弊病很多，到成化年间，又“令其正身应役”⑦。

由上所列举，可见城镇坊厢徭役的繁重，对明代的社会经济造成很大的影响。

---

① (明)韩浚、(明)张应武等纂修《万历嘉定县志》卷6《田赋考中·徭役》。
② (明)朱长春《朱太复文集》卷36《阳信县三年便宜实政申文》。
③ 《明世宗实录》卷308。
④ (清)沈藻等修，(清)朱谨等纂《康熙永康县志》卷6《役法·坊里长》。
⑤ (清)黄桂修，(清)宋骧纂《康熙太平府志》卷12《田赋下》。
⑥ (清)宋如林修，(清)孙星衍等纂《嘉庆松江府志》卷27《田赋志·役法》。
⑦ 《明宪宗实录》卷95。

四　坊厢徭役制度的施行对社会经济的影响

首先，坊厢徭役的征发，对商人铺户打击最大，不仅无法正常经营商业，甚至因徭役过重而破产。就脚夫、贫民、火夫、小甲之类来看，由于役重且生活艰苦，他们纷纷逃亡。这就必然影响城市的发展、商业的繁盛。

其次，坊厢商户佥充铺行，多至破产，地方政府动用物件，改向附近农村征发，如广东吴川县梅菉的铺行衰败后，官府所需物件，改向附近铺脚村征取，村民从圩市买米应付，初尚给价，“相沿日久，以为真铺行也，并价不给矣”[①]。同时，有的役目，本来是职役，如巡拦，后来改为粮差，从坊厢中征不到银，又摊入田赋中征取。这都给农民带来很重的负担。

最后，受封建官府徭役的压迫剥削，城镇坊厢市民纷起反抗。如万历十年，杭州城内民夫、巡警“无籍者百十成群，将城内外更楼尽行打毁，打抢富宦财帛”[②]。

2009年8月8日初稿

① （清）黄炉纂修《光绪梅菉赋志》。

② （明）聂心汤修，（明）虞淳熙纂《万历钱塘县志·纪事》。

关于研究陈建《皇明资治通纪》中的几个问题

一 引 言

陈建(1497—1567),字廷肇,号清澜,东莞城亭头场人,明代著名的史学家、理学家。他生于弘治十年,卒于隆庆元年,享七十一岁。自幼笃于学,非常用功。崇祯时人说他"警敏有才识,博贯载籍,以淹洽闻于时"①。嘉靖七年(1528)举人,选授福建侯官教谕,在任期间,勤于职守,帮助贫困学生。史称他当时"日勤鍧铸,贫生如袁栖梧等,分俸周之"②。后升临江府教授,编《周子全书》《程子遗书》,颁之学中,帮助学生学习,收到效果,"大有造于来学"③,培养了人才。不久,升阳信县令,"至则以教养为急,劝课农桑,申明条约,不事蒲鞭,不半载而邑大治"④。嘉靖二十二年(1543),以母老告养归,时年四十七岁。既归,遂隐居不出,益覃思著述,所著有《学蔀通辨》十二卷、《治安要议》六卷及《皇明资治通纪》《古今至鉴》《经世宏词》《明朝捷录》《陈氏文献录》等,真是著作等身,在学术上取得重大成就。可惜他生于封建专制主义的明清时期,他的书两次遭到禁毁。如明

---

① (明)张二果修,(明)曾起莘纂《崇祯东莞县志》卷5《人物传·陈建》。

② (明)郭棐《粤大记》卷24《献征类·陈建》。

③ (明)郭棐《粤大记》卷24《献征类·陈建》。

④ 石洪运等《皇明资治通纪三种影印前言》,载《皇明资治通纪三种》,中华全国图书馆文献缩微复制中心影印,1997年,第3页。

代隆庆五年(1571)九月,工科给事中李贵和上疏穆宗皇帝,告陈建撰《皇明资治通纪》一书,“我朝列圣实录,皆经儒臣奉旨纂修,藏在秘府。建以草莽之臣,越职僭拟,已犯自用自专之罪矣。况时更二百年,地隔万余里,乃欲以一人闻见,臧否时贤,荧惑众听。若不早加禁绝,恐将来讹以传讹,为国是之累非浅浅也”。疏下礼部复议。礼部请焚毁原板,仍谕史馆毋得采用,穆宗从之。[①] 到了清代,他的书仍旧被列为禁毁之物。同时,由于他著《学蔀通辨》,破王氏朱子晚年定论之说,遭到王氏一派学者的抨击,卷入了理学之争的旋涡中。他的历史著作如《皇明资治通纪》亦不例外,受到了一些不切实际的抨击。因而他的学术成就便被湮没,不为世人所知,直到改革开放以后才被学者发现,逐渐得以研究,重新评价。学界也提出要恢复他的学术地位。我有感于历史对他的不公平对待,近年来亦关注和研究他和《皇明资治通纪》,遇到一些问题,提出个人意见,供大家研究参考。

陈建像

《皇明通纪》原刻本末页

① 《明穆宗实录》卷61。

二 版 本

关于陈建撰《皇明资治通纪》的版本，钱茂伟教授有过认真的考订，他认为“今藏于各大图书馆善本部标为陈建辑撰的、不同卷帙的《通纪》竟有二十多种。这么多的《通纪》中……只有一种原刻本，二种翻刻本”[①]。这是对的。只是有些细节，我补充说明如下：

原刻本，即家刻本，是陈建自己出资在东莞刻印的。[②] 该书前编为《皇明启运录》八卷，卷端题“粤滨逸史清澜居士臣东莞陈建辑著”；后编《皇明资治通纪》三十四卷，《序》称：“嘉靖乙卯（三十四年）仲夏之吉东莞清澜居士臣陈建拜手稽首谨书”，前后编合在一起，共四十二卷，版次称：“东莞陈氏刊本。”前者半叶10行，行20字；后者半叶11行，行22字。单栏，版心白口，双鱼尾，上方记“明录”。现存台湾图书馆，是目前唯一的完整的本子。

钱茂伟教授认为北京图书馆普通古籍组所藏的《皇明历朝资治通纪》是原刻本，其版式和上述的一样，可能都是家刻本，可惜不齐全，是残本。又北京大学图书馆藏《皇明历朝资治通纪》凡四十二卷，高丽活字刻本，半叶10行，行18字，这是现存最完整的原著翻刻本。[③] 可惜，我尚未见到。

续补、重订《通纪》共有二十多种，每种前编都刊载陈建辑著《通纪》，后编为续补如嘉隆两朝史实。陈建辑著《通纪》时限至正德十六年止。这些续补、重订的《通纪》，粗略地可分为二类：一类有删改、订合，但不严重，如岳元声订合《皇明资治通纪》三十卷，载《四库禁毁书丛刊》史部第12册，该书前二十四卷为陈建辑著，后六卷嘉靖、隆庆两朝纪事，为岳元声订

① 钱茂伟《陈建〈通纪〉及续补诸家略考》，《文献》1993年第3期；《明人史著编年考录》，《浙江学刊》1994年第6期。

② 杨宝霖《东莞历代的印刷、出版业》，载东莞市政协编《东莞历史文化论集》，广东人民出版社，2008年，第23页。

③ 钱茂伟《陈建〈通纪〉及续补诸家略考》，《文献》1993年第3期。

补，岳字前题“东莞臣”，误。岳元声，字之初，号石帆，秀水人，嘉靖三十六年（1557）生，崇祯元年（1628）卒，享年七十二，万历十一年进士，生平“律身清白，好奖掖人才……遇事感奋，抗直不阿……逆党魏忠贤不法……请亟申罪黜奸”①。他大约在万历后期订合《皇明资治通纪》，在重刻《凡例》中称：“皇明典故诸书重刻者无虑数十种，而独东莞陈公所辑《通纪》为海内宗宝，讵非载录近信，是非近公，文义近简畅欤，故兹刻多仍原本，无敢师心删削。”结合他的行状看，基本上是可信的。但实际订合过程中，仍有删削，如原刻本卷三十四终页有陈建录丘浚、霍韬关于财政的言论及罗钦顺、杨一清关于练兵之说和按语，非常重要，却被删去。又如陈建撰，高汝栻订，吴祯增删《皇明通纪法传全录》，载《续修四库全书》史部编年类第357册，卷四中洪武二年二月“置河间、长芦、河东、陕西二都转运盐使司”条，只有此“纲”，没有“目”的内容，不符合编辑体例。又如陈建撰，卜世昌校《皇明资治通纪》十四卷，载《四库禁毁书丛刊补编》第11册，亦有删节不合理的地方。

另一类是带有政治偏见的严重删改，如《皇明通纪》，载《四库禁毁书丛刊补编》第13册，前编二十七卷，续编十八卷，明崇祯十一年刻本，前编题东莞陈建辑，史臣董其昌订，续编史臣董其昌辑。董其昌，字玄宰，号思白，华亭人。万历十七年进士，官至礼部尚书。对该书内容有关陈建揭露明朝政治腐败及宦官擅权的文字，今以岳元声订《皇明资治通纪》为主，对比董其昌订《皇明通纪》，如正德元年十月，户部尚书李文与郎中李梦阳上疏揭露“太监马永成、谷大用、张永、罗详、魏彬、刘瑾、丘聚等置造巧伪淫荡上心，或击球走马，或放鹰逐犬，或排优杂剧，错陈于前，或导万乘之尊与外人交易，狎昵亵无复礼……乞将马永成等拿送法司明正典刑”。董其昌订《皇明通纪》全删去；又如正德元年八月，“南京国子章懋三载任满上疏乞休不待报而归”条，按语中有“刘瑾擅权”字样，董其昌订《皇明通纪》亦

---

① （清）邹漪《启祯野乘》卷6《岳侍郎传》。

一笔抹去。类似例子繁多，不再重述。陈建撰，秀水沈国元订补《皇明从信录》，载《续修四库全书》史部编年类第355册，和董其昌订《皇明通纪》一样删节，只字不差，可能是同一系统的出版物。

直至今天，陈建撰的《皇明资治通纪》原刻本、翻刻本，均未被出版界重视而出版，反而多种续补、续订本由《四库全书》及《四库禁毁书丛刊补编》和中华全国图书馆文献缩微复制中心影印了。许多学者看不到原刻本或翻刻本，只好据被删改或订合过的续补、续订本进行研究，自然有很大的局限性，不利于完全认定陈建的学术地位。

三 平 议

明嘉靖三十四年，陈建《皇明资治通纪》刊刻以后，受到社会上的重视，反应激烈，许多学者纷纷做出评论，有的评论是正面的，如上面提到的，兹不再赘。但有些评论，言过其实，或无中生有，影响极大，不利于评论的展开，在此需要揭露和说明，恢复陈建及其《皇明资治通纪》的面貌，故写平议。

或曰：《皇明资治通纪》非陈建所撰，而是顺德人梁亿所作。此说出自明代博雅大师杨慎，明人秀水沈德符说："杨升庵云：《皇明通纪》为梁文康弟梁亿所撰，其言必有据，岂亿创之而嫁名于陈建耶？况梁亦广之南海人。"①

由于杨慎是明代著名的博雅大师，是有身份地位的人，沈德符便认为"其言必有据"，相信无疑，写入笔记中，广为宣传，相信的人就更多，连明末清初讲求实学、治学严谨的大儒顾炎武亦相信，他说："《通纪》乃梁文康储之弟亿所作，而托名于清澜也。"②清初徐乾学修明史时附和其说，并说明原因。他说："《通纪》一书，实梁文康弟（名亿）所作，故多誉兄之辞，毋

① （明）沈德符《万历野获编》卷25《焚通纪》。

② （明）顾炎武《日知录集释》卷18《朱子晚年定论》。

以一家之私言,致蔑万世之公论。”[1]是非不清楚,有人便提出“今姑存疑”[2]的主张,挂起来,成为历史悬案。这样处理,对陈建是不公平的、不合理的。近年颜广文教授有鉴于此,从内容进行考察,指出该书卷首有陈建序,每卷开头均有“臣东莞陈建辑著”字样,行文中所做的按语,开头也明书“臣建按”或“臣建曰”。同时,书中严厉地批评王守仁“讲学全宗仙佛,而假儒书以文之”的伪学,这正是陈建的理学主张。此外,明清两代粤籍学人及历代《广东通志》均指陈建是《皇明资治通纪》的作者。[3] 这已经有力地否认了杨慎《皇明资治通纪》作者梁亿之说。杨慎为什么要制造这些无根据的言论呢?这和正德十三年武宗要内阁撰威武大将军敕有关,陈建撰《皇明资治通纪》卷24(岳元声订,三十卷本)称:

上复议北巡,杨廷和等谏:万乘不宜轻出。上不听,乃自称威武大将军、太师、镇国公朱寿巡边,又欲以朱彬为威武副将军,扈从以行。……时上必欲内阁草敕,屡遣中官促之,于是杨廷和称疾不出。上御左顺门,召梁储面促草敕。储奏曰:“敕,不敢草。”

上曰:“何逆命耶?”

对曰:“凡事可将顺,独此敕不可草。”

上曰:“何不可?”

对曰:“陛下为君,乃自卑而例于臣,臣草敕,是以臣名君,故不可。”

上大怒,手剑立曰:“不草敕,齿此剑。”

储免冠解衣带,伏地流涕曰:“臣逆命有罪,愿就死。草敕以臣名君,臣死不敢奉命。”

良久,上亦悟,察其诚,掷剑而起,不复促草敕。(按:陈建撰,卜

① (清)徐乾学《憺园文集》卷14《议下·修史条议》。

② 石洪运等《皇明资治通纪三种影印前言》,载《皇明资治通纪三种》,中华全国图书馆文献缩微复制中心影印,1997年,第5页。

③ 颜广文《古代广东史地考论》,中山大学出版社,2007年,第118页。

世昌校《皇明资治通纪》卷 14 所记相同。)

陈建在《皇明资治通纪》中如实地反映了当时内阁杨廷和与梁储都不肯写敕事,不同的表现:杨采取消极的回避办法;梁采取壮烈的抗旨办法。时嘉善支大纶盛赞梁不肯写敕事,他说:梁对"威武大将军敕,死不具草,秦藩请地,片言尼之,尤非人所及"①。后来高岱撰《鸿猷录》卷 14《江彬之变》亦持此说,可见陈建所述不虚。但杨慎看了,大为不满。他在《野史不可尽信》中说:

近日……岭南梁亿乃梁文康公之弟,文康与先太师同年同官,本无嫌隙,特所趋不同耳。亿著《皇明通纪》,隐没先太师之善,如正德庚辰嘉靖辛巳改革之际,迎立之诏,江彬之擒,皆匿而不书。乃以宸濠护卫之请,谓先君与之,时先君丁忧于家也。先君不草威武大将军敕,几陷于危,乃举而归之梁公,不知写威武大将军敕者梁公也。内阁有敕书稿簿,缀撰者姓名于下,岂可诬也,无乃欲盖而弥章乎?②

杨慎,字用修,号升庵,父杨廷和,号石斋,官至太子太师,相两朝。其先庐陵人,徙蜀之新都。正德时,其先君杨廷和与梁储同是大学士,入阁参与政事,表面上没有实际上却存在矛盾,至少遇事不融洽。在这里,他为了否定梁储的壮烈抗旨行动,将《皇明通纪》说成梁亿著非陈建撰,符合情理,容易使人相信。同时,他又制造了先太师的壮烈抗旨行动,他在《杨公行状》一文中写道:

明日,传命写威武大将军敕,公曰:"朝廷亲征,奉行天讨,谁敢云差遣,又谁敢称威武大将军?近闻逆濠为檄,方以失政为名,威武大将

① (明)支大纶《支华平先生集》卷 37《臆札》。
② (明)杨慎《升庵全集》卷 47《野史不可尽信》。

军是何政令耶？假作孽者谓朝廷亲征乃称威武大将军，是何人降此名号？何人写敕？请先诛僇，然后兴兵问罪。则今日之忧不在宸濠，而在此敕矣。"中使复奏。少顷，上命萧敬等十人及谷大用、张永、钱宁至阁中，以阻挠军机促敕。公曰："朝廷命臣下行事，乃用敕，亲征，将敕谁乎？"敬曰："上旨严切。今日无敕令，敬等自投金水河死，不容见也。"公曰："公等不必死，朝廷止罪廷和一人耳。可以此言奏，再迟一年，亦不敢异初议也。"张永、钱宁色怒，曰："上意决欲如此！"公曰："天子有争臣，我辈意亦欲决如此。"萧等去，未几即来，相率跪拜花台下。公曰："诸公贵人也，以此相待，置我于何地？我所知者，祖宗之法耳，'奉天承运皇帝'六字，万世谁敢改称为此号耶？"萧等知不可夺，乃去。八月十九日，上将出，会公荐刘尚书春知制诰，有旨责公引用乡里，令回话。公出阁中，遂有写敕进者，明日乘舆行矣。①

我不厌其烦地抄录这大段文字，目的是说明杨慎为了维护其父的荣誉，不惜制造这么多无根据的言论，为了言之成理，又诬蔑陈建不是《皇明资治通纪》的作者，侵夺了陈建的著作权，这都是不道德的事，作为著名的明代博雅大师是不应该的。所以《广东文征》的编者称："《皇明通纪》，杨升庵谓为梁文康公弟亿所撰，驾名于建，则以《通纪》载不草大将敕事归功文康，为新都惭德，故造此不根之论耳。"②

或曰：臧否时贤，褒贬失调，专表扬粤人。如明人叶权说：陈建《皇明资治通纪》"或诮其偏美乡人，广东无一不端之士"③。又如清康熙时徐乾学也说："有名托国典，而其实乃甚颠倒者，陈东莞之《皇明通纪》……是也。"④所谓"颠倒者"，指评价人物，批评与表扬错位。其实陈建评价人物，是相当客观的、有根据的。如上述岳元声说陈建《皇明通纪》"载录近信，

---

① （明）王世贞《弇山堂别集》卷26《史乘考误七》。
② 吴道镕《广东文征作者考》卷3《陈建》。
③ （明）叶权《贤博编》。
④ （清）徐乾学《憺园文集》卷14《议下·修史条议》。

是非近公”，不是虚言。陈建自己也说：“此纪叙载人物之贤否，言行之是非，一皆考据群籍，直书垂鉴，不敢虚美隐恶，以乖史笔。”①陈建言行一致，遵守诺言，表扬了许多广东人。如对明初东莞人何真，陈建评说：

真初与元末群雄方国珍、陈友定等同时并起，各处一方，惟真能保境安民，识时达变。归命真主，光被宠荣，策勋盟府，大非一时群雄所及。归朝之后，复能一心事上，夙夜畏威惟勤，一时党祸方炽，而真独无所染，事高皇帝逾二十年，未闻有微谴加焉！此尤一时功臣所难也。若真者不独为识时务之俊杰，虽谓之贤可矣。②

何真对明初朱元璋的统一确起过作用，谓为“识时务之俊杰”的贤人，并不为过。所以李贽默同陈建的意见并评点何真为“建功旌亨泰，何真之光”③。

又如陈建评论左都御史彭泽云：

彭济物固一时刚挺敢为之才，然经略哈密事，则实不为无过。论者不以功掩过，不以过废功可也。王琼党附权臣，深构泽罪，株连九畴，固失之。而当时廷臣一切庇泽，谓有功掩过，则亦未为得也。近胡尚书世宁奏议，谓“彭泽素怀忠勇，身负经略，乃亦苟且行事，不终而还，不为无罪”，斯言确矣。④

可见陈建评价人物，一分为二，功过分明，既不以功掩过，也不以过盖

① (明)陈建辑，(明)董其昌订《皇明通纪前编·皇明通纪凡例》。

② (明)陈建撰，(明)岳元声订《皇明资治通纪》卷8；(明)陈建撰，(明)卜世昌校《皇明资治通纪》卷3。

③ (明)陈建撰，(明)袁黄、(明)卜大有补《新锲李卓吾先生增补批点皇明正续合并通纪统宗》卷3。

④ (明)陈建撰，(明)岳元声订《皇明资治通纪》卷24。

功,公平合理。

又如陈建表扬东莞县令卢秉安,陈建写道:

> 祖宗朝吾东莞县令卢秉安莅任至一十九年,清操不易,临行惟受士民之诗。自赋云:“不贪自古人为宝,今日贫民诗满囊。十有九年官剧邑,幸无一失挂心肠。”国初守令久任,而民受其福往往如此。[①]

卢秉安并非广东人,而是江西南丰人,洪武三十年任东莞县令。史称他在职期间,“廉介忠恕。凡为民兴利除害,殚力为之。岁小祲则缓征科……民有过失,不过笞以示辱,而人畏服其德,庭无健讼,囹圄尝空。尝考满当去,民辄请留之……去后民思之不置,举祀名宦”[②]。可见陈建表扬卢秉安,是有事实根据的,没有错误,何况卢不是广东人。其实陈建表扬的,除了广东人,还有外县人,如曹县知县范希正[③]、昆山人陆容[④]等。因此,说他专表扬粤人,是无视这些事实根据的偏颇观点。

或曰:陈建撰《皇明资治通纪》是抄《实录》,专供科举考试之用,故续作者甚多。如孟森说:

> 明人节钞《实录》,即名为纪,盖自陈建之《皇明通纪》始。此书备科举士人场屋中对时务策之用。故陈建《通纪》以后,撰续通纪者甚多。[⑤]

这里有两个问题要弄清楚,一是《通纪》的史源问题,二是撰续《通纪》多的原因问题。关于《通纪》的史源,据陈建撰,董其昌订《皇明通纪前编》

---

① (明)陈建撰,(明)卜世昌校《皇明资治通纪》卷8。

② (清)郭文炳编《康熙东莞县志》卷6《职官五·宦绩》。

③ (明)陈建撰,(明)岳元声订《皇明资治通纪》卷15。

④ (明)胡宗宪修,(明)薛应旂纂《嘉靖浙江通志》卷35《官师志》。

⑤ 孟森《书明史钞略》,载《明清史论著集刊》,中华书局,1959年,第142页。

载陈建《正编采据书目》，所参考政书、笔记、地方志等共计110种，并无《实录》。正德、嘉靖年间，《实录》藏之皇史宬，并未传至民间。正如陈建所说："我朝国史《实录》，皆缄之兰台石室，惟翰苑诸公仅仅见之，不传于天下也。"[①]顾炎武也说："今则《实录》之进，焚草于太液池，藏真于皇史宬，在朝之臣，非预纂修，皆不得见，而野史家传，遂得以孤行于世，天下之士于是乎不知今。"[②]当时，陈建居乡间，不可能看到《实录》，因此，说陈建撰《皇明资治通纪》抄自《实录》，是没有根据的。至于说陈建撰《皇明资治通纪》是"备科举士人场屋中对时务策之用。故陈建《通纪》以后，撰续通纪者甚多"，亦非如此。陈建撰《通纪》时，明朝已经从强盛走向衰落，正如他感慨说："祖宗时士马精强，边烽少警，而后来则胡骑往往深入无忌也；祖宗时风俗淳美，真才辈出，而迩来则渐浇漓也；祖宗时法度昭明，而迩来则变易废弛比比也。推之天下莫不皆然。"[③]为了挽救明王朝由盛走向衰落的颓势，他仿司马光《资治通鉴》而作《通纪》，"凡群书所载必有资于治者，方采录之，细故烦文，无资于治者弗录"[④]。希望为执政者提供资治之方，挽救明王朝由盛走向衰落的颓势。但是，自己能力有限，需要学者研究，改变通古不通今的现状，他说："韩子云：'人不通古今，马牛而襟裾。'今学者博亦有之，而通今殆鲜。"又因《大明会典》《皇明政要》《五伦书》等"但以各为义例，散出无统，今学者艰于考实"，于是自己做起，在群书基础上，"今芟繁会要，统为此《纪》，庶士君子通今之略，工拙不暇计云"[⑤]。希望由此引起那些"有志于世道者，尚相与商之"，解决现实问题，起到"资治"的作用，"挽回祖宗之盛"。[⑥] 自然，《通纪》一书，并不能"挽回祖宗之盛"，但陈建

① （明）陈建辑，（明）董其昌订《皇明通纪前编·皇明通纪凡例》。

② （明）顾炎武《日知录集释》卷18《秘书国史》。

③ 陈建《新刻皇明通纪统宗序》，载《新锲李卓吾先生增补批点皇明正续合并通纪统宗》。按：该序实为陈建撰，岳元声订《皇明资治通纪》前编序，所不同者，前者"祖宗时法度昭明"，后者改为"祖宗时财用有余"，可能两者都有删漏。

④ （明）陈建辑，（明）董其昌订《皇明通纪前编·皇明通纪凡例》。

⑤ （明）陈建辑，（明）董其昌订《皇明通纪前编·皇明通纪凡例》。

⑥ （明）陈建《皇明通纪前编序》，载（明）陈建辑，（明）董其昌订《皇明通纪前编》。

从现实出发，揭露明王朝“法积久弊滋……务于变通以救其弊”[①]。陈建在《通纪》中提出备边御戎议十则，改革宗禄制度、取士制度、任官考察制度，废除纳粟入监制度等，起到振聋发聩的社会效果。因此，自陈建《通纪》之后，社会上掀起研究“当代史”的热潮，社会需要“通今”，研究和解决现实问题，于是续修《通纪》便多起来。“通今”成为续订《通纪》的主要原因。如高汝栻将《通纪》增订为《法传录》，目的就是为天子提供历史经验，资治借鉴，使明王朝能“与天无极”。[②] 其他原因，如“续陈建所著，然专借以报夙仇，且屡改易以行垄断”[③]的人，也是有的。又如崇祯年间刊《皇明二祖十四宗增补标题评断通纪》一书，普林斯顿大学葛思德东方图书馆藏，扉页大字题“粤滨臣东莞陈建纂辑，琼山丘浚鉴定”，按陈建撰《皇明资治通纪》刊行于嘉靖三十四年（1555），丘浚卒于弘治八年（1495），根本没有看到。可见是书贾射利，托名出书的。[④]

或曰：陈建撰《皇明资治通纪》“俚浅舛讹”[⑤]；“《通纪》仿编年而芜鄙”[⑥]；“陈氏《通纪》草次亡文，采摭虽云不苟，而芜俚可厌，步王君懋之故武”[⑦]；“东莞《通纪》矣，猥管杂，而观欲吐”[⑧]。这里所谓“芜鄙”“芜俚”“猥管杂”，不外是芜杂粗俗浅陋之意。其实并非如此。明人岳元声指出：“皇明典故诸书重刻者无虑数十种，而独东莞陈公所辑《通纪》为海内宗宝，讵非载录近信，是非近公，文义近简畅钦。”[⑨]明人高汝栻也反映当时读者的评价说：“陈东莞辑《皇明通纪》，上自太祖下迄武宗，览者以其编年叙

① 叶觉迈修，陈伯陶纂《民国东莞县志》卷58《人物略五》。

② （明）高汝栻《皇明法传序》，载（明）陈建撰，（明）高汝栻订，（明）吴祯增删《皇明通纪法传全录》。

③ （明）沈德符《万历野获编》卷25《焚通纪》。

④ 朱鸿林《明人著作与生平发微》，广西师范大学出版社，2005年，第59页。

⑤ （明）沈德符《万历野获编》卷25《焚通纪》。

⑥ （明）薛应旂《宪章录序》，载《宪章录》。

⑦ （明）范守己《皇明肃皇外史序》，载《皇明肃皇外史》。

⑧ （明）祝世禄《昭代典则序》，载（明）黄光升《昭代典则》。

⑨ （明）陈建撰，（明）岳元声订《皇明资治通纪·凡例》。

事文顺理明,遂推为本朝典故权舆。”[①]如果是拙劣的作品,又怎能成为“典故权舆”呢?正因为“览者以其编年叙事文顺理明”,才被社会认可,才认同其学术价值,才拥有广大读者,虽然屡禁而不止,“海内之传诵如故也”。万历以后,“复有重刻行世者,其精工数倍于前”。因而沈德符对评其芜陋之说产生怀疑,提出“乃知芜陋之谈易入人如此”[②]。

自然,《通纪》一书,叙事自元至正十一年(1351)迄至明正德十六年(1521),历一百七十年,“舛讹”是有的,如明王世贞指出:

《皇明通纪》言:左副都御史邵宝罢,后起为礼部侍郎,以母老乞终养。按,宝再起为户部右侍郎,转左侍郎始乞终养。今言起为礼部及不出者,误。

又言:许尚书进卒于五年十二月,马尚书文升卒于七年。俱非也。二公俱卒于刘瑾未诛之先,马卒六月内,寿八十五;许卒七月内,寿七十六。

又云:诏许益秦藩封壤,既而不行。按秦所请者,牧马草场地耳,非封壤也。[③]

王世贞读了《皇明通纪》,指出这三处错误。李清《明史杂著》也指出:“陈建《皇明通纪》曰:‘吉安侯陆仲亨、南雄侯赵庸坐蓝党死。’仲亨与庸皆胡党,非蓝党。”[④]这些差错,从今天看,属技术性错误,重刊改正便可,无需深究。

---

① (明)高汝栻《嘉隆两朝小引》,载(明)陈建撰,(明)高汝栻订,(明)吴祯增删《皇明通纪法传全录》。

② (明)沈德符《万历野获编》卷25《焚通纪》。

③ (明)王世贞《弇山堂别集》卷26《史乘考误七》。

④ (明)李清《明史杂著・辨明通纪弇州别集误》,《国粹学报》第6卷第1期,1910年。

四 特 点

关于《皇明资治通纪》的编纂特点，近人已做了较深入的研究，如向燕南先生提出：一、《通纪》的史评，富有批判精神；二、以探讨现实问题为归依；三、抓住历史发展的转机予以评议。[①] 向先生从史评的角度，提出这三点意见。我认为向先生是对的。我想从全书的角度来考察，补充两点意见。

第一，在专题研究的基础上编纂《通纪》。正德、嘉靖年间，陈建便开始博古通今的研究工作，广泛收集材料，总结历史经验，研究现实问题。到了嘉靖二十七年（1548）他便写出了宗藩、任官、赏功、取士、制兵、备边御戎议等六个专题论文，其中有的专题如备边御戎议又分为十个小专题：屯田经略、修车战等，然后结集，名为《治安要议》刊行。通过这些专题研究，他一步一步地探索当代明王朝的历史，对明代的财政、边防、行政等部门和屯田、赋税、捐纳、考察等制度法规，进行了较广泛深入的研究，揭露明王朝的弊政，评议政策施行的得失，并提出补救办法。到他编写《通纪》时，已经积累了大量资料，作过多项目的微观研究，在这基础上编写《通纪》便能得心应手，容易概括反映明代社会的主要问题。如明邓元锡说："陈东莞建仿荀氏《汉纪》撰《皇明通纪》，于人才、风俗、政体、边防三致意焉，视宋李焘《长编》有过无不及矣。"[②]同时，他将微观研究的成果反映到《通纪》中去。如永乐九年三月，山西行都司属卫军屯田，陈建按："祖宗朝屯田之制甚重甚严，且耕且守，后来乃一切废弛，专仰馈籴，沿边数十万众嗷嗷待哺，如之何其可也。欲安边足食，其急复祖宗之旧乎？愚故于《治安要议》惓惓于重劝赏、兴屯田之说，俟经世者采焉。"[③]又如宣德四年十一月，太仆寺奏请遣官阅孳生马匹。陈建按称：牧马于民，弊政丛生，应当改革，"愚于《治安要议》尤究言之"[④]。类似例子尚多，不再举。在微观研究的基础

① 向燕南《陈建〈皇明资治通纪〉的编纂特点及影响》，《史学史研究》1993 年第 1 期。
② （明）邓元锡《函史》下编卷 13《经籍记》。
③ （明）陈建撰，（明）卜世昌校《皇明资治通纪》卷 5。
④ （明）陈建撰，（明）卜世昌校《皇明资治通纪》卷 7。

上，进行《通纪》的写作，就比较容易做到全书体系严整，纲目翔实分明，叙事文顺理通，举要中肯。

第二，写作时充分利用原始的第一手材料。一是民谣，陈建在评考察制度时写道："近岁黄州知府卢浚守己爱民，而得罪上司应朝去职。曹濂继之，恃其所亲贪暴自恣，两京考察皆得完璧。时有'卢浚不来，天没眼；曹濂重到，地无皮'之谣。"[①]俚谚有"为官不要钱，工役无盘缠"[②]，反映国初法律严明。还有《银豆谣》等。二是书札，成化十八年广东布政使彭韶反对镇守内臣滥征暴敛，如"太监梁芳弟锦衣千户在乡私采禽鸟等物进贡，官民俱惧其害，韶复上疏言状忤旨，遂调贵州"，陈建按语，赞扬彭韶反对内臣的行为，引用何乔新给彭韶的信来勉励他："是时都宪何乔新与彭方伯书曰：'阁下转调广州，叩之士大夫，往往讥阁下为好名，仆切以为不然，君子为其所当为，初非为名也。但举世不为而己独为之，众人遂以为好名耳，然好名何过哉！'"[③]充分地反映当时官场上人与人的关系。三是时人的诗词，如于谦有诗云："手帕蘑菇与线香，本资民用反为殃。清风两袖朝天去，免得闾阎话短长。"[④]反映于谦为官清廉，不媚权贵。还有反映封建专制主义的来复诗[⑤]；反映忠节古今略同的《乐陵令行》[⑥]；邹智的狱中写怀诗[⑦]等。四是民间习俗，陈建举端午节造龙舟竞渡为例，反映宦官专政的毒害。他写道：正德三年正月，"江西南康县民吴登显等三家于端午竞渡，以擅造龙舟捕之，籍其家。自是偏州下邑见有华衣怒马作京师语音，辄相惊告，官司密赂之，冀免其祸，自是人不帖席矣"[⑧]。五是政府文献，如洪武三年十一月赐给李善长铁券。陈建按：

---

① （明）陈建撰，（明）卜世昌校《皇明资治通纪》卷11。
② （明）陈建撰，（明）卜世昌校《皇明资治通纪》续卷3。
③ （明）陈建撰，（明）卜世昌校《皇明资治通纪》卷10。
④ （明）陈建撰，（明）卜世昌校《皇明资治通纪》卷8。
⑤ （明）陈建撰，（明）卜世昌校《皇明资治通纪》续卷3。
⑥ （明）陈建撰，（明）卜世昌校《皇明资治通纪》卷13。
⑦ （明）陈建撰，（明）岳元声订《皇明资治通纪》卷21。
⑧ （明）陈建撰，（明）岳元声订《皇明资治通纪》卷23。

铁券之制,其形如瓦,面刻诰文,背镌免罪、减死、俸禄之数,字嵌以金,一时功臣铁券数十。其文不能悉录,姑录李善长一券,以表其所以为勋首。云:"朕闻古帝王之成大业者,实由天假英贤以辅之,故威德加于四海,而天下定矣。朕起自草莱,提三尺剑,率众数千,居群雄肘腋间,未有定期。而善长来谒辕门,倾心协谋,从渡大江。于是定居建业,威声所至,无不来附。不一二年间,集兵数十万,东征西伐,日不暇给,尔独守国,转运粮储,供给器仗,未尝缺乏。况剸繁治剧,和辑军民,无有怨讟之言。此上天以授朕,朕独知之,但人人未必尽知也。昔者汉萧何有馈饷之功,千载之下,人皆称焉,比之于尔,萧何未必过也。今天下一家,尔年已高,朕无以负尔,是用加尔爵禄,使尔子孙世世承袭。朕本疏愚,皆遵前代哲王之典礼,兹与尔誓:除谋逆不宥,其余若犯死罪,尔免二死,子免一死,以报尔勋。呜呼,慎终如始,以仁义忠孝训及嗣人,必图后辅,与国同久,庶不负尔之前劳,岂不伟欤!"①

此外有勘合之制②,都是明代重要的制度。《皇明资治通纪》充分利用了原始的第一手材料,如民谣、诗词、习俗、文献等,不仅保存了文献资料,提供后人使用,如铁券制,近人黄云眉著《明史考证》就有所引用,端午竞渡,也被近人许立群著《中国史话》引用,而且使人容易理解,有感性认识,增强了可读性、趣味性。所以明人叶权不得不承认"陈建《皇明通纪》……非建臆说,乃博采诸书及各名士小说而成,使穷乡下邑,略知本朝沿革,不为无助"③。

2008 年 8 月 17 日草稿

① (明)陈建撰,(明)袁黄、(明)卜大有补《新锲李卓吾先生增补批点皇明正续合并通纪统宗》卷 2。

② (明)陈建撰,(明)袁黄、(明)卜大有补《新锲李卓吾先生增补批点皇明正续合并通纪统宗》卷 3。

③ (明)叶权《贤博编》。

漫谈清代广州十三行出口丝绸贸易

清代的对外贸易，自康熙二十四年(1685)撤销了禁海令，允许出海贸易以后，才真正发展起来。为了管理对外贸易，当年建立了粤海关，第二年便成立了十三行，成为对外贸易“半官半商”的垄断机构。中经乾隆二十二年(1757)，清政府决定广州“一口通商”，至道光二十二年(1842)中英签订《南京条约》时止，十三行独揽对外贸易达八十五年。这一时期是清代对外贸易历史上最辉煌的时期。当时中国出口的商品以生活日用品为主，如丝绸、陶瓷、茶、糖等，深受国际市场欢迎，进口的多是一些哔叽、自鸣钟、毛皮、玻璃镜等高级消费品，在中国市场上滞销，因此中国常处于出超地位。在出口商品中，生丝和丝织品占了很大的比重。如康熙三十九年(1700)，英国东印度公司“麦士里菲尔德号”船，离开广州时，装载几经困难从广州得来的货物，其中生丝 69.5 担，成本 9536.80 两；丝织品成本 13075.90 两；上等茶 160 担，成本 4109.00 两。总成本是 44928.64 两。[①]说明生丝和丝织品的价值占商品总成本一半以上。同一时期英国东印度公司的“肯特号”船亦如此[②]，又说明这一现象带有普遍性。历年广州十三行出口丝绸贸易的数量，美国马士根据英国东印度公司的档案资料，做了初步的整理，写了《东印度公司对华贸易编年史(1635—1834 年)》，我将该

---

① [美]马士著，区宗华译《东印度公司对华贸易编年史(1635—1834 年)》(第一卷)，广东人民出版社，2016 年，第 106 ~ 107 页。

② [美]马士著，区宗华译《东印度公司对华贸易编年史(1635—1834 年)》(第一卷)，广东人民出版社，2016 年，第 159 ~ 160 页。

书记述丝绸贸易的数据资料，按年度顺序编成清代广州十三行出口丝绸贸易表，借以窥测贸易的概况及经过情况。附表于后。

根据这个表，我想做一些考释和说明，如下：

首先我想说明，这时期清朝对外贸易，规定必须由十三行统一办理，包括进出口货物。史称："凡夷商一切交易事宜，俱系责成行商经手，以杜内地民人勾结滋事，立法最为尽善。"[①]如乾隆二十五年（1760），荷兰商人载货来粤贸易，规定"彝船货物俱责现充官商经手交易"，不得任由"各店私相买卖"。[②] 因此，十三行行商又称官商，故此才能独揽对外贸易。只是由于英国东印度公司的档案资料不齐全，如马士说："1766 年贸易季度的记录已经遗失；但在 1765 年的记录里，有……订购茶丝的详细记载。……准备订购生丝 500 担……每担银 265 两，即时付款。"[③]没有这些详细的确切的资料，更没有别国贸易资料，因而这个表是不全面的，甚至有的年份完全缺漏。

其次，清代广州十三行行商从事丝绸的出口贸易，主要包括生丝和丝织品两项，贸易的对象主要是欧洲商人，特别是英国东印度公司的商人和散商，以及后来居上的美国商人，前者在前期占的份额最大，后者在后期占的份额最大。但是，亦有通过他们把商品运销到其他国的，如 1825 年英国东印度公司把在广州购入的生丝 12368 担，运往加拿大等地销售。[④] 1828 年美国商人运往欧洲的生丝有 260 担。[⑤] 1829 年美商运往南美洲、桑威奇群岛及加利福尼亚的生丝也有 117 担。[⑥] 这个表虽然有缺漏，但亦可以看

① 许地山编《达衷集：鸦片战争前中英交涉史料》，商务印书馆，1931 年，第 145 页。

② 许地山编《达衷集：鸦片战争前中英交涉史料》，商务印书馆，1931 年，第 125 ~ 126 页。

③ ［美］马士著，区宗华译《东印度公司对华贸易编年史（1635—1834 年）》（第五卷），广东人民出版社，2016 年，第 152 ~ 153 页。

④ ［美］马士著，区宗华译《东印度公司对华贸易编年史（1635—1834 年）》（第四卷），广东人民出版社，2016 年，第 113 页。

⑤ ［美］马士著，区宗华译《东印度公司对华贸易编年史（1635—1834 年）》（第四卷），广东人民出版社，2016 年，第 208 页。

⑥ ［美］马士著，区宗华译《东印度公司对华贸易编年史（1635—1834 年）》（第四卷），广东人民出版社，2016 年，第 226 页。

到广州十三行出售的生丝和丝织品的概况。从表中看,广州十三行出售的生丝和丝织品,在乾隆、嘉庆年间,数量最大,品种最多,销售范围广。如生丝,乾隆五十四年(1789),十三行出口至欧洲的生丝:英国东印度公司1620担,英国散商2371担,美国660担,法国118担,荷兰331担,丹麦4担,共5104担,每担一百斤,相当于510400斤。[①] 丝织品,如嘉庆二十四年(1819),十三行出口的丝织品:英国散商1000担,美国5119担,共计6119担。[②] 乾隆二十四年,李侍尧说:"外洋各国夷船到粤贩运出口货物,均以丝货为重。每年贩买湖丝并绸缎等货,自二十万余斤至三十二三万斤不等。"[③]这是一般的估计数字,与附表马士所列历年数字比较,还是有所不同。此外走私和未登记的,肯定还有不少。

其三,需要指出的是,广州十三行出口的生丝有两种:一种是南京丝,一种是广州丝,亦称"土丝",如1800年,"英公司船只(运载——引者)的生丝为南京出产的,而散商及其他各国则为广东出产的"[④]。南京丝比广州丝质量好,价格亦贵,如1784年,"南京丝(公司独家购买的)价格涨至(每担——引者)310两,广州丝220两"[⑤]。当年十三行供应各贸易国的南京丝或湖丝,是派人往南京等地采购的,如马士说,1786年东印度公司大班"按合约价格付款50%—80%"给中国行商,"中国行商同样预付给内地商人,以便他们往南京(或苏州、杭州)采购生丝"供应;[⑥]或由客商运来广州售给行商,再由行商转售给外商。如乾隆二十四年李侍尧奏称:"惟外

① [美]马士著,区宗华译《东印度公司对华贸易编年史(1635—1834年)》(第二卷),广东人民出版社,2016年,第195页。

② [美]马士著,区宗华译《东印度公司对华贸易编年史(1635—1834年)》(第三卷),广东人民出版社,2016年,第388页。

③ 《李侍尧奏请将本年洋商已买丝货准其出口折》,载故宫博物院文献馆编《史料旬刊》1930年第5期。

④ [美]马士著,区宗华译《东印度公司对华贸易编年史(1635—1834年)》(第二卷),广东人民出版社,2016年,第384页。

⑤ [美]马士著,区宗华译《东印度公司对华贸易编年史(1635—1834年)》(第二卷),广东人民出版社,2016年,第113页。

⑥ [美]马士著,区宗华译《东印度公司对华贸易编年史(1635—1834年)》(第二卷),广东人民出版社,2016年,第146页。

洋各国夷船到粤贩运出口货物,均以丝货为重。……其货均系江浙等省商民贩运来粤,卖与各行商,转售外夷,载运回国。"[①]至于土丝,也要通过行商,才能和外商进行交易。如乾隆二十八年(1763)生产和经营佛山本地丝的Suckin(素战)就是通过行商颜英舍与法国东印度公司做生意的。[②] 广州丝品质虽比不上南京丝,但价格较便宜,所以出口仍是很多的。

其四,广州十三行出口的丝织品,品种很多,1728年统计有十三种:缎,绸缎(因丝线与重量、价格不同,故有两种),绸缎小枝花纹,高哥纶(因尺寸、重量、价格不同,故有两种),高哥纶条纹花纹,花缎床单,宝丝花纹(因尺寸、重量、价格不同,故有两种),宝丝条纹花纹,薄绸花纹,丝帕等。[③] 由于广州土丝品质比不上南京丝,广州生产的丝织品,早在明代就不用土丝而用吴丝,据沈廷芳纂《乾隆广州府志》引明修《广州志》称:

> 粤缎之质密而匀,其色鲜华光辉滑泽,然必吴蚕之丝所织。若本土之丝则黯然无光,色亦不显,止可行于粤境,远贾所不取。粤纱,金陵、苏、杭皆不及,然亦用吴丝,方得光华,不褪色,不沾尘,皱折易直。故广纱甲于天下,缎次之。[④]

这里说的粤纱,是用吴丝(吴指长江下游地区)所纺,才优于南京、苏州、杭州的,如用土丝,即不逮于吴丝,用土丝织成的丝织品,"止可行于粤境",在广东省内销售。为了争取市场而用吴丝作为原料,从明代到清代,

---

① 《李侍尧奏请将本年洋商已买丝货准其出口折》,载故宫博物院文献馆编《史料旬刊》1930年第5期。

② 参见[美]范岱克《Weaver Suckin与1750—1781年间的广州丝绸贸易》,载《广东省社会科学院历史与孙中山研究所建所五十周年纪念文集》,银河出版社,2008年,第211页。

③ [美]马士著,区宗华译《东印度公司对华贸易编年史(1635—1834年)》(第一卷),广东人民出版社,2016年,第220页。

④ (清)金烈、(清)张嗣衍修,(清)沈廷芳纂《乾隆广州府志》卷48《物产二》。

一直如此。同时,引进先进的生产技术,如雍正年间,请了一批掌握丝织生产技术的杭州师傅到广州,传授先进生产技术。[①] 因此,广东生产的丝织品,品质上乘,享有"广纱用于天下,缎次之"的美誉。清初屈大均也说:"广之线纱与牛郎绸,五丝、八丝、云缎、光缎,皆为岭外京华东西二洋所贵。"[②]

其五,广州十三行出口的丝织品,为了迎合欧洲市场的需要,大都按照欧洲的式样制成。如18世纪60至80年代,瑞典东印度公司的商人要求"第一张织布(潜按:指丝绸)都不会超过一两种颜色,它们配有诸如条纹或格子的基本图案。其中一些布料编织出来之后,就交付画师和刺绣工,他们在上面添加额外的颜色、标志、边缘、名称以及其他外国买家想要的图案"[③]。当时广州和佛山等地的丝织业技术在明代的基础上吸收了江浙的先进技巧,已取得很大的进步。广州锦纶会馆下属五大行业:朝蟒行、十八行、十一行、金彩行、通纱行,其中的十一行就包括了天青、元青、品蓝诸色,亦称杂色三行;金彩行只盂买货就有单彩、三彩、四彩、五彩之别。[④] 佛山的丝织业到明代不仅能生产牛郎纱、官纱、扁金、花绫等丝织品,而且"花样皆用印板"[⑤]。至清代,更发展为八丝缎行、杂色缎行、牛郎纱行、金彩行、对边行、栏杆行等十多个行业。[⑥] 因此,广州、佛山等地纺织工人在技术上完全能应付外商的要求,货品完全适应欧洲市场的需要,赢得外商的赞许。如1739年外商对十三行行商秀官的评价,就特别指出:"秀官的丝织品太好了,如果不特别重视,这是对他不公允的,而且他还费了很多的心血按照欧洲的式样制成,我们一定要把它们妥善保护,不致受污损。我们

① 傅崇兰《论明清时期杭州城市的发展》,《中国史研究》1983年第4期。

② (清)屈大均《广东新语》卷15《货语·纱缎》。

③ [美]范岱克《Weaver Suckin 与1750—1781年间的广州丝绸贸易》,载《广东省社会科学院历史与孙中山研究所建所五十周年纪念文集》,银河出版社,2008年,第211页。

④ 广东省文史研究馆编《三元里人民抗英斗争史料》(修订本),中华书局,1978年,第186~187页。

⑤ (清)吴荣光纂修《道光佛山忠义乡志》卷5《乡俗志·物产》。

⑥ 佛山市地方志编纂委员会办公室编《佛山史话》,中山大学出版社,1990年,第100页。

又向他订购生丝,真的,我们很难找到另外一个像他那样能够按照公司的命令,去完成困难任务的人。”[①]可见当时出口的丝织品大都是按照欧洲的式样制造的。当时制造式样繁多,如1754年英国船从广州运出的丝织品7059匹,其中精制品共有十六种,3873匹,有的名称相同,但长度、宽度、重量不同,价格亦不同,故分别列出。与上述1728年比较,多了“有色条纹”“普渡丝”“薄缎”三种。绸缎中,每平方尺重0.335两者为佳品。有色条纹是一种精制的薄而光滑的绸缎,有间隔条纹的,有织花的,有间以金银色花纹的。“普渡丝”,法国原意指丝皮,因普渡地方出产而得名,是一种平滑、坚实而昂贵的丝织品。高哥纶,欧洲各国名称不同,花样为小绳纹,为丝织品中最耐用的一种。“薄缎”又称花缎,大马士革最先出产,是用以盖床的用品。[②] 可见在织品中,薄而光滑或平滑坚实的精制品为群众所推崇。广州十三行出口的上述十六种丝织品,表明广东不仅能织经纬线一样的织品,即底和花纹都是单色的,而且能织金和银,即加金银线成为“有色条纹”。由于迎合欧洲市场的需要,品质上乘,在国际市场上竞争力强,所以中国丝织品备受外商的欢迎。

最后,需要指出广州十三行出口丝绸贸易,对中国社会经济影响很大。一是十三行组织丝绸出口贸易,农民弃稻种桑,养蚕生产土丝出售,换取生活必需品,促进珠江三角洲农业生产商品化及桑基鱼塘的产生。农民为了更好地种桑养茧,“将低洼易生水患的湿地深挖‘取泥覆盖四周为基,中凹下为塘’,‘基种桑,塘蓄鱼,桑叶饲蚕,蚕矢饲鱼,两利俱全’。蚕桑业和养殖业互相依托,互相促进,形成水陆互动的良性循环的生态型农业”[③]。二是促进丝绸业兴旺发展,广州、佛山等地丝织厂大规模兴建。广州西家行丝

---

① [美]马士著,区宗华译《东印度公司对华贸易编年史(1635—1834年)》(第一卷),广东人民出版社,2016年,第308页。

② [美]马士著,区宗华译《东印度公司对华贸易编年史(1635—1834年)》(第五卷),广东人民出版社,2016年,第21~23页。

③ 叶显恩《岭南文化与海洋文明》,载林有能等主编《香山文化与海洋文明:第六次海洋文化研讨会文集》,广东人民出版社,2009年,第8页。

织厂分布于上下西关、下九甫、十三行一带,全盛时期工人便有三四万人[①],建有锦纶会馆。佛山有大小绸缎机房近百家,棉织机则普及大街小巷。[②]新会天河、荷塘各乡生产丝茧,“江门缫丝厂有二家,共约女(工)七百人”[③]。南海县绿潭堡、大岸、新村、大峥等乡出产土丝绉纱,“尽以贩于蕃商”[④]。香山县乌石、平岚乡生产茧绸,“以大蛾茧织成,皱纹蹙起,久服不敝”;又一种茧绸,“以黄蚕丝织之,细滑黄韧,乡人尤所贵重”。[⑤] 此外,程乡、文昌等地丝织业也发展起来了。三是刺激了欧洲丝织业在美术及技术方面的进步,如德国文化史专家利奇温说:“十八世纪之末,法国的丝业,在美术及技术方面的欣欣向荣,实出于十七世纪中国材料不断输入的刺激。在这个世纪后半叶,东方手绘的丝织品成为最流行的时式。1669 年,第一艘法国船‘圣·琴·巴普提斯塔号’(Saint Jean Baptiste)由印度满载中国的丝货而回;在此以后不久,1672 年《漂亮使者》杂志(Le Meroure galant)介绍‘印花长袍’(robes indiennes)的时式。又‘裙’(混称 à la psyche)常是考究时髦的,也像印花材料的外套一样。至 1673 年,中国的花样渐趋‘平民化’,已经有印花丝织品的供应,以代替高价的手绘丝织品。……法国、荷兰及法兰德斯(Flanders)都成立了特设的工厂,专造各款绘花或印花(à la mode indienne)的丝织品。在这些本国制造的成品上,加上了中国(à la Chine)商标,但是成效很少。……绣丝术是丝业的一部门,所受中国的影响更为显著。”[⑥]四是如上述,由于对外贸易,外国输入的商品大都是奢侈品,较为滞销;中国出口的都是生活用品,因此中国常处于出超地位,外国需要用货币来补偿,从而促使白银大量流入,引起了实物税向货币税转化。清代广东首先实行赋税改革,推行摊丁入亩,征收货币,这是历史发

① 广东省文史研究馆编《三元里人民抗英斗争史料》(修订本),中华书局,1978 年,第 184 页。
② 佛山市地方志编纂委员会办公室编《佛山史话》,中山大学出版社,1990 年,第 300 页。
③ (清)谭镳等纂修《光绪新会乡土志》卷 14《物产》。
④ (清)潘尚楫等修,(清)邓士宪等纂《道光南海县志》卷 8《舆地略四·物产》。
⑤ (清)田明曜修,(清)陈沣纂《光绪香山县志》卷 5《舆地下·物产》。
⑥ [德]利奇温著,朱杰勤译《十八世纪中国与欧洲文化的接触》,商务印书馆,1962 年,第 32、36 页。

展的必然,是容易理解的,不再赘述。

2010年10月14日初稿

本稿部分材料由中山大学章文钦教授提供,附注于此,表示谢意。

附表:

清代广州十三行出口丝绸贸易表

<table>
<tr><th>年份</th><th>国　家</th><th>生丝(担)</th><th>丝织品(匹)</th><th>资料来源</th></tr>
<tr><td>1700</td><td>英国“麦士里菲尔德号”船</td><td>69.5</td><td>13075.9两</td><td>[美]马士著,区宗华译《东印度公司对华贸易编年史(1635—1834年)》(第一卷),广东人民出版社,2016年,第106页</td></tr>
<tr><td>1704</td><td>英国“肯特号”船</td><td></td><td>80000两</td><td>同上书第一卷,第159页</td></tr>
<tr><td rowspan="6">1750</td><td>英　国</td><td>586</td><td>5640</td><td rowspan="6">同上书第一卷,第338页</td></tr>
<tr><td>法　国</td><td>200</td><td>2530</td></tr>
<tr><td>荷　兰</td><td>198</td><td>7460</td></tr>
<tr><td>瑞　典</td><td>13</td><td>1790</td></tr>
<tr><td>丹　麦</td><td></td><td>809</td></tr>
<tr><td>总　计</td><td>997</td><td>18229</td></tr>
<tr><td>1754</td><td>英国“奥古斯塔公主号”船等</td><td>1462</td><td>7059</td><td>同上书第五卷,第21页</td></tr>
<tr><td>1756</td><td>英国皮古管理会等</td><td>800</td><td>2880</td><td>同上书第五卷,第38页</td></tr>
<tr><td rowspan="2">1757</td><td>英　国
“卡纳冯号”船</td><td>250</td><td></td><td rowspan="2">同上书第五卷,第73页</td></tr>
<tr><td>荷兰商人</td><td colspan="2">100</td></tr>
<tr><td rowspan="3">1759</td><td>英　国
“埃奇科特号”船等</td><td>350</td><td></td><td rowspan="3">同上书第五卷,第80页</td></tr>
<tr><td>英国“皮特号”船</td><td>250</td><td>11417两</td></tr>
<tr><td>总　计</td><td>600</td><td>11417两</td></tr>
</table>

（续表）

年份	国　家	生丝(担)	丝织品(匹)	资料来源
1764	荷　兰	299	4718	同上书第五卷,第 142 ~ 143 页
	法　国	97	1350	
	丹　麦		4489	
	瑞　典		747	
	总　计	396	11304	
1765	英国皮古船长		250 两	同上书第五卷,第 130 页
1766	英国公司	500		同上书第五卷,第 153 页
1768	英国公司	1700	29600	同上书第五卷,第 161、163 页
	荷　兰	101	4814	
	法　国	22	2000	
	丹　麦		3204	
	总　计	1823	39618	
1771	英国公司	1600		同上书第五卷,第 185 页
	英国散商	10	580	
	荷　兰	231	3257	
	法　国	201	2346	
	丹　麦	40	1163	
	瑞　典		936	
	总　计	2082	8282	
1772	英国公司	1426		同上书第五卷,第 205 页
	英国散商	105	668	
	荷　兰	620	4146	
	法　国	263	1837	
	丹　麦		985	
	瑞　典		1068	
	总　计	2414	8704	

（续表）

年份	国　家	生丝(担)	丝织品(匹)	资料来源
1774	英国公司	1293		同上书第五卷,第229页
	英国散商	369	3348	
	荷　兰	111	3117	
	法　国	25		
	瑞　典	23		
	总　计	1821	6465	
1777	英国公司	1829		同上书第二卷,第33页
	英国散商	1142		
	法　国	408		
	荷　兰	208		
	瑞　典	15		
	丹　麦	117		
	总　计	3719		
1778	英国公司	1827		同上书第二卷,第40页
	英国散商	277		
	法　国	390		
	荷　兰	281		
	丹　麦	186		
	总　计	2961		
1779	英国公司	1605		同上书第二卷,第47页
	英国散商	2027		
	荷　兰	250		
	瑞　典	17		
	丹　麦	211		
	神圣罗马帝国	154		
	总　计	4264		

（续表）

年份	国　家	生丝(担)	丝织品(匹)	资料来源
1783	英国公司	776		同上书第二卷,第98页
	英国散商	147		
	法　国	211		
	神圣罗马帝国	10		
	瑞　典	18		
	普鲁士	163		
	总　计	1325		
1784	英国公司	678		同上书第二卷,第111～112页
	英国散商	141		
	法　国	117		
	荷　兰	133		
	丹　麦	20		
	美　国 “中国皇后号”船		490	
	总　计	1089	490	
1788	英国公司	1877		同上书第二卷,第173～174页
	英国散商	1214		
	美　国	256		
	法　国	73		
	荷　兰	142		
	瑞　典	127		
	丹　麦	85		
	西班牙	134		
	总　计	3908		

（续表）

年份	国　家	生丝（担）	丝织品（匹）	资料来源
1789	英国公司	1620		同上书第二卷，第 195 页
	英国散商	2371		
	美　国	660		
	法　国	118		
	荷　兰	331		
	丹　麦	4		
	总　计	5104		
1790	英国公司	1527		同上书第二卷，第 201 页
	英国散商	1216		
	美　国	184		
	法　国	120		
	荷　兰	49		
	总　计	3096		
1791	英国公司	786		同上书第二卷，第 206 页
	英国散商	954		
	美　国	55		
	法　国	84		
	荷　兰	111		
	瑞　典	10		
	总　计	2000		
1792	英国公司	1272		同上书第二卷，第 216 ~ 217 页
	英国散商	1764		
	美　国	25		
	法　国	56		
	荷　兰	80		
	瑞　典	22		
	丹　麦	90		
	热那亚、托斯卡纳	66		
	西班牙	25		
	总　计	3400		

（续表）

年份	国　家	生丝(担)	丝织品(匹)	资料来源
1793	英国公司	762		同上书第二卷,第234页
	英国散商	1051		
	美　国	36		
	荷　兰	29		
	总　计	1878		
1794	英国公司	1160		同上书第二卷,第284页
	英国散商	1464		
	美　国	3		
	西班牙	75		
	总　计	2702		
1795	英国公司	711	3400	同上书第二卷,第295～296页
	英国散商	460		
	西班牙	95		
	美　国		9000	
	瑞　典		7500	
	总　计	1266	19900	
1796	英国公司	599		同上书第二卷,第309页
	英国散商	1201		
	美　国	97		
	丹　麦	2		
	西班牙	75		
	总　计	1974		
1797	英国公司	453		同上书第二卷,第328页
	英国散商	1415		
	美　国	283		
	丹　麦	253		
	总　计	2404		

（续表）

年份	国　家	生丝(担)	丝织品(匹)	资料来源
1798	英国公司	488		同上书第二卷,第 345 页
	英国散商	955		
	美　国	61		
	丹　麦	104		
	总　计	1608		
1799	英国公司	871		同上书第二卷,第 357 页
	英国散商	111		
	丹　麦	152		
	总　计	1134		
1800	英国公司	827		同上书第二卷,第 384 页
	英国散商	302		
	美　国	35		
	总　计	1164		
1801	英国公司	603		同上书第二卷,第 396 页
	英国散商	259		
	美　国	138		
	总　计	1000		
1802	英国公司	569		同上书第二卷,第 427 页
	英国散商	13		
	总　计	582		
1803	英国公司	965		同上书第二卷,第 441 页
	英国散商	1472		
	美　国	11		
	西班牙	87		
	总　计	2535		
1804	英国公司	600		同上书第二卷,第 458 ~ 459 页
	英国散商	56		
	总　计	656		

（续表）

年份	国　家	生丝(担)	丝织品(匹)	资料来源
1805	英国公司	158		同上书第三卷,第 2 页
	英国散商	369		
	美　国	55		
	总　计	582		
1806	英国公司	671		同上书第三卷,第 30 页
	英国散商	685		
	美　国	4		
	总　计	1360		
1807	英国公司	701		同上书第三卷,第 60 ~ 61 页
	英国散商	425		
	美　国	43		
	总　计	1169		
1808	英国公司	618		同上书第三卷,第 85 页
	英国散商	983		
	美　国	126		
	总　计	1727		
1809	英国公司	413		同上书第三卷,第 113 页
	英国散商	854		
	美　国	14		
	西班牙	172		
	总　计	1453		
1810	英国公司	715		同上书第三卷,第 145 页
	英国散商	554		
	美　国	366		
	总　计	1635		

（续表）

年份	国　家	生丝（担）	丝织品（匹）	资料来源
1811	英国公司	763	56	同上书第三卷，第174页
	英国散商	149	969	
	美　国		1490	
	总　计	912	2515	
1812	英国公司	1257	22	同上书第三卷，第194页
	英国散商	705	72	
	美　国		266	
	总　计	1962	360	
1813	英国公司	1192	144	同上书第三卷，第211页
	英国散商	870	319	
	总　计	2062	463	
1814	英国公司	1680	239	同上书第三卷，第229页
	英国散商	1413	143	
	美　国		160	
	总　计	3093	542	
1815	英国公司	282	23	同上书第三卷，第256页
	英国散商	360	284	
	美　国		2854	
	瑞　典		8	
	总　计	642	3169	
1816	英国公司	659	332	同上书第三卷，第273页
	英国散商		95	
	总　计	659	427	
1817	英国公司	417		同上书第三卷，第342页
	英国散商	1700	794	
	美　国		2188	
	总　计	2117	2982	

（续表）

年份	国　家	生丝（担）	丝织品（匹）	资料来源
1818	英国公司	182271 元		同上书第三卷，第 385 页
	英国私商	632030 元	300000 元	
	总　计	814301 元	300000 元	
1819	英国公司	836		同上书第三卷，第 388 页
	英国散商	2777	1000	
	美　国	507	5119	
	总　计	4120	6119	
1820	英国公司	832		同上书第三卷，第 413 页
	英国散商	2793	2366	
	美　国		1600	
	总　计	3625	3966	
1821	英国公司	802		同上书第四卷，第 6 页
	英国散商	5230	60000	
	美　国		276614	
	总　计	6032	336614	
1822	英国公司	562		同上书第四卷，第 57 页
	英国散商	4616	37842	
	美　国	70	381430	
	总　计	5248	419272	
1823	英国公司	597		同上书第四卷，第 77 页
	英国散商	2614	21000	
	美　国		350000	
	总　计	3211	371000	
1824	英国散商	846070 元	325755 元	同上书第四卷，第 109 页
	美　国	38950 元	2968854 元	
	总　计	885020 元	3294609 元	

（续表）

年份	国　家	生丝(担)	丝织品(匹)	资料来源
1825	英国散商	6985	33712	同上书第四卷,第 113 页
	美　国	545	619614	
	总　计	7530	653326	
1826	英国散商	4186	60000	同上书第四卷,第 135 页
	美　国	260	303885	
	总　计	4446	363885	
1827	英国散商	3570	40000	同上书第四卷,第 164 页
	美　国	267	420494	
	总　计	3837	460494	
1828	英国散商	7248	90000	同上书第四卷,第 185 页
	美　国	328	211310	
	总　计	7576	301310	
1829	英国散商	5990	80000	同上书第四卷,第 211 ~ 212 页
	美　国	347	186653	
	荷　兰	130	750	
	总　计	6467	267403	
1830	英国散商	6668	93000	同上书第四卷,第 255 页
	美　国	285	262107	
	荷　兰	100	23350	
	总　计	7053	378457	
1831	英国散商	8451	49500	同上书第四卷,第 287 页
	美　国	109	268677	
	总　计	8560	318177	
1832	英国散商	6651	54683	同上书第四卷,第 364 页
	美　国	144	215219	
	荷　兰		4000	
	总　计	6795	273902	
1833	英国散商	9920	66550	同上书第四卷,第 386 页

说明:表中数字单位与表头不一致的,直接将原单位附在数据后。

明末广州的外贸市集

——十三行成立前广州外贸的市场运作机制

广州对外贸易，兴起于汉代，经过唐宋，至明代初期，虽因“海禁”，贸易有所萎缩，但万历以后，开辟了广州—马尼拉—墨西哥的太平洋新航线；同时，在广州开设了外贸市集，输出商品中，仍然以丝绸、瓷器和茶叶为大宗，所以对外贸易有所发展。从明末广州外贸市场的运作，便能看到其承传对外贸易的传统。

明初贡舶贸易既不能满足外国商人的需要，他们不遵守贡期而来贸易，也和国内商品经济的发展不相适应，沿海商人要求扩大海外贸易。在这种形势下，隆庆元年（1567），明政府不得不“开海”，允许中国商人前往东西洋贸易，外国商船来广东贸易的也逐渐增多，无论外商或华商都沿着新开辟的航路航行于太平洋上。特别是葡萄牙人盘踞的澳门，据明人庞尚鹏说：“每年夏秋间，夷船乘风而至，往止二三艘而止，近增至二十余艘，或倍增焉。”[①]外国商船通过澳门，进入广州贸易。由此可见，在明朝外贸史上，隆庆年间是转折点，贡舶贸易走向衰落，商舶贸易逐渐发展，对外贸易开始转型。

为了适应外贸发展的需要，嘉靖末年，明政府在广州开设了定期外贸市集，规定中外商人贸易必须在市集上进行。当时广州每年夏冬两季都举

① （明）庞尚鹏《陈末议以保海隅万世治安疏》，载《百可亭摘稿》卷1《奏议》。

行定期的盛大的外贸市集,市集的地点在海珠岛①,每次开市数星期甚至数月。著名耶稣会士利玛窦说:“葡萄牙商人已经奠定了一年举行两次集市的习惯,一次是在一月,展销从印度来的船只所携来的货物,另一次是在六月末,销售从日本运来的商品。这些市集不再像从前那样在澳门港或在岛上举行,而是在省城本身之内举行。……这种公开市场的时间一般规定为两个月,但常常加以延长。”②万历十一年(1583),耶稣会士罗明坚也说:“葡萄牙人到广州贸易,是受明朝严格规定的:每年两次,不许居住在陆上,只能住在船上。”③这正是外贸市场严格规定的反映。当时中国各地商人源源不断地把丝绸、瓷器、茶叶、铁锅等货物运来广州,使广州成为对外贸易商品集散市场。他们之中,以闽浙粤商人为多,“闽商聚食于粤,以澳为利者,亦不下数万人”④。东南亚各国商人和欧洲各国商人都参加了广州的外贸市集。这个外贸市集,可算是国际性的。

在广州定期市集之前,在外贸运作中,早已有牙行的活动,史称:“番商者,诸番夷市舶交易,纲首所领也。”⑤说明牙行已介入市舶交易之中。到了嘉靖年间,在广州外贸市场上,牙行的活动已相当活跃和频繁,史称:

> 岁甲寅(嘉靖三十三年),佛郎机夷船来泊广东海上,比有周鸾号“客纲”,乃与番夷冒他国名,诳报海道,照例抽分,副使汪柏故许通市。而每以小舟诱引番夷,同装番货,市于广东城下,亦尝入城贸易。⑥

次年,佛郎机商人又带领日本商人同来广东海上贸易,客纲周鸾等一

① 今长堤省总工会一带,参见黄启臣《澳门通史》,广东教育出版社,1999 年,第 36 页。
② [意]利玛窦、[比]金尼阁著,何高济等译《利玛窦中国札记》,中华书局,1983 年,第 144 页。
③ 万明《从八封信简看耶稣会士入华的最初历程》,《文献》1993 年第 3 期。
④ (清)郭汝诚修,(清)冯奉初等纂《咸丰顺德县志》卷 24《胡平运传》。
⑤ (明)黄佐纂修《嘉靖广东通志》卷 68《外志五・杂蛮》。
⑥ (明)郑舜功《日本一鉴・穷河话海》卷 6《海市》。

直周旋其间,引导和“使倭扮作佛郎机夷,同市广东卖麻街,迟久乃去”①。可见当时的牙行制度非常不健全,才使周鸾冒充“客纲”得逞,特别是葡萄牙非贡国,也由于受周鸾蒙蔽而许入城贸易了。但这也说明牙行在外贸中的重要地位和作用。所以到了嘉靖三十五年(1556),海道副使汪柏有鉴于此,为了更好地规范对外贸易,便建立牙行的组织机构。史称:海道副使汪柏“乃立客纲、客纪,以广人及徽、泉等商为之” ②。

所谓“客纲”,实际上就是牙行的组织机构。每“纲”设一“纲首”,总理牙行事宜,主持对外贸易。“客纪”就是牙行的经纪人。这些都是由广东、安徽徽州、福建泉州的商人充当的。当时,究竟有多少“纲”,每“纲”有多少家,眼下已经很难查考了。据文献记载,福建市舶司原属有牙行二十四名,后改为十九名。嘉靖末只有五名。③ 看来各时各地情况不一。嘉靖万历年间泉州人颜理学就是广州的牙行之一。他“贾于粤”,“尝领官符贸夷舶”。④ 裴化行根据法文材料说,1555 年下半年,葡萄牙的商船来广州贸易,“商业的利源,是被原籍属于广州、徽州(安徽)、泉州(福建)三处的十三家商号垄断着”⑤。这十三家商号都是在广州,且所属地和汪柏所立的牙行相同,极有可能就是当时汪柏所立的牙行。据瑞典人龙思泰说,从 1578 年开始葡萄牙商人常去广州,参加“每年开放两次”的外贸市集,“贸易的经理人,从 1 月份起采购运往印度和其他地方的货物,从 6 月份起采购运往日本的货物”。⑥ 这里的“贸易的经理人”就是牙行的“客纪”。又根据《东方诸国记》记载,从隆庆元年(1567)以后,马六甲商船来广州时牙行活动的情况看,官府设立的牙行,内部组织已渐趋严密,职权亦渐扩充。它已经不是明代早期单纯的买卖中介人,而成了代替从前广东地方官主持

---

① (明)郑舜功《日本一鉴·穷河话海》卷 6《海市》。
② (明)黄佐纂修《嘉靖广东通志》卷 68《外志五·杂蛮》。
③ (明)高岐《福建市舶提举司志·属役》。
④ (清)怀荫布修,(清)黄任、(清)郭赓武纂《乾隆泉州府志》卷 60《明笃行五》。
⑤ [法]裴化行著,萧浚华译《天主教十六世纪在华传教志》,商务印书馆,1937 年,第 94 页。
⑥ [瑞典]龙思泰著,吴义雄等译《早期澳门史》,东方出版社,1997 年,第 108 页。

和操纵外国商船来广州贸易的商业团体，并且起着半官方的作用。[①] 这些牙行后来便成为清代广州十三行的权舆了。

大约在实行定期外贸市集前的嘉靖初年，广州曾出现三十六行。明人周玄暐写道：

> 广属香山为海舶出入襟喉，每一舶至，常持万金，并海外珍异诸物，多有至数万者。先报本县，申达藩司，令舶提举同县官盘验，各有长例。而额外隐漏，所得不赀。其报官纳税者，不过十之二三而已。继而三十六行领银，提举悉十而取一，盖安坐而得，无簿书刑杖之劳，然尤不若盐课提举。……故广人屈指，小官多得钱者必首盐司云。[②]

这里虽说是香山，实际所指的是澳门。当时广东的三十六行，实际上就是三十六个手工业行业或商业行业。其头头与"揽头"的性质一样。明代的"揽头"，各行业都存在，尤其是外贸活动中，十分活跃。他们"拥有厚资"，"久充粤中揽头"。[③] 他们"隶名"[④]市舶司，不仅"接济澳夷"[⑤]，甚至偷"运私货而亏公饷"[⑥]。上述材料说明，他们在市舶提举的包庇下，向澳门外商"领银"，提供他们市场所需要的手工业制品，从中攫取利润。而市舶提举向三十六行索取"十而取一" 的陋规，虽然"无簿书刑杖之劳"，"安坐而得"，但是，无论如何总比不上盐课提举捞到的油水多，所以"广人屈指，小官多得钱者必首盐司云"。这就是作者记述的主题。由于嘉靖初年尚处于海禁时期，三十六行的活动是非法的，自然谈不上是当时承揽对外

① Tome Pires《东方诸国记》，转折自 M. A. P. Meilink-Roelofsz, *Asian Trade and European Influence in the Indonesian Archipelago between* 1500 *and about* 1630(《1500 年至约 1630 年间印度尼西亚群岛上的亚洲贸易和欧洲人的影响》), Martinus Nijhoff, 1962.

② （明）周玄暐《泾林续记》。

③ （明）颜俊彦《盟水斋存牍》，中国政法大学出版社，2002 年，第 75 页。

④ （明）颜俊彦《盟水斋存牍》，中国政法大学出版社，2002 年，第 86 页。

⑤ （明）颜俊彦《盟水斋存牍》，中国政法大学出版社，2002 年，第 73 页。

⑥ （明）颜俊彦《盟水斋存牍》，中国政法大学出版社，2002 年，第 489 页。

贸易的一个商人行帮的总称，也不是在官府控制下从事对外贸易的官商，更没有替市舶提举主持对外贸易、盘验外国商船、抽收税货的职责，不具有牙行的性质。明代广东三十六行，只能视为三十六个组织手工业生产并将产品非法出口的手工业和对外贸易相结合的行业。

在广州的定期外贸市集中，葡萄牙商人最积极，他们留居在澳门，“每年两次到广州（那边每年举行两次盛大的市集）去买货。他们的确从这种通商中获得了比马尼拉的商人（潜按：指占据马尼拉的西班牙商人）或我们（潜按：指荷兰商人）更多的利润；因为他们在中国住了很久，积累了丰富的知识和经验，这使他们所得到的货品，质量比别人好，品种比别人多；他们也有机会按照他们的特殊需要定制货品，规定出丝绸的宽度、长度、花样、重量，以适合日本、东印度和葡萄牙市场的需要”①。因此，葡萄牙商人将在广州的定期外贸市集上收购到的中国的大批货物运往日本长崎和印度果阿出售，获得丰厚的利润。如白丝，在广州市集上买价是每担白银 80 两，运往果阿，卖价每担白银约 200 两，利率 150%，在日本长崎卖价每担亦有 140～150 两，利率 75%～87.5%；各种绸缎，每匹在广州市集买价为 1.1～1.4 两，运往日本长崎，每匹卖至 2.5～3 两，利率 78.6%～172.7%，此外，白糖、各种瓷器等也获利不少。②

在广州的定期市集上，堆积了大量的中国商品，完全可以满足世界各国商人的需求，可以说是我国对外贸易的极盛时代。荷兰人纳茨写道：“中国是一个物产丰富的国家，它能够把某些商品大量供应全世界。中国人把货物从全国各地运到他们认为最有现款购买他们的货物的市镇和海港。……后来他们运往广州市集上的货品的数量是如此之大，以致葡萄牙人没有足够的资金购买它们。……参加这些市集的商人们看到

① ［荷］纳茨《关于中国贸易问题的简要报告》，载厦门大学郑成功历史调查研究组编《郑成功收复台湾史料选编》，福建人民出版社，1962 年，第 115 页。

② C. R. Boxer, *The Great Ship from Amacon: Annals of Macao and the Old Japan Trade*, 1555—1640（《来自亚妈港的大帆船：1555—1640 年澳门与日本的贸易编年史》），Centro de Estudos Historicos Ultramarinos, 1959, pp. 179～182.

他们的货卖不出去，就用他们自己的船，责任自负地把货运往马尼拉、暹罗、望加锡等地去。”[①]其实不仅葡萄牙商人没有足够的资金购买，就是荷兰的东印度公司的资本，“还不够应付中国贸易所需的六分之一”[②]。可见广州的定期市集上中国商品结构规模之大，确是历史上所少见的。同时卖不出去的货物，中国商人“用他们自己的船”，从广州沿着海上丝绸之路的航线，把货物运往马尼拉、暹罗、望加锡等地出售。如1614年，“中国帆船到达本港（潜按：指下港）有六只，而且都满载着丰富的货物。中国人带来了好坏不齐的陶磁器，好多的衣件，比以前更多的丝织品（但质地不佳，我国无需要），生丝五六千斤，以及各色各样的商品”[③]。有的白丝甚至转运至墨西哥，因为16世纪末，墨西哥的丝织工厂，“有一万四千多人，从事于丝货之制造，而其原料，则来自漳州及广州。华商经营此业，获利极厚，大宗银元，因贸易而流入中国”[④]。

明政府对广州定期市集进行管理，规定外国商人在广州市集上出售或购入的货物，要缴交货物出入口税，如万历四十一年（1613）规定：“凡夷趁贸货物，俱赴货城（潜按：指广州）公卖输饷。”[⑤]关税从“抽分”实物到征收货币，无疑是明代关税的重大变化，说明明代关税逐渐完备。

这时期，广东对外贸易，通过海上丝绸之路，“走出去，引进来”，相当繁荣。我国商品在国际市场上仍具有很大的竞争力，丝绸和瓷器垄断着世界市场，输出以丝绸为大宗。当时有一位名叫波特洛（Botero）的人指出：“从中国输出的丝绸数量几乎超出人们的想象。每年有一千英担丝绸从

① ［荷］纳茨《关于中国贸易问题的简要报告》，载厦门大学郑成功历史调查研究组编《郑成功收复台湾史料选编》，福建人民出版社，1962年，第119页。

② ［荷］纳茨《关于中国贸易问题的简要报告》，载厦门大学郑成功历史调查研究组编《郑成功收复台湾史料选编》，福建人民出版社，1962年，第117页。

③ 荷兰总督康（Coen）由下港发给东印度公司的报告，转引自［日］岩生成一著，刘聘业译《下港（万丹）唐人街盛衰变迁考》，《南洋问题资料译丛》1957年第2期。

④ ［美］菲律乔治著，薛澄清译《西班牙与漳州之初期通商》，《南洋问题资料译丛》1957年第4期。

⑤ （清）申良翰修，（清）欧阳羽文纂《康熙香山县志》卷10《澳夷》。

这里(潜按:这里主要指厦门和广州)输出到葡属印度群岛,输出到菲律宾。它们装满了15艘大船。输往日本的丝绸不计其数。"[1]中国在外贸上长期处于顺差的地位,大量的白银从西方流向东方,流入中国。

广州的定期外贸市集,大约在清初时已转移至澳门,广州及内地的商人从旱路载货下澳门,从事对外贸易,澳门便成为广州对外贸易的外港。康熙以后,广州设置十三行,恢复广州的对外贸易,从此,广州对外贸易又掀开了新的一页。

---

① [德]安德烈·贡德·弗兰克著,刘北成译《白银资本:重视经济全球化中的东方》,中央编译出版社,2000年,第163页。

从海陵岛到上川岛

——明代粤西海防个案纪事

陈忠烈　李龙潜

一　明初从海陵岛到上川岛沿海的形势

明初从海陵岛到上川岛属于粤西沿海地带，全长大约60海里，中间经过的大小岛屿和港口很多，比较著名的，属于阳江县管辖范围的，有海陵岛、北额港、丰头港、北津港、三丫港；属于新宁县管辖范围的，有柳渡、寨门港、三洲澳、广海（褥城澳）、望峒澳、大金门岛、下川岛、上川岛等。其中北津港，在阳江城东南15千米，由于海潮湍急，形势险要，上可通广惠潮，下可达高雷琼。史称：北津港（又名北泽海）口，独石耸峙其中，“每潮起，汹涌而入，遇风则其声砰击如雷。下多阴碛，舟楫往来，非老舟师莫辨”。“北津外一望无际，南转而东，可由上下川内外以达广惠潮州，南转而西，可由海陵内外以达高雷琼州。故阳江海防，北津最要。”[①]同时，这些大小岛屿和港口，地处沿海，土地肥美，宜于种植，且有鱼盐之利，容易谋生，因而早在明初就有人聚居其中，从事农渔业，开发海滨，形成村庄；又由于互通有无的需要，建立圩场，进行贸易，使商品经济繁荣。如海陵岛，旧名螺洲，又名螺岛、鹤洲，在阳江城西南端，距城15千米。岛周围150千米，内

① （清）李沄辑《道光阳江县志》卷1《地理志·山川》。

有麻礼、那洋、广陵、戙船澳等29个村庄。[①] 虽引自清代方志,但海陵岛地方基层建制仍是明代的都图制,清承明代而来。明代已有村庄,有编户居住,并非无人的荒芜之区。[②] 明嘉靖时,阳江县只有八个圩场,沿海地区就占了两个,在北津港,建有北津圩,在白石都,建有双鱼渡头圩。[③] 在新宁,如上川山、下川山,亦有人居住。史称:明时,"上川石山,而下川土山……居民以贾海为业"[④]。即从事海上商业、渔业或运输业。有的海岛甚至成为外贸的据点,如葡萄牙商人就常"驻留在(下川、上川、浪白滘……)各小岛之上"[⑤],从事非法贸易。正由于这一带海湾富庶,才受到海盗、倭寇和西方殖民主义者垂涎,成为他们染指的目标。所以明代高明人区大伦说:"端州南滨于海,而阳江独当之,估客往来之辐辏,民利之。然而倭寇海氛时有抄略,故其利在海,而害亦在海,实岭以西要害之冲也。"[⑥]

二　明政府对粤西海防的政策和措施

明初政府对粤西的海防,和边防一样重视。如在阳江县,洪武三年(1370)置阳江千户所,八年(1375)设海朗、双鱼两千户所,为掎角之势,设两所千户官领旗兵以守,三所共有旗兵942名。[⑦] 阳江千户所署在阳江城西鼍山之中,驻守阳江。双鱼千户所驻守海陵岛,洪武二十七年(1394),都指挥花茂在海陵岛内戙船澳建所城,设门楼四座。海朗守御千户所,洪武二十七年都指挥花茂在县东南五十里处(北津港北)建所城,镇守北津港一带的海湾。所以,"城内北郭巨石磊礌,石刻'镇海山'三字,一石一字,每字约大五尺强"[⑧]。以上三所分隶广海、神电、肇庆三卫。又每所设

① (清)李沄辑《道光阳江县志》卷1《地理志·舆图》。
② (明)黄佐纂修《嘉靖广东通志》卷15《舆地志三·坊都》。
③ (明)黄佐纂修《嘉靖广东通志》卷25《民物志六·墟市》。
④ (明)李贤《明一统志》卷79《广东布政司》。
⑤ [法]裴化行著,萧浚华译《天主教十六世纪在华传教志》,商务印书馆,1937年,第94页。
⑥ (清)李沄辑《道光阳江县志·前序》。
⑦ (清)李沄辑《道光阳江县志》卷5《兵防志·兵制》。
⑧ (清)李沄辑《道光阳江县志》卷1《地理志·山川》。

备倭官一员，置寨城一座，负责海上巡哨（潜按：由于置寨城，出汛巡哨，故亦称水寨，但与后来带有海军性质的北津水寨有别）。史称："双鱼寨设有寨城一座，内置发汛公署及寨署、哨捕、兵房。"①当时出汛巡哨时间，分为春汛和冬汛，规定"自清明前三日起，至大暑前一日止，谓之春汛；自霜降前一日起，至小寒前一日止，谓之冬汛"。双鱼寨有兵船 12 只，官兵 444 名，分左右两哨："左哨派守双鱼港内，通双鱼所城"（潜按：指双鱼千户所城），即其哨守范围是自双鱼寨城至双鱼千户所城；"右哨派守丰头港，与海朗寨接界"，即其哨守范围是由丰头港至海朗寨。由于这一带"奸宄窥伺疏防，常驾客船藏盗出入相应"，因而严饬与海朗寨会哨分防。又由于双鱼千户所城"离阳江县一百七十里，离电白县九十余里，声援辽旷，实为边海孤城，外洋势难遥控"，因而外洋形势亦靠该寨派兵瞭望侦察，有情报，及时上报。这种负责瞭望侦察的兵，称为"瞭军"。双鱼寨港门，有东西两山对峙，上有铳台 3 座，由东山官兵（地方招募的营兵）据险而守，故"贼未敢卒犯也"。"每岁春汛，除督发双鱼一哨官兵外，又例调东西两山各营兵协守所城并一带海岸。"②海朗寨原设官兵多少？不明。至万历初年，据海朗兵册，见在官兵计 154 名，战船 12 只。当时，寨城设有铳台 3 座，故寨城又称铳城。正由于有铳台，上置铳炮，海朗港"港门津要似可资控守，但港外无台可振，势既孤悬"，因此，每值汛期，便"督发海朗陆哨官兵为之犄角，庶几孤悬者不至为孤注耳"。明人称许海朗寨官兵巡哨"东接广海，西界双鱼，楼船组练，雄据上游，屹然一天堑哉"③。以上双鱼、海朗两寨，在巡哨期间，除了本寨官兵，还调东莞乌艚船 10 只，配载神电等卫所官兵，戍守戙船澳等处。④ 戙船澳原设民壮 15 名，哨船 1 只，也参加他们的戍守工作。⑤ 从以上阳江卫所军及附设的寨兵的布防来看，大抵险要之

① （明）顾炎武《天下郡国利病书·广东备录中·冒起宗双鱼寨所图说》。

② （明）顾炎武《天下郡国利病书·广东备录中·冒起宗双鱼寨所图说》。

③ （明）顾炎武《天下郡国利病书·广东备录中·冒起宗海朗寨所图说》。

④ （清）李沄辑《道光阳江县志》卷 5《兵防志·海防》。

⑤ （明）黄佐纂修《嘉靖广东通志》卷 33《兵防三》。

处，必派兵防守，海面巡哨有制度，规定出汛日期、地点，所以明人评云："守险之制，亦云密矣。"①

在此需指出，在建立卫所附设寨兵的同时，曾建有烽燧的报警制度，可惜未见具体记载。万历二年（1574）两广提督殷正茂曾说"烽堠废坠"，建议恢复施行烽燧的报警制度。当时，规定在"沿海地方不拘十里、十二三里，择其高阜去处，或就山顶可以瞭顾四远者，即建墩台一所……每墩拨军六名，一年一换，俱于卫所食粮旗军差用。……如遇瞭见异船在海行驶，即于贼船近处墩上举大白旗，各墩连接走报。如贼势将登犯某处地方，日则举烟，夜则举火，仍放大铳三个，鸣锣，令一军执小旗，打小锣，将贼船数目、约贼若干、登犯某处地方情由，毋分雨夜，走报邻墩，一体传报各军"②。如望洞澳右面就建有"陈村烽堠""双江烽堠"③。这是古代北方烽燧报警制度的延续，在未有电讯传递信息的封建社会，不失为通讯联络的良法。

在新宁县，早在洪武二十七年都指挥花茂便奏设广海卫，在当时新会褥州建广海卫城，原在褥州的巡检司迁于望头镇即望峒。④ 弘治十二年（1499），新宁建县后，褥州、望头才划归新宁管辖，并将望头巡检司迁往海宴。嘉靖十年（1531）设新宁守御千户所，在新宁县治，有官9员，旗军466名，隶广海卫。⑤ 广海卫是粤中沿海的海防重镇，为水寨汛地，史称："二百里东至新会崖门界，又二十里至香山虎跳门、竹篙尾界，一百一十里西至阳江娘澳界，二百五十里南至外洋，三十里北至新宁坤蒌界。"⑥

卫所军附设"水寨"，出洋巡哨，至嘉靖二十七年（1548）始停止。为了加强防御领导工作，隆庆六年（1572）都御史殷正茂奏设东、西巡海参将二员，以西路参将驻阳江。万历三年（1575）又设海防同知，亦驻阳江。万历

① （明）顾炎武《天下郡国利病书·广东备录中·冒起宗双鱼寨所图说》。
② （明）应槚辑，（明）刘尧诲重修《苍梧总督军门志》卷22《事例》。
③ （明）应槚辑，（明）刘尧诲重修《苍梧总督军门志》卷5《舆图三》。
④ （明）黄佐纂修《嘉靖广东通志》卷15《舆地志三·城池》。
⑤ （明）郭棐《粤大记》卷27《政事类·兵职》。
⑥ （明）顾炎武《天下郡国利病书·广东备录上·海道、江道哨兵》。

四年（1576）又在北津港筑城，并组建水寨，实为明代的海军。将西路巡海参将改为阳电海防参将。万历八年（1580）设北津水寨把总，而罢阳电参将，把总专管北津水寨，领船乌艚、横江白艚、玄钟哨马、叭喇唬共74只，兵2270名（一说2370名）。船每年赴省河修理，修船时兵则放班。兵船驻扎海陵岛戙船澳。规定“正、二、七、八、九、十二月收汛，三、四、五、六、十、十一月出汛”①。汛地自三洲山起，至吴川赤水港止。与六寨会哨的办法，规定：本寨“分二官哨：一至三洲、上下川，哨逻大金、铜鼓，东与南头兵船会哨，取广海卫结报；一至放鸡、连头，西与白鸽门兵船会哨，取吴川所结报”②。此后由于海面辽阔，又将巡哨兵船分为三哨：“中哨泊于戙船澳、丰头港，左哨泊于寨门澳，右哨泊于电白之莲头澳。军器火药咸具，自是县所军壮撤而不用。”③当时，从海陵岛到上川岛沿海各据点如海朗、双鱼等处尚有卫所官军驻守。北津水寨代替上述海朗等寨的官兵出巡海上，“与东之柘林、碣石、南头，西之白鸽、白沙，皆称要害，号六大寨，互相联络”④，分哨巡海，至为严密。

综上所述，可见明初政府在广东沿海地区建立卫所，附设寨兵，建立巡哨、瞭望及烽燧报警等制度，董以都司：地方险要之处建立营堡或巡检司，派兵驻守，万历初年，又建立北津水寨，负责粤中沿海防务，对沿海的控制至为周密了。

三　明中叶以后海防败坏与西方殖民主义者、“海盗”、“倭寇”的为患

明中叶以后，政治腐败，财政空虚，卫所军废弛，海防败坏，国力削弱。如在新宁县，军事力量有二：一是设于海晏的巡检司，由地方政府管辖，募丁壮编成营堡，防卫地方；二是嘉靖十五年成立的广海卫千户所，由旗军在县

① （明）顾炎武《天下郡国利病书·广东备录上·海防》。
② （明）郭棐《粤大记》卷28《政事类·北津寨》。
③ （明）顾炎武《天下郡国利病书·广东备录上·海防》。
④ （清）李沄辑《道光阳江县志》卷5《兵防志·海防》。

驻防守御，属广海卫管辖。至隆庆年间，由于“地方广阔，武备疏略，守之不足”，以至“前项营堡废撤殆尽，尚存募兵百名屯县……自募兵撤而所赖为卫，止孤军耳，军止守城，城外毫不能力，而地方遂复脊脊多事”[①]。在阳江，明人冒起宗指出：明初海朗、双鱼千户所，置寨城，附设“水寨”，“劄船分守，扼要哨防”，但东自广海寨、芒州交界起，西至雷州白鸽寨、硇洲交界止，计汛凡八百里。“海广则隙多，地广则险众也。近年兵额日缩，饷额日亏，船额日减，军额日缺，虽规制如初，而迹类象人涂马，所谓指臂使而首尾应者，则茫乎未之讲也。”[②]这种兵额和船额日减、饷额日亏的现象非常普遍。如北津水寨，“自（万历）七年（1579）以后，船兵屡有裁减，又裁船大小二十、捕兵六百三十三人，益（吴川）白鸽门以守（海康）乌兔。至十五年尚存大、小船三十五只，官兵九百九十七人”[③]。比起原额，船只减少了一半，官兵减少了一半多些。又如阳江等千户所，原额“每所一千一百或（一千）二百名，仅各存一百五十或二百余，最多者亦不过三百，莫可究诘矣”[④]，也仅及原额的七分之一至四分之一。兵士减少的原因，主要是军官私役，士兵难堪，再加上克扣粮饷，终至逃亡。正如史载：“自后兵政日弛，将领玩法，视公卒为私隶，食不以时，役无虚日，是以逃亡相踵，而尺籍遂空。”[⑤]同时，尚存士兵，由于军官克扣粮饷，或豪右、子衿包揽侵占，因此生活十分困难。史称：“阳江所军，鹑衣百结，无异乞儿；神电卫皆豪右包充，名存实缺，甚则子衿揽买粮米，印官莫敢谁何。嗷嗷穷卒，岁无粒糈充腹。”[⑥]这种“无异乞儿”的军队如何有战斗力作战呢？所以万历末年巡按田生金在《请补道缺疏》中揭露：广东“海防之敝，敝于总哨一恒人能谭之，大抵有官而无兵，有兵而无船也，有兵有船而官与兵不守其信地也”[⑦]。更严重的是嘉靖二十五

① （明）顾炎武《天下郡国利病书·广东备录上·海道、江道哨兵》。
② （明）顾炎武《天下郡国利病书·广东备录中·冒起宗阳电山海信防图说》。
③ （明）顾炎武《天下郡国利病书·广东备录上·海防》。
④ （明）顾炎武《天下郡国利病书·广东备录中·冒起宗神电卫所官军图说》。
⑤ （明）黄佐纂修《嘉靖广东通志》卷31《政事志四·兵防一》。
⑥ （明）顾炎武《天下郡国利病书·广东备录中·冒起宗神电卫所官军图说》。
⑦ （明）田生金《按粤疏稿》卷1《请补道缺疏》。

年(1546)将戚船澳戍兵尽撤,万历二十五年(1597)又革钦依把总,废水寨,海防更不可问了。所以自明中叶以后,粤西沿海防备松弛,于是西方殖民主义者乘虚而至,相继入侵;所谓的"倭寇""海盗"也活跃在这一带海域,其中规模较大、影响较深的有:

一是葡萄牙殖民主义者东来,以武力入侵我国。根据葡萄牙史学家巴罗斯(Barros)的记载,早在正德九年(1514)就有葡萄牙人若尔热·阿尔瓦雷斯(Jorge Alvares)乘船到了东莞附近的屯门岛。他在岛上竖起了一根刻有葡萄牙王国纹章的纪念石柱。[①] 他是有文献记载的来华最早的葡萄牙人,充分表现了殖民主义者侵略的野心。自此以后,葡萄牙殖民主义者的商船队和葡萄牙东印度总督屡次遣人来华,在粤西沿海一带的小岛活动,并进行走私贸易。如正德十二年(1517),船长安德拉德(Fernao Peres de Andrade)乘四艘葡船和四艘马来船,满载货物,来到中国,并有葡王的使者佩雷斯(Thomas Pirez)同来,8 月 15 日抵达屯门岛,强行驶入内河,要求通商,遭到拒绝。他们退回屯门岛,却迁衍不去。正德十三年(1518,按:原文误作 1515 年),满剌加总督又遣西蒙·德·安德拉德(Simon de Andrade)来替换其兄船长安德拉德,其兄于是年九月返满剌加。当时,西蒙·德·安德拉德驾一大舶及三小艇至屯门港。史称他在屯门港的恶行:"此人秉性贪暴,所在劫夺财货,掠买子女,并于此建筑堡垒,以示有据此岛之意。……此种恶行,深为中国官吏所痛恨,一五二一年(明正德十六年),遂遣兵驱逐之,Simon de Andrade 乘间循走。"[②]但这些葡萄牙人仍留在屯门岛及其附近岛屿。1521 年,西蒙·德·安德拉德回到满剌加,满剌加总督又遣狄奥戈·卡尔夫(Diego Calvo)来屯门代替西蒙·德·安德拉德。当狄奥戈·卡尔夫到屯门时,他声称为"佛郎机国接济使臣衣粮者,请以所赍番物如例抽分。事下礼部,覆言:'佛郎机非朝贡之国,又侵夺邻封,

---

① 张天泽著,姚楠、钱江译《中葡早期通商史》,中华书局香港分局,1988 年,第 38 页。

② Ljungstedt, *The Portuguese Settlements in China*, p. 6,转引自张维华《明史欧洲四国传注释》,上海古籍出版社,1982 年,第 6 ~ 7 页。

犷悍违法，挟货通市，假以接济为名。且夷情叵测，屯驻日久，疑有窥伺，宜敕镇巡等官亟逐之，毋令入境。'"①所以，"中国官吏令葡人退出屯门岛，葡人不从，中国舰遂攻之，葡人大败而退"②，逃回马六甲。葡人不甘失败，嘉靖元年(1522)，葡王又命马尔廷·阿方索·德·梅洛·科廷奥(Martin Alfonso de Mello Coutinho)充当舰队司令，率葡人三百余名，乘舰六艘，满载胡椒和其他货物，声称东来与中国和好，恢复通商。当时，"广东大臣要求三事：一、Simon de Andrade 须无反攻上川之意。二、禁葡人，不得与中国人互有往来。三、葡人船只禁载中国军士。时(1522)葡船数艘，向上川之 Tamão 港(潜按：指屯门港)驶行，中国水兵阻之，抗不受命，后经长时抗御，始行屈服"③。明政府对他们侵略、横行霸道、掠夺财物、拐买人口等罪恶，早已深恶痛绝，为了维护边境安宁，便以武力驱逐，双方发生军事冲突，在西草湾发生了一场中葡之战。西草湾，有人考证说："考西草应为甫草，有变音之误。"④西草湾即甫草湾，在上、下川岛北面，望头附近的东面。一说西草湾在新会县，《明世宗实录》卷 24，嘉靖二年(1523)三月条载："遂寇新会县西草湾。"⑤近年邓开颂等根据万历九年(1581)刊行的《苍梧总督军门志》的全广海图中，标出了"西草湾"三字，"其方位在三灶东北方，横琴山北方，十字门澳西北方，香山澳(图中所示位置即澳门内港)西方"。复据万历年间的郭棐《粤大记》海图，发现标有西草澳，"是位于濠镜澳以南、亚婆尾(横琴岛东南角)东北的一个海岛，其地当即今之路环岛(或氹仔岛)"，从而说"由于古代海图的准确性往往很差，据此尚难判断西草湾的

① 《明世宗实录》卷 4。

② E. Bretschneider, Medieaval Researches, vol. II, p. 319，转引自张维华《明史欧洲四国传注释》，上海古籍出版社，1982 年，第 16 页。

③ 汤开建《中葡关系的起点：上、下川岛——Tamão 新考》，载《暨南大学宋元明清史论集》，暨南大学出版社，1997 年，第 379 页。

④ 黄伟堂《我国古代海上交通的贸易口岸——"潺洲"与"上川岛"》，载《台山文史》第 5 辑，广东省台山县政协文史委员会印行，1986 年，第 37 页。

⑤ 《明世宗实录》卷 24。

位置，但大致可确定是在澳门之外的近海域”[①]。此说有据，似觉可信。西草湾之战的结果，中方备倭指挥柯荣、百户王应恩率军队追击，“转战至稍州（据邓开颂等主编《粤澳关系史》第48～49页称：稍州在屯门之西南方，清时称‘筲州’，今名‘沙州’，为香港离岛之一），向化人潘丁苟先登，众齐进”[②]。俘获别都卢和疏世利等四十二人（潜按：别都卢即船长佩德罗·奥门Pedro Homen，疏世利是其重要部属，但也有人认为疏世利是船名，待考[③]），斩首三十五级，缴获船两艘及洋炮佛郎机等，葡人大败，残余的三艘船乘风逃回马六甲。[④] 这场战争，我方取得胜利，但亦付出了惨重的代价，百户王应恩阵亡。

二是所谓“倭寇”和“海盗”。如隆庆五年（1571），“倭寇犯东广，陷电白，蹂躏高雷诸处”。张元勋“提兵剿之，俘斩以千计，贼遂平”，但官军娄龙、麦胜等三十七人“死于阵”，损失相当大。[⑤] 到了万历二年（1574），倭寇又入侵阳江，“双鱼临海孤城，兵单援绝，守者见倭薄城下，仓皇自经，城遂陷，为倭贼所据”。后来总督殷正茂率总兵张元勋、副使赵可怀，自新会进，岭西参政刘志伊、佥事石磐自肇庆进，参府梁守愚自阳江进，三面夹攻双鱼城。当时，“度贼败无船，势必奔陆”，便在儒峒设伏以待。果尔，贼弃城而奔儒峒，“伏起遮道夹击”[⑥]，“斩首九百余，缴夺回被掳男妇千余人”[⑦]。后又战于蓝水，再战于施村，“擒斩八百十有二级，窜伏林莽者，擒捕无遗”[⑧]，才取得胜利。但哨官葛文光、金高龙、把总娄子如、千总娄安邦等二十多人“皆以战贼阵亡”[⑨]。

---

① 邓开颂等主编《粤澳关系史》，中国书店，1999年，第19页。

② （清）张廷玉等撰《明史》卷325《佛郎机传》。

③ 张天泽著，姚楠、钱江译《中葡早期通商史》，中华书局香港分局，1988年，第78页。

④ （清）张廷玉等撰《明史》卷325《佛郎机传》。

⑤ （明）王许之《忠勇祠记》，载（清）李沄辑《道光阳江县志》卷7《艺文志》。

⑥ （清）李沄辑《道光阳江县志》卷8《编年志》。

⑦ （明）王许之《忠勇祠记》，载（清）李沄辑《道光阳江县志》卷7《艺文志》。

⑧ （清）李沄辑《道光阳江县志》卷8《编年志》。

⑨ （明）王许之《忠勇祠记》，载（清）李沄辑《道光阳江县志》卷7《艺文志》。

此外,“海盗”经常窥伺粤西沿海。如隆庆五年(1571),福建“海盗”林道乾、朱良宝等“相继劫掠,北津海陵一带,焚毁殆尽”[①]。次年夏天,海盗郑大汉侵入吴川、阳江一带,“所至大遭荼毒”,粤西震动。督府下令海道副使刘稳等率兵“追至楼肚澳,连战数合,贼船有冲沉焚毁者,溺死不计”,后来“贼势穷蹙,弃船奔山,督兵围搜,擒斩凡一百三十余名”。另外海盗许俊美等在夏末也进入吴川一带,遭到打击,后逃入广海海域,“又为飓风坏船,本贼突入马头嘴等处肆劫,内地讧然”。督府再令海道副使刘稳等率兵围剿,初战于竹洲老万山,再战于三灶洋,最后战于三洲洋荔枝澳,“俘斩三百名颗,焚烧溺死者倍之”,才把他们镇压下去。[②]

明代“倭”“盗”成分很复杂,其产生也有深刻的社会原因,此非本文的讨论范围。但可以肯定“倭寇”“海盗”集团同政府形成对抗冲突,所到之处必然是破坏生产,抢掠财物,残害平民,焚烧房舍,无所不为,给沿海人民的生命财产造成极大的损失,也严重地威胁着明朝的海防和社会安宁。

四　几点启示

首先,明初建置粤西海防机构,不相统属,难以统一指挥;同时,粤西海域辽阔,戍兵单薄,遇警难以兼顾。史称:“洪武年间,设立阳江、海朗、双鱼三所,官领旗兵防守,然三所分隶广海、神电、肇庆三卫,名为犄角,实不相联属。……春冬巡期……官兵戍防戙船澳等处,然戍兵单薄,亦难兼顾,厥后寇屡犯县城及两所城,弗能御也。”后来建立北津水寨,“而立寨置将只权宜适变,错出于卫所之中,迄无统纪,亦不能永守云”[③]。所谓“错出于卫所之中”,是指水寨与卫所军领导体制不同,无法统一调度指挥,故亦不能永久坚持下去,严重地影响海防建设。

其次,明代广东十郡,“分为三路:西路高雷廉,近占城、满剌诸番;中

---

① (清)李沄辑《道光阳江县志》卷8《编年志》。
② (明)应槚辑,(明)刘尧诲重修《苍梧总督军门志》卷21《讨罪五》。
③ (清)李沄辑《道光阳江县志》卷5《兵防志·海防》。

路东莞等岙，水贼倭寇不时出没；东路惠潮，与福建接壤，漳舶通番之所必经，其受海患均也”[①]。胡宗宪是明代著名将领，他的论述是根据明初广东地域而发，一向没有把阳江、电白沿海纳入西路之中，显然忽视了这一区域形势的重要性，因而“备御向疏”，所以“倭寇”“海盗”常从此入侵。如万历二十五年（1597），总督侍郎陈大科总结海防经验时指出：“臣等广集众思，佥谓阳、电之间，一舍之外即为巨海，节年寇患，率由此登陆，以震惊全粤。”[②]特别是一些险要之地，原戍兵已单薄，一旦撤守，敌人乘虚入侵。如“戙船澳为北津外藩，嘉靖三十五年撤戍，自此盗贼如履堂皇，一陷海朗，再陷双鱼，三寇阳江，入其郛（廓），北津海陵民无噍类”[③]。

最后，如上所述，明中叶以后，由于政治腐败，财政空虚，军制松弛，卫所军额减少，粮饷不继，战斗力削弱，综合性国力衰减，不仅国初原定在边境防守巡汛制度无法坚持，而且防守划定以虎门为界线，实际上是从边境退入内地。如清人袁枚指出：“中国久以虎门为限，条禁森严。”[④]袁枚所论虽是指清代，清承明而来，实际上早在明中叶以后就是如此。正如明人杨博所说：“国初更番出洋之制，极为尽善，至于列船港次，犹之弃门户而守堂室，浸失初意，救弊补偏急当讲画无疑。”[⑤]这虽是就巡哨制度堕坏而言，但列船港次，只守本港，港外不问，和划定黄埔为界的防守精神是一样的。无怪乎西方殖民主义者早在明正德年间就常在海陵岛至上川岛一带活动，进行走私贸易，如利玛窦写道：“上川是一个离中国海岸约三十海里的荒芜岛屿。当时它是葡萄牙人和中国人贸易点的所在；只有一片用树枝和稻草胡乱搭成的茅屋。”[⑥]葡人擅自进入我国境内活动，并进行非法的贸易，广东的地方官甚至不闻不问。如正德十六年（1521）四月或五月间，“复有

① （明）胡宗宪《广东要害论》，载（明）陈子龙等辑《明经世文编》卷267。
② （明）郭棐《粤大记》卷32《政事类·海防》。
③ （清）李沄辑《道光阳江县志》卷5《兵防志·海防》。
④ （清）袁枚《小仓山房文集》卷8《记富察中丞四事》。
⑤ （明）杨博《覆督察军务侍郎赵文华条陈海防疏》，载（明）陈子龙等辑《明经世文编》卷275。
⑥ ［意］利玛窦、［比］金尼阁著，何高济等译《利玛窦中国札记》，中华书局，1983年，第134页。

葡人舰队驶至屯门岛，上载胡椒、檀香木及他种货物。……葡人至屯门岛，即开始与中国市易……时驻居广州之总督，亦不加干涉”[①]。这种“弃门户而守堂室”的消极防御政策，结果是门户洞开，堂室亦保护不了。葡萄牙殖民主义者在堂室之外的门户游弋，经年不去，“禁防既疏，水道益熟。此佛郎机所以乘机突至也”[②]，从而引发了西草湾战役，最后侵占了澳门长达数百年之久。这是值得深思的。

① 张维华《明史欧洲四国传注释》，上海古籍出版社，1982 年，第 19 ~ 20 页。
② （清）张廷玉等撰《明史》卷 325《佛郎机传》。

试论清代华南海运贸易的特点

——以南海遇难船资料为中心

一 前言

本文所指的“华南”即中国南方地区的意思。广义的华南地区，根据江南人的说法，是以扬州为界，扬州以北，属北方地区，扬州以南，属南方地区，包括江、浙、闽、粤、台湾、广西、海南诸省。“南海”一词，狭义指广东沿海，即自汕头海面至海南省；广义指南中国海沿岸，北接广东、广西、福建和台湾四个省区，东南至菲律宾，南至加里曼丹岛，西南至越南和马来半岛。其间与东海沿岸的朝鲜半岛、日本长崎等区域相连。其处于太平洋和印度洋之间，是海上的交通要冲，是华南与东南亚经济文化交流的重要区域。

清代华南地区民间海运贸易的商船常走北洋航线和南洋航线。关于其起讫地点，清人齐彦槐指出：“出吴淞口，迤南由浙及闽粤皆为南洋，迤北由通海山东、直隶及关东皆为北洋。”①而海难较多地在南海海域出现，如乾隆十四年（1749）三月，莆田县船户吴永盛领闽县宁字四百九十七号牌照，率领水手等二十四人，另有直隶商人徐文彩、莆田商人黄安等四人，驾船往“台湾装糖到上海，六月内在上海装茶往关东买瓜子货物，九月二

① （清）齐彦槐《海运南漕议》，载（清）贺长龄、（清）魏源等编《清经世文编》卷48《户政二十三》。

十八日在锦州开驾，十一月十五日放洋，至十八日遇飓风吹断大桅，至二十二日飘到琉球北山地方……"[①]我看到清代中国帆船在南海遇难的个案有一百多件，都是清代中国的海难帆船的文件，遇难帆船漂流到朝鲜半岛和琉球，为当地土人救护上岸，官员向海难船员调查问答的记录，分别载在朝鲜《备边司誊录》和琉球王朝的外交文书《历代宝案》一、二、三集中。[②] 另外我从日本和中国台湾以及内地的出版物中收集到一些有关个案。这些个案是研究清代国内和国外贸易以及各地经济文化的极其珍贵的史料。本文就以南海遇难船的资料为基础，在前人研究的基础上，研究清代华南海运贸易的特点，不妥之处，盼方家指正！

二　清代华南民间海运贸易的发展

清代华南民间海运贸易有很大的发展，主要表现：一是造船出海贸易频繁和沿海出现了海运贸易的中心。早在清初海禁森严时，广东就有船主和商人冒险前往日本贸易。如康熙十三年（1674），船主刘君甫率领浙江山阴商人张相如、商人熊奉新、傅文彩等，共三四十人，用自己的帆船，装载甘草等药材并纸墨等货，从香山岙出航，前往日本贸易。其中仅甘草一项，就"获利十倍"。归帆遇飓风，至崇明下山沙着浅。被官兵拿获。[③] 自康熙二十二年（1683）开海以后，华南民间造船出海贸易频繁，海船遇难事项增多。日本关西大学松浦章教授根据《历代宝案》记载统计，仅乾隆十四年（1749）便有福建闽县、海澄、同安、晋江等乌船共二十一只在南海遇难，漂

---

① 台湾"中研院"历史语言研究所编《明清史料》庚编上册，中华书局，1987 年，第 708 页。

② 《備邊司謄録》，有刊本，十多册。《歷代寶案》一、二、三集十五册，1972 年 6 月台湾大学出版。我均未见。我从日本关西大学松浦章著《李朝漂着中國帆船の"問情別單"について》（关于在李朝遇难的中国帆船的"问情别单"）上、下册及《十八—十九世紀における南西諸島漂着中國帆船より見れ清代航運業の一側面》（从南西诸岛遇难的中国帆船看十八至十九世纪的清代航运业的一个侧面）中见到两书的节录资料，十分丰富。本文所引源于此。又本文所引日本印行的书，亦松浦章教授所赠，一并在此致以衷心感谢！

③ 台湾"中研院"历史语言研究所编《明清史料》己编下册，中华书局，1987 年，第1292 ~ 1295 页。

至琉球。至于一年内有三四只海船遇难，却是屡见。[①] 遇难原因，虽然和气候及设备有关系，却从侧面反映了华南沿海居民造船出海贸易频繁，出海贸易已成为普遍的风气。同时，海运业最盛的地方，如广东的澄海，每年出海的船只“不下千百计”[②]。由于民间出海贸易的人增多，海船的搭客率也增长。如道光二年(1822)澄海县郑仁记船主的帆船，走北洋航线，自本县至上海，“通船舵梢四十六名，搭客四十四名，共计九十名”[③]。搭客率达48.9%。因此，澄海已成为海运贸易的中心，直至汕头兴起，才取代澄海。

二是海运贸易船只规模较大，组织严密，如福建同安船户金长美的“商船，其长十丈，其广一丈六尺，建三桅，前桅长五丈，抱半围，中桅长九丈，抱二围，后桅长三丈，抱半围。船号则商字第六十九号，有验单、执照”。“自天津县大沽营贸载凉花(潜按：应为棉花，下同)、枣子，欲往广东省交易。”“凉花一百九十包，枣子一千余担，而凉花每包一百五十斤，价银十七两，枣子每担为一百斤，价银三两。”[④]即棉花二万八千五百斤，价银三千二百三十两，枣子十万多斤，价银三千多两。可见该船型和容量，船户和客商拥有一定的商业资本。道光四年(1824)，广东澄海县澄字六十四号海船，走北洋航线，该船除了船主蔡高泰，有舵工、头碇、香公、杉板、阿班、舵缭、水手、押内和小伙等十五人。另有搭客七名，共计二十二人。[⑤] 可见船上佣工组织严密，分工明确，各有专责。如果是走南洋航线，到国外去从事海运贸易的商船，规模就更大，组织更严密。如康熙四十三年(1704)泉州船主王富的海船，由厦门出发，到日本长崎贸易。该船带有户部收税文

---

① 参见[日]松浦章《十八—十九世紀における南西諸島漂着中國帆船より見れ清代航運業の一側面》一文中的表2“南西諸島漂着中國帆船乘船狀況”。

② (清)李书吉等修，(清)蔡继坤等纂《嘉庆澄海县志》卷8《埠市》。

③ 参见《歷代寶案》，载[日]松浦章《十八—十九世紀における南西諸島漂着中國帆船より見れ清代航運業の一側面》，第43页。

④ 参见《備邊司謄録》，载[日]松浦章《李朝漂着中國帆船の“問情別單”について》上册。

⑤ 参见《歷代寶案》，载[日]松浦章《十八—十九世紀における南西諸島漂着中國帆船より見れ清代航運業の一側面》，第43页。

引、知县文引，货物有苏木、白糖、乌漆、乌糖等。该船有船主，俗称“船东”，即本船所有者；船户，本船的总负责人，直接驾驶和指挥本船航行，完成客货运输任务；财副一人，“司货物钱财”；伙长，又称为“火长”，原有一正一副，“掌船中更漏及驶船针路”；总赶，又称“总杆”，“分理事件”，如“叫人”；舵工，“司舵者”；亚班，管帆，“司桅者”；押工，“修理船中器物”；直库一名，管船中货物，副直库一名，管装货；头碇，又名“一碇”，原有一碇、二碇各一人，“司碇”；缭工，原有一缭、二缭，管帆索；一迁、二迁、三迁，司桅索；杉板工，原有一正一副，“司杉板及头缭”；香工，又称“香公”，管“朝夕焚香楮祀神”；总铺一名，司火食；船梢多人，即船中之梢工，又称“船夫”或“篙师”，司篙竿行船。另有客商林森等五十一人，总计全船一百一十六人。[①] 至于航行南洋的商船，体积容量也很大。如乾隆五十四年(1789)南京船长朱心如海船，从浙江平湖县乍浦出航，到日本长崎贸易，载货品种相当多，其中量较大的有：天吉大花绸七卷，共一千三百四十匹；同顺花毡十五捆，共四百五十条；白糖一千四百二十包，共十六万五千斤；冰糖一百桶，共一万九千五百斤；甘草一百二十件，共一万三千一百四十斤；霍叶二百包，共一万八千三百五十斤；川乌六十件，共六千五百斤；杜仲七十件，共一万二千六百斤；苍术九十件，共一万五百斤；升麻五十件，共六千二百斤；棉花一百五十六包，共一万九千五百斤……[②]可见一斑。

三　清代华南民间海运贸易的特点

（一）清代华南民间海运贸易　北洋航线，基本上是沿海岸的国内贸易，商品主要是南北农副产品。史称：“本船系广东省潮州府澄海县杨传顺牌票、澄字一百五十九号商船……装载黄、白糖等项，道光十年(1830)五月十五日，往本省琼州府陵水县开船……到天津府发卖糖货。……九月

① 参见《備邊司謄録》，载[日]松浦章《李朝漂着中國帆船の“問情別單”について》上册，第36页。原文记载的职工不够具体和明确，笔者根据《道光厦门志》卷5《船政》中“通贩外国之船”的职工资料演释成正文所述。

② [日]松浦章编著《寛政元年土佐漂着安利船資料》，关西大学出版部，1989年，第126页。

二十日,到奉天省宁远县收买黄豆……要回本籍。”①就是福建的商人,也是从事农副产品贩卖的。如乾隆五十年(1785),漳州府龙溪县商民“装载红糖,本县开船,到上海发卖,然后转到锦州府收买黄豆、瓜子、芝麻等项回福建出卖”②。类似例子尚多,今不备举。卖出的糖、贩卖的黄豆等,都是地方土特产,属于农副产品类。行商从事这种长距离的大宗贩运活动,从买卖中攫取地域差价,即利润。为了攫取利润,行商还会控制小生产者——农户的生产,从而剥削他们。如在广东澄海,史称:“邑之富商巨贾,当糖盛熟时……持重资往各乡买糖,或先放账糖寮(即煮糖厂),至期收之。”然后雇船海运至天津、苏州货卖。③ 但这在客观上促进糖业的发展。同一道理,长距离的大宗海运贸易,对于东北地区的黄豆等农副产品的生产,也有促进作用。

(二)清代华南民间海运贸易　南洋航线,基本上是对外贸易,目的地“东有琉球、日本、朝鲜,西南有安南、吕宋、噶喇吧、苏禄、暹罗、马辰、六坤、宋腒朥等”④。如乾隆初年,有晋江船户蔡长茂、海澄商人杨兴发等二十五人前往苏禄贸易,因“到港冲礁击碎船板”,后被送返内地。⑤ 其中到日本长崎的较多,如下所述。当时出洋海船经营规模大,商品种类多,如上述南京朱心如的海船,运去日本长崎的商品,就有花绸、花毡、白糖、冰糖、棉花以及名贵的药材如杜仲等,仅白糖就有十六万五千斤。同时,经营的商品,主要是高档的手工业品和名贵的药材。这和北洋航线的海运贸易商品有明显的不同。如康熙四十三年(1704),泉州船主王富、船户王有利驾大帆船,纠集闽浙粤商人共五十一人,由厦门前往日本长崎贸易。“载去苏木、白糖、乌漆、乌糖、犀角、象牙、黑角、藤黄、牛皮、鹿皮、鱼皮、乌铅、簕

① 参见《歴代實案》,载[日]松浦章《十八—十九世紀における南西諸島漂着中國帆船より見れ清代航運業の一側面》,第48页。

② 参见《歴代實案》,载[日]松浦章《十八—十九世紀における南西諸島漂着中國帆船より見れ清代航運業の一側面》,第48页。

③ (清)李书吉等修,(清)蔡继坤等纂《嘉庆澄海县志》卷6《风俗·生业》。

④ 台湾“中研院”历史语言研究所编《明清史料》庚编下册,中华书局,1987年,第1471页。

⑤ 台湾“中研院”历史语言研究所编《明清史料》庚编下册,中华书局,1987年,第1469页。

藤、大枫子、槟榔、银朱、水粉等项，贸换红铜、金、银、鲍鱼、海参、漆器、铜器等。”①此外，经营灵活，海商贸易的对象，不局限于一个国家，资讯易通，调配商品贸易容易。如康熙五十二年(1713)，泉州海商王裕等四十二人，由同安乘大帆船前往日本长崎贸易。他们带去的货物有“白走沙则苏州的，八段丝则广东的，香木则安南的，雪糖则福建的”。还有些绸缎、玄花布等物，“亦斥卖于日本矣”。他们曾往暹罗贸易，“拿去红毡、白丝、金丝、白沙、碗器、红花、鼎釜等物，买来苏木、白锡、胡椒、象牙、米虾、纹银而来”。“在暹罗，无有官人，都是民家买卖，日本则有两个官人监市，都是官府买的，转卖于民间。”②可见海商王裕等人，不仅到长崎，而且到暹罗贸易；不仅将本国的名贵产品如广东的八段丝，甚至从暹罗贩来的商品如象牙等，从安南贩来的香木等，出售给日本人。为了追求利润，个别海商驾船同走南北洋航线，既经营国外贸易，又经营国内贸易。而且雇佣外国人充当舵工水手。如光绪六年(1880)，汕头埠人许必济等人，“以买卖故……在暹罗国发舡前往山东烟台地方收买货物，又往山东营口地方买豆装载，要回潮州之致同，载暹罗国十七人，作为舡格，使之行舡”③。

(三)从经营资本考察　随着海运业的发展，商业资本已经向产业资本转化，出现了新的企业，即船只租赁业，经营者靠船只出租收取租金，称为船商。如在广东澄海县，史称：“邑之富商巨贾，当糖盛熟时……持重资往各乡买糖，或先放账糖寮(即煮糖厂)，至期收之。……候三四月好南风，租舶艚船，装所货糖包，由海道上苏州、天津。至秋，东北风起，贩棉花、色布回邑。下通雷、琼等府，一往一来，获息几倍。”④很明显，这些富商巨贾自己没有船只，靠向船商“租舶艚船”，出海至天津、苏州等地贸易。船

① 参见《備邊司謄録》，载[日]松浦章《李朝漂着中國帆船の“問情别單”について》上册，第36页。

② 参见《備邊司謄録》，载[日]松浦章《李朝漂着中國帆船の“問情别單”について》上册，第36页。

③ 参见《備邊司謄録》，载[日]松浦章《李朝漂着中國帆船の“問情别單”について》下册，第80页。

④ (清)李书吉等修，(清)蔡继坤等纂《嘉庆澄海县志》卷6《风俗·生业》。

商向这些富商巨贾收取船租。这种船商常不出海,将船出租,交由船户或舵工出海航行。如顺治十二年(1655)八月,黄陞、李幕霞、翁求甫等“各居(闽浙)海滨”,黄陞“私置舡只”,租给经营货栈行的李幕霞,租钱为一千二百两银。翁求甫代李幕霞揽客,召集杭陕商人载货出洋贸易。① 自然李幕霞会向这些商人收取运费,收取多少?不清楚。走南洋航线,到日本长崎的,却是收商人全部贸易额的百分之二十。如顺治十七年(1660)一月,福建海澄商人王旺从瑞安乘船主王自成船往长崎贸易,货物“卖银贰百两”,根据船主王自成的规定,货物“卖出银每百两,抽分贰拾两”。② 王旺缴交船主的抽分银是四十两,即占全部贸易额的百分之二十。所谓“抽分”,实是运费。可见运输费是相当高的。正因为此,船户揽客,乐此不疲。比较突出的是江南省苏州府元和县船户蒋隆顺,“乾隆四十九年(1784)闰三月二十二日,为本省镇江府姓黄客人所雇,装载生姜,四月三十日,前至直隶天津府交卸。又揽得天津府姓郝客人,六月十八日,前到关东牛庄县装载粮米,八月初五日,回到天津府交卸。又揽得山东登州府黄县姓石客人,装香米包,十月十五日,去到黄县交卸。本船在彼地方过年。又揽得黄县姓霍客人,乾隆五十年(1785)二月二十二日,前到关东装载粮米,六月十二日,往到山东武定府利津县交卸……”③船户蒋隆顺为了赚取运费,连过年都不回家,一直在外地招揽客人运货。当时的船商,资本雄厚,拥有船队。如广东海丰县的船商毛奇,“有海船十余,贸易海上”④。崇明县有船商郁圣兰,“在崇明县船有十一只,郁长发、郁长利、郁长顺、郁长太、郁长茂、郁长兴、郁长生、郁长增、郁长裕、郁祥顺、郁合发,多自圣兰之船户,一船一名,郁家者船多自山东生利”⑤。郁圣兰名下这十一条船,除了“郁合发是合伙共同

---

① 台湾“中研院”历史语言研究所编《明清史料》己编上册,中华书局,1987 年,第 818 ~819 页。

② 中国科学院编《明清史料》丁编第 3 本,商务印书馆,1951 年,第 259 页。

③ 参见《歷代寶案》,载[日]松浦章《十八—十九世紀における南西諸島漂着中國帆船より見れ清代航運業の一側面》,第 43 页。

④ (清)阿思哈修,(清)嵩贵纂《乾隆续河南通志》卷 56《人物志 · 桂泓传》。

⑤ [日]德进春行辑《江南商話》,藏东京图书馆,第 15 页。

出资建造”,其他十只都是郁圣兰所有。看来郁家主要从事沿海贸易和替客商运货业务。海运有危险,他的船出海是投保险的。如嘉庆十三年(1808)十一月,郁长发“于李裕昌行保票往山东生利”①。其保险费自然摊入运输费中。船只投保,在当时自然是进步的新事。这些船商有的已经从商业资本中分离出来,以租费为收益,其资本自然向产业资本转化了。这正如马克思所说:“产业资本的萌芽早在中世纪就已形成,它存在于以下三个领域:航运业、采矿业、纺织业。”②船商所经营的企业中,从运输中剥削舵工水手的剩余劳动而取得基本利润,已经出现“产业资本的萌芽”。

四 余 论

在研究乾隆五十四年南京船长朱心如的安利船中,看到用来装货的桶“有安利公司字”③。

在研究咸丰元年浙江省平湖县船长项掲珊的丰利船资料中,又看到“十三日……回至公司”,“十四日晚膳,贾益兄在乍口公司请顺风酒”④。

又查《明清史料》已编下册《兵部残题本》载台湾郑成功部将刘国轩经营海外贸易,中有“计册开公司货物”一语。⑤ 再查《道光厦门志》卷5《船政略》中记载嘉道年间厦门经营对外贸易的商行,亦称“公同”。如道光元年,厦防同知麦祥称:“议令商行金丰泰、金万成、金源丰、金恒远、金瑞安、金源泉、金长安、金丰胜、金元吉、金源益、金源瑞、金晋祥、金源发、金全益等大小十四家公同承办贡燕、黑铅等项,保倚洋船贩洋。”⑥按同书卷15《风俗记》称:厦门风俗,“合数人开一店铺或制造二舶,则姓金,金犹合也”⑦。

---

① [日]德进春行辑《江南商話·扉頁》,藏东京图书馆。

② [德]马克思《资本论》,载《马克思恩格斯全集》第25卷下,人民出版社,1974年,第1024页。

③ [日]松浦章编著《寬政元年土佐漂着安利船資料》,关西大学出版部,1989年,第126页。

④ 陈吉人《丰利船日记备查》,藏日本比谷图书馆,第2页。

⑤ 台湾“中研院”历史语言研究所编《明清史料》己编下册,中华书局,1987年,第1304~1305页。

⑥ (清)周凯修,(清)凌翰等纂《道光厦门志》卷5《船政略·洋船》。

⑦ (清)周凯修,(清)凌翰等纂《道光厦门志》卷15《风俗记·俗尚》。

可见上述商行都是合股经营的,故其名均贯以"金"字。

根据这些材料,考虑到海运业中存在集股出资造船出海贸易和集股出资成立商行,经营对外贸易的事实,因此,我同意在海运业中出现了股份制公司,但不是现代的上市公司,因为现代上市公司会成立董事会组织,公司营运由董事会决定,股东无权过问。明清航运业中的史料,还未见有董事会的记述。已故的明清经济史专家傅衣凌教授说:"这种类似股份制公司制度,虽已早在中国出现,然迄不能发展成熟。"①因此,这些类似股份制的公司,和今天设有董事会的公司有别,和上市公司更不同,这是要明确的。

2004 年 7 月 14 日初稿,12 月修改,2011 年 10 月 5 日改定

① 傅衣凌《明清时代商人及商业资本;明代江南市民经济试探》,中华书局,2007 年,第 45 页。

书评

也评黄仁宇著《十六世纪明代中国之财政与税收》

一 引 言

1966 年，黄仁宇先生撰写了《十六世纪明代中国之财政与税收》一书，由美国哈佛大学东亚研究中心提供一万美元研究经费，“拟完稿后收入《哈佛东亚研究丛书》中”。当时哈佛大学东亚研究中心主任是著名的史学家、汉学家费正清教授，他推荐美国著名的经济学家杜艾特·柏金斯(Dwight Perkins)教授审核和指导该书的撰写。[①] 黄仁宇写完第一章“概述和财政管理相关的明代政府机构”送去东亚研究中心时，“费正清博士相当赞许”[②]。但写第二章“明代财政运作”时，他遇到困难，“无法以清晰易懂的方式来描述税制”。费正清教授提出建设性意见，说：“应该建立在扎实的数字上，必须从人口和土地数据开始。”[③]但是，由于黄仁宇对明代文献上现存的统计数据采取虚无主义的存疑态度，提出：“明代管理者写下

---

① [美]黄仁宇著，张逸安译《黄河青山：黄仁宇回忆录》，生活·读书·新知三联书店，2001 年，第 268 页。

② [美]黄仁宇著，张逸安译《黄河青山：黄仁宇回忆录》，生活·读书·新知三联书店，2001 年，第 253 页。

③ [美]黄仁宇著，张逸安译《黄河青山：黄仁宇回忆录》，生活·读书·新知三联书店，2001 年，第 254 ~ 255 页。

数字时的依据何在?”[①]或是存在偏见,认为“古代的皇帝无从知悉所统治百姓的数目,不清楚实际税收,也无从掌握军队的确切人数。统计数字不过是粗略的估算,其准确度有多高,官员也不会太当真。在这种情况下,将所有公共事务都转变成数字,再进行处理,是很不切实际的”[②]。因此,他接受不了费正清和柏金斯教授提出的十四点和大幅度修改的意见。这十四点意见中,如要求用计量经济学来研究,“必须有数字资料,而且可以从数字中引出结论”[③]。又如建议“分析财政与货币政策,以了解两者对经济的影响”[④]。这些意见,其实是财政史研究对象之一,是写财政史不能回避的,因而我认为是中肯的,值得重视的。而黄仁宇基本上没有接受,他说:“在该专家举出的十四项建议中,我只能接受一项,而且还十分勉强。”[⑤]结果,他完全按照自己的想法,完成书稿的写作。自然书稿在哈佛大学东亚研究中心教授们之间没有通过,不能在美国哈佛大学出版社出版。[⑥] 他“指望所著书(指财政书——引者)杀青,登上龙门身价陡增,不难在纽普兹学校加薪升级”[⑦]的愿望也落空,没有实现。1971 年才由英国友人崔瑞德(Denis Twitchett)介绍给英国剑桥大学出版社,但因种种问题,1974 年才出版。出版以后,引起了国内外学术界的关注,在国外,如他所说:“在荷兰、英国、(中国)香港和美国,书评称赞这本书‘有原创力’‘光芒四射’‘勇气十足’‘值得赞赏的开路之作”‘历史典籍’,甚至‘经典之作’。……

① [美]黄仁宇著,张逸安译《黄河青山:黄仁宇回忆录》,生活·读书·新知三联书店,2001 年,第 269 页。

② [美]黄仁宇著,张逸安译《黄河青山:黄仁宇回忆录》,生活·读书·新知三联书店,2001 年,第 8 页。

③ [美]黄仁宇著,张逸安译《黄河青山:黄仁宇回忆录》,生活·读书·新知三联书店,2001 年,第 271 页。

④ [美]黄仁宇著,张逸安译《黄河青山:黄仁宇回忆录》,生活·读书·新知三联书店,2001 年,第 280 页。

⑤ [美]黄仁宇著,张逸安译《黄河青山:黄仁宇回忆录》,生活·读书·新知三联书店,2001 年,第 276 页。

⑥ [美]黄仁宇著,张逸安译《黄河青山:黄仁宇回忆录》,生活·读书·新知三联书店,2001 年,第 272 ~ 275 页。

⑦ 黄仁宇《地北天南叙古今》,生活·读书·新知三联书店,2001 年,第 121 页。

但即使是技术上的缺失也没有逃过批评。"①在国内,直到 2001 年才有阿风等人的中译本,由生活·读书·新知三联书店出版。中译本出版以后至今,一直未有学者发表过评论文章。我只看过德国付吾康教授撰《评黄仁宇著〈十六世纪中国明代的税制和政府财政〉》中译文,发表在 1980 年第 5 期《中国史研究动态》上。还看到北京万圣书园的书目广告称该书"剖析了明帝国经济生命供给线的各条脉络以及相关功能,成为给出明帝国财税体系的清晰图解的第一人。……重申中国社会经济管理的症结所在是:无法进行有效的数目字管理"②。对上述的评论和广告,除了付吾康教授的评论,我是不敢完全苟同的。读了该书及有关的资料,我是有所收获的:一是黄仁宇在写作该书的过程中,表现出锲而不舍的钻研精神,如他在困难面前,表示"我一定要把问题(指困难——引者)看成实在的物品,用手牢牢抓住,用膝盖顶,用脚踢,如果还不成,就用牙齿去咬。……这势必是一场肉搏战"③;二是该书文字流畅,浅显明白,"标新立异",引人入胜,可读性、趣味性强。这些都是令我钦佩的,值得我学习的。但也有一些意见,要写成本评论。可惜黄仁宇先生已归道山,不可能看到。不过,正如哥伦比亚大学崔瑞德教授所说:"这部著作中有时讨论了大量的细节性问题,当然还远远不够彻底。现在是这个专题研究的初始阶段,也是细节性历史探讨时期,很有必要列出各个方面的证据,而不能急于作出轻率的概括。"④他希望这本书能够进一步推动财政史的细节性研究。为了响应崔教授的号召,我不揣浅陋,大胆地将本评论发表,希望得到方家及读者指正,以利于明代财政史研究的开展。

---

① [美]黄仁宇著,张逸安译《黄河青山:黄仁宇回忆录》,生活·读书·新知三联书店,2001 年,第 278 ~279 页。

② 北京《万圣读书空间》,2001 年 9 月第 29 期。

③ [美]黄仁宇著,张逸安译《黄河青山:黄仁宇回忆录》,生活·读书·新知三联书店,2001 年,第 254 页。

④ [美]黄仁宇著,阿风等译《十六世纪明代中国之财政与税收·序》,生活·读书·新知三联书店,2001 年。

二　明代历史"倒退论"的观点违反了客观史实

黄仁宇的历史观,深受英国经济学家亚当·斯密和德国社会学家马克斯·韦伯的影响,其中说明代历史"倒退论"的观点就最明显和典型。我国学者陈梧桐教授明确指出,18 世纪 70 年代,亚当·斯密在世界上最早提出中国社会长期"停滞论"的观点,他在《国富论》中说:"中国,一向是世界上最富的国家。……然而,许久以前,它就停滞于静止状态了。"究其原因:其一,停滞于农业和农业的停滞;其二,对手工业、对外贸易和商业的轻视;其三,中国的财富已经完全达到该国法律制度所允许的发展极限。斯密的这些观点,成为此后 19 世纪西方称霸世界格局形成时,西方中心论者的中国"停滞论"理论的源头。马克斯·韦伯在 20 世纪初又提出"精神文化决定论",将中国"停滞论"加以理论化。韦伯认为欧洲新教伦理是产生资本主义的土壤,西欧文化的独特性决定了合理的、以自由劳动为基础的资本主义为西方近代所独有;中国传统社会受儒教统治,儒教的道德观中缺乏"与世界发生紧张状态"的思想,只有父系的官僚组织,缺乏有法律保障的社会结构,所以不能产生近代的资本主义。[①] 黄仁宇在斯密和韦伯的影响下,提出了明代历史"倒退论"的观点,比"停滞论"观点又进了一步。[②] 他说:

> 唐、宋、元各代的财政结构从来没有像明代这样僵化,它们的高层政府部门也不像明代那样承担很少实施责任。明代的财政管理具有收敛性(self-denying),它将其运作能力降到最低限度,忽视了通过工商业发展来增加收入的策略,拒绝考虑民间、私人方面的帮助。财政

---

① 陈梧桐《〈万历十五年〉质疑》,载王兆成主编《历史学家茶座》总第 4 辑,山东人民出版社,2006 年,第 102 页。

② 张显清《中国历史"停滞论"的由来和发展》,《明史研究》第 8 辑,黄山书社,2003 年。

管理总的来说是倒退，而不是进步。①

为了证明明代历史“倒退论”的观点，他从明代的财力着眼，极力贬低明代的历史。他说：

> 在宋代，国家的收入和支出已经以铜钱缗(贯)作为标准的财政计量单位。在明代，每缗铜钱与1石粮食相抵。宋代的记载显示，到11世纪中期每年国家的预算已经达到12600万缗到15000万缗之间。尽管这些数字要充分地考虑到通货膨胀的影响，但可以认为，明代的财力要比4个世纪前的宋朝差了很多。10世纪50年代，宋王朝每年要生产3500吨(short tons，1短吨等于0.907公吨——译者注)铜和5000吨的铁。1159年，市舶司海关收入达到200万缗铜钱。而16世纪的明朝根本无法与之相比。②

关于黄仁宇在这里提出的明代财政结构僵化和财政管理的收敛性问

---

① [美]黄仁宇著，阿风等译《十六世纪明代中国之财政与税收》，生活·读书·新知三联书店，2001年，第426页。

② [美]黄仁宇著，阿风等译《十六世纪明代中国之财政与税收》，生活·读书·新知三联书店，2001年，第55页。按：这段话见 *Taxation and Governmental Finance in Sixteenth-Century Ming China*(剑桥大学出版社，1974年)p. 46第二章第一节：“Under the Sung, state income and expenditure had both been assessed in terms of a standard fiscal unit, namely the string of copper cash, the value of which has generally been considered comparable to that of the picul of grain under the Ming. The Sung accounts show that by the mid eleventh century the annual state budget had already reached a level of between 126 million and 150 million units. Although these accounts have yet to be studied in detail to discount inflationary influences, there is little doubt that the financial capacity of the Ming was well below that of its forerunner some four centuries earlier……”这段话翻译不准确，原文的意思是：“宋代国家的收入和支出都以一个标准的财政单位(即缗钱，一般来说，一缗钱相当于明代的一石谷物)来计算。宋代的记载显示，到11世纪中叶，每年国家预算已经达到12600万到15000万个单位，尽管这些数字还必须把通货膨胀的因素考虑进来去做更细致的研究，但没有疑问的是，明朝的财政规模远低于早它四个世纪的宋朝……”这里，黄仁宇弄错了宋朝的财政单位，铜钱的贯只是标准财政单位之一种，宋代财政单位是复合单位，即贯石匹斤；译者翻译也不够精确，黄仁宇讲到12600万到15000万个单位时，其实用的是“单位”，没有很确定说是“缗”。另外，黄仁宇原话没有说明代的财政收支以实物为计算单位的意思，这点可能与译者没有准确翻译有关。以上意见，承中山大学刘志伟教授指出，特表示衷心感谢！

题,我在下面再作讨论。在此需要讨论的是他提出宋、明两代中国综合国力的比较问题。

一是宋明两代政府的财政收入。

所举宋代例子是“到 11 世纪中期每年国家的预算已经达到 12600 万缗到 15000 万缗之间”。这两个数字,原注是转引自王志瑞《宋元经济史》(台北,1964 年)第 135 页。我未见该书,不知出自何文献。不过,我查这两个数字,原出自《宋史》卷 179《食货下 · 会计》:天禧末,岁入 150850100 和《玉海》卷 185《食货 · 会计》:皇祐元年,岁入 126251964。这两个数字,黄仁宇用时删去后面六位数,并在英文本中贯以“单位”,即 12600 万到 15000 万单位之间(见上页脚注①),但因他上文说宋代财政单位以铜钱缗(贯)计算,因此译者便改为“缗”,其实黄仁宇弄错了宋代的财政单位,铜钱的“贯”,只是标准财政单位的一种,宋代财政单位是复合单位,即贯石匹斤,因此,原书这两个数字的单位是贯石匹斤。[①] 原书把不同单位的数字总起来计算,是没有意义的。同时,这两个数字是“预算”,不等于实际收入,所以不可取。宋代的实际收入,如北宋治平二年(1065)最高收入是六千余万贯。[②] 而明代的实际收入,史称“万历间奏疏天下之所入为一千四百六十一万”[③]两,钱钞收入还未计入。[④]

本来宋明两代,国家收入和支出的财政计量单位有不同的标准,宋代国家以铜钱,明代国家自正统元年,“开放银禁后,五百年间的物价,多以白银来表示”[⑤],政府收支亦以白银计算,白银才真正货币化。如万历初年,张居正当政,进行财政改革,以粮食本色转变为以银两折色作为纳赋计量单位。黄景昉高度评价说:“万历四年,以京通仓米业足支七八年,准改折次年漕粮十分之三,得银九十万有奇,扣留运军行粮、料价等银复十余

① 参见梁方仲编著《中国历代户口、田地、田赋统计》,上海人民出版社,1980 年,第 288 页。

② 参见全汉升《中国经济史研究》(上),稻乡出版社,1991 年,第 227 页。

③ (明)孙承泽《春明梦余录》卷 35《户部一》。

④ (明)张学颜等编《万历会计录》卷 1。

⑤ 彭信威《中国货币史》,上海人民出版社,1958 年,第 494 页。

万。盛哉！视迩来何啻盈虚消息之异。”[1]说明万历初年财政计量单位已开始改用白银，一条鞭法以后，更是如此。“白银真正成为主要的货币，这在中国货币史上是一个划时代的变化。”[2]可见黄仁宇上述明政府收支以粮食石为财政预算单位，不符合历史事实。

由于财政计量单位不同，比较时有一定困难，但亦不是不能比较的。上述宋代国家在治平二年所收入的六千余万贯铜钱，其实当时财政混乱，所收的不纯是铜钱，许多是不够重量的铁钱，无论铜、铁钱，在治平至元丰年间（1064—1085），政府铸钱过多，通货膨胀，铜、铁钱都贬值，物价上涨，购买力降低。饥荒年时，物价上涨当然厉害，如北宋末年至靖康元年（1126），每斗米三千文。就是丰年，由于铜钱贬值，物价仍然很高。如熙宁年间（1068—1077），川中米价每石一贯二三百文。[3] 如按此一石一千二三百文标准计算，即：60000000 贯 ÷ 1300 文 = 北宋治平二年国家收入约 46154 市石。而明代万历年间国家收入白银为 14610000 两，按万历年间（1573—1620）每公石米价 0.638 两计算[4]，即：14610000 ÷ 0.638 = 约 22899687 公石 ×2 = 约 45799374 市石。可见明代比宋代政府收入多，白银购买力强，反映了国势的强盛。所以彭信威比较了宋代的钱币和明代白银购买力以后，指出 16 世纪前后期白银的购买力波动较少，一直保持稳定和高度的态势，这是宋元以来几百年间未曾有过的事情。[5] 弘治年间，明人丘濬曾就宋明两朝的财政结构和收支及储积方面做过比较，指出：“窃惟我朝疆宇比宋为广，而百年以来无甚巨费，凡宋所谓郊赉、岁币、祠禄皆无之，其最费者，宗禄养兵荫子耳，然荫子止于武职，文臣亦无几焉。臣考诸司职掌，洪武中人民一千六十五万二千八百七十户，垦田八百四十九万六千五百二十三顷，税粮二千九百四十四万石，户口之数较之宋虽略相当，而

① （明）黄景昉《国史唯疑》卷 9。
② 林仁川《明末清初私人海上贸易》，华东师范大学出版社，1987 年，第 386 页。
③ 全汉升《中国经济史论丛》，香港中文大学新亚书院新亚研究所，1972 年，第 63 页。
④ 彭信威《中国货币史》，上海人民出版社，1958 年，第 497 页。
⑤ 彭信威《中国货币史》，上海人民出版社，1958 年，第 499 页。

今日垦田则过之远矣，所入既多，而所费比之又少，是宜国家储积数倍于宋焉。……况今日之全盛庶富，非宋可比。”①也说明明代比宋代财政收入多，支出又少，故储积丰厚，是非宋可比的。

二是矿产问题。

（1）明代铁的产量，根据黄启臣教授的研究，北宋皇祐年间（1049—1054）年产生铁7241000斤，南宋初年（约1127—1162）年产生铁2162144斤，明洪武初年（约1368）年产生铁18475026斤。明初的年生铁产量“相当于北宋的2.8倍，相当南宋初年的8.1倍”。② 永乐初年（15世纪初），官营铁冶的生铁产量达9237吨，宣德九年（1434），仅民营铁冶的生铁产量就达到13831吨，嘉靖以后更是达到45000吨。③ 可见铁的产量，明代比宋代增长了八倍。从明初至嘉靖年间，明代生铁的产量，“不仅是我国历史上的最高水平，而且也是占世界第一位的。……而英国1720年只有17000吨”④。

（2）明代和宋代银的产量，文献都没有具体的记载，但宋明两代政府都是按照产额的大小抽取其中一部分作为银课。从银课比较，明永乐十二年（1414）是393949两，宣德九年（1434）是327608两。⑤ 而“北宋政府每年平均的银课收入，约为二十二万三千余两。这虽然比明成祖朝（1402—1424）及宣宗朝（1426—1435）的银课为少，但和明代政府在十四世纪末叶以后一百余年中每年平均约十万两的银课比较起来，却为后者的两倍有多。因此，自北宋至明中叶，中国银矿的产额可能有减小的趋势”⑥。

（3）明代铜的产量，《明实录》历朝记载的铜课，根据白寿彝先生的研

① （明）丘濬《足国用议》，载（明）陈子龙等辑《明经世文编》卷72。
② 黄启臣《十四—十七世纪中国钢铁生产史》，中州古籍出版社，1989年，第12页。
③ 黄启臣《十四—十七世纪中国钢铁生产史》，中州古籍出版社，1989年，第17页。
④ 黄启臣《十四—十七世纪中国钢铁生产史》，中州古籍出版社，1989年，第16～17页。
⑤ 白寿彝《明代矿业的发展》，载《中国资本主义萌芽问题讨论集》（下），生活·读书·新知三联书店，1957年，第948页。
⑥ 全汉升《中国经济史论丛》，香港中文大学新亚书院新亚研究所，1972年，第365页。

究,“当是定额的指派,不能表示出生产量来”[①]。同时,明初政府推行宝钞,铸钱较少,对铜产要求不迫切,故生产铜较少,与铸钱需要铜的宋代相比,自然比不上。同时,自宋以来大力开采,矿藏已经枯竭,在没有新式技术开采之前,产量自然不高,难与宋代铜的产量比较。但就个别地方而论,如江西德兴、铅山两县是明代产铜最盛的地方,宣德三年(1428)二县铜场产铜五十余万斤,较之南宋时两地铜产最高额,岁收“祖额”共约四十三万余斤,可见宣德年间的年产量超过了历史上的最高水平。[②]

三是外贸海关收入。

上述黄仁宇举1159年宋代市舶司海关收入达到200万缗铜钱,转引自王志瑞《宋元经济史》第62页。我没有见到该书,不明引文出处。不过,据《建炎以来朝野杂记》甲集卷15《市舶司本息》载:绍兴末年(约1159),泉州、广州“两舶司抽分及和买,岁得息钱二百万缗”。说明两舶司收入包括关税抽分及和买两部分,和买部分不属关税,且数额甚大。如建炎四年(1130),泉州市舶司“抽买乳香一十三等,八万六千七百八十斤有奇”[③]。按南宋初年“乳香九万一千五百斤,直可百二十余万缗”[④]计算,泉州市舶司这一年仅乳香抽买估值就达一百万缗以上。[⑤] 由此可以推断,1159年宋代市舶司除了和买部分不计,关税抽分实际收入至多是一百万缗。而明代前期,实施贡舶和商舶贸易,关于外贸海关收入,黄仁宇没有举实例说明。明代外贸海关收入未见有文献统计过。田培栋教授根据成化九年(1473)内承运库太监林绣的奏稿,该库自永乐至成化九年,收贮各项金七十二万七千四百余两,银二千七十六万四百余两,减去天顺时期的金花银七八百万余两,其剩余数当可为黄金七十二万七千四百余两,白银一

① 白寿彝《明代矿业的发展》,载《中国资本主义萌芽问题讨论集》(下),生活·读书·新知三联书店,1957年,第955页。

② 夏湘蓉等编著《中国古代矿业开发史》,地质出版社,1980年,第150~151页。

③ (元)脱脱等撰《宋史》卷185《食货下七》。

④ (元)脱脱等撰《宋史》卷404《张运传》。

⑤ 胡沧泽《宋代福建海外贸易的兴起及其对社会生活的影响》,《中国社会经济史研究》1995年第1期。

千二百七十六万四百余两。成化九年距郑和最后一次下西洋回国仅隔三十九年。这个数字可以说大部分是郑和下西洋及各国使节朝贡所带来的货物总值,其他珍异奇宝、香料、胡椒、苏木等,还未列入计算范围。这样惊人的数字,完全是明朝前期实行朝贡贸易所取得的成果。[①] 隆庆以后,除海禁,开放对外贸易,明人周起元说:“我穆庙(穆宗)时,除贩夷之律,于是五方之贾,熙熙水国,刳艅艎,分市东西路,其捆载珍奇,故异物不足述,而所贸金钱,岁无虑数十万,公私并赖,其殆天子之南库也。”[②]这是就福建漳州外贸的情况说的。万历年间月港对外贸易税额不断上升,至万历二十二年(1594),“饷骤溢至二万九千有奇”[③]。以后月港每年商税收入保持在三万两左右。[④] 至于广东,自葡萄牙盘踞澳门以后,外国商船逐渐增多,平均每年不下二十至四十艘,经营规模扩大,税收自然增长快。明人王临亨记载印度古里的葡萄牙商船的贸易情况:“西洋古里,其国乃西洋诸番之会。三四月间入中国市杂物,转市日本诸国以觅利,满载皆阿堵物也。余驻省时,见有三舟至,舟各赍白金三十万投税司纳税,听其入城与百姓交易。”[⑤]这是万历二十九年王临亨驻广州办理案件时亲自见到的情况。从此可见西洋古国商人从广州出口的商品很多,载满三船,每船纳税(包括水饷和陆饷在内)白银三十万两,三船共九十万两。比起正德初年抽分实物时,广东在库番货变卖可得数万金,真不知扩大多少倍,何况仅是一次外国商船进口的税收呢。从以上情况来考察,如果要和宋代1159年海关抽分收入100万缗折成实物来比较,则1000000贯 ÷ 1300文 = 769市石,而明代万历年间广东海关一次向西洋之国商船收的税是900000两 ÷ 0.638两 = 1410658公石 × 2 = 2821316市石。说明明代比宋代海关抽分收入多三四

① 田培栋《明代前期至中期财政储存研究》,《明史研究》第2辑,黄山书社,1992年,第66~67页。

② (明)周起元《东西洋考序》,载(明)张燮《东西洋考》。

③ (明)张燮《东西洋考》卷7《饷税考》。

④ 林仁川《明末清初私人海上贸易》,华东师范大学出版社,1987年,第360页。

⑤ (明)王临亨《粤剑编》卷3《志外夷》。

千倍。

综上所述,我认为一个国家的财力,即“综合国力”,与他国比较其强弱,应是由多方面决定的,不能由一两项的指标决定,这是常识。宋明两代中国财力的比较,也应如此。如铁矿的年产,明代就比宋代多;铜矿的年产,明代就比宋代少。其他各项,明代都比宋代强。这样就不能按一项指标决定其强弱,只要对比中,有几项超过,便可以判定明代比宋代有所发展、有所前进,更不能据此得出明代历史倒退的结论。我更认为,14 世纪末至 15 世纪初的明朝在航海事业上是世界上最先进、最强大的国家。当时明政府恢复了元末破坏了的生产力,农业、手工业得到发展,国库充盈,郑和下西洋是国力强大的标志。16 世纪的明代,和世界先进国家比较,已经走向衰落、走向落后,这是我对明代历史的基本认识,也是我和黄仁宇的基本分歧之处。

由于黄仁宇持着明代比宋代历史倒退的观点,所以对明代特别是明初朱元璋时期施行的财政政策,基本上持否定态度。如对明代前期实施的军士屯田政策,在“军队自给的神话和面临的现实”标题下,将所取得的成就,如“1403 年的军屯子粒总产量超过 2300 万石”,作为预计的目标,然后说“现在我们还无法确知军屯计划前期的实际效果”。① 其实研究明代军屯很有成就的王毓铨教授早就指出军屯所取得的成就,明人有夸大的倾向,甚至夸大到“很不符合事实的程度”。但他又正确地分析了明代军屯的作用:“一方面是供给官军俸粮(官俸军粮),加强了统治阶级的武装。……另一方面是在军屯的形式下垦复抛荒田土和开种成熟的荒闲田。这是以屯军出现的明代劳动人民在发展生产上的伟大贡献。”至于军屯所取得的成绩,他除了举驻守江阴的吴良兄弟及都水营田使康茂才等人领导的屯种取得了好成绩,还正确地对军屯前期所取得的成绩,做了科学的分析和估计,他引隆庆三年,总督蓟辽兵部左侍郎谭纶的话,说:“腹里当国

① [美]黄仁宇著,阿风等译《十六世纪明代中国之财政与税收》,生活·读书·新知三联书店,2001 年,第 75 ~ 76 页。

初右武，田皆膏腴，实收子粒，足以充军食之半。”[①]考诸事实，如万历元年四月兵科给事中刘铉说：“国家养兵半籍屯田。”[②]谭纶那“足以充军食之半”的话是可以信服的。[③] 近人李三谋亦指出：“明初的军屯成绩显著。兵饷与政费未出现冲突，田赋征粮及其动用系统还未出现危机，旧税制得以维持。”[④]明中叶以后，屯田因军校、豪右侵占及征榷过重致屯丁逃亡，屯政衰败，屯粮大减，边饷由民运，民力维艰，常有不足之患。自正统元年以后，田赋折征，万历九年以后，改为农业货币税，发银给边籴买粮食，于是又促进九边粮食生产的复兴。“万历初年，边塞屯民纷集，内地居民涌入宁夏、延绥开荒种植。北直隶和山西人民也不断涌入宣府、大同垦耕，九边农业生产又有了新的发展。……各边镇的各类屯田——军屯、民屯、商屯皆有发展。晚明宣府镇屯田480万亩，是原额的两倍多；陕西都司原额屯田420万亩，明末时增为1680万亩；辽东都司原额屯田120万亩，明末时增为330万亩；晚明时大同镇屯田280万亩，比原额增加了180万亩。万历时，宣府、大同的粮价折银与内地差不多……边地粮食丰收，军饷就可就地籴买，招商籴粮也容易完纳，粟价也不至于昂贵。这又成了万历九年(1581)全面推行农业货币税的物质基础。”[⑤]因此，我认为黄仁宇因明人一句夸口的话——“国家养兵百万，不费百姓一粒米”，就全面否定明代军屯政策及军屯所取得的成绩，是片面的、不科学的。明代屯田制度前后推行了数百年之久，直至清代才彻底废除，其作用是难以否定的。

又如“藏富于民”的经济政策，也被黄仁宇指斥为“谬误”，完全否定。其理由首先是明政府很少能造福于民，如大规模治水计划，只是为了保证大运河的畅通，不是为了水利灌溉。[⑥] 黄仁宇没有研究明代水利事业，为

---

① 《明穆宗实录》卷35。

② 《明神宗实录》卷12。

③ 王毓铨《明代的军屯》，中华书局，1965年，第208~211页。

④ 李三谋《明代农业货币税的推行问题》，《中国经济史研究》1995年第4期。

⑤ 李三谋《明代农业货币税的推行问题》，《中国经济史研究》1995年第4期。

⑥ ［美］黄仁宇著，阿风等译《十六世纪明代中国之财政与税收》，生活·读书·新知三联书店，2001年，第239页。

了说明明代落后于宋代，就妄下这一结论，自然是缺乏根据、没有理由的。综观 16 世纪以前明代的治水事业，可分为两部：一是兴修水利，灌溉农田。明初政府重视农田水利事业，在兴修农田水利工程方面发挥了积极的组织作用，如洪武二十七年（1394），“遣国子监生及人材分诣天下郡县督吏民修治水利”[①]。由于农田水利事业关系到群众的切身利益，得到群众的支持，因此，在群众辛勤劳动下，取得了很大的成就。著名的广西兴安县的灵渠、四川灌县的都江堰等，都是洪武年间先后修复的。根据洪武二十八年（1395）不完全统计，全国府县修建塘堰凡 40987 处，浚河 4162 处，修陂渠堤岸 5048 处。[②] 这些农田水利工程的兴建，对农田灌溉起了很大的作用。如洪武年间，宁夏“修筑汉、唐旧渠，引河水溉田，开屯数万顷”[③]。广西灵渠也“可溉田万顷”[④]。根据美国学者德·希·珀金斯的研究，估计建文二年（1400）全国灌溉面积达 1.3 亿亩。[⑤] 同时，增强了农民对自然灾害的抵抗力，如陂塘湖堰建窦闸，使农民掌握了“潴蓄以备旱熯，宣泄以防霖潦”[⑥]的主动权，不仅可以在雨水多时使它发挥防霖潦的护田作用，而且可以引水灌田，不受旱天影响，保证农业生产正常进行，起到保收的作用。二是疏浚南北大运河。大运河南起杭州，贯通江南运河、淮扬诸湖、黄河、会通河、卫河、白河、大通河，北达京师以东通州大通桥，全长三千余里。其中改建会通河的工程最大。洪武二十四年（1391），黄河决原武，漫安山湖而东，会通河尽淤。为了疏通会通河，永乐九年（1411）征调山东、徐州、应天、镇江民工三十万，施工二百天，才胜利完成。不久又疏浚黄河故道，开凿三十里的清江浦，才使南北大运河全线畅通，不仅满足了统治者南粮北运的需要，而且促进了城乡经济的繁荣。如漕船运输中，弘治十五年（1502）允许

---

① 《明太祖实录》卷 234。

② 《明太祖实录》卷 243。

③ （清）张廷玉等撰《明史》卷 134《宁正传》。

④ 《明太祖实录》卷 247。

⑤ ［美］德·希·珀金斯著，宋海文等译《中国农业的发展（1368—1968 年）》，上海译文出版社，1984 年，第 81 页。

⑥ 《明太祖实录》卷 234。

运军附带货物不得过十石，到万历七年（1579）放宽至六十石。可是，每船随船多带，比正粮五六百石多数倍。至于卖买漕粮，用所得银两“置买私货，于沿途发卖”，“及至来京，反买仓米”上纳的事也有。[①] 1598 年，利玛窦在南礼部尚书王弘诲陪同下，沿着运河由南京至北京，他看到大运河沿岸运输商品的情形。他说：“无数装有贡品的船只正络绎不绝驶往京城，许多船只都没达到满载的吨位，商人乘机用很低的租金租借空舱。这样，可以向京城提供当地没有生产的许多东西，互易所需。”[②]因此，沿途市镇商品经济出现虚假繁荣景象。在这里应指出，明代在疏浚大运河的同时，还治理了黄河。如成化二十一年（1485），当地人民在甘肃平凉至泾州之间，利用泾水，筑水渠六十二道，并“垒堰坝以固河防”。这一水利工程，民称“利民渠”，“以溉田则三千顷有奇”，连年取得丰收。[③] 其他事例尚多，今不备举。可以说明代治水，不仅是为了保证大运河的畅通，南粮北调，巩固政权统治，在客观上也改善了水利灌溉，造福人民。

在此需要进一步指出，其实“藏富于民”的经济政策，原非明初首创，究其渊源，可追溯到以孔子为代表的儒家传统的经济思想。在历史上，孔子首先提出“藏富于民”的观点。近人刘家贵教授研究孔子的经济思想，他举《说苑 · 政理》的记载：“鲁哀公问政于孔子，对曰：‘政有使民富且寿。’哀公曰：‘何谓也？’孔子曰：‘薄赋敛则民富……’公曰：‘若是，则寡人贫矣。’孔子曰：‘诗云：“凯悌君子，民之父母。”未见其子富而父母贫者也。’”孔子还说：“百姓足，君孰与不足？百姓不足，君孰与足？”这段话“分析了民富与君富即国富的关系，主张国家应‘藏’富于民”[④]。由于“藏富于民”是儒家传统经济思想的精华，也是传统文化有价值的组成部分，因此，为历来开国的统治者奉为施政圭臬。朱元璋亦没有例外，他不仅提倡“藏

---

① 参见赵全鹏《明代漕运中的商业活动》，《史林》1996 年第 1 期。

② 《利玛窦日记》选录，转引自林金水《利玛窦看到的明末社会经济》，《中国社会经济史研究》1984 年第 4 期。

③ （明）娄谦《平凉利民渠记》，载（明）顾炎武《天下郡国利病书 · 陕西备录上》。

④ 刘家贵《孔子经济思想散论》，《中国经济史研究》1995 年第 1 期。

富于民”的经济政策,而且身体力行,努力付诸实践。他在洪武三年任命户部尚书时,就告诫户部:“善理财者,不病民以利官,必生财以阜民。”①所谓“生财以阜民”,即生财而富民之意,就是提倡“藏富于民”的经济政策。怎样才能做到“藏富于民”呢?明初政府采取了相应的措施,第一,轻徭薄赋。洪武元年(1368),朱元璋谕中书省臣曰:“夫善政在于养民,养民在于宽赋。”②明初,民间田地存在着等级不同及肥瘠程度不同等因素,因而民田地税轻重悬殊,不过一般较前朝为轻。所以宣德年间,杜宗桓说:明太祖时,“天下田税,亦不过三升、五升,而其最下有三合、五合者,于是天下之民,咸得其所”③。第二,明政府实行“劝课农桑”的政策,规定“凡农民田五亩至十亩者,栽桑、麻、木绵各半亩,十亩以上者倍之,其田多者,率以是为差”④。这是以亩来计,没有土地的农民便没有种植的任务。到了洪武二十五年(1392)便改为以户计了。当时,“令凤阳、滁州、庐州、和州每户种桑二百株、枣二百株、柿二百株”⑤,还定出征课的标准。这一措施的缺点是不根据地理条件,强制在各布政司推行,但也推广了经济作物的种植,对于“富民”有利。第三,在财政收支原则上,明政府采取“量入度出,毋复扰民”的措施,反对王安石、桑弘羊等人“量出度入”的所谓歉财措施。此外,反对游惰,提倡节俭,提倡“使民以时”,反对劳民伤财,建立常平仓、社仓、义仓,荒年平准粮价及账贷等,此处不再详述。因此,孟森说:“观明祖之劝课农桑,作养廉俭,已足藏富于民矣。”⑥严格地说,明初政府“藏富于民”的政策,包括的措施很多,内容丰富,并不是黄仁宇所想的那么片面、简单。它虽然是用于巩固统治的经济手段,但其实施在客观上仍具有一定的进步意义。

① 《明太祖实录》卷177。
② 《明太祖实录》卷29。
③ (明)顾炎武《日知录集释》卷10《苏松二府田赋之重》。
④ 《明太祖实录》卷17。
⑤ (清)龙文彬纂《明会要》卷53《食货一·劝农桑》。
⑥ 孟森《明清史讲义》,中华书局,1981年,第34页。

三　夸大了定额制度推行的力度及其对明代财政的负面影响

明初朱元璋对赋税的征收，曾经采取定额制度，如在田赋方面，分为赋率和赋额两项。梁方仲教授认为，根据《明太祖实录》卷二十称：至正二十六年(1366)，“我谓纾民之力……今日之计，当定赋以节用，则民力可以不困”；又据《大明令·户令》称：吴元年(1367)，“凡民间赋税，自有常额”；复据《明太祖实录》卷二十八下称：吴元年，“是岁定各县为上中下(潜按：原文脱一‘下’字)三等，税粮十万石之下者为上县……六万石之下者为中县……三万石之下者为下县”。“推出赋税之有定额，当为自至正二十六年至其翌年(即吴元年)十二月以前所制定。”①他所指的是“赋额”。至于赋率，据《明史·明玉珍传》称，在蜀地，定赋税，“以十分取一”；复据《明史》卷78《食货二》所载，“太祖为吴王，赋税十取一”，此是按产量征收。洪武改元以后，改为按亩征取，《明史·食货志》称：“初，太祖定天下官、民田赋，凡官田亩税五升三合五勺，民田减二升。”

在杂课方面，黄仁宇称为“杂色”，包括商税、鱼课、钞关等。

商税，从洪武十年(1377)开始，立为定额征收。史称：洪武十年三月甲申，“户部奏天下税课司局征商不如额者一百七十八处，宜遣中官国子生及部委官各一人往核其实，立为定额。从之”②。鱼课何年开始按定额征收，尚不清楚。洪武二十年(1387)，户部向朱元璋建言鱼课和商税一样，以洪武十八年(1385)所收立为定额。史称：洪武二十年九月壬辰，“户部言：今天下税课司、河泊所课程视旧有亏，宜以洪武十八年所收立为定额。上曰：商税之征，岁有不同，若以往年概为定额，苟有不足，岂不病民。宜随其多寡，从实征之”③。可见朱元璋不同意，明确表示征收商税、鱼课，废止定额制，改为从实征收。

---

① 梁方仲《明代田赋初制定额年代小考》，载《梁方仲经济史论文集补编》，中州古籍出版社，1984年，第109页。

② 《明太祖实录》卷111。

③ 《明太祖实录》卷185。

钞关设于宣德年间，设关之初征收课税，原是实收实缴的，并没有规定定额。如临清钞关，史称：临清设关，景泰、弘治初，"课无定额"①。定额制起于何时，未见史载，已难查考。不过，可以肯定在成化年间已经存在。史称：成化十六年(1480)，户部奏钞关事宜时指出："各处钞关，每年大约收钞二千四百余万贯，近年委官多方作弊，以致钞数不及原额。"②《明会典》卷三十五《钞关》载各钞关初期所榷的本色钱钞数目，大约亦是成化十六年以前确定的。

对于以上明代的定额税收制度，黄仁宇的评论，有两点值得注意：

第一，明代的定额赋税制度是僵硬的，为从不进行根本调整的"铁板税"。如他说："税收定额制度是明代基本的政策，唐、宋时代从来没有像明代这样僵硬地执行这一政策。""侧面收受(潜按：指田赋折征和加耗的收入)是适应地方定额税收制度，两者都强调在低水平之上的运作以及半永久性基础之上的联系。""各地税收定额一旦成为定制，就成为'铁板税'，从不进行根本调整。"③这一见解，显然忽视了或不重视这样的事实：我们认为如果明初实施田赋定额制，从赋役体制发展的观点来看，赋额和赋率是固定的，征收的客体是变化的，二者相互矛盾。定额制征收的客体，也是定额制的基础，即丁口和田地，二者随时不同，史称："若夫田地、山塘沿堡而纪之，逐一而列之，未免胶柱调瑟矣！夫田地随时消长，丁口亦随税亩盈虚，十年一编黄册，正为此也。今只宜总计通县共田地、山塘若干……因田地、山塘之多寡，按则例以起科。"④根本就不按定额征收。同时，定额也随着各种原因而变化。史称："国初官民田税粮，俱有定额，其后拨给亲王、功臣，及地土肥瘠、退滩、开垦、坍江、灾伤等项，或增或减，岁无常

---

① (明)顾炎武《天下郡国利病书·山东备录下·临清志》；(清)张度等纂修《乾隆临清直隶州志》卷9《关榷志》称：临清设关之初，"课无定额"。

② 《明宪宗实录》卷199。

③ [美]黄仁宇著，阿风等译《十六世纪明代中国之财政与税收》，生活·读书·新知三联书店，2001年，第56、62、236页。

④ (清)黄培彝修，(清)严而舒纂《康熙顺德县志》卷3《赋役志》。

数。”[1]可见在一条鞭法之前要按照定额来征收田赋是不可能的。实施田赋定额制的客观条件未成熟，是困难的，或者说是不现实的。从当时的背景来看，必须统一货币，合并各项赋役的编派，用银计算，才能实施赋税定额制。[2] 这个条件未具备，因此，在实施过程中，并不按定额征收，常有变动，尤其明中叶以后变动更大。从田赋来看，明初各地田赋的赋额和赋率变动的情况，据梁方仲教授的研究，“多仍宋元以来之旧，而因近事量为增减”[3]。如处州，《明史·刘基传》云：“太祖即皇帝位……初定处州税粮，视宋制亩加五合。”当时，“处州粮旧额一万三千石，军兴（潜按：指朱元璋用兵征山寇）加至十倍。（章）溢言之丞相，奏复其旧”[4]。天顺间（1457—1464）至明末（17 世纪中叶），处州府额征税粮皆六万四千石[5]，比旧额已增五倍。又如上述吴元年规定以赋额税粮区分上、中、下县，以后屡有升降，如洪武八年（1375），“吏部言：郡县之上下，以税粮多寡为例。今岁粮增者，太原、凤阳、河南、西安，宜升上府。扬州、巩昌、庆阳，宜升中府。明州之鄞县升上县。其莱州税粮不及，宜降中府。从之”[6]。也反映了赋额的变动情况。同时，明初定额田赋，因地制宜，视当地所产，允许用棉花和棉布代纳。如洪武三年（1370），“松江乃产布之地，止令一府输纳”[7]棉布，以代秋粮。洪武十九年（1386），武昌府通城、崇阳二县每岁秋粮，也是折收布帛。[8] 若遇水旱灾伤，定额赋税根本无法征收。如宣德时，明政府宣称：“凡实征一应钱粮，虽有定额，然各处水旱灾伤不一，当体念民情，

---

① （明）申时行等重修《明会典》卷 24《会计一·税粮一》。

② 刘志伟《在国家与社会之间——明清广东里甲赋役制度研究》，中山大学出版社，1997 年，第 10 页。

③ 梁方仲《明开国前后的赋率》，载《梁方仲经济史论文集补编》，中州古籍出版社，1984 年，第 111 页。

④ （清）张廷玉等撰《明史》卷 128《章溢传》。

⑤ 参见梁方仲《明开国前后的赋率》，载《梁方仲经济史论文集补编》，中州古籍出版社，1984 年，第 111 页。

⑥ 《明太祖实录》卷 102。

⑦ 《明太祖实录》卷 56。

⑧ 《明太祖实录》卷 177。

差人踏看明白，具奏开豁。不许固执及畏干系，展转行移，因循不决，贻患于民。”[①]明初对少数民族地区实行特殊政策，如洪武七年(1374)，对“播州，西南夷之地也……所有田税，随其所入，不必复为定额”[②]。至于役法，黄仁宇曾说：“除了田赋之外，明朝对劳役和基本物品的征派也有很大的依赖，也采用了定额制度。”[③]我们认为里甲编户的赋役和物品的征派，随时增减，没有固定的数额。正如刘志伟教授所指出的：“里甲编户的赋役负担没有定额，这是建立在里甲制基础上的赋税与差役制度的一个重要特点。”[④]

杂课，除了上述，还包括番舶抽分、开纳事例(即卖鬻爵)、僧道度牒、轻赍银等，都不是采取定额制的。上述的商税定额制，从洪武十年开始，到洪武二十年，实行了十年便废止了，改为从实征收。到了永乐二十一年(1423)，有的府县为了防止侵欺，又重新定额。史称：永乐二十一年一月庚寅，“巡按山东监察御史陈济言：淮安、济宁、东昌、临清、德州、直沽商贩往来之所聚，今建都北京，而四方百货倍于往时，其商税宜遣人监闸一年，以为定额，庶无侵欺之弊。从之”[⑤]。有的地方根本就不按照定额收税。史称：万历四年(1576)六月，“户部覆江西抚按杨成等奏：清江县樟树镇商货凑集，盗贼渊薮，近议增兵防御，颇得宁谧，而费无从出，查本镇原设税课司，额解商税，每年一百七十二两，顷别委官代榷，遂十倍之，其改选廉能官监税，以旧额解部，余悉留饷新兵，著为令。从之”[⑥]。对这条史料，黄仁宇解释说：“江西巡抚报告说樟树镇原设税课司，额解商税每年172两白银。

---

① (明)杨士奇《敕谕公侯伯五府六部都察院等衙门正官因灾修政》，载《东里别集·代言录》，中华书局，1998年，第480～481页。

② 《明太祖实录》卷88。

③ [美]黄仁宇著，阿风等译《十六世纪明代中国之财政与税收》，生活·读书·新知三联书店，2001年，第56页。

④ 刘志伟《在国家与社会之间——明清广东里甲赋役制度研究》，中山大学出版社，1997年，第10页。

⑤ 《明太宗实录》卷255。

⑥ 《明神宗实录》卷51。

在他重新调整那里榷收工作之后，收入增加了十成。很明显，商税中的许多税收潜能被浪费掉了。”[①]所谓“调整”，其实是“别委官代榷”和“改选廉能官监税”，比原额遂增十倍。这增多的部分，可能历年落入税课司大使的荷包了，如属实，这是定额制的弊端。同时，说明了樟树镇税课司从万历四年开始不按定额收税，而是按实征收了。又如万历三十年(1602)四月，税契银的征收，也不按照定额征收。史称：“大学士沈一贯以上与南京守备太监邢隆征收徽、宁二府买产税契银敕书关防，上疏争之曰：税契之制，起于民间买产，恐有后争，祖宗立法，每十年造册之时，为之官印契尾，以资信守，因而稍税纸钱，非为利也。近年户部因边饷无措，每两由三厘增至三分，正充济边之数，已为非艺之征，今又收入内帑，则户部不免束手待毙矣！且原题尽天下岁入可得十万，今乃云徽、宁二府可得十五万，何其言之太易耶？彼徽、宁二府土地几何？虽使寸地尺土无不换主，决无五百万交易之理，十五万税从何而取？……明示邢隆，循每两三分之制，随其税银多寡，尽数解进，不必拘定原数。”[②]

综上所述，有些地区税粮定额可用棉花、棉布代纳，这令持“铁板税”观点的黄仁宇大惑不解，他说：“令人迷惑的是，在一些地区，税粮定额有时也能部分地用棉花和棉布代纳。例如，山西的基本税收没有这两种物品，然而它却不断地上交，以替代粮食。”[③]最后不得不承认“税收法律依据情况的不同，有时候非常僵化、严格，有时候又非常宽松”[④]。言外之意，这一政策也有灵活的一面。因此，对明代赋税定额制，黄仁宇所持的“铁板税”观点，夸大了推行力度，是难以令人信服的。

第二，关于定额税收制度的弊端，即定额税收制度对明代财政制度乃

---

① ［美］黄仁宇著，阿风等译《十六世纪明代中国之财政与税收》，生活·读书·新知三联书店，2001年，第307～308页。

② 《明神宗实录》卷371。

③ ［美］黄仁宇著，阿风等译《十六世纪明代中国之财政与税收》，生活·读书·新知三联书店，2001年，第173页。

④ ［美］黄仁宇著，阿风等译《十六世纪明代中国之财政与税收》，生活·读书·新知三联书店，2001年，第188页。

至明代社会经济的负面影响，黄仁宇发表了许多意见，现摘录如下：

明代的税收制度（潜按：指定额制）一经确立……极大地阻碍了这一体系的运作。①

明代的财政机构过分僵化，从来不进行有效调整来适应复杂多变的社会。②

在明代财政管理中，思想偏见，责任感僵化，行动范围分割，官吏俸给过低，政府工作人员不足……公共投入不足（这些情况都是导因于低税政策），所有这些原因使得国家根本无力动员帝国的全部财力，其所能控制的资源只是其中的一部分。③

定额税收制度的确立使得许多技术性细节问题变得无关紧要。④

这种技术水平包括实际的技术手段和专门的经济知识。表现为交通运输、信息交流以及其他服务性事业，货币和银行规则，会计统计和数据保存的技巧，甚至官员的心态。⑤

深受儒家思想影响的官员们普遍认为低税收必然对纳税人有好处，其实这种看法是错误的。……税收收入的不足意味着政府不能最充分地管理帝国的资源，这样实际上会对纳税人不利。16 世纪资金不足导致了许多政府职能的丧失。其中表现最显著的方面是金属货币（见第二章第四节）和户口食盐钞制度（见第五章第四节），这给人

---

① ［美］黄仁宇著，阿风等译《十六世纪明代中国之财政与税收》，生活·读书·新知三联书店，2001 年，第 187 页。

② ［美］黄仁宇著，阿风等译《十六世纪明代中国之财政与税收》，生活·读书·新知三联书店，2001 年，第 74 页。

③ ［美］黄仁宇著，阿风等译《十六世纪明代中国之财政与税收》，生活·读书·新知三联书店，2001 年，第 420 页。

④ ［美］黄仁宇著，阿风等译《十六世纪明代中国之财政与税收》，生活·读书·新知三联书店，2001 年，第 418 页。

⑤ ［美］黄仁宇著，阿风等译《十六世纪明代中国之财政与税收》，生活·读书·新知三联书店，2001 年，第 416 页。

民带来很大的灾难。[①]

> 许多学者批评明朝税收过重……他们主要关心的是揭露征收者的贪婪和民众的艰辛……主要的问题都是税收过重造成的，而实际上这些困难的产生更可能是税收过低造成的。应该指出，杂色岁入的3780000两白银如果按照16世纪晚期15000万人口来平摊，则平均每人只有17文铜钱。[②]

> 在明代后期，尽管有人提议增加税收，但当时正税定额也从未完额交纳。……这种情况可以证明这样的观点：明朝的税收征纳由于历史的原因，有一个明确的最高限度，一旦收入的要求明显地超过了这个限度，将会导致整个财政体系的崩溃。所有这些不能完全归咎于税率过重和税收规避。问题更可能是在于定额税收制度。[③]

我不厌其烦地抄录黄仁宇关于定额制度的言论，目的在于说明它对明代社会经济及财政运作的负面影响究竟有多大。以上黄仁宇的言论，归纳起来，有四点：一是明代的财政机构僵化不变，阻碍了这一体系的运作；二是定额制导致税收收入不足，薪俸低，官员不足，致使许多政府职能丧失，如金属货币制度和户口食盐钞制度；三是定额税制阻碍了“技术”水平的提高；四是定额制度低税收导致明代财政体系的崩溃。我认为这些结论，不是从扎实的史料中概括出来的——正如崔瑞德教授在本书的《序》中要求的那样，“很有必要列出各个方面的证据，而不能急于作出轻率的概括”——而是凭空推论出来的。他在该书的结语中，自己也承认“本书中

---

① [美]黄仁宇著，阿风等译《十六世纪明代中国之财政与税收》，生活·读书·新知三联书店，2001年，第56~57页。

② [美]黄仁宇著，阿风等译《十六世纪明代中国之财政与税收》，生活·读书·新知三联书店，2001年，第341页。

③ [美]黄仁宇著，阿风等译《十六世纪明代中国之财政与税收》，生活·读书·新知三联书店，2001年，第411页。

的许多证据,尽管还不完整"[①],因而中间有的环节甚至背离了史实。如说明代财政机构过分僵化,从来不进行有效的调整,事实上非也。仅是管理财政的户部,洪武年间就做过四次调整:洪武六年(1373),户部下设五个科,郎中、员外郎、主事等共三十七人[②];洪武八年(1375),户部增设司计、照磨、管勾等官员,共计五十人[③];洪武十三年(1380),户部设尚书一人,侍郎二人,并将下属五科改为总部、度支部、金部和仓部,人员增至一百八十三人[④];到洪武二十三年(1390),又将户部的四部改为十二部,"每部分领一布政司及直隶府州钱谷金帛之事",每部置郎中、员外郎各一人,主事二人[⑤]。为了适应商品经济发展和征收行商课税的需要,宣德年间便在商品发达的地区建立了七个钞关,开征关税。钞关税的征收,不是货币政策,而是财政政策。同时,黄仁宇的这些推论,有的是现代经济学的语言,如"货币和银行规则"等。16 世纪的明代中国尚未有银行,直至光绪年间才出现。而书中提到在明代,要求明政府将资金存入银行,由银行管理和处理,如他所说"运用银行手段来管理公共资金"[⑥],"通过银行技巧来处理公共基金"[⑦],即由银行将饷银调拨到边镇去。这些都是空话。如何能用资本主义的法则去分析封建社会的明代财政政策呢?所以我认为上述他的推论,对明代财政史的研究,没有多少指导意义。不过,有两个问题是值得讨论的。

一是如何看待和评价明代定额税收制度。

定额税收制度是明代财政的基本政策,它是和明初"量入为出"的财政原则相适应的。明初处于经济恢复时期,社会生产有限,要求赋税高收

---

① [美]黄仁宇著,阿风等译《十六世纪明代中国之财政与税收》,生活·读书·新知三联书店,2001 年,第 429 页。

② 《明太祖实录》卷 83。

③ 《明太祖实录》卷 102。

④ 《明太祖实录》卷 130。

⑤ 《明太祖实录》卷 204。

⑥ [美]黄仁宇著,阿风等译《十六世纪明代中国之财政与税收》,生活·读书·新知三联书店,2001 年,第 127 页。

⑦ [美]黄仁宇著,阿风等译《十六世纪明代中国之财政与税收》,生活·读书·新知三联书店,2001 年,第 120 页。

入是不可能的，只能是低税收，财政上也只能节约开支，维持收支平衡。在这种条件下，定额税收制度便应运而生。定额税收制度主要是定额，有了定额，征收赋税便有准则，有所依据，要求既不多征，也不少收，因而赋税收入，在明初政治比较清明的前提下，便比较稳定。这一点，连黄仁宇也承认。他说："在王朝建立之初，每一个府都有一个固定的税收额度。14世纪晚期，府的税收定额还是相对固定的。"①同时，易于贯彻财政收支的原则——"量入为出"。如田赋定额征收，史称："凡各处秋夏税粮，已有定额，每岁征收，必先预为会计，除对拨官军俸粮，并存留学粮、廪给孤老口粮及常存军卫二年粮斛以备支用外，余粮通行定夺，立案具奏。"②这些应该是定额税收制度的好处。至于税率是定额税收制度中颇有争议之点，有一种意见认为这是"封闭社会的一种财政状况。其结果是使大部的岁入失去了扩张性，即缺乏用增加税率办法增加收入的可能性"③。定额税收中的税率，就民田而论，是复杂的。它是由亩产除以税额得来；亩产由自然条件、田地肥瘠的不同而高低不同，因而各地的税率并不一致。根据唐文基教授的计算，嘉靖年间，广东南海"岁亩入十石为上功，七石为中功，五石为下功……灾不在此限，俗以五升为斗"，而广东每亩平均征粮额为4.42升，若以上功计，其税率为：4.42升÷5石=0.88%；若以下功计，其税率为：4.42升÷2.5石=1.7%。浙江义乌"中田之获，卒岁之收不过亩四石"，每亩平均征粮额为5.32升。其税率为：5.32升÷4石=1.3%。④ 可见一般比较低。但需要说明的是，低税率并不意味着自耕农民所受的剥削较轻，这点正如唐文基教授所指出的："明代田赋按亩征收，没有税负的起点控制，从而使地少收获总量不多的农民，赋税负担会成几何级数增加，以

---

① [美]黄仁宇著，阿风等译《十六世纪明代中国之财政与税收》，生活·读书·新知三联书店，2001年，第28页。

② （明）申时行等重修《明会典》卷29《征收》。

③ 参见彭泽益《清代财政管理体制与收支结构》，《中国社会科学院研究生院学报》1990年第2期。

④ 参见唐文基《明代赋役制度史》，中国社会科学出版社，1991年，第51页。

致剥夺他的劳动力再生产所需要的必要的劳动。”[①]同时，持税率固定、缺乏用增加税率的办法增加收入可能性的研究者，往往忽视或不重视政府征收附加税，如田赋中折色和耗羡的征收，特别是折色，通过折率的不同而引起田赋税率的变化，总的趋势是折率不断地降低。如正统七年(1442)，金花银每两准米四石，后来改为准米二石，纳税人负担加重了一倍，地方政府在税粮总额不变的条件下，收入增加。因此，田赋的实际负担和定额征收，相差很远。所以黄仁宇说“定额制度导致了所有各项收入的下降”[②]，即财政收入少了，是表面的、片面的、不是全面考察的结果，是没有事实证明的。

如上所述，由于明代定额税收制度尚有可取之处，因而当管理上产生了弊端而要求改革时，才被人们提出作为改革的标准，成为“明中叶以后每次赋役改革的一个中心议题”[③]。明代实行定额税收制度在管理上的弊端，如田赋征收，一是与考查官吏相结合，以推行为殿最。如万历年间，萧彦上言：“察吏之道，不宜视催科为殿最。昨隆庆五年诏征赋不及八分者，停有司俸。至万历四年则又以九分为及格，仍令带征宿负二分，是民岁输十分以上也。有司惮考成，必重以敲扑。民力不胜，则流亡随之。臣以为九分与带征二议，不宜并行。”[④]为了完成定额，免致受罚，地方官吏势必拼命推行，农民反而遭殃。二是地方官员为了完成定额任务，实行包税制。史称：隆庆二年(1568)，胡友信任顺德知县，该县“岁赋率奸胥揽输，稍以所入啖长吏，谓之月钱”[⑤]。所谓“揽输”，就是包税。这种情况，直至明末尚存在。在杂课的征收上，亦存在上述的弊端，其中以钞关最突出。钞关征税与长官考核结合更紧密。史称：钞关长官“倘征收逾额，则破格优

---

① 唐文基《明代赋役制度史》，中国社会科学出版社，1991年，第52页。

② ［美］黄仁宇著，阿风等译《十六世纪明代中国之财政与税收》，生活·读书·新知三联书店，2001年，第340～341页。

③ 刘志伟《在国家与社会之间——明清广东里甲赋役制度研究》，中山大学出版社，1997年，第10页。

④ (清)张廷玉等撰《明史》卷227《萧彦传》。

⑤ (清)张廷玉等撰《明史》卷287《胡友信传》。

录”;若“解不如额者”,则“不准考核”,还要受处分。[①] 这样,钞关长官为了缴足定额,争取“优录”,势必广开税源,巧立名目,多方搜刮。如北新关,嘉隆年间,钞关长官为了缴足定额,实施“因例立法”,随便扩大征税范围,增加征课“色目”;随意提高税率,“多取以自封”,甚至“例所不载,必牵合使无遗算”。[②] 由于钞关长官不顾钞关制度的规定,拼命搜刮,早在弘治年间户部下属各钞关征课就已超过定额。如弘治十五年(1502),户部统计各钞关船料钞年入约为三千七百十九万贯[③],已比成化十六年(1480)定额二千四百余万贯超过一半[④]。特别是嘉靖以后,随着社会经济的繁荣,商品流通量增大,再加上梁材对钞关制度的改革,使各钞关征课除了定额,常有盈余。如嘉靖二年(1523),“北新关所收税课司折钞银,常溢正额(即定额——引者)”[⑤]。嘉靖四十二年(1563),北新关每年的商税羡余银已不下二万两。[⑥] 其他各钞关征课也常超正额。虽然嘉靖四十一年户部规定“岁额定数外,务将余饶悉入公帑”[⑦],但是,这些盈余原非正额,没有定数,上报多少由主管钞关长官决定,这就给钞关官吏中饱私囊开了后门。如万历年间,浒墅关,张萱揭露:“故事折封正额(定额——引者)已足,一有羡余,官得七,诸役得三,自有关以来,相沿至今,亦足概矣。”[⑧]正由于此,引起时人注意,提出了重新调整定额的主张。如弘治年间,丘浚说:“然商贩无常,难为定数(定额——引者)。……乞量为中制,因地定额,多者不以为优,不及数者,不以为劣,庶几可以久行。”[⑨]嘉靖年间工部都水司主事冯岳亦有同样的主张。[⑩] 这些意见,切合时弊,明政府酌议征课与考核脱钩,

---

① (清)汪楫《崇祯长编》卷34、卷2。
② (明)顾炎武《天下郡国利病书·浙江备录上·北新关志》。
③ 《明孝宗实录》卷192。
④ 《明宪宗实录》卷199。
⑤ 《明世宗实录》卷30。
⑥ 《明世宗实录》卷528。
⑦ (明)申时行等重修《明会典》卷35《课程四·钞关》。
⑧ (明)张萱《西园存稿》卷33《与户部奏曹诸寮友》。
⑨ (明)丘浚《大学衍义补》卷30《征榷之课》。
⑩ (明)张萱《西园闻见录》卷92《钞关》。

采纳“量为中制”的调整定额的意见。如在杭州北新关，嘉靖年间，户部将该关税收，“酌数岁之中，取其不多不寡者，著为额”，定额为岁解银三万四千九百余两。[①] 自然，重新调整定额，并不能解决征收中带来的弊端，因而此后定额屡有变更。[②]

我在上面简述了明代定额税收制度实施的背景、弊端及对其改革的过程，目的是提出证据，对照黄仁宇对这一财政政策的言论，就不难发现其片面的、带有偏见的解说，是不符合史实的、不恰当的。

二是明朝的崩溃问题。这是王毓铨教授在《中国历史上田赋的上升和王朝的衰落》(The Rise of Land Tax and the Fall of Dynasties in Chinese History)一文中提出的。他说“向农民征收过重的田赋榨干了中国的农业经济”，这是明朝崩溃的原因。他认为，明朝征收田赋过重，再加上“辽饷”和“剿饷”等三饷加派，使农民负担更重，无法生活下去，才揭竿起义，把明王朝推翻。但黄仁宇不同意，提出异议：

在明代后期，尽管有人提议增加税收，但当时正税定额也从未完额交纳。……明朝的税收征纳由于历史的原因，有一个明确的最高限度，一旦收入的要求明显地超过了这个限度，将会导致整个财政体系的崩溃。所有这些不能完全归咎于税率过重和税收规避。问题更可能是在于定额税收制度。[③]

17 世纪早期政府加征“辽饷”和“剿饷”等，一年最多可有 2100 万两白银……即使将 2100 万两白银全部摊入土地，对于纳税人来说当然是很高的负担，但也不像王毓铨所断言的是绝对无法忍受的事情。[④]

---

① (清)许梦闳纂修《雍正北新关志》卷 4《课额》。

② 参见拙作《明代钞关制度述评》，载《暨南大学宋元明清史论集》，暨南大学出版社，1997 年，第 499 ~ 500 页。

③ [美]黄仁宇著，阿风等译《十六世纪明代中国之财政与税收》，生活 · 读书 · 新知三联书店，2001 年，第 411 页。

④ [美]黄仁宇著，阿风等译《十六世纪明代中国之财政与税收》，生活 · 读书 · 新知三联书店，2001 年，第 410 页。

黄仁宇在这里提的“财政体系的崩溃”和王毓铨所提的“明朝崩溃”的内涵一样。他在这里说明明朝的崩溃原因有:一、不是“税率过重和税收规避”,而是定额税收制度;二、明朝税收征纳超过了限度。我认为审查赋税轻重,应该遵循一定的原则,正如周志初先生指出:“赋税是否苛重,不仅要关注财政收入的增长情况,还要关注赋税额占生产总值比重的变动情况,更要关注人均产值与人均纳税的比重,即人均纳税承受力的变动情况。同时,还要注意把官方统计的财政收入与实际财政收入及实际赋税额加以区别。”[①]根据这些原则,粗略地审查明朝晚期的赋税征收。先谈加派,明政府为了解决财政的困难,早在正德十年(1515)就开始了加派,但当时只是暂时性的。17世纪早期,明政府为了对抗辽东后金贵族的入侵而征收的辽饷,却定为“岁额”,派入田亩,每亩九厘,成为永久性的。后来为了镇压李自成起义,又开征“剿饷”“练饷”,还增加关税、盐税的征派。这些都是额外的征派,再加上原来的赋役负担,就超过了当时社会生产的限度。上述黄仁宇说明朝税收征纳超过了限度,才会造成崩溃,什么限度,他没有明确说明。我认为社会生产是赋税征发的物质基础,因此,这个限度只能是社会生产。明朝社会生产自万历末年以来几乎到处都呈衰颓的景象。如在常熟,原来是富庶之区,由于“赋役繁重,民生游惰,以故田多荒芜,萧条满野”[②]。在河南确山,地多荒废,水利失修,民因而缺粮。在山东,荒凉尤甚,峄县则田芜民徙,逋赋至二万[③];平度州之仲哥庄,年荒逃窜,村无人烟[④];寿光也是土地荒芜[⑤]。在西北,从前沃野则变成野草荒原[⑥],民众遗弃本土,流离他方;复因督逋严急,不敢复业[⑦]。在甘肃的合水,山多地少,

① 周志初《晚清财政经济研究·前言》,齐鲁书社,2002年,第3页。

② (明)徐光启《农政全书》卷8《农事·开垦上》。

③ (明)赵廷瑞修,(明)马理、(明)吕楠纂《嘉靖陕西通志》卷57下《人物三·解经邦传》。

④ (明)赵廷瑞修,(明)马理、(明)吕楠纂《嘉靖陕西通志》卷57下《人物三·魏良槐传》。

⑤ (清)邹漪《启祯野乘一集》卷8《高忠节传》。

⑥ (明)徐光启《农政全书》卷12《水利》。

⑦ 参见(明)徐贞明《潞水客谈》:“民之流离弃业不复者,盖创痍未起,催科又亟,甚则举其宿负者而必取盈焉。”

“民受百倍之苦，无一分之获”①。在延安，每亩不过收三数斗，安定只收一斗七八升。② 这种农业生产的衰颓景象，完全和三饷等赋役加重征派有关。万历十五年(1587)，富平、同官、蒲城一带饥荒，民采石为食，户部侍郎孙丕扬揭露：“今海内困加派，其穷非止啖石之民也。”③明人孙奇逢也指出，万历年间，“数千里饥民相食”④。赋税加派等所造成的严重后果，明朝人早已指出，事例繁多，今不备举。看了这些触目惊心的史料，可以肯定：当时赋税繁重，已经超过纳税人的承受能力。这一点，目睹额外征派后果的孙承泽早已经指出。他说：“旧饷(指正赋——引者)额数，统而计之，不过四百九十六万八千五十六两一钱五分四厘，合天下商民共为承办，犹未见其甚困也。至一加辽饷，遂有九百一十三万四千八百八十余两之多，再加练饷，遂有七百三十四万八千八百余两之多(潜按：此数恐是按实征计算的)，视原额旧饷不啻三四倍矣(潜按：此为田赋原额比例，不包括关税、盐课在内)。而所谓剿饷不与焉，军前之私派不与焉。犹此人民，犹此田土，饷加而田日荒，征急而民日少，皮之不存，毛将安附？……杨嗣昌在兵部，议加剿饷一百八十万……又议加练饷七百余万……剿不成剿，练不成练，而四海之困穷已甚矣。”⑤上述黄仁宇把加派从田赋征收中分出来，说把加派分入土地，也不是纳税人无法承受的事情，和他说杂色的征收，按人口分摊，并不重，“平均每人只有17文铜钱”⑥一样，都是孤立地看问题，而得出不能令人信服的结论。因此，我基本上同意王毓铨的看法：明朝崩溃的原因，是由于赋役繁重，以及豪强地主逃避赋税而转嫁给人民，从而加重了对人民的剥削而造成的。今天研究三饷加派的学者吴承明也指出，明政府“大量的支出投放市场，必致引起通货膨

---

① (明)张锐《请免丈地起科疏》，载(清)赵本植纂修《乾隆新修庆阳府志》卷39《艺文·奏疏》。

② 参见李文治《晚明民变：底层暴动与明朝的崩溃》，中国电影出版社，2014年，第9页。

③ (清)张廷玉等撰《明史》卷224《孙丕扬传》。

④ (明)孙奇逢《夏峰先生集》卷10《杂著·六器约》。

⑤ (明)孙承泽《春明梦余录》卷35《户部一·赋役》。

⑥ [美]黄仁宇著，阿风等译《十六世纪明代中国之财政与税收》，生活·读书·新知三联书店，2001年，第341页。

胀，物价上升……白银贬值”[1]。杨涛也指出：“三饷加派还造成物价膨胀，货币贬值……导致财政经济崩溃。”[2]至于黄仁宇说明朝崩溃的原因“可能是在于定额税收制度”，并无举例证明，大概认为定额制度的税率过低，无法调整、提高，增加税收，造成崩溃。其实如上所述，明代财政制度不是僵化的，其财政结构是灵活的。定的是“粮额”，但以“粮”为基础，摊派的税收是可以变动、增加的，存留、起运于不同仓口的派粮及折银率不同，实际征收都是可以提高的。不过，当时不是提高征收额就能解决财政崩溃的。如万历二十九年（1601），征榷之使四处搜刮，使店铺倒闭，商人不来，以致当年税收反少。[3] 从上述有关定额制度的施行过程以及税率等方面来考察，明朝的崩溃与此是没有关系的，不能把定额制度的负面影响夸大到这个程度。[4]

四　食盐专卖制度的失败与“洪武型”财政的关系质疑

黄仁宇在论述明代食盐专卖制度的失败时，特别强调是明代“洪武型”的财政体系造成的。他写道：

> 食盐专卖制度失败的根本原因必须追溯到帝国建立之初。……明朝的财政管理在各个方面从未有跳出过“洪武型”模式，僵化不变。其中心的思路是抑制而不是发展。[5]
>
> 全部财政机构深受帝国建立者经济思想的影响，也就是受到节俭的意识和认为“利”本身是一种罪恶的观念的影响。[6]

---

① 吴承明《中国的现代化：市场与社会》，生活·读书·新知三联书店，2001年，第225页。

② 杨涛《明末财政危机与三饷加派》，《云南师范大学学报（哲学社会科学版）》1985年第2期。

③ 参见全汉升《中国近代经济史论丛》，稻乡出版社，1996年，第258页。

④ 这和他解释民穷的根本原因是一样的，见［美］黄仁宇《万历十五年·自序》，生活·读书·新知三联书店，1997年，第2页。

⑤ ［美］黄仁宇著，阿风等译《十六世纪明代中国之财政与税收》，生活·读书·新知三联书店，2001年，第288页。

⑥ ［美］黄仁宇著，阿风等译《十六世纪明代中国之财政与税收》，生活·读书·新知三联书店，2001年，第288页。

而且他认为由于一味讲求节约和义利观，因而“专卖制度缺乏足够的资金投入和服务设施”①，官员不足，资金不足，管理不善，如盐务管理仍然停留在14世纪的水平，所以食盐专卖制度失败。

在论述专卖制度的弊病时，他也提到“洪武型”模式。他写道：

> 专卖制度最主要的弊病在于其用管理简单农耕社会的方法和原则施用于宏大的商业性经营管理。由于管理者的无能……在16世纪，甚至15世纪晚期，好几位明朝的政治家就已经指出专卖制度的不足，并建议了可行的补救办法。但是这些建议被完全忽视了，因为盐的管理仅仅是一成不变的财政制度的一个组成部分，这一财政制度也就是梁方仲所称作的“洪武型”模式。②

关于这段文字的最后一句，中山大学刘志伟教授根据英文本原文，将其翻译为：“因为盐的管理只不过是不断地根据梁方仲所说的‘洪武型’摹制出来的财政制度的一部分。”与原译文稍有不同，原译者肯定“洪武型”的财政模式是梁方仲说的，而刘志伟的译文却认为是黄仁宇根据梁方仲的“洪武型”摹制出来的财政制度。黄仁宇在许多论著中都提到“洪武型”，如在《中国近五百年历史为一元论》中说“我们也可以沿用梁方仲的修辞，曾未放弃‘洪武型’的财政”③；在《资本主义与二十一世纪》又说“至17世纪之后清取明代之，这样的补给制度仍没有改变，仍是‘洪武型’”（注称：

---

① ［美］黄仁宇著，阿风等译《十六世纪明代中国之财政与税收》，生活·读书·新知三联书店，2001年，第289页。

② ［美］黄仁宇著，阿风等译《十六世纪明代中国之财政与税收》，生活·读书·新知三联书店，2001年，第251页。关于这段文字的最后一句，*Taxation and Governmental Finance in Sixteenth-Century Ming China*（剑桥大学出版社，1974年）p. 189：“possible remedies. These seggestions were entirely ignored, for the salt administration was only one element in the fiscal system which continued, according to Liang fang-chung, to be patterned on‘the Hung-wu model’.”中山大学刘志伟教授认为应翻译为：“因为盐的管理只不过是不断地根据梁方仲所说的‘洪武型’摹制出来的财政制度的一部分。”与原译文不同。附注于此，以便研究。感谢刘志伟教授的意见。

③ ［美］黄仁宇《放宽历史的视界》，生活·读书·新知三联书店，2001年，第189页。

“洪武型”是梁方仲的用词)[①]。这和上述“摹制”出来的意思相近,换言之,黄仁宇利用梁方仲的用词去套财政模式。他在《大历史带来的小问题》中又说:“明朝的赋役……梁方仲认为明代虽在后期行一条鞭法,其范畴不出于‘洪武型’。”[②]于是又使读者以为“洪武型”的财政模式是梁方仲说的。这里首先要弄清楚梁方仲所称作的“洪武型”模式的内容是什么。黄仁宇解释说:“五十年前梁方仲研究一条鞭法,其结论则是行一条鞭法后明代的财政税收仍是‘洪武型’。”[③]其实梁方仲在研究一条鞭法的作用时所说的是“洪武型的封建生产关系”。梁先生的原文,抄录如下:

> 一条鞭法只是一种“改良主义”底财政改革,它无意也无力将社会改革的任务负担起来——更无从说到社会革命的任务了。因之,洪武型的封建生产关系并没有多大的改动。一条鞭法最多只能暂时缓和旧制度解体的危机,却不能解决社会根本矛盾。……主张实行一条鞭法的人们,尽管他们有了主观愿望,希望减轻一点贫民的负担,但他们的最后目标还在维持封建社会秩序,他们只是想造成另一种封建式,分配较为平均的小农经营制度,多数没有照顾到对于工商业的鼓励及其发展的政策。他们从来没有过将商业或工业利益放在农业利益之前,更没有将个人的社会地位及私有财产权神圣化起来,像西欧资本主义发展过程中所产生的论调一样。由此亦可窥见当时明社会内最主要的根本的矛盾是大地主阶级与贫雇农对立的矛盾,工商业利益尚未达到与农业利益分庭抗礼的时候,尽管前者有时偶亦威胁到后者。然而一条鞭法对于原始资本积累,在客观上多少亦发生了一点有利的作用。[④]

---

① [美]黄仁宇《资本主义与二十一世纪》,生活·读书·新知三联书店,1997年,第466页。
② [美]黄仁宇《大历史不会萎缩》,广西师范大学出版社,2004年,第13页。
③ [美]黄仁宇《赫逊河畔谈中国历史》,生活·读书·新知三联书店,1997年,第234页。
④ 梁方仲《梁方仲经济史论文集》,中华书局,1989年,第574~575页。

梁方仲这段文字，十分明确，所说的是“洪武型的封建生产关系”，并不是“洪武型”的财政制度模式。“洪武型的封建生产关系”与“洪武型”的财政制度模式是两个不同的概念，前者是社会学的范畴，是社会结构问题，后者是经济学的范畴，是财政结构问题，在明代，前者是稳定的，后者是发展变化的，不能等同视之。这是要辨别清楚的。黄仁宇在引用梁方仲上面的文字时，时而说“洪武型”的财政模式是梁方仲说的，时而按自己所需将梁方仲说的“洪武型的封建生产关系”一语，只取“洪武型”三字作为定语，加在“财政模式”或“供给制度”等之上。可见他做学问是很不严肃的，作文是不负责任的。

黄仁宇所说的“洪武型”的财政制度模式是什么呢？综上所述，他提到该模式的内涵主要包括两点：第一，洪武型的财政制度模式是僵化不变的，其中心的思路是抑制而不是发展；第二，洪武型的财政制度在管理上是一成不变的，盐的管理仅仅是一成不变的财政制度的一个组成部分。

他后来总结说：“什么是洪武型的财政？简言之为缺乏眼光，无想象力，一味节省，以农村经济为始终，凭零星杂碎之收入拼凑而成，当中因素都容易脱落。并且只注重原始型的生产，忽视供应行销间可能的技术上之增进。”①

从黄仁宇规定的“洪武型”财政模式的内涵看，一方面说明和上述梁方仲所讲的“洪武型的封建生产关系”的内容有天壤之别，从侧面表明梁方仲根本就没有讲过而是黄仁宇自己想出的所谓“洪武型”的财政模式；另一方面说明他对财政史的研究对象是不清楚或不明确的。我国著名经济学家郑学檬教授说：“财政史除了赋税收入外，包括一切税收与非税收形式的收入（内外债等形式）；并且研究、叙述其各种开支和收支平衡原则、政策。”②这样研究“洪武型”的财政模式，首先就要研究其财政收入和支出的原则，主要是税收和非税收收入及支出的原则，以及两者平衡的途

---

① ［美］黄仁宇《赫逊河畔谈中国历史》，生活·读书·新知三联书店，1997 年，第 234 页。

② 郑学檬主编《中国赋役制度史·前言》，上海人民出版社，2000 年，第 1 页。

径，即通过什么原则和政策调整两者的平衡。如果忽视了，就不是财政史的研究。对此，黄仁宇是完全忽略了，根本就没有研究到朱元璋的“量入为出”的理财原则。朱元璋建立明朝后，曾亲制《户部尚书诰》称：“命尔为户部某官，於戏（呜呼——引者）！量入度出，毋复扰民，至公无私，永怀朕命。”①其实“量入度出”的理财原则，并不是朱元璋首创，最早起源于《礼记·王制》：“冢宰制国用，必于岁之杪。五谷皆入，然后制国用。用地小大，视年之丰耗。以三十年之通制国用，量入以为出。”这一理财原则，从汉唐以来，一直遵行，长期处于正统地位。对这一理财原则，王者先生解释说：“这里的‘量入为出’，显然指的不仅是财政工作程序上首先计量收入，然后安排支出，而且是在财政方针上规定支出不能超过收入，还得有后备。用现代话来说，就是不能搞赤字财政。”②朱元璋实行“量入度出”财政原则的目的是巩固统治，因为承元之后，以农立国，农业赋税成为国家财政收入的主要来源。在财政收支上，只能在收入范围内安排支出。财政收入有限，不得不限制支出，不能入不敷出。当时支出的主要是官员薪俸、军队口粮以及皇室用度，都是消费性的。如果漫无限制，官员贪污中饱，势必入不敷出。因此，要严惩贪污，讲求节约，削减支出，去奢省费。同时，朱元璋认为人民群众生产的物质财富是君国社稷赖以生存的基础，指出：“军国之费所资不少，皆出于民。”③民之贫富，直接关系到国家的财源。因此，主张政务宽简，官员定额、低俸制，军队屯田，减少开支，降低赋税收入，“以民休息”，“藏富于民”，发展生产，才能做到“年谷丰登，衣食给足，则国富而民安，此为治之先务，立国之根本”④。朱元璋承继了历代理财的优秀传统，实施“量入度出”的理财原则，应该纳入“洪武型”的财政模式中，认真详细地研究并做出评价。可惜黄仁宇没有耐心这样做，只做了一些不着边

① （明）刘斯洁《太仓考》卷1《圣训》。

② 王者《“量入为出”？“量出为入”？——从历史事实比较两种不同的财政思想》，载《中国社会经济史论丛》第1辑，山西人民出版社，1981年，第412页。

③ 《明太祖实录》卷19。

④ 《明太祖实录》卷19。

际的评论,这是值得研究的。

黄仁宇的"洪武型"财政模式的内容,主要如他认为食盐专卖制度失败的根本原因是在财政管理上"从未有跳出过'洪武型'模式,僵化不变。其中心的思路是抑制而不是发展"。其根据是什么呢?他解释说:"全部财政机构深受帝国建立者经济思想的影响,也就是受到节俭的意识和认为'利'本身是一种罪恶的观念的影响。商业营利思想不可避免地与社会和国家的这种观念发生冲突,而且必然受到压制。同时,国家必须克制'国富'观念,因为国富必然意味民穷。"①

他这段话有两个问题值得讨论,根据帝国建立者洪武皇帝的经济思想,一是义利观,二是国富民穷论,它们都对财政机构产生影响,即在黄仁宇看来,既然认为"利"本身是一种罪恶,因此,追求利润的商业行为必然受压制;既然认为国富必然意味着民穷,国家就无须开发资源,发展经济,寻求富强。

关于洪武皇帝的义利观,我一时未找到他的系统叙述。我只想用一件事来说明,即洪武元年(1368)正月,朱元璋和刘基讨论"生息之道"(潜按:民本思想中的"安养生息")时,刘基说:"生息之道在于宽仁。"朱元璋不以为然,指出:"不施实惠而概言宽仁,亦无益耳。以朕观之,宽仁必当阜民之财而息民之力。不节用则民财竭,不省役则民力困,不明教化则民不知礼义,不禁贪暴则民无以遂其生,如是而曰宽仁,是徒有其名而民不被其泽也。"②这是义利观的具体化,在朱元璋看来,义和利是统一的,"义"是"国以民为本";"利"是给百姓的实惠,而不是空谈仁义。因此,他并不拒绝利,而是一方面主张生财阜民,如上所述"善理财者,不病民以利官,必生财以阜民"③;另一方面主张"以义制利,取之有道",即追求物质利益时,要以社会公认的伦理道德来规范,他说:"治民顺其情。人情……莫不厌

① [美]黄仁宇著,阿风等译《十六世纪明代中国之财政与税收》,生活·读书·新知三联书店,2001年,第288页。

② 《明太祖实录》卷29。

③ 《明太祖实录》卷177。

贫喜富，当重农时，薄赋敛以厚之；莫不好佚恶劳，当简兴作、节徭役以安之。若使之不以其时，用之不以其道，但抑之以威，迫之以力，强其所不欲，而求其服从，是犹激水过颡，终非其性也。”①在这前提下，如有损“安养生息”，就应放弃谋取物质利益。如他所说：“岂可塞民之养而阴夺其利乎？”②他并不似腐儒那样贵义贱利，只讲义，不言利，更没有认为利是一种罪恶。

朱元璋有民本思想，他说“国以民为本，民以食为天，此有国家者，所以厚民生而重民命也”③就是佐证。从此出发，他曾经批判过所谓“聚敛之臣”。如洪武十四年（1381）正月，他说：“昔汉武帝用东郭咸阳、孔仅之徒为聚敛之臣，剥民取利，海内苦之。宋神宗用王安石理财，小人竞进，天下骚然。此可为戒。”④洪武十九年（1386）三月，他又说：“如桑弘羊之商贩、杨炎之两税，自谓能尽理财之术，殊不知得财有限而伤民无穷。”⑤

黄仁宇大概就是根据这些事例来说明朱元璋认为“利”本身就是一种罪恶的观念。其实从这些事例看，朱元璋反对所谓“聚敛之臣”的原因，表面上是“剥民取利”“伤民无穷”，其实深入研究，是朱元璋和桑弘羊、杨炎、王安石等人在理财原则上的分歧造成的，前者是“量入度出”，后者是“以出制入”，由于理财原则不同，才引起朱元璋反对。自然，朱元璋亦未深入研究这两种理财原则的得失成败，就贸然反对他们，有点矫枉过正了。他们的“以出制入”原则，各有不同的历史背景，并不都是“伤民无穷”、毫无意义的（这需要另文讨论，在此不展开）。但就此而推论朱元璋“认为‘利’本身是一种罪恶的观念”，不仅没有事实根据，而且未免于理难通。同时，朱元璋对商人的看法，虽受传统的重农抑商政策的影响，主张“崇本而祛

---

① 《明太祖实录》卷177。

② 《明太祖实录》卷135。

③ 《免应天太平镇江宁国广德五府秋粮诏》，载《明太祖集》卷1《诏》，黄山书社，1991年，第9页。

④ 《明太祖实录》卷135。

⑤ 《明太祖实录》卷177。

末”①,规定“商贾之家,止许着绢布”②。但是,他又认为商贾可“以通有无”③,不仅民间需要,就是官府亦需要商人为其服务,如茶户生产的茶,灶户生产的盐,都是“官茶”“官盐”,要依靠商人运销,换取官府所需要的物资,这就不得不允许商人和商业的存在,给商人以专卖权,对商人不做过多的、非分的苛取,不同意“工商技艺之子,不预士伍”④的主张,而给予商人一定的社会地位。对于官吏通过征税,留难商人,亦作出处理。如洪武八年(1375),广东南雄商人载货入京货卖,“至长淮,关吏留而税之,既阅月而货不售,商人讼于官”。朱元璋认为:“执而留之,非人情矣,且纳课于官彼此一耳,迟留月日而使其货不售,吏之罪也。命杖其吏,追其俸以偿商人。”⑤可见明初的“抑商”是相对的,不是绝对的。因此,黄仁宇根据言“利”是一种罪恶而推论“商业营利思想不可避免地与社会和国家的这种观念发生冲突,而且必然受到压制”⑥,也与史实相悖。

至于“国富”与“民穷”观念,实际上是民本问题。由此出发,朱元璋提出“藏富于民”的主张和与民休养生息政策,已在上述,不再重复。但黄仁宇由此推论朱元璋讲“国富必然意味着民穷”的结论,从朱元璋的有关言论中,亦难以说明。

黄仁宇认为食盐专卖制度失败的根本原因,就是“洪武型”的财政管理模式造成的。他举的说明管理上“僵化不变”的事例是“16 世纪的盐务管理仍然存留着 14 世纪体制下的基本特点,诸如编审灶户,征收灶课,控制荡地,确立行盐疆界,开中制度,严格管理盐引,等等”⑦,目的在于说明

---

① (明)余继登《典故纪闻》卷 1。

② (明)田艺蘅《留青日札》卷 22《我朝服制》。

③ (明)余继登《典故纪闻》卷 4。

④ 《明太祖实录》卷 225。

⑤ 《明太祖实录》卷 98。

⑥ [美]黄仁宇著,阿风等译《十六世纪明代中国之财政与税收》,生活 · 读书 · 新知三联书店,2001 年,第 288 页。

⑦ [美]黄仁宇著,阿风等译《十六世纪明代中国之财政与税收》,生活 · 读书 · 新知三联书店,2001 年,第 288 页。

盐业经济是停滞的，而不是发展的。其实明代的盐业经济并不是停留在14世纪的水平上，而是在许多方面都有所发展的，在管理上也不是僵化不变的。如开中制度，弘治年间，户部尚书叶淇规定盐商以纳银代替纳粟开中，引起了商屯的解体与内商、边商的分化。[①] 明在制盐技术上比宋元有进步。如明初沿用宋元时的盘铁煎盐，明中叶以后改为轻便的锅代替笨重的盘铁，从而加强了灶户在生产中的独立地位。同时，许多盐场已改煎为晒，“不费煎鬻之力”[②]。从盐的产量看，宣德朝是盐的年产量最高的时候，以宣德九年（1434）5526660 引[③]，与永乐八年（1410）1402422 引[④]比较，就增加了三倍多，还不包括折色在内。宣德以后，引额虽因折色有所减少，但都在二百万至三百万引之间，比起永乐八年一百多万引还是增加了一倍或二倍。至于折色一般有定额的倾向，宣德元年（1426）折色是 19897134 锭[⑤]，到了宣德五年（1430）增加至 29057022 锭[⑥]，增加了一半多，可见仍有发展。类似事例尚多，今不备举。

黄仁宇还说，由于朱元璋讲求节约，不重视积累财力来做管理或投资，从而使“专卖制度缺乏足够的资金投入和服务设施”，如“管理部门自己没有船只”[⑦]等。其实灶户生产盐，给予工本，早在洪武年间就已实行，明初给米，后给钞。如松江府，“洪武中，每灶一丁给与工本钞二贯六十文，以备器用，以给口食”[⑧]。这些工本米或工本钞是由“官库内关给”[⑨]的。后来因为钞价下跌，政府支付工本才由各盐运司自行解决，如两浙由荡税支付，史称：“臣观沿海沙地及水深长荡，旧制亩税钞六十文，窃意所给工本，盖

---

① （清）张廷玉等撰《明史》卷 80《食货四 · 盐法》。

② （明）朱廷立等《盐政志》卷 1《出产 · 育盐》。

③ 《明宣宗实录》卷 115。

④ 《明成祖实录》卷 73。

⑤ 《明宣宗实录》卷 23。

⑥ 《明宣宗实录》卷 74。

⑦ ［美］黄仁宇著，阿风等译《十六世纪明代中国之财政与税收》，生活 · 读书 · 新知三联书店，2001 年，第 289 页。

⑧ （明）顾清等纂修《正德松江府志》卷 8《田赋下 · 盐课》。

⑨ （明）申时行等重修《明会典》卷 34《课程三 · 盐法三》。

此钞也。”[1]两淮由原灶户支食官盐折纳钞贯内支付。[2] 至于收买余盐的资金，明中叶以后，明代盐业经济已开始走向下坡，盐运司筹集资金更为困难，但亦非无法解决。如隆庆二年（1568），两淮就是“请于割没余银内借留十余万，以备支用”，并声明“借余银以买余盐，银固不能依期以解部，而原银初未尝损也。况所收余盐……以备他年开中，则其利更有不可胜言者”[3]。这里所谓“借”，实际上乃是公款，且带有投资取利的味道。可见不管资金来源如何，明政府仍是尽力去解决资金问题。但专卖制度仍是失败的，说明资金不足并不是专卖制度失败的根本原因。自然，明政府不是资本主义社会的企业主，不是将资金作为办企业的先决条件，而是通过封建的劳役制度来经营和管理盐的生产，用专卖制度来经营盐产的销售，因此，明政府并不重视资金和服务设施。这应该易于理解。

综上所述，黄仁宇所说的食盐专卖制度失败的根本原因是所谓“洪武型”的财政管理造成的，于理说不通，也与事实相悖。

我们认为食盐专卖制度失败的根本原因，应该从食盐专卖制度的源头来考察，那就是明政府使用世袭的灶户制度来控制和垄断盐的生产，才能使盐的专卖制度的施行具有物质基础，才能控制盐的流通。明代灶户的来源：一是元代世袭灶户，入明后仍操旧业。据《元史》载，两浙“各场元签灶户一万七千有余，后因水旱疫疠，流移死亡，止存七千有余”[4]，所存者便成为明代灶户[5]。二是使用罪人煎盐。史称：“国初徒罪俱发盐场。”[6]三是佥民充任。如两淮，史称：“灶户率多吴民，相传张士诚久抗王师，明祖怒其负固，而迁恶于其民，摈之滨海，世服熬波之役，以困辱之。”[7]四是利用军

① （明）顾炎武《天下郡国利病书·苏松备录·松江府志》。
② 参见《古今图书集成·经济汇编·食货典》卷207《盐法部汇考九》。
③ （明）庞尚鹏《清理盐法疏》，载（明）陈子龙等辑《明经世文编》卷357。
④ （明）宋濂撰《元史》卷97《食货五·盐法》。
⑤ 参见刘淼《明代盐业经济研究》，汕头大学出版社，1996年，第110页。
⑥ 《大明律集解附例》卷1《名例》。
⑦ （清）谢开宠《康熙两淮盐法志》卷15《风俗·灶俗》。

户煎盐,如辽东,史称:“辽东盐场不设官,军余煎办。”[①]此外,尚有调拨卫所军煎盐的,如嘉靖四年(1525),四川盐井卫旗军一千二百名,分为四班,“每班拨军三百名,同民灶五十名,各与官房住坐,日逐煎办盐斤”[②]。这些被佥充灶户,每五年编审一次,灶丁被编入盐册,与民户编入黄册有别,灶户的地位低于民户,名列灶籍,身份世袭,不准转业,不准逃移。灶户正丁即十五至六十岁的男子,被组织编入基层生产单位中,如在两浙盐场的基层单位叫作“团”,史称:“国初,聚团公煎之制,每团四围高加墙垣,前后共开二门,后门运盐沙进场,前门运净盐进廒,每门拨保伍长数人稽查收入。”[③]他们在场官直接监督下,从事盐的生产劳动。就灶户的来源和劳动而论,完全是劳役性质的。这种劳役性质的灶户制度,在明初商品经济不发达的条件下,尚可勉强进行生产。正如列宁指出的:这种劳役制度是以“自然经济、地主世袭领地的闭关自守和自给自足”[④]为主要基础的。但随着商品经济的发展,必然促进灶户制度的瓦解和衰落。列宁指出:“商品经济的发展同工役制度不相容(列宁同时还说劳役经济的特征差不多完全适用于工役制,即这里的工役制也适用于劳役制,虽然工役制是劳役制的继续,是过渡形式——引者)……商品经济和商业性农业的每一步发展都破坏着这一制度实现的条件。”[⑤]

灶丁在灶户制度的束缚下,从事盐的生产,工作苦,生活差,因此,在吃不饱、穿不暖的生活条件下,从事劳役性的生产劳动,自然对生产不感兴趣,甚至纷纷逃亡反抗,这样,生产规模自然不能扩大,生产率自然不能提高。如宣德九年(1434),盐课 5526660 余引,折色钞 16509134 锭,米 460399 余石。[⑥] 到了成化六年(1470),只有 3791350 余引,折色米 5787 余

① (清)张廷玉等撰《明史》卷 80《食货四·盐法》。
② 《古今图书集成·经济汇编·食货典》卷 209《盐法部汇考十一》。
③ 《盐法奏议》卷下,明崇祯四年刊本。
④ 参见《列宁全集》第三卷,人民出版社,1984 年,第 162 页。
⑤ 《列宁全集》第三卷,人民出版社,1984 年,第 177 页。
⑥ 《明宣宗实录》卷 115。

石。[①] 此后产量一直在下降,终明之世,不能恢复宣德时的生产量。同时,由于灶户生活困难,冒死出卖余盐,私盐盛行,影响了官盐的流通。正如袁世振所说:“顾人皆知私贩之害官盐,官盐所以不行。”[②]面对这种严重的情况,再加上当时田赋随着商品货币的发展越来越货币化,这样,明政府不得不改变剥削形式,采取征银的办法,允许余盐自由出卖。正盐亦允许折价,如万历四十五年(1617),两淮运司“令灶户每引折价二钱,收贮库内”[③],自此“盐不复入官仓,皆商自行买补”[④]。这正如徐泓教授指出:“这样一来,灶户生产的盐,在沿海地方一般都可以直接和商人交易,灶户小商品生产者的地位获得进一步巩固,明初官专卖制度下灶户的世袭劳役也就此结束。”[⑤]

因此,我们认为劳役的灶户制度是食盐专卖制度失败的根本原因,和所谓“洪武型”的财政管理没有直接的关系。

五　引文及说明的错误原因

黄仁宇的《十六世纪明代中国之财政与税收》一书,共有一千三百七十则注释,大多数的注释有两三项引文,有一个注释就有十七项引文。其实有的注释并不需要那么多引文,有一两个典型有代表的就可以了(参见本文附录第 12 条)。其中有许多项引文是和说明的主题无关的,如该书第 17 页说李汝华兼任几个司的郎中,注 28 鹿善继《认真草》卷 1、2,查无任何李汝华材料;该书第 103 页注 130《太祖实录》页 3104 根本就没有屯田材料;该书第 181 页注 99 有四项引文,只有一项《英宗实录》第 4202 页引文符合主题,其他三项都与主题无关。类似例子很多,不一一举出。这么多注释,除了两三则引原文,绝大部分注释都不引原文,而是译文,即用自己

① 《明宪宗实录》卷 86。

② (明)袁世振《盐法议》,载(明)陈子龙等辑《明经世文编》卷 476。

③ (明)毕自严《度支奏议・山东司》卷 1。

④ (清)王定安《光绪两淮盐法志》卷 28《场灶门・盘缴上》。

⑤ 徐泓《明代后期盐业生产组织与生产形态的变迁》,载《沈刚伯先生八秩荣庆论文集》,联经出版事业公司,1976 年,第 406 页。

的话来表述，如果不严谨，就容易出错。我用了许多时间，查对其中大部分原文，发现有五十九则注释有错误，作为附录，附于文后。引文及说明的错误原因，初步分析，有如下数种：

（一）常识性错误

一是《十六世纪明代中国之财政与税收》第252页称：

> 广东的盐课提举司一个在大陆，而另一个则在海南岛，两者之间的距离使得他们之间的协调变得十分困难。

据明鹿善继撰《认真草》卷7《粤东盐法》载：

> 粤东提举司有二：一在广州，属十二场；一在海北，属十四场。广州属场，除每年输课外，仍通商场。……独海北一十四场，止办岁课四千五百零而已。

可见广东有两个盐课提举司，一个是广东盐课提举司，治在广州；另一个是海北盐课提举司，治在海北。故明张国经纂修《崇祯廉州府志》卷3《营缮志》载："海北盐课提举司，旧在雷州，洪武元年以元旧官马合来苫克铭摄提举司事，始迁于本府故石康县长沙埠，三年提举孙信迁入县城内。成化间贼陷石康城，遂移府治东门内，以还珠旧驿为之，四年毁于火。弘治十七年提举唐泮重建，有正堂，有后堂，有各官廨，有吏目厅，有六房，有监房，有土地祠，有仪门，有大门。"可证海北盐课提举司元时在雷州，洪武元年迁于廉州府石康县长沙埠，三年迁入该县城内，成化年间迁入廉州府治东门内。所以专门研究明代盐业的刘淼博士说"海北盐课提举司（治在廉州府城内）"①是对的。而上述黄仁宇说"在海南岛"，名为海北盐课提举

① 刘淼《明代盐业经济研究》，汕头大学出版社，1996年，第16页。

司,如何在“海南”? 实在是地理常识性的错误。

广东两个盐课提举司,各自独立为政,广东盐课提举司属场“除每年输课外,仍通商场”;海北盐课提举司盐课“俱解布政司,一半解京,一半留备军饷”[①]。可见没有因地域距离而存在协调困难的问题。黄仁宇由于犯了地理常识性的错误,从而得出上述的结论,亦是错误的。

二是《十六世纪明代中国之财政与税收》第36页:

> 灶户为了换来一点点粮食而艰辛地劳作,完成国家要求的生产额度。甚至乐户也有义务无偿演出。这些人户并没有单独分籍,而是被统一称之为“杂户”。

潜按:据《明史》卷77《食货一·户口》称“濒海有盐灶”,则定为灶籍,括入灶籍的人户,即称为灶户。《大明律》称灶户世代“以籍为定”,不得“诈冒脱免”。可见灶户有灶籍,和乐户等人“杂户”不同。灶户有灶籍,应是常识。

(二)曲解史料

一是《十六世纪明代中国之财政与税收》第96页注释12称:

> 《大明官志》指出各项课程已有定额……1387年,规定河泊所课程不在定额之列,见《太祖实录》页2779。

这里存在两个问题:其一,《大明官志》应是《大明官制》,可能是误植,原载张卤辑《皇明制书》,万历七年(1579)刊。《大明官制》是叙述文武官署的官制。日本山根幸夫有《关于大明官制》一文,载《岩井论集》中。其二,查《明太祖实录》卷185,页2779载:洪武二十年(1387)九月壬辰,“户

---

① (明)郭棐《粤大记》卷31《政事类·盐法》。

部言:今天下税课司、河泊所课程视旧有亏,宜以洪武十八年所收立为定额。上曰:商税之征,岁有不同,若以往年概为定额,苟有不足,岂不病民?宜随其多寡,从实征之”。这条材料说明河泊所和税课司局课程原来采取定额制,从洪武十年(1377)开始分遣国子监生等人巡查一百七十八个税课局,确定税收定额,至洪武二十年(1387)税课司和河泊所一样,取消定额制,改为从实征之制度。因此,对这条材料的背景不作表述,即河泊所和税课司局课程曾经实行定额制,便如黄仁宇单独地抽出河泊所而不提及税课司局说1387年,“规定河泊所课程不在定额之列”,既细节不真实,如涉及税课司局,又恐不能与“各项课程已有定额”相呼应,也违反了河泊所和税课司局曾经采取定额制的史实。这是黄仁宇自己设想而曲解材料的结果。

二是《十六世纪明代中国之财政与税收》第356页:

> 为了避免税赋由南方数省运到北京然后又尽数送回南方的情况,户部多次被迫命令南方的地方长官存留他们自己征收的税赋,哪怕这已经导致了失控[2]。

潜按:原注2为“例如,1568年户部责备广东省的官员们滥用他们存留下来的资金。见《穆宗实录》页0440~0441”。查该实录,隆庆二年(1568),广东地方官员奏:“留应解户部盐引、纸价、事例、铁税、路引、柴马俸廪、寺田酒税、驿传、富户等银七万三千余两,以佐军费。”户部不充,要求解京,并责令广东官员清理桥税等项,以充兵饷。这样,黄仁宇又怎能引申为“户部多次被迫命令南方的地方长官存留他们自己征收的税赋”?所举例子,与自己立论相佐。这也是黄仁宇曲解史料的表现。

(三)未经考订,妄下结论

一是《十六世纪明代中国之财政与税收》第117~118页载:

> 税收体制……的缺陷在于税收明细表的复杂性……税率可以多达小数点以后的12～14位数字,这是很荒唐的,在明代以前从来没有出现过这样的事情。大约在同时代,面对同样的荒唐情况,南直隶松江府的府志编纂者写道:“银至厘而止,米至合而止,其下悉宜抹除之,不然堕入奸人云雾中[15]。”

我查注15《天下郡国利病书》6/65,即《苏松备录》载,《松江府志》“查钱谷琐碎易眩之故”条:“赋额如海,见者望洋……前辈云:银至厘而止,米至合而止,其下悉宜抹除之。不然,堕入奸人云雾中,可恨也。此钱谷混淆之所自始。”这段“前辈”所说的话,原是明末华亭陈继儒所说。①《松江府志》多处引用陈继儒的话,其纪事迟至明末,可能是明末清初所纂。陈继儒说钱谷混淆自琐碎尾数始,并不是说明代始有、前代所无的情形。这种钱粮尾数之纂细,不知起自何时,但是宋代已有之。《宋史》卷174《食货二·赋税》载:“建隆(原注一二:‘建隆’原作‘建炎’,据《长编》卷四、《通考》卷四《田赋考》改)四年,乃下诏禁止。令诸州受租籍不得称分、毫、合、龠、铢、厘、丝、忽,钱必成文,绢帛成尺,粟成升,丝绵成两,薪蒿成束,金银成钱。绸不满半匹、绢不满一匹者,许计丈尺输直,无得三户、五户聚合成匹,送纳烦扰。”可证宋代尾数琐碎,官府曾一度禁止,没有成效,延续下来,至清尚存在。黄仁宇未加考订,便下断言,说“在明代以前从来没有出现过这样的事情”,显然是错误的。

二是《十六世纪明代中国之财政与税收》第140页载:

> 在浙江杭州城,城市居民要根据他们居住地房屋的间数,交纳一小笔税金,所有地基面积都被包括在当地的土地数据中,而且这种间架收入也被纳入田赋之中[93]。这种做法的起源,可以追溯到唐朝,到

---

① (明)陈继儒《白石樵真稿》卷12。

1579 年，该城仍然沿用这种做法，而其他任何地方都找不到这样的例子。

这是城镇的土地税，是按土地面积计算，纳入田赋之中，曰间架税。不仅杭州征收，陕西亦征收。《明史》卷 309《李自成传》称："是时，秦地所征曰新饷，曰均输，曰间架，其目日增，吏因缘为奸。"其实在明末征收间架税是比较普遍的。所以万历二十七年（1599），湖广巡抚支可大感慨地说："行货有税矣，而且算及舟艦；居货有税矣，而且算及庐舍。"[①]黄仁宇未经考订，便说这种间架税仅有杭州征收，"其他任何地方都找不到这样的例子"，显然判断错误。

（四）未弄清原文意义，妄加解说

一是《十六世纪明代中国之财政与税收》第 147 页称：

> 各级官衙所谓的"门子"，是一些工程的实际监督者，他们负责各种建筑物的修缮，这就要支付一定的费用。换句话说，这些包含财政责任的义务要分摊于纳税户。

关于明代各级官衙中所用的"门子"，我国研究赋役史的年轻专家刘志伟教授根据丘浚《大学衍义补》卷 31《傅算之籍》，解释云：门子是"在衙门看门的"。弘治时，何塘《民财空虚疏》称：

> 国朝使民之法，除里甲正办外，如粮长、解户、马头、船头、馆夫、水夫、马夫、祗候、弓兵、皂隶、门（子）禁（子）、厨斗之数（类——引者），无所不役，固已多矣。[②]

① （清）孙之騄《二申野录》卷 5。
② （明）何塘《民财空虚疏》，载（明）陈子壮《昭代经济言》卷 4。

可见“门子”属均徭的役目，属于力差，是不用支付费用的。《天下郡国利病书 · 凤宁徽备录 · 宁国府志》称：“府县各官门子，察院、儒学、公馆、祠宇、书院各门子……谓之力差。”所以我国研究赋役史很有成就的唐文基教授指出：“地方各级衙门的门子、看守牢狱的禁子、维持地方治安的巡检司弓兵……等常备杂役，也仍为力差。”①也说门子是看守大门的，属于固定性的均徭项目。至于与建筑有关的杂役，是临时性的，属于“杂泛”的项目。两者是有区别的。黄仁宇根本未弄清“门子”一词的含义，就毫无根据地加以解说，自然错误。

二是《十六世纪明代中国之财政与税收》第 306 页：

> 在帝国早期，有 400 多个税课司局，但到了 17 世纪早期仅存 112 个。其余的因无利可图而被关闭[27]。1568 年，户部报告某个税课司巡拦每年俸粮工食费不下 400 余两，而其征收折钞银仅为 110 两[28]。

潜按：原注 27 为吴兆莘《中国税制史》上，上海书店，1984 年，第 169 页，作者据《大明会典》称：明代税课司局共“三百八十二局，各于其下设税所，故税所数极多。至万历时，减为一百十二局；但此只因节减经费，整理处于监督地位之局，而税所处仍不减也”。而黄仁宇引申为“在帝国早期，有 400 多个税课司局”，又说“因无利可图而被关闭”，不知何所根据。

又原注 28，《明穆宗实录》卷 20，第 555 页载：隆庆二年五月癸亥，南京户部尚书刘体乾上六事：“……一都税司折钞银仅一百一十两，而官攒、巡拦俸粮工食，岁费反不下四百余两，应议裁革。……户部议从其言……都税课司费多入少，疑有侵匿，不当议罢。得旨……钞关宿弊多端，其司府州县隐匿钱粮，亦不止税课一事。户部及工部各设法厘革清查，条议以闻。”这里反映：一是这个都税课司折钞银的收入，不止 110 两，肯定有隐匿不报

---

① 唐文基《明代赋役制度史》，中国社会科学出版社，1991 年，第 236 页。

的；二是这个都税课司的官攒、巡拦的年俸和工食费用不下四百余两。按都税课司的官攒是大使以下的吏员，大使有年俸。官攒和巡拦都是收税人员，官攒，正统九年以前，由巡拦供给；正统九年以后改为“悉照资品给俸”①。巡拦是职役，无俸禄，后来演变为徭役的项目之一。同时，这个都税课司并未被关闭。因此，黄仁宇上述巡拦每年俸粮工食不下400余两，且将这个都税课司作为关闭例子，都不符合历史事实。也说明黄仁宇对这条材料原文的意义，特别是对官攒、巡拦等员役，并未弄清楚，便妄加解说，自然错误。

此外，该书引用一些数据，差错也较多。引用书的卷页数，除了译者指出，尚有不少错误，在此就不一一列出，参见本文附录中。从这些错误中，可见作者从事历史研究非常不严肃，甚至毫无根据地随意解释历史，严重削弱了其书的科学性。早在20世纪二三十年代讨论墨家学说时，陈寅恪教授就批评云：“今日之墨学者，任何古书古字，绝无依据，亦可随其一时偶然兴会，而为之改移，几若善博者能呼卢成卢，喝雉成雉之比。此近日中国号称整理国故之普通状况，诚可为长叹息者也。”②陈寅恪批评了这种随意解释历史或想当然的夸诞附会的恶习，提倡朴实学风，要求材料殷实，断论精确。这种扎实的治学态度今天仍然值得我们学习并实践。

2005年6月开始研究，至2007年5月7日持续写成本文，前后经过三年

附录：引文及说明的错误

1.《十六世纪明代中国之财政与税收》（[美]黄仁宇著，阿风等译，生

① 《明英宗实录》卷119。

② 陈寅恪《冯友兰中国哲学史上册审查报告》，载《金明馆丛稿二编》，里仁书局，1981年，第247～248页。

活·读书·新知三联书店,2001年,下简称《黄仁宇财政书》)第7页:

明朝的财政制度并没有明确区分国家的收入和支出与皇帝的个人收入和支出的关系,所以君主个人的开销与公共财政密切相关。

又该书第21~22页:

整个明代从来没有建立起中央国库,户部的太仓库仅仅是在京师的银库之一,它无权管理太仆寺的常盈库(潜按:属兵部)和工部的节慎库,也同样无权控制光禄寺的银库,更不用说宫廷内的内承运库、广惠库、东裕库。南京户部也有它自己的银库。除非有皇帝的命令,库银是不能在各库之间划拨的。万历朝,甚至皇帝下令进行划拨,也没有哪个部门欣然拿出其库银……

潜按:明朝建立初年,君主个人的开销与公共财政密切相关,但自正统七年(1442)建立了太仓银库,至明灭亡之二百多年来,太仓银库便担负了国家支付巨额的军事和行政费用的主要角色,皇帝和宫廷的用度由内承运库独立分开记账,表明君主个人的开销与公共财政没有关系。[①]同时,明朝属于封建社会,实行中央集权制,各主要经济部门是独立的,而统一向皇帝负责,皇帝随时有权调拨银两。我国学者张显清等也指出:"太仓库可说是明朝的国库,除了内承运库等金花银以外,各省的税收凡折为银两后都入太仓,也就是说,国家中央财政储蓄全集中于此。"[②]黄仁宇上面两段言论,缺乏史实支持,不能自圆其说。如说皇帝下令调拨,亦有阻滞,也不全然如此,若有,只能说明专制主义中央集权在削弱中,并不能说明"整个明代从来没有建立起中央国库"。

① 参见全汉升《中国近代经济史论丛》,稻禾出版社,1996年,第269页。

② 张显清、林金树《明代政治史》(上册),广西师范大学出版社,2003年,第439页。

2.《黄仁宇财政书》第 9 页：

皇城中……除宦官以外，应役的工匠和他们的帮工成为宫廷人口的一个主要组成部分，即使在 15 世纪后期，就已经超过 100000 人。……账册显示出大量的粮食却被分配给宫廷人员，包括在宫中服工役的军士。

潜按：明代工匠，可分为轮班工匠、住坐工匠和军匠三大类，隶属于工部、内府各监局和都司卫所。他们的待遇不同，住坐和轮班有区别，轮班是无偿劳动，住坐给粮食，叫食粮工匠。住坐集中于京师工场，服务对象是皇族，主管机关是内府的内官监。“住坐工匠的数目以正德时候为最多。据记载，正德时，只乾清宫一处就‘役工匠三千余人’……嘉靖十年(1531)……查出工匠二万五千一百六十七名，内革去一部分，存留一万二千二百五十五名。这一数目就定为法定额数，以后不准擅自增加。嘉靖四十年(1561)……留一万七千一百七十八员名。到隆庆元年(1567)……存留一万五千八百八十四员名。”到了万历四十三年(1615)，只有一万五千一百三十九名的虚数了。[①] 黄仁宇上述 15 世纪后期宫廷的工匠就已经超过 100000 人，不知根据什么，肯定估计过高了。

3.《黄仁宇财政书》第 14 页：

在整个明代，可能只有一位户部尚书能够主动地、有权威地管理户部，他就是永乐、洪熙、宣德三朝的郭威。据说他拒绝了后两位皇帝未经他的同意而发布的临时蠲免租赋的诏令。……不过，他的政策最终还是被否决[17]。

① 陈诗启《明代官手工业的研究》，湖北人民出版社，1958 年，第 81 ~ 83 页。

潜按:原注 17 为《明史》151/1847;《英宗实录》页 1786、2024。查《明史·郭资传》(中华书局,1974 年)卷 151,第 4179 页(黄仁宇上注第 1847 页,是所据版本不同的缘故)称:

> 郭资,武安人。洪武十八年进士。……(成祖)即位,以资为户部尚书……宣德四年复起户部尚书,奉职益勤。……资治钱谷有能称,仁宗尝以问杨士奇。对曰:"资性强毅,人不能干以私。然蠲租诏数下不奉行,使陛下恩泽不流者,资也。"

再查《英宗实录》页 1786、2024,查完这两页所在卷中,均无郭资事迹。从上述《明史》的记述中,说明黄仁宇将郭资误为郭威。同时,说"他的政策最终还是被否决",亦无根据而言之。关于郭资行事,尚可参考明杨士奇撰的《东里文集》(《圣论录》卷中,中华书局,1998 年,第 397 页)。

4.《黄仁宇财政书》第 29～30 页称:

> 16 世纪有两个著名的按察使就是这样做的,他们是潘季驯(1521—1595)在广东(见第三章第一节)和庞尚鹏(进士,1553)在浙江(见第三章第三节),他们都为一条鞭法的创行作出了贡献。

潜按:这条译者注称,"当时二人应为巡按御史,作者用英文 surveillance commissioner(按察使)来说明二人官职,恐不妥"。这是对的。因为巡按御史与按察使是有区别的:按察使是行省按察司的官员,有监察职能,权限较小;巡按御史由皇帝亲自派遣,代替皇帝巡查地方,按临所部,"大事奏裁,小事立断",是最有威权的一个差使。他们原是都察院的监察御史,出使地方,便叫巡按御史。[①] 他们都是巡御史。潘季驯在广东"行均平

① 参见(清)张廷玉等撰《明史》卷 73《职官二》。

里甲法”[①],庞尚鹏在浙江“举行一条鞭法”[②]。在国外研究明史的著作中,惯用 surveillance commissioner 来翻译按察使,而黄著把巡按御史译为 surveillance commissioner,所以译者注说其是不妥的。

5.《黄仁宇财政书》第 53 页:

> 在 1382 年和 1385 年他(朱元璋——引者)进行了血腥迫害,两次财政账目不符的事件,牵涉了成千上万的人。撇开这些极端残酷措施的必要性不谈,这种不切实际的做法使得明朝的财政结构从一开始就没有建立在一个合理的原则基础之上。

潜按:关于这两个案件,据孟森考订并叙述云,洪武十五年(1382)空印案,实发生在洪武九年(1376),宁海人郑士利曾上书讼其冤。士利曰:“钱谷之数,府必合省,省必合部,数难县决,至部乃定。省府去部,远者六七千里,近亦三四千里,册成而后用印,往返非期年不可,以故先印而后书,此权宜之务,所从来久,何足深罪?”结果士利“杖戍”。“坐死之主印长官数百人,其佐贰又数倍之,则亦必有受杖戍边者数千人矣。”

洪武十八年(1385),“户部侍郎郭桓坐盗官粮诛”。据《明史·刑法志》:“郭桓者,户部侍郎也。帝疑北平二司官吏李彧、赵全德等与桓为奸利,自六部左右侍郎下皆死,赃七百万,词连直省诸官吏,系死者数万人。核赃所寄借遍天下,民中人之家大抵皆破。”“此亦明初惩贪之一大狱。”[③]

以上两案,所述性质不同,前者是处置财政的技术问题,后者是贪污大罪,不能将两者相提并论为“两次财政账目不符的事件”。这虽是细节,但不能不真实。至于对这两次事件采取“极端残酷措施”是否必要,暂且不论,但其影响“使得明朝的财政结构从一开始就没有建立在一个合理的原

① (清)张廷玉等撰《明史》卷 223《潘季驯传》。

② (清)张廷玉等撰《明史》卷 227《庞尚鹏传》。

③ 孟森《明清史讲义》,中华书局,1981 年,第 55 ~ 57 页。

则基础之上”,根据什么而说?实在令人费解。

6.《黄仁宇财政书》第53页:

> 物资和产品是在低水平上的侧面运输,其目的是节省服务。但是洪武皇帝却厉行节俭,他无限制地扩大了这种方式的应用范围。1388年,他甚至想出了一种补给方法,要求每个县对数拨给邻近卫所官军俸粮。税粮的交纳根本不通过正常的官方途径,而是由纳税户直接解送给军队。起初是命令南直隶应天府试行这种方法一年,金吾卫服役的5000名士兵不再由专门的人员发给配给与口粮,而是由5000多民户完成这一职能,由他们将税粮解送至军事驻地。1390年,这一方法被宣布是可行的并被要求推广到整个帝国[6]。尽管后来这个荒唐的想法被废止了,但是不首先确保税额而去预先支配税收收入的原则却一直保留下来了,清代继续沿用这种方法,一直到19世纪才发生改变(参见第八章)。

潜按:从原注6之一《太祖实录》卷190,第2871页得知试行军民对支法的筹备工作,开始于洪武二十一年(1388)五月戊寅。当日,朱元璋谓诸部臣曰:“朕思天下将校军士月给俸粮,旧于仓庾出纳,恐军民不便。今欲将民间岁租,较定其数拨与之,每岁秋成,即令编户送至其家,庶官无出纳之劳,民免耗损之患,卿等即为朕议之。且令应天府将今岁民租,先对一卫试行之,果便军民,则著为令。”

军民对支法,又称“对拨”。明初征收田赋,“每年户部先行会计,将实征数目,分派各司、府、州照数征收”①。当时具体做法,如原注6之二《太祖实录》卷200,第2998页载:洪武二十三年(1390)二月丙辰,“对拨官军俸粮。初命户部以应天一府试行之便,至是上谕户部校理各卫官军岁支俸

① (明)申时行等重修《明会典》卷29《征收》。

粮实数,以内外有司民户该输正粮对数拨给,如一县之粮以对一卫,或多或少,损其赢,补其不足,一户之粮以对一军,多少损益如之。度其道里之远近,有司以勘合号数编定次第,如金吾卫军五千,即以金吾字为号,自一号编至五千号而止。又如指挥使岁俸四百二十石,务以人户粮额足其数,于勘合簿注之,递发军卫收掌。俟人户输粮之际,对号相符,依数收受,即以实收付之,以凭查照,若一卫所收俱足,则出通关付有司奏缴"。洪武二十六年(1393)又规定"每岁征收,必先预为会计,除对拨官军俸粮,并存留学粮、廪给孤老口粮及常存军卫二年粮斛以备支用外,余粮通行定夺,立案具奏"①户部。可见军民对支法是通过正常的官方途径进行的,由地方政府会计,对拨官军俸粮,并报户部备案存照。这是基于"量入为出"的财政原则的做法,并不是黄仁宇上述"不通过正常的官方途径,而是由纳税户直接解送给军队"的。这种军民对支法的原则,虽说"度其道里之远近",但主要是就近对拨。在商品经济不发达和交通不方便的条件下,未尝不是一个根据实际条件的可行之法。但黄仁宇批评这种对支法,说是脱离实际,危害极大。"如果军需税收总收总发,国内的交通通讯必然相应而有较大的进步,次之则银行业、保险业就会应客观的需要而产生,商业组织和法律也会有所发展。"②在商品经济不发达的明初,货币未统一的条件下,能实现"军需税收总收总发"吗?黄仁宇设想军需和税收总收总发后,社会就会沿着资本主义现代化发展,这纯属脱离实际的空想。

7.《黄仁宇财政书》第55页:

> 1393年,田赋收入达到322789900石[15]。

潜按:原注15,《太祖实录》卷230,第3370页载,洪武二十六年(1393)十二月,"户部计:是岁,天下钱粮金帛之数,凡粮储三千二百七十八万九

① (明)申时行等重修《明会典》卷29《征收》。

② [美]黄仁宇《万历十五年·自序》,中华书局,1982年,第2页。

千八百余石”,即 32789800 余石。与黄仁宇记述是年田赋收入数相差 290000100 石,这是错误之一。

又该原注称:“初期的田赋收入是保持上升的势头。……1391 年则达到了 32278800 石。同上书,页……3166～3167。”

查《太祖实录》页 3166～3167,即卷 214 载:洪武二十四年(1391)十二月,“是岁,计天下……米麦豆粟三千二百二十七万八千九百八十三石”,即 32278983 石,与黄仁宇上述的 32278800 石,相差 183 石,这是错误之二。

8.《黄仁宇财政书》第 57 页:

> 明代的文官很少,1371 年地方官员总数仅有 5488 名[21]。

又上书第 96 页注 3 称:“在 1371 年,所有地方官员数量是 5488 人。参见《太祖实录》页 1176;Hucker,‘Governmental Organization’,p. 70。”

潜按:查原注 21《太祖实录》卷 60,第 1176 页载,洪武四年(1371),“府州县凡一千二百三十九,官五千四百八十八员”。可见这只是府州县三级官员人数,还未包括十三布政司等地方三司官员,每个行省三司长官至少有十七人,还未计算吏员,如果包括地方三司官员,就不止此数。因此,说这是“所有地方官员数量”,就不准确。

9.《黄仁宇财政书》第 64 页:图 1 大运河(漕河),1610 年左右(见原书)。

潜按:该图有两处错误,一是据《明史》卷四十《地理一》载:

> 邳州,元属归德府。洪武初,以州治下邳县省入。四年二月改属中都。十五年来属。……东南距府四百五十里。领县二。宿迁……睢宁……

可见 16 世纪时,没有邳县和下邳,图载有,是错误的。

二是黄河入淮定于1494年即弘治七年之前。据我们所知，黄河入海，分为北清河和南清河，北清河在1494年之前并非黄河干流，黄河将北清河作为干流、北清河入渤海是康熙以后的事。明代入淮以南清河为主，根据王颋《黄河故道考辨》（华东理工大学出版社，1995年），第210页称，弘治七年前后入淮的事例，如弘治三年（1490），“白昂导黄河干流行濉水”；弘治七年，“刘大夏导黄河干流行巴河、‘贾鲁河’”，都是黄河夺淮的分派。而图中1494年之前黄河流入渤海，是错误的。

10.《黄仁宇财政书》第66页：

> 据1443年户部的报告，宦官们要消耗掉120000石白熟米，如果这一数字的确是一年的消耗量，可以据此推测宫内人员数量有30000人[62]。

潜按：查原注62《英宗实录》卷102，第2067页载，正统八年（1443）三月丙子，“户部奏内府供用库所贮白熟米一十九万一千一百余石，内官内使食用之外，羡余七万一千一百六十石有奇，恐积久陈腐，请给为守卫官并在京文武官吏人等本年四月分俸粮之用，应支一石者折与八斗。上命如数给之，不必折减”。据此只知内官内使食去白熟米119940余石，但不知时间长短，假设推测宫内人员数量有30000人，似乎过高。嘉靖三年（1524）四月，“内供用库太监梁政等奏称，内官内使等月粮例人四斗，今十减其三，用不足，请于太仓补给。户部覆议，本库岁额米八万五千四百八十石有奇，而食者一万五千余人，岁不过七万五千余石耳，裒多益寡，用宜有余。太仓军国重储，未可轻动。上曰：‘元年所蠲三分，其暂听补给，他如故。’”①按此例计算，75000石÷15000余人=5石，每人每年消耗5石，按上例消耗白熟米119940余石÷5石=23988人。所以黄仁宇上述推测内

① （明）王世贞《弇山堂别集》卷98《中官考九》。

官内使数量是没有根据的过高了。

11.《黄仁宇财政书》第75页：

> 14世纪末、15世纪初军事卫所的粮食供应主要还是依靠民运，这种记载很多，不再一一列举[111]。

潜按：14世纪末、15世纪初军事卫所的粮食供应，根据明人记载，来源于民运、盐税和屯粮。如崇祯十七年（1644），蒋德璟说："祖制各边养军，止屯、盐、民运三者。"①三者之中，民运是否是主要的，因时因地不同而不同，而黄仁宇说"主要依靠民运"，原注111，用了17则"引文"来论证。所谓"引文"，只是书目页数。这17则"引文"的内容并无录出，为了说明主题，现简录如下：

（1）《太祖实录》卷46，第0919页，洪武二年（1369）三月，记朱元璋与陈友谅战于湖口事。

（2）同上书，卷56，第1089页，洪武三年（1370）九月辛卯，中书省臣奏太原朔州诸处军士屯田，"宜征其岁租"。上曰"能自给足矣"，勿征。

（3）同上书，卷63，第1203页，洪武四年（1371）闰三月，记军户赋役制度事。

（4）同上书，卷69，第1290页，洪武四年（1371）十一月壬申，记在河南、山东、北平、陕西、山西及直隶淮安府等处推行屯田，拟"三年后亩收租一斗"。

（5）同上书，卷79，第1442页，洪武六年（1373）二月壬辰，"贵州卫言：岁计军粮七万余石，本州及普宁、播州等处岁征粮一万二千石，军食不敷，宜募商人于本州纳米中盐，以给军食，从之"。这条材料说明贵州卫"岁计军粮七万余石"，本州民运一万二千石，其余大部分靠"纳米中盐"解决。

---

① （清）夏燮《明通鉴》卷90。

说明贵州卫军粮主要靠开中,不是民运。

(6)同上书,卷161,第2510页,该页空白,无文字记载,上下亦无关于民运粮供卫军事。

(7)同上书,卷171,第2620页,洪武十八年(1385)二月庚申,“行人许穆言:松州土地硗瘠,不宜屯种,戍卒三千,粮饷不给,虽尝以盐粮益之,而栈道险远,军(运——引者)之甚艰。请移戍茂州,俾屯田于附近之地,则不劳馈运,而自可以制羌人。上览奏曰:松州卫吾尝欲罢之,以其控制西番要地不可动也,军士粮饷,其令旁近州县运给之”。说明民运粮供军事例。

(8)同上书,卷184,第2771页,洪武二十年(1387)八月癸酉,“复命云南楚雄府开种盐粮。先是商人输米云南楚雄、曲靖诸府,给以淮浙川盐,未久而罢,令戍卒屯田以自给,至是仍啬于用,户部请复行中盐法,从之”。说明这是中盐事例,因“屯田以自给”,开中未久而罢,后“啬于用”,仍行开中。

(9)同上书,卷185,第2777页,洪武二十年(1387)九月乙酉,“陕西都司言:西安府临潼等县屯卒所输税粮多于民赋,而又与民均科杂役,未免烦困。上是其言,命自今屯卒率五丁选一,编成队伍,以时屯种,税粮与民田等,杂徭复之”。这则材料说明西安府临潼等县屯卒需要重组,改变负担赋役不均情况。如据“屯卒所输税粮多于民赋”一句,亦难引申出“卫所的粮食供应主要还是依靠民运”的结论。

(10)同上书,卷185,第2781页,未有与民运粮供军事有关内容,第2782页载:洪武二十年(1387)九月,“诏定屯卒种田五百亩者,岁纳粮五十石”。

(11)同上书,卷193,第2902页,洪武二十一年(1388)八月丁丑,“敕五军都督府臣曰:养兵而不病于农者,莫若屯田。今海宇宁谧,边境无虞,若但使兵坐食于农,农必受弊,非长治久安之术。其令天下卫所督兵屯种,庶几兵农兼务,国用以舒,古之良将若赵充国辈,皆以此策勋当时,垂名后世,其藩镇诸将务在程督使之尽力于耕作,以足军储,则可以继美于古人矣。尔都督府其申谕之”。

(12)同上书,卷200,第2998页,洪武二十三年(1390)二月丙辰,记对拨官军俸粮事。

(13)同上书,卷216,第3184页,洪武二十五年(1392)二月,记余粮入仓,提到输运艰苦,调整屯守比例,争取屯粮自给,以息民劳。

(14)同上书,卷231,第3377页,洪武二十七年(1394)一月戊辰,“上以山西大同、蔚、朔、雁门诸卫军士月给粮饷,有司役民转输,难苦不胜,遂命各卫止留军士千人戍守,余悉令屯田,以息转输之劳”。

(15)同上书,卷238,第3470页,洪武二十八年(1395)四月丁丑,记福建月粮不给,增加屯卒耕种事。

(16)同上书,卷245,第3559页,洪武二十九年(1396)三月己丑,记新设卫,民运供饷不足,令屯田。

(17)同上书,卷247,第3591页,洪武二十九年(1396)九月庚子,记更代戍守兵事。

从上述17项引文内容看,与民运有直接关系的,只有第5、7、12、14、16项,其他有的根本与民运无关,如第3项记述军户赋役制度,第10项定屯卒种田亩数,第17项记更代戍守兵等。甚至第6项空白无文,更不必论。黄仁宇擅长侧面推论,如第1项记朱元璋与陈友谅战于湖口。据此,或曰:既然打仗,不能屯田,军饷由民运供给。又如第11项记屯田的重要意义,故命五军都督府令军士尽力耕作,以足军储。据此,或曰:号召屯田,未有收获,军饷靠民运。诸如此类例证,其准确性、科学性,实令人怀疑。

12.《黄仁宇财政书》第59页:

> 尽管源于田赋的预算收入的最高额被确定为粮食2700万石左右……1422年,根据户部尚书郭资的上报,从1419年到1421年的财政年度中,收入帝国粮仓中的田赋实征额不到2300万石粮食[36],平均每年少于800万石。

潜按:查原注36《太宗实录》卷250,第2341～2342页载,永乐二十年(1422)六月己亥,"户部尚书郭资言:天下郡县所上永乐十七年至十九年实征之数,分豁本色、折色、内存留本处军卫有司等仓米九百七十六万二千三百五十三石有奇,其输运南北二京及交阯等处仓米一千二百七十七万一千四百二十石有奇;丝二万斤,折米二万石;苎布八万九千二百八十二匹,折米六万二千八百四十七石;绵布壹百七万五千九百七十匹,每匹折米一石(共折米一百七万五千九百七十石——引者);钞五百七十万三千一百一十六锭,折米九十五万五百一十九石有奇;白二梭布五千匹,折米七千五百石;棉花绒六十万斤,折米六万石。率未完,宜差官催征。皇太子从之"。据此,1419年到1421年的财政年度中,收入帝国粮仓中的田赋实征额为22533773石(不包括折色部分),比黄仁宇上述估计2300万石少466227石,因此,说"平均每年少于800万石",也是不准确的。

13.《黄仁宇财政书》第76页:

到了1423年,全国的军屯子粒定额下降到接近500万石[113]。

潜按:据原注113《太宗实录》卷226,第2421页载,永乐二十一年(1423)十二月,"天下……屯田子粒五百一十七万一千二百一十八石"。说明黄仁宇上述"接近500万石"是错误的,其实是5171218石,超过500万石,还多171218石。

14.《黄仁宇财政书》第78页:

1407年,当永乐皇帝发布严厉的命令要求扩大军屯时,一位监察官员上奏说军屯的实际产量难以确知[132]。这是很值得注意的问题,它一直存在于其后的几个世纪之中。

潜按:查原注132《太宗实录》卷66,第0927页载,永乐五年(1407)夏四月甲午，“陕西按察司佥事王嘉言：军卫屯粮，岁遣风宪官盘量，本司官有定员，差遣不一，况陕西四十余卫，每卫不一二三百屯，道里遥远，非一人所能遍历，往往差委属官，所至欺公作弊，乞敕该部征收之时，卫差监生一名盘量。……上以盘量屯粮，遣监生非便，命吏部增置按察司官专任之。于是浙江、江西、广东、广西、湖广、河南、云南、四川按察司增置佥事一员，陕西、福建、山东、山西按察司增置佥事二员”。据此王嘉的奏疏，只说差官盘量屯粮事，因“本司官有定员，差遣不一”，同时，“陕西四十余卫，每卫不一二三百屯，道里遥远，非一人所能遍历”。因此，他请求每卫差监生一名盘量。明成祖认为遣监生不便，“命吏部增置按察司官专任之”。于是十二行省，增置佥事一员或二员任其事。“盘量屯粮”是指屯卒按规定缴纳于屯仓的粮食，命佥事前往盘量，非是查询屯田的实际产量，这和难知军屯的实际产量没有关系。如果据“盘量屯粮”就推测其原因是难知军屯的实际产量，在逻辑上难以说得通，只能说是无根据的猜想而已。

这种主题与引文内容、结论与史实不符的做法，其实是一种不严肃的研究作风。

15.《黄仁宇财政书》第 76 页：

> 登记在册的军户并非经过挑选，他们包括许多政治犯、刑事犯、充军犯人以及西北的少数民族[119]。

潜按：据原注 119《太祖实录》卷 115，第 1881 ~ 1882 页载，洪武十年(1377)九月丁丑，“命陕西等卫土著军士，每月人给粮一石，时上阅庆阳、延安土著军籍，月止给米肆斗，因谕省府臣曰：今军士有客居、土著之名，然均之用力战阵，奈何给赐有厚薄耶？俱全给之”。据此，只说陕西等卫军士有土著与客居两种，包括少数民族在内，“客居”是外籍人，不等于政治犯、刑事犯、充军犯人，更没有说到登记在册的军户，随军的只是军户余丁，这是常识，如何能引申出包括许多政治犯等结论？这也是史实与结论不符的错误例子。

16.《黄仁宇财政书》第82页：

> 1404年，都察院左都御史建言实行统一的户口食盐之法，各户食盐纳钞。其最初的计划是希望每年可增收1亿贯。户部则提出反建议，决定将这一数额减少一半[159]。但即使这样，这一政策也从来没有按照原来的计划或者户部的建议实行过。

潜按：据原注159之一《太祖实录》应是《太宗实录》之误。《太宗实录》卷28，第0509页载，永乐二年（1404）二月戊子：

> 承运库大使周端等言：广东地广民稀，盐课无商中纳，军民多食私盐。宜令所司核实人口，大口岁食盐十二斤，小口半之，每斤纳钞三百文，于近场支纳为宜。从之。

又据原注159之二《太宗实录》卷33，第0589～0590页载，永乐二年（1404）七月庚寅：

> 都察院左都御史陈瑛言：岁比钞法不通，皆缘朝廷出钞太多，收敛无法，以致物重钞轻。今莫若暂行户口食盐之法，以天下通计人民不下一千万户，军官不下二百万家，若是大口月食盐二斤，纳钞二贯，小口一斤，纳钞一贯，约以一户五口，季可收五千余万锭，行之数月，钞必可重。上命户部会群臣议，皆以为便，但大口令月食盐一斤，纳钞一贯，小口月食盐半斤，纳钞五百文，可以行久。覆奏。上从之。

再据原注159之三《明史》卷81，第849页应是1963页之误。第1963页载，永乐二年（1404）：

> 都御史陈瑛言:“比岁钞法不通,皆缘朝廷出钞太多,收敛无法,以致物重钞轻。莫若暂行户口食盐法。天下人民不下千万户,官军不下二百万家,诚令计口纳钞食盐,可收五千余万锭。”帝令户部会群臣议。大口月食盐一斤,纳钞一贯,小口半之。从其议。

综合这三条史料看,都御史陈瑛的建议是“大口月食盐二斤,纳钞二贯,小口一斤,纳钞一贯”,一季可得5000余万贯,一年四季,可得20000余万贯,即2亿贯。户部议,改为大口食盐一斤,纳钞一贯,小口食盐半斤,纳钞500文。实则减半征收,尚可得1亿贯。而黄仁宇上述“最初的计划是希望每年可增收1亿贯”,户部反建议,减少一半,即半亿贯。显然计算错误,相差半亿贯。

17.《黄仁宇财政书》第111~112页:

> 1585年版的《顺德县志》中的《食货志》部分讲到……1581年,为了重新分配税收,进行了一次土地清丈(张居正的土地清丈,见第七章第三节)。像其他地方的情况一样,直到那时,县里的税收估算还很不合理。虽然官方的记载显示,官田有48313亩,但实际上,这种公共财产无法确知。

潜按:首先查1585年版的《顺德县志》卷之三,为《赋役志第三》,得知黄仁宇上述《食货志》为《赋役志》之误。其次,该县志《赋役志第三》载万历九年(1581)顺德县清丈,因“官者尽属于民,空存故号,即其所坐,别识亦难,请如江西,奏可,概以民丈定赋”。所以没有官田数字的丈田记录。该书只记载有隆庆六年(1572)“官田地山塘四百八十三顷一十七亩二分四厘八毫”,即48317亩,与黄仁宇上述稍有出入,此数亦非万历九年丈田时的官田数目。

18.《黄仁宇财政书》第113页:

县志(《万历顺德县志》——引者)修纂者没有进一步记述从各类土地中可以征收的官米、民米和加耗的总数。很奇怪,他们回避了如此简单的数学计算。

潜按:《万历顺德县志》卷3《赋役志第三》载,“万历十年……官正耗秋粮八千七百六十八石九斗一升,民正耗秋粮二万五千九百二十石七斗六升三合八勺,共三万四千六百八十九石六斗七升三合八勺”。黄仁宇上面所述没有根据。同时,和他在该书第116页所说相矛盾。他说:“税收的低标准可以进一步从县志汇集的数字中得到证实。1585年,民米、官米再加上7%的加耗,总计为34689石粮食。”又此处1585年为万历十三年,误,应是万历十年,即1582年。

19.《黄仁宇财政书》第118~119页:

何良俊曾认为……华亭县,一对夫妇只能耕田5亩至25亩,这种情况在许多南方省份中肯定也适用[17]。这导致了将耕地分成很多小块,有时甚至考虑不到土地的所有权问题。何良俊还进一步证实,一个农户可能拥有二十块分散于各处的小块土地,而这些小块土地的总税额,则在0.1~0.2两白银之间变动[18]。

潜按:原注17何良俊撰《四友斋丛说摘抄》(中华书局,1985年),第178~180页载:

各处之田虽有肥瘠不同,然未有如松江之高下悬绝者。夫东西两乡不但土有肥瘠,西乡田低水平,易于车戽,夫妻二人可种二十五亩,稍勤者可至三十亩,且土肥获多,每亩收三石者不论,只说收二石五斗,每岁可得米七八十石矣。故收租有一石六七斗者。东乡田高岸陡,车皆直竖,无异于汲水,稍不到,苗尽槁死。每遇旱岁,车声彻夜不休。夫妻二人极力耕种,止可五亩。若年岁丰熟,每亩收一石五斗,故取租多者八斗,少者只黄豆四五斗耳。农夫终岁勤动,还租之后,不彀二三月饭米,即望来岁麦熟,以为种田资本,至夏中只吃粗麦粥,日夜车水,足底皆穿,其与西乡吃鱼干、白米饭种田者,天渊不同矣。

又原注18何良俊撰《四友斋丛说摘抄》(中华书局,1985年),第186、190~191页载:

余始创为经纬二册……盖经册是户册,即太祖黄册,以户为主,而田从之,户有定额,而田每年有去来。纬册乃田册也,以田为主,而户从之,田有定额,而业主每岁有更革。田有定额,则粮有定数。每年只将经册内各户平米总数,合着纬册内田粮总数,照会计轻重派粮,则永无飞走隐匿之弊矣。……今之征收,甚至一户之田有数十处分纳者,其各户田少之处,亦有止纳壹贰钱者。烦费百出,且头项太多,官府稽查亦自不易。若二册之式一定,则奸弊可以尽革,官府何不从其省而便者哉!

从这两注的内容考察,对照黄仁宇上述的分析描述,显然有不恰当或错误之处。

首先,黄仁宇不顾东西乡自然环境、土地肥瘠、灌溉难易的不同,将两乡综合,自认为"一对夫妇只能耕田5亩至25亩",其实在西乡,"稍勤者可至三十亩",而在东乡就达不到这水平。东西乡是有别的,综合不得,一些细节被删除了。

其次,何良俊著文,完全从土地所有权来叙述,所提一对夫妇,原是佃户,故计算到每亩租额。黄仁宇说"考虑不到土地的所有权问题",不符合引文史实。

再次,原引文"一户之田有数十处分纳者",是指地主分散田地,各处分纳，希图隐漏钱粮，如何良俊又指出："若一户而各区纳粮，则吏书得以出入隐弊，而其弊不可胜言矣。"①非黄仁宇所说"一个农户可能拥有二十块分散于各处的小块土地"。至于"这些小块土地的总税额，则在0.1～0.2两白银之间变动"，这都是与原引文意义有轩轾的地方。

20.《黄仁宇财政书》第120页：

> 例如在顺德，均徭是按每石民米0.1403两白银的比率征收[23]。

潜按：原注23《万历顺德县志》卷3《赋役志第三》载，关于均徭，"万历十二年……每丁折米三斗，派银四分四厘一毛一系……民米……每石派银一钱四分七厘三系"，可见民米每石派银0.1473两，与黄仁宇上述稍有出入。

21.《黄仁宇财政书》第127页：

> 没有运用银行手段来管理公共资金，某些临时性调整却成为定例……所有这些都导致了税收结构的复杂。

潜按：黄仁宇认为，"没有运用银行手段来管理公共资金"，是明朝税收结构复杂的原因之一。16世纪明代中国没有产生银行的历史条件，中国银行出现于光绪年间。当时只有典铺，但不具备银行的功能。黄仁宇上述的这种分析和要求，脱离了历史实际，不科学。

22.《黄仁宇财政书》第135页：

> 直到1568年（潜按：隆庆二年），所有的马匹都是分配给民户饲养。根据不同的上报，在15世纪，它们的总数量在100000至120000

---

① （明）何良俊《四友斋丛说摘抄》，中华书局，1985年，第188页。

匹之间[63]。尽可能地以5户为一组,养马5匹。这些马户的田赋及其他差徭负担可以进行减免……每一组马户每年都要为北京上交一匹军马。……种马一匹每三年产马驹两匹。种马死,或者是孳生不及数,都由马户赔补[64]。

潜按:查原注63《宪宗实录》卷33,第651~654页,成化二年(1466)八月辛丑,“兵部以调发缺马奏上区画事宜。……一在京、在边官军累岁关领马匹骑操,动以万计。一关之后,既不能以时调养,倒失数多,又不随时报官设法追补,展转迁延,惟望宽宥,是以马数愈亏,民户彼累”。

再查原注63《孝宗实录》卷78,第1498页,弘治六年(1493)七月丁酉,“兵部会官议上太仆寺卿彭礼等所陈马政事宜,谓:自古牧马多在监苑,未闻寄养于民间。今寄养马驹,岁课无穷,而民间户丁生长有限,以有限之丁责无穷之驹,民困何由而苏?请今定种马之额止十万匹,岁取驹二万五千匹,永为定额,不复增添。驹存其高壮者,以备岁用,其不堪者,变卖价银,贮之太仆寺,以俟他用。如有物故,即令补足,遇赦不免,是可为久远之计。从之”。

又查原注63杨时乔《马政记》第2卷,第8页,记弘治六年太仆寺种马额数:儿马二万五千匹,骒马十万匹,共十二万五千匹。

此注所举三条材料,第一条所述兵部以调发缺马事宜,与主题马匹总数关系不大。只有第二和第三两条提到15世纪太仆寺拥有马匹数额共有十二万五千匹,是否都派给民间孳牧,并未提及。其实明代养马有太仆寺所属各监群为民牧,苑马寺各监苑为队军,召募军等孳牧,各边卫所牧养马。而黄仁宇上述说“直到1568年,所有的马匹都是分配给民户饲养”,“总数量在100000至120000匹之间”,不知有何根据。且总数是估计数,与实际数额亦有出入,是不科学的。第三条《马政记》,应是《马政纪》。从黄仁宇上面那段话中,有两个问题值得注意:

一是“以5户为一组,养马5匹”。译者注:“依《明史》卷92:‘江南十一户，江北五户，养马一。'"这是对的。考计户养马，开始于洪武六年(1373)，规定江南以十一户共养种马一匹，江北因水草便利，每户养种马一匹。① 洪武二十八年(1395)，和州绅民晏仁代表江北农民提出"民间马户既养孳生马匹，又于有司供应差役，是一户而充两差，实为重复"，故改为"江南十一户、江北五户养马一匹，复其身"。② 可证黄仁宇上述"以5户为一组，养马5匹"是错误的。

二是减免马户粮差问题。以上民牧，是计户养马，永乐以后，各时各地不同。如计丁养马，史称：永乐十四年(1416)定北方养马例，规定"北方人户五丁养马一匹，免其粮草之半"③。计亩养马，史称：弘治六年(1493)，北直隶所属河间、大名、保定、顺德、广平、真定、永平七府"免粮养马，每地五十亩领儿马一匹，百亩领骒马一匹"④。由此可见其优免粮或粮草亦不同。洪武年间，主要减免马户杂役，至限二丁。如洪武十三年(1380)六月癸亥，"命凤阳、扬州二府及和州之民畜官马一匹者，户免二丁徭役"⑤。至于马户免粮因时因地不同，如洪武二十三年(1390)闰四月丙子，下诏在个别地区实行民田、官田分别量免田租。史称："诏免滁阳、定远、六合、长淮、天长、香泉、仪真、舒城、江都等监养马户田租，民田全免，官田减半征之，永为定例。"⑥但这"定例"并不执行，所以到了永乐年间方出现上述马户免粮或粮草之半的事。明人陆容说马户"量免粮差"⑦，并不是说可以减免粮差。因此，黄仁宇上述"这些马户的田赋及其他差徭负担可以进行减免"，是不确切的、不科学的。

23.《黄仁宇财政书》第136页：

---

① 《明太祖实录》卷79。
② (清)嵇璜等撰《钦定续文献通考》卷133《兵考·马政》。
③ (明)杨时乔《马政纪》卷2《种马二》。
④ (明)杨时乔《马政纪》卷2《种马二》。
⑤ 《明太祖实录》卷132。
⑥ 《明太祖实录》卷201。
⑦ (明)陆容《菽园杂记》卷4。

用于养马的土地面积相当大，例如，大约在1500年，北直隶宛平县登记的纳税土地有355999亩，其中有142143亩，约42%的土地留作养马[71]。这一情况在16世纪的大部分时间里都没有发生变化。

潜按：原注71沈榜《宛署杂记》第44页，“地亩”载，“嘉、隆前，地亩无可考。嘉靖末年，官民田地共叁千肆百贰拾柒顷捌拾肆亩捌分玖毫叁丝”。以后因皇亲、太监奏讨，不断减少。

同上书第68页，“马政”载：“正德间，令宛、大二县，每马编地一百五十亩，宛平养马地一千四百二十一顷四十三亩，养马九百一十六匹。”据此可知，宛平养马地142143亩，乃正德间数。嘉靖末年宛平县登记的纳税土地只有342784亩，而黄仁宇上述的1500年（弘治十三年）“宛平县登记的纳税土地有355999亩”，上述注释并无此记载，显然是弄错了。同时，将嘉靖末年（约1566）纳税土地与正德年间（1506—1521）养马地比较百分比，两者相距几十年，未必合适，姑且不论，就算1500年纳税地为355999亩计，最多养马地只占40%，并无42%。此外，上引书第68页“马政”条载：“万历九年，丈过养马地并征粮地共二千八百八十三顷二十四亩零……十八年审编，查照见在额地二千八百六十六顷一十六亩五分。”可见发生了变化。而黄仁宇上述说“在16世纪的大部分时间里都没有发生变化”，是不确实的。

24.《黄仁宇财政书》第137页：

宣德将一些抛荒土地，理论上的无主荒地分配给高级将领，于是又出现了最早的贵族庄田的记录[79]。

潜按：原注79《英宗实录》卷93，第1876~1877页，并无有关贵族庄田的记录。据我所知，明代贵族，举凡外戚、宦官、公侯伯诸勋臣及军官等都属于权贵之列。他们是明代统治集团中的核心人物。朱元璋对他们实行

"赐之土地，各食其赋"的政策。当时赐土地的情况，史称："太祖赐勋臣公侯丞相以下庄田，多者百顷……又赐公侯暨武臣公田，又赐百官公田，以其租入充禄。"①所赐土地，即公田，亦是官田。可见贵族庄田早在洪武初年就已经出现，非是宣德时才有贵族庄田的记录。

25.《黄仁宇财政书》第137页：

> 皇庄的创立始于1425年[78]。当时，皇室分拨一些北直隶的土地作为皇家财产。

潜按：原注78《明史》77/821，不知根据何版本，如是北京中华书局1974年版，则非821页，应是1887页。公元1425年为洪熙元年。《明史》卷77，第1887页载："洪熙时，有仁寿宫庄，其后又有清宁、未央宫庄。"宫庄和皇庄不同。考皇庄创立之年，最初的皇庄是由王庄转化而来的。据现有史料证明，应是永乐元年（1403）。史称："洪武初元，我成祖以燕王北征，至山后小兴村，得张福等若干人降之，徙入内地，散处宛平黄垡、东庄营等地，听用力开垦为业。每出征，张福等为亲军，累迁指挥、千百户等官。有旨，以其地为王庄……盖成祖龙潜时私庄也。永乐改元，有司请庄所属改称皇庄。"②可见皇庄并不是如黄仁宇上述创立于1425年（洪熙元年），而是永乐元年（1403）。③

26.《黄仁宇财政书》第138页：

> 1489年，户部尚书李敏（1487—1491年在位）报告说，畿内之地，皇庄有5处，共有地1200000亩，勋戚太监等官庄田332处，共有地3310000余亩[82]。

---

① （清）张廷玉等撰《明史》卷77《食货一》。参见拙作《明代庄田的发展和特点》，载《明清经济探微初编》，稻乡出版社，2002年，第114页。

② （明）沈榜《宛署杂记》，北京出版社，1961年，第53页。

③ 参见拙作《明清经济探微初编》，稻乡出版社，2002年，第108页。

潜按:原注82《孝宗实录》卷28,第629页载,弘治二年(1489),户部尚书李敏言:"畿内之地,皇庄有五,共地一万二千八百余顷,勋戚太监等官庄田三百三十有二,共地三万三千一百余顷。"可见畿内皇庄有5处,共地1280000余亩,与黄仁宇上述相差80000余亩。

27.《黄仁宇财政书》第138页:

最臭名昭著的庄田占有者——寿宁侯张延龄被皇帝处斩[83]。

潜按:原注83《明史》300/3366~3367,不明所据版本,如是北京中华书局1974年版,应是卷300,第7676页,"张峦传"载:

张峦,敬皇后父也。弘治四年封寿宁伯。立皇太子,进为侯。……十六年,其弟延龄亦由建昌伯进爵侯。……太后崩之五年,延龄斩西市。

又同上书第7671页,"周能传"载:

周能……英宗复位,授能锦衣卫千户……能卒,长子寿嗣职。……又与建昌侯张延龄争田,两家奴相殴,交章上闻。

原注83《世宗实录》第2369~2370页,所载为勋戚之家占田情况,未提及张延龄,故多余不录。

以上史料说明寿宁侯是张峦,延龄的哥哥。延龄被封的是建昌侯。黄仁宇上述寿宁侯张延龄,是张冠李戴的错误。

28.《黄仁宇财政书》第171页:

洪武皇帝下令帝国内所有的田主都要拿出他们的一部分土地,用于生产麻、棉花和丝绢……这条法令的确在明帝国建立之前的1365

年就签署了，并于1368年得到重申[190]。但到1385年(潜按：洪武十八年)，政府意识到不能通过强制手段来增加这些经济作物的产量后，就废除了以前的命令[191]。

潜按：原注191《明会典》卷17，第321页，“农桑”载，“(洪武)十八年，议农桑起科太重，百姓艰难，令今后以定数为额，听从种植，不必起科”。这条材料表明调整农桑起科税率，规定新种农桑，“听从种植，不必起科”，并不反映“政府意识到不能通过强制手段来增加这些经济作物的产量”，从而“废除了以前的命令”。相反，因为“农桑起科太重，百姓艰难”，才决定新种者免于“起科”，但仍旧规定“令后以定数为额”种植，即洪武初年规定的“国初令天下农民，凡有田五亩至十亩者，栽桑、麻、木、绵各半亩，十亩以上者倍之，田多者以是为差”①，仍然有效，并未废除从前的命令。《明会典》又记载：“(洪武)二十五年，令凤阳、滁州、庐州、和州每户种桑二百株、枣二百株、柿二百株。二十六年定，凡民间一应桑株，各照彼处官司原定则例，起科丝绵等物……其树株果价等项，并皆照例征收钱钞。”②就是佐证。

29.《黄仁宇财政书》第174页：

一个相当奇怪的项目是“户口食盐钞”。它最早征收于1404年。起初它的目的不是为了盐的专卖，而是为了确保宝钞流通。允许每个成年人每个月有1斤盐的配额，强制纳钞1贯。未成年人的配额和支付是其一半[204]。从最初开始，这个计划就没有彻底施行过。到15世纪晚期，也只在广东和山西的部分地区由政府管理盐的分配，而且这些地方后来也完全停止了。

① (明)申时行等重修《明会典》卷17《农桑》。

② (明)申时行等重修《明会典》卷17《农桑》。

潜按:户口食盐制起源于五代。史称:“自夫官自煮盐,细民不能与官为市,而课利反亏,于是分贫富五等之户而俵配抑散之,此五代弊法尔。及其再弊,则盐不给而征钱如故。至今所谓户口食盐者,历七百余年如一辙,是无盐而征粮也。”①历宋元,至明仍然袭用。因利之所在,并不奇怪。黄仁宇上述户口食盐钞“最早征收于1404年”,即永乐二年,是错误的。其实早在洪武年间就已实行,如在宁国府,史称:“洪武间,以盐给民,故征钞。”②至于给盐征米的,还有河南开封、陕西潼关、浙江台州府;给盐征银或钱的,还有福建等省区。③ 可见这是一种传统的制度。同时,永乐元年,为了疏通钞法,都御史陈瑛建议,暂行户口食盐法,计口给盐纳钞,不过是这个传统制度的翻版。当时在许多地区如浙江台州、广西钦州、陕西平凉府、南直隶宁国府都施行了户口食盐钞制度④,并不是黄仁宇上述的“只在广东和山西的部分地区由政府管理盐的分配”而已。此外,原注204《太祖实录》第589~590页应是《太宗实录》。

30.《黄仁宇财政书》第194~195页:

> 明代后期,赋税征收实际上是一种两头管理,地方政府管理文书工作,民间代理人进行实际运作。……此外,还要佥派33名税收解运人(听解)从事远距离的解运与税银征收。还要从中佥点8人在县府管理银柜,称之为“柜头”或“银头”33。我们必须强调即使纳税户亲自到县衙交纳银钱,也不能认为是“官收”34。

潜按:原注34为“这种说法是由梁方仲在《一条鞭法》中提出的。见该书59页”。其实梁方仲在该文中,为了说明一条鞭法施行前后赋税征收

① (清)李世熊纂修《康熙宁化县志》卷5《赋贡志上》。

② (明)黎晨修,(明)李默纂《嘉靖宁国府志》卷6《职贡纪》。

③ 参见拙作《明代户口食盐钞制度》,载《明清经济探微初编》,稻乡出版社,2002年,第217页。

④ 参见拙作《明代户口食盐钞制度》,载《明清经济探微初编》,稻乡出版社,2002年,第217~224页。

采取不同方法，在一条鞭法施行前是民收民解，一条鞭法施行后是官收官解，他举“自封自投”制度来说明。他写道：“一条鞭法施行以后，大部分的田粮都已改为用银缴纳，所以我们应先讨论关于征收银的设置。一般的办法，是在州县衙门前或其他公共场所设立银柜(亦名粮柜)，每届开征日期，由官派人监督，听由粮户自包封银两，于纸包上自填里甲姓名银数，亲手投入柜中。不再由里长甲首人等代输。投柜以后，由官给以收票。这就叫做‘自封自投’制度。人民的输纳，即为官府的收受，所以直接输纳于官的制度，即为官收制度。”①可见梁方仲并没有说这种“自封自投”制度，“不能认为是‘官收’”，相反，“即为官收制度”。而黄仁宇却歪曲了梁方仲的论说，为他的“民间代理人”观点服务，即一条鞭法施行后，依然是民收民解观点，其手段是不可取的。

31.《黄仁宇财政书》第212页，表6中“总计”项“税粮总额”为26638642石。

潜按：总计各省份“税粮总额”应为26692642石，与黄仁宇计算26638642石相差54000石，显然是计算错误。

32.《黄仁宇财政书》第202页，页下注：

> 《会计录》编纂于1582年，随后立即印行。现在在芝加哥大学和哥伦比亚大学可以通过缩微胶卷看到该书……但是编者本人都认为其中的土地数据并不充分(该书4/99~100、9/87有这方面的说明)。

潜按：据梁方仲教授研究，《万历会计录》从万历四年(1576)王国光开始编辑，至万历九年(1581)张学颜等在王国光的基础上“重加磨算增订”，“刊刻成书”。次年二月“进呈御览”。② 可见该书编纂于万历九年

① 梁方仲《一条鞭法》，载刘志伟编《梁方仲文集》，中山大学出版社，2004年，第42页。

② 梁方仲《评介〈万历会计录〉》，载《梁方仲经济史论文集补编》，中州古籍出版社，1984年，第235~236页。

(1581),并非黄仁宇所说的1582年。同时,目前世界上只有两套《会计录》原刻本,即万历九年刻本,分别藏于台北“中研院”和北京图书馆。另外,广州中山大学和北京经济研究所图书馆也收藏有残本。近年北京书目文献出版社据万历十年刻本缩印精装二册,该书只缺卷六《山东布政司田赋》一卷。当然其他各卷亦有缺页。至于黄仁宇说编者“认为其中的土地数据并不充分(该书4/99~100、9/87有这方面的说明)”,其实是卷四《湖广布政司田赋》最后第98~99页、卷九《陕西布政司田赋》最后第78页残缺,黄仁宇因此便做出编者“认为其中的土地数据并不充分”的结论,这难以令人信服。

33.《黄仁宇财政书》第242页,注7:

> 1628年,毕自严在其奏文中认为赋役全书的编纂已有四十年。见孙承泽《梦余录》35/24。因此可以推算1583年左右就已经开始编写“赋役全书”了。

潜按:孙承泽《春明梦余录》卷35,第24页,“赋役全书”条称,“崇祯元年七月,户部纂修赋役全书,尚书毕自严上条议曰:看得赋役全书,肇自行条鞭法始,距今已四十五年矣”。黄仁宇上述是四十年,是错误的。只有“距今崇祯元年(1583)已四十五年矣”,才可推算到万历十一年(1583)开始编写“赋役全书”了。

34.《黄仁宇财政书》第273页:

> 从1560年到1562年,当鄢懋卿作为巡盐御史总理五个都转运盐使司盐法时……

潜按:五个都转运盐使司,错误,实为四个。《明史》卷80,第1943页,“(嘉靖)三十九年,帝欲整盐法,乃命副都御史鄢懋卿总理淮、浙、山东、长芦盐法”,可资佐证。

35.《黄仁宇财政书》第283页:

正如袁世振所指出的那样,(仓钞)“虽卖价极薄,犹于覆瓿”。

潜按:应是“犹愈覆瓿”,“于”为“愈”字之误。

36.《黄仁宇财政书》第302页:

钞关的工作包括公布税收则例和确定每个码头的税收定额。前者意味着要将固定的税率适用于多样的商品,后者要求税关官员保证定额税收。这种不协调源于帝国早期的政策[9]。

潜按:原注9为“定额最早确立于1377年。参见《太祖实录》页1848”。查《太祖实录》卷111,第1848页载:洪武十年(1377)三月甲申,“户部奏天下税课司局征商不如额者一百七十八处,宜遣中官国子生及部委官各一人往核其实,立为定额。从之”。但到了洪武二十年(1387),商税和鱼税的定额制便遭到废止,改为从实征收。① 同时,税课司局征收商品税,规定了统一的税率,与宣德年间建立的钞关的税收则例不同,如何能将钞关的管理不协调说是开始于税课司局的税收管理不协调呢?

37.《黄仁宇财政书》第307页:

平定倭寇之后,各省当局,特别是福建和广东,在已存商税体系之外建立了新的税课司局,主要设置于桥头和渡口。这些税课司局自己确定税率,其收入作为兵饷用于地方防务,中央政府无力控制[33]。

① 参见《明太祖实录》卷185。

潜按:原注33《穆宗实录》卷16,第440~441页载,隆庆二年(1568)一月庚午:

广东抚按官李佑、王同道以该省用兵,奏留应解户部盐引、纸价、事例、铁税、路引、柴马、俸廪、寺田、酒税、驿传、富户等银七万三千余两,以佐军费。户部覆言:广东素有番舶之利,而盐课又遍行广西及湖广之衡、永,江西之南、赣、袁、吉,且各府桥税不下万金,而漏报者多,官取其一,私得其九。即盐课引目,三四年间不赴南京户部刷给,其它可知,所司不为清理,而欲取常供以充兵饷,非计也。请量留事例、盐引、铁税、路引、缺官、柴马、俸廪等银一万六千九百余两,与浙江等处旧逋,余悉解京如故。上是部议并以盐课、桥税二事属佑查核,有势豪阻挠、奸商作弊者,具以闻。

原注33《神宗实录》卷32,第764~765页载,万历二年(1574)十二月甲子:

巡抚福建刘尧诲言:户部咨行各省直见征税处,要见每年所征银两若干,作何支用,定为则数。福建常赋固薄,顷以海上兵事,征发烦难,议事之臣不敢频索内帑,计将该省税额起存粮课及山海市镇船商等税,一向通行者,俱勒为饷,亦取仅足而止,外患稍宁,节经裁约。查有漳州府海澄等县船货商税,福州府行崎所木税,闽、侯、怀三县牛河渔荡税,福清、连江等县绸税,古田县炉税,以上俱行见征税充饷者。福州南台商税、泉州府船税,以上俱原有税,而今裁革者,俱各报闻。户部覆议。上谓刘尧诲清查商税,补足军饷,具见尽心任事之忠,着吏部纪录待用。

这两则史料,前者反映广东桥税,漏报者多,官府所征仅得十之一,十之九落入私人腰包。后则反映福建“清查商税,补足军饷”。并没有黄仁宇所述“在已存商税体系之外建立了新的税课司局……自己确定税率”的内容。

38.《黄仁宇财政书》第317页:

> 15世纪中期的叶宗留起义就是一个教训。在作为银矿业主失败之后,他变成广西和浙江边界土匪的领导人。1444年至1449年,明朝用了整整5年的时间来镇压这次暴动。

潜按:1447年,叶宗留正式起义于浙江庆元,以后和福建邓茂七起义军联合作战,转战于闽、浙、赣、粤四省,并未到过广西。直到景泰元年(1450)十一月五日陶得二等被镇压下去才告结束。① 可见黄仁宇所述叶宗留“变成广西和浙江边界土匪的领导人”,“明朝用了整整5年的时间来镇压”,有不确切之处。

39.《黄仁宇财政书》第336页:

> 同边境部族每三年进行一次贸易。马匹被估价为三等,而平均兑换比率保持为每匹马兑换70斤茶叶,与洪武时期相近。16世纪前期,政府每年通过这种方法获得3000至4000匹马[198]。

潜按:原注198《明经世文编》卷115,杨一清《为修复茶马旧制第二疏》载,“(弘治十八年闰四月)招谕陕西等处商人……令其自出资本,前去收买(茶——引者),自行运送各茶司交收明白,听给价银去后。……买茶二十万斤,分别三等马匹,斟酌收买,可得马几三千匹”。将茶二十万斤,兑换三千匹马,每匹马兑换60多斤茶。通过这个办法,可获马几三千匹而

① 参见拙作《明正统年间叶宗留、邓茂七起义的经过及特点》,载李光璧、钱君晔、来新夏编《中国农民起义论集》,生活·读书·新知三联书店,1958年,第227~251页。

已。可见黄仁宇上述估计过高了。

40.《黄仁宇财政书》第 338 页:

> 1542 年,根据官方的报告,在四川课税的茶叶数量超过 5000000 斤,还不包括政府茶园生产的茶叶。然而在 1578 年,省级官员征收的茶叶收入总共还不超过 20000 两。其中 14367 两被解运南京户部,1500 至 2000 两解运给陕西省。剩余资金,连同征收 158859 斤茶叶,存留于本省,用于津贴地方管理[210]。

潜按:原注 210《明史》80/846,黄仁宇与我所据版本不同,页数不同。我所据的是中华书局 1974 年版,卷 80,第 1952 页载:

> 其后陕西岁饥,茶户无所资,颇逋课额。(嘉靖)三十六年(1557),户部以全陕灾震,边饷告急,国用大绌,上言:"先时,正额茶易马之外,多开中以佐公家,有至五百万斤者。"

原注 210《大明会典》383/2~3。不清楚黄仁宇所据版本,而我所据是 1989 年江苏广陵古籍刻印社影印万历十五年版本,该本只有 228 卷,并无 383 卷。

从上述《明史》卷 80 称"有至五百万斤者",此五百万斤茶是四川开中余茶。《明会典》卷 37,第 687 页载:"嘉靖二十一年(1542)……又议准掣割余茶,四川年例茶引五万道……仍令腹里照常报中。"又载:"凡茶引一道……照茶一百斤。"据此可知,四川年例茶 5000000 斤,非茶课,是正课之外的余茶。黄仁宇上述说是"课额"不准确。同时,该书同卷又载:

> 隆庆三年(1569),题准四川岁额茶引,共该税银一万四千三百六十七两,每年布政司差官径赴南京户部,请给引目,转发该道,召商报

中。上纳税银,该司贮库,年终差官解部济边。

见今(万历六年,1578)茶课本色一十五万八千八百五十九斤零,存彼处衙门听候支用。折色三十三万六千九百六十三斤,共征银四千七百二两八分。内三千一百五两五钱五分,存本省赏番。实解陕西巡茶衙门易马银一千五百九十六两五钱三分。

据这些材料,可知隆庆三年(1569)四川岁额茶引税银 14367 两,存于布政司"贮库,年终差官解部济边"。万历六年(1578)四川茶课分为本色和折色两种,本色 158859 斤,折色 4702 两 8 分。内 3105 两 5 钱 5 分存留本省赏番,其余 1596 两 5 钱 3 分解陕西巡茶衙门易马。黄仁宇将这些材料混合利用,不区分年份和数量,如将隆庆三年岁额茶引税银 14367 两,说成是万历六年茶课收入,而且被解往南京户部。又假造 1578 年"省级官员征收的茶叶收入总共还不超过 20000 两。其中……1500 至 2000 两解运给陕西省",又说"存留于本省,用于津贴地方管理",等等,完全不符合史实。

41.《黄仁宇财政书》第 334 页:

在四川建立一个茶马所,通过这种制度(以茶易马贸易制度——引者)每年可以得到 13000 余匹马[185]。

潜按:原注 185《天下郡国利病书》19/17 ~ 18、35 ~ 37。译者注:该书原编 19 册 36 页记载"五司岁计一万二千余匹"。甚是。黄仁宇多计了一千匹。

42.《黄仁宇财政书》第 338 页:

税额减少到了可笑的程度:云南 17 两,浙江约为 6 两[212]。

潜按:原注 212《明会典》卷 37,第 684 页载"云南银一十七两三钱一分四厘”,“浙江钞二千一百三十四贯二十文”。黄仁宇根据什么标准将浙江钞折银为约 6 两?

43.《黄仁宇财政书》第 336 页:

> 1507 年(正德二年——引者),杨一清提到他已经囤积了 450000 斤茶,足够二年贸易之用。尽管向陕西的茶园征收的总课额从 1503 年(弘治十六年——引者)的 26289 斤增加到 1505 年(弘治十八年——引者)的 37195 斤,1506 年(正德元年——引者)又达到 50965 斤[197]。

潜按:原注 197《明会典》卷 37,第 7 页载,“正德元年,议准勘处汉中所属金州、西乡、石泉、汉阴等处旧额岁办茶课二万六千八百余斤,新收茶课二万四千一百六十四斤,俱照数岁办,永为定例”。据此可知新旧岁办茶课为 50964 斤。黄仁宇计多了一斤。

原注 197《明经世文编》卷 115,第 12 ~ 13 页载,汉中府金州等地茶园定额茶课“共二万六千二百八十九斤”。后经查得汉中金州并西乡、石泉、汉阴三县,里数扩大,茶园增加,但“多不起课”,出产茶斤,由“商贩私鬻至百余万以为常”,因而提出增加税收,“共增课茶一万九百六斤”。所以黄仁宇上述“从 1503 年的 26289 斤增加到 1505 年的 37195 斤”,没有错。但定额岁课是有伸缩的,如杨一清所云,“故汉中一府,岁课不及三万”,可作佐证。所以将定额规定作为某年实在征收茶课,就不准确,也不科学。

44.《黄仁宇财政书》第 358 页,表 21,“1567—1592 年间太仓库岁入银额”。

潜按:该表错误之处有二。其一,万历十一年(1583)太仓岁入银额 4224700 两。据《神宗实录》卷 148,万历十二年四月甲寅,“户部尚书王遴言:民困财绌。查万历十一年正月起至十二月终,太仓银库所入银止三百七十二万有奇,而所出则五百六十五万有奇,是所出较所入浮一百九十三万矣”。说明万历十一年(1583)太仓岁入银为 3720000 两有奇。这与全汉升、李龙华先生统计相同。[①] 非黄仁宇表中所列 4224700 两，此数乃万历十二年户部言岁出数（见《神宗实录》卷 154，第 2852 ~ 2853："户部覆：太仓岁入止三百六十七万六千余两，而岁出则四百二十二万四千余两"）。而黄仁宇据此，并将岁出数作为岁入数，明显是错误的。

其二，万历十三年（1585）太仓库岁入银额 3676000 两。据《神宗实录》卷 144，第 2684 页载：万历十一年十二月甲子，"户部尚书王遴等言：太仓银库岁入银三百六十七万六千一百有奇，岁出银四百二十二万四千七百有奇"。说明这 3676000 两岁入太仓银数，为万历十一年数字，非黄仁宇所说万历十三年。又据《神宗实录》卷 184，万历十五年三月癸卯，"户部题：国家财赋，岁输太仓银三百七十余万两"。全汉升据此称约万历十三年太仓岁入为 3700000 余两，是比较慎重的推算。[②]

此外，1567 年和 1577 年太仓岁入银均应加" + "，表示"有奇"。

45.《黄仁宇财政书》第 359 页：

> 1584 年的情形就是一个例子。当象征性的赤字出现时，朝廷决定改折省直起运漕粮 150 万石、棉布 102410 匹和绢 45522 匹[9]。

潜按：原注 9《神宗实录》卷 159，第 2921 页载，万历十三年（1585）三月，"诏改折各省直万历十三年分起运漕粮一百五十万石，甲字库绵布一十万二千四百一十匹，承运库绢四万三千五百二十有二匹，采户科给事中萧彦之议"。据此，改折在万历十三年，即 1585 年，不是黄仁宇上述的 1584 年。同时，绢 43522 匹，不是黄仁宇上述的 45522 匹，计多 2000 匹。

46.《黄仁宇财政书》第 410 页：

---

① 参见全汉升、李龙华《明中叶后太仓岁入银两的研究》，载全汉升《中国近代经济史论丛》，稻禾出版社，1996 年，第 241 页。

② 参见全汉升、李龙华《明中叶后太仓岁入银两的研究》，载全汉升《中国近代经济史论丛》，稻禾出版社，1996 年。

17世纪早期政府加征“辽饷”和“剿饷”等，一年最多可有2100万两白银[3]，这种额外收入并不是全部来自田赋。例如，在1623年，国家筹集的额外军费为白银6668677两，其中有4491481两摊入土地，其余部分则来自财政节流、官产出卖及杂色税收，还包括典铺税[4]。即使将2100万两白银全部摊入土地，对于纳税人来说当然是很高的负担，但也不像王毓铨所断言的是绝对无法忍受的事情。

潜按：这段话有三处错误。一是原注3：“1641年，每年战争加派额是21330735两。见孙承泽《春明梦余录》35/17。他是从户部得到这一数字。”查该书卷35第17页载：“余于崇祯十四年（1641）巡视查册旧库饷数目，浙江省额银二十一万五千八十二两五钱九分七厘零……是旧饷额数，统而计之，不过四百九十六万八千五十六两一钱五分四厘，合天下商民共为承办，犹未见其甚困也。至一加辽饷，遂有九百一十三万四千八百八十余两之多，再加练饷，遂有七百三十四万八千八百余两之多，视原额旧饷不啻三四倍矣。而所谓剿饷不与焉，军前之私派不与焉。犹此人民，犹此田土，饷加而田日荒，征急而民日少，皮之不存，毛将安附？……杨嗣昌在兵部议加剿饷一百八十万，欲练兵十二万，为剿贼之用。饷既加……又议加练饷七百余万……剿不成剿，练不成练，而四海之困穷已甚矣。”据此统计，17世纪早期政府加征辽饷9134880两，剿饷、练饷9148800两，和原来的旧饷4968056两，共计23251736两。而黄仁宇上注却是21330735两，显然统计错误。

二是原注4：“这些数字是根据陈仁锡的《世法录》中记录的数字计算出来的。见该书34/1～78。”查明陈仁锡撰《皇明世法录》卷34《理财》，共记录了四笔账：①各布政司解太仓库银共1822185两；②“加派新饷”，即各布政司解的辽饷银；③山东等布政司解的边饷银，如山西解宣府、大同的边饷银，统计各布政司解的边饷银共为2578463两；④解承运库等银包括金花银，京粮库银，光禄寺杂粮、厨料、果品折银及甲、丙、丁库等物料。黄仁宇所述的1623年国家筹集的额外军费，就是“加派新饷”，据我就该书记载，统计为6792017两，是指从1620—1624年每年之数，非如黄仁宇所述的1623年的6668677两，相差123340两。同时，新饷摊入地亩，黄仁宇上述只有4491481两，我据该书统计，其实是5326545两，相差835064两。这些都是黄仁宇统计错误的。

三是“三饷”“白银全部摊入土地，对于纳税人来说……也不像王毓铨所断言的是绝对无法忍受的事情”。“三饷”加派后，吕维祺描述：“旧征未完，新饷已催，额内难缓，额外复急。村无吠犬，尚敲催追之门；树有啼鹃，尽洒鞭扑之血。黄埃赤地，乡乡几断人烟；白骨青磷，夜夜常闻鬼哭。”①农村破产，黄埃赤地，乡乡几断人烟，如何能说“三饷”加派不是“绝对无法忍受的事情”？

47.《黄仁宇财政书》第206页：

> 在1611年，青浦县知县在当地进行了一次严格的清田行动。发现实际上所有的大块田产都已被分割成为小的部分，分别登记，这部分田土达160088亩。在公布清丈结果之时，他依据田土面积而进行分等，范围从250亩到2500亩不同[89]。……上面的事实……显示出16世纪……在南直隶的这四个府中……绝大多数的大地主，他们拥有的土地在500亩到2000亩之间。

潜按：原注89为“当时的知县是王思任，1610—1611年在任。他的清丈行动记录被编纂成一本书。顾炎武曾引述了该书序言，见《天下郡国利病书》6/97～99……”查该书原编第6册第97页，王思任《均役全书序》：

> 青浦县……往年佥大役……不公不实，则被役之家无不立破者。三吴官户不当役，于是有田之人尽寄官户，逃险负嵎，而役无所得之，

① （清）郑廉《豫变纪略》卷2。

所得之者其贫弱也,不则其愚蒙也。贫弱渐亡,愚蒙渐诈,则势且至于无田无役。不特当役者苦,而编役者尤更苦。……论田编役则公而实,于是有清田均役之议。……遂下檄清诡寄,禁花分……于是得田一十六万八十八亩。……将田为折算法,以齐其荒熟,将役为兼搭法,以等其重轻。……于是田二千五百亩当细布解,一千二百亩当秋粮总书,一千亩当北运,八百亩当公侯轻赍解,四百亩当风汛,三百亩当水乡荡价、凤阳等仓解,二百五十亩当收银,一千二百亩当农桑丝绢解及收兑南运,一百二十亩当柴薪解。父老子弟各不相争,俱欣欣然有喜色……往年五十亩当大役,今七十亩以下俱高枕帖席,而不知所谓役,公矣。

以上引文说明:一是青浦县的地主通过诡寄、花分土地于他人名下,逃避赋役,这种情况形成的"土地分割",其性质不同于通过产权出卖而分割成小块土地,因为其产权尚掌握在地主手中,实际上地主仍控制着大块土地。二是青浦县经过清丈,获得田土 160088 亩,将这田土分为 120 亩至 2500 亩等九个级别,按田土质量负担徭役,并不能说明该县的地主实际占田数量。史实与黄仁宇所要论证的主题相左。

48.《黄仁宇财政书》第 207 页:

在 17 世纪 60 年代,当土地所有权更加集中的时候,租佃农民也有瘠田 3 到 5 亩[94]。

潜按:原注 94 叶梦珠《阅世编》卷 1 载,"康熙元、二、三年间……里中小户,有田三亩、五亩者,役及毫厘,中人之产,化为乌有"。这里的"里中小户"不能说是"租佃农民",原文更没有说是"瘠田"。这种拥有三五亩田产的小户,实际上是小土地所有者。由于役重,其拥有的田产,渐被兼并,化为乌有。这种小土地所有者的经济基础是脆弱的,常处于破产的危机中。黄仁宇的解说,不符合史实。

49.《黄仁宇财政书》第422页：

朝廷还要动用1800艘船从南京运送宫廷用的物资补给[32]。

潜按：原注32为"见于祁承㸁《南京车驾司职掌》"。查该书是明祁承熯（按"熯"为"燥"之讹字）撰《南京兵部车驾司职掌》，万历刻本，共三卷262页。我怀疑黄仁宇根本未见过该书，因此，著者和书名都弄错了。同时，该注没有卷页数，非常不规范。该书只有卷一《差拨事例》记述历次宫廷所需物品、差拨快马船装运的情况，并无船只统计数字。据明人湛甘泉说，明代南京兵部车驾司"原额大小马船八百一十七只"①，与《大明会典》卷200《工部二十·河渠五·马船》所载洪武十年数符合。至万历年间，南京锦衣等卫额存马船七百八十八只。② 可见黄仁宇上述"1800艘船"，夸大了一倍多，完全不符合事实。

50.《黄仁宇财政书》第240页：

低税收的惟一正面的影响是保证了土地所有者的收入，但这种好处并不能惠及直接的劳动者。刑科给事中年富在15世纪就已经指出了这一点[200]，17世纪顾炎武也有同样的看法[201]。

潜按：查原注200《英宗实录》卷5，第0110页，明宣德十年（1435）五月乙未，"行在刑科给事中年富言：江南小民佃富人之田，岁输其租。今诏免灾伤税粮，所蠲特及富室，而小民输租如故。乞命被灾之处，富人田租如例蠲免。又言：各处饥馑，官无见粮赈济，间有大户赢余，多闭粜增价，以规厚利，有司绝无救恤之方，乞命自今或遇荒歉，为贫民立券贷富人粟分给，仍免富人杂役为息，俟年丰偿本。事下行在户部覆奏。从之"。

① （明）湛若水《湛甘泉先生文集》卷19《请复快船月粮以除帮甲困苦疏》。
② （明）沈启《南船纪》卷2《马快船条例之五》。

又查原注201顾炎武《日知录集释》卷4，第56页，未找到相关内容，应为卷10《苏松二府田赋之重》，记述"至元三十一年十月辛巳，江浙行省臣言，陛下即位之初，诏蠲今岁田租十分之三……今所蠲特及田主，其佃民输租如故，则是恩及富室，而不被及于贫民也。宜令佃民当输田主者，亦如所蠲之数。从之"。

这两条史料，是说元明时蠲租和账贷事。蠲租和账贷性质不同，前者属赋税政策，后者是金融范畴，可当别论。蠲租和低税收本来是两码事，但从政策上来说，蠲租是低税收政策的表现之一，亦未尝不可。不过两者仍有区别：前者是临时性的，后者是永久性的政策。低税收政策范围较广，如杂役中里甲银的征收，它从丁不据土地征收，减免征收额可惠及直接劳动者。至于蠲租即减少田赋征收，亦可以惠及拥有五亩土地的劳动者——自耕农。没有土地的佃农，因减赋之故，亦令田主如数减收田租，应该说也间接地惠及这部分劳动者。因此，我认为应做具体分析，不能如黄仁宇抓其一点，便作解说，难免不全面，有曲解史料之嫌，亦无法令人信服。

51.《黄仁宇财政书》第52页：

> 他（洪武皇帝——引者）最关心的事情之一就是如何确保自己的权力，使其臣下只是执行皇帝的旨意，而不要求他们发挥其主动性。地方官员甚至不许亲自下乡[1]。

潜按：原注1，黄仁宇引《大诰续编·官吏下乡第十七》作据，其实这条是指禁官吏下乡扰民，故《民拿下乡官吏第十八》称："十二布政司及府、州、县，朕尝禁止官吏、皂隶，不许下乡扰民，其禁已有年矣！"为了达到目的，又规定"非奉有司明文，不许擅下乡村"①。可见非黄仁宇所说为了"确保自己的权力"，便实行"地方官员甚至不许亲自下乡"的规定。

① 《昭代皇章》卷4。

试论《客家源流考》的特点

李龙潜　梁燕华

罗香林教授是我国著名的史学家。他博学多才，学贯中西，毕生从事教学和学术研究工作，勤奋著述，著作等身。其中《客家研究导论》和《客家源流考》是他研究客家历史文化的代表作。《客家研究导论》出版于1933年，由兴宁希山书藏发行。《客家源流考》撰于1950年，在《香港崇正总会三十周年纪念特刊》上发表，香港崇正总会出版发行。1973年在台北世界客属总会成立大会上，又以该书题目演讲。1986年香港嘉应商会再版发行。1989年兴宁县政协文史委员会根据香港原版本照相制版复印。我读到的就是这个复印本。从这两书的写作年代来看，罗教授为了"传播中华文化，弘扬中华民族精神"[①]，几十年来一直坚持着，不遗余力地劳动着。他的工作，奠定了客家学研究的基础。本文试就《客家源流考》的特点，来论证其学术源流和成就。

《客家源流考》的内容，主要论述中华民族的构成和演进，中华民族中客家的源流、系统、分布、语言特征，以及五次迁徙的原因、路线和对客家人的影响，特别强调中华各民族的融合，论证客家人在和自然与社会环境的抗争中形成的独特的性格，符合历史发展的方向和事实。

《客家源流考》的特点，归纳起来，有如下几点：

第一，学术研究，贵在创新。罗香林从事民族史的研究，师承了国学大

---

① 罗桂祥《罗香林教授传略》，载《兴宁文史》第13辑，1989年，第6页。

师梁启超的“求新”主张，梁启超在《中国历史研究法》总论第一章提出治史的目的在“求新”。所谓“求新”，就是“创新”。罗教授身体力行，贯彻到《客家源流考》的研究中。如在内容上，他没有抄袭别人的观点，而是在别人研究的基础上，提出了自己的新观点。如对客家人特性和语言的研究，英国传教士艮贝尔(George Campbell)和美国耶鲁大学人文地理学教授韩廷敦(Ellsworth Huntington)都提出：一、“客家是中华民族里的精华”，二、“客家是从中国北方迁移到南方来的”，三、“客家有其所由生存发展的特性”，四、“客家的方言，是比较近于中原语音的一种官话”。罗教授认为“客家特性的由来，固然颇受因展转迁移而起的选择与优生的影响而成，然而与其居地分布的环境关系，亦不无相当的影响”。同时，他从发展的观点来看，认为“中原语音亦是以时变迁的，究竟客语为近于何一时期的中原语音？实在还有检讨的必要”。因而提出客家特性除了受迁徙影响，还应注意居地分布的环境影响。客家方言的研究，“须先为分析其声纽韵部音素与词汇等”，才能确定客语的性质。[①] 这些新问题的提出，便把原来的研究向前推进了一步。在研究方法上，运用族谱材料叙述和考证客家源流。他认为在研究这个问题上，族谱比正史与方志的材料还重要，因为“正史与方志，其载述往往仅及于朝政之实施、制度之创立、地方之建置、财政之丰歉、人物之得失及边民之入居而已。而于各族姓之转徙，与各民族之混合同化，则付阙如，故非以各姓族谱求之不可”[②]。他还特别强调族谱对研究客家迁移的可靠性，指出：“按客家人士，最重视谱牒，所谓‘崇先报本，启裕后昆’，皆以谱牒为寄托依据。虽其上代亦以迭遭兵燹，文籍荡然，不易稽考，然以其人能靠历代口头的传述，其子若孙，于前代源流世次，不致完全忘却，宋明以来，修谱的风气更盛，虽其所追记的事迹，亦有挂漏的地方，然于其上世的迁移源流和背景，则还可藉此推证而知。”[③]“故欲论

① 罗香林《客家源流考》，载《兴宁文史》第13辑，1989年，第12~13页。
② 罗桂祥《罗香林教授传略》，载《兴宁文史》第13辑，1989年，第7页。
③ 罗香林《客家源流考》，载《兴宁文史》第13辑，1989年，第23页。

客家迁移的历史,不能不聚其谱乘以资归纳。”[①]同时,运用传说、俗话论证客家人迁移原因及影响,如用葛藤坑与黄巢的传说和月饼与元鞑子的传说,论证客家第二次迁移与黄巢起义有关,第三次迁移与元人南下有关,其导致客家“人口实死耗甚多,其能留存至今日的,皆几经自然淘汰与选择诸作用之‘强者’‘适者’‘优胜者’耳”[②]。由于运用族谱、传说、俗话去进行客家历史文化的研究,不局限于正史及地方志书之类,于是拓宽了研究的轨迹,开创了研究客家人的新道路。

第二,专题研究和综合研究相结合。客家先民五次迁徙牵涉到全部中国历史,正如罗香林说:“关于客家先民自北方迁到南方的经历,几乎牵涉中国历史的全部……必须更为翔实的考证,方能把真相尽为说明。”[③]如不把这客家先民五次迁徙置于中国历史发展的框架中考察,进行微观的专题个案研究,就不能解释每次迁徙的原因和特点,也看不到中华民族历史的发展。因此,他开展了一系列微观的专题个案研究,如1944年他开展专题研究《唐代黄巢变乱与宁化石壁村》(发表于是年的《说文》四卷四期)的成果,就反映在《客家源流考》中,论证了客家先民因“黄巢造反的逼迫”而开始第二次迁移,到了福建宁化石壁村,后来又从石壁村迁移至江西、广东、广西、湖南等地。[④] 又如1937年,他开展专题研究《太平天国洪秀全家世考》(发表于是年《广州学报》二卷二期),然后把研究成果用于综合研究的专著《客家源流考》中,论证了洪秀全出身客家系统,其先世因“黄巢作乱”,避居江西乐平,后又由乐平南迁至嘉应。并说明洪秀全、冯云山等的先代,就是因为受了惠州人练、吴等影响而抗清,又自嘉应州迁入花县的。[⑤] 此

---

① 罗香林《客家源流考》,载《兴宁文史》第13辑,1989年,第52页。
② 罗香林《客家源流考》,载《兴宁文史》第13辑,1989年,第48页。
③ 罗香林《客家源流考》,载《兴宁文史》第13辑,1989年,第12页。
④ 罗香林《客家源流考》,载《兴宁文史》第13辑,1989年,第26、53页。
⑤ 罗香林《客家源流考》,载《兴宁文史》第13辑,1989年,第36~37页。

外，专题研究尚有《制礼与作乐》[①]、《古代越族考》[②]、《汉族的构成》[③]、《宁化石壁村考》[④]、《广东民族概论》[⑤]等。他在微观的专题个案研究的基础上，进行“归纳研究”，综合概括，写成专著《客家源流考》，使我们看到客家历史文化发展的全貌，并做到全书内容殷实，体系严整，纲目分明，举要中肯。

第三，“实地的考验”和“科学实证”相结合。这是作者一向提倡、身体力行的。所谓“实地的考验”，就是调查研究，收集大量的文字和实物资料；所谓“科学实证”，是以文字记载而言。研究必须要有足够的资料，罗教授通过亲身的调查，获得了大量的族谱资料。如1933年他去中山县翠亨村调查孙中山故里的文物古迹。1940年他在乳源一带调查研究时，借得紫金县忠坝乡孙桂香家藏《孙氏族谱》旧抄本，了解中山县沿海地区客家人迁入情况。或发信函调研，然后托友人抄寄，如《嘉属刘氏族谱》凡二种，其一为友人刘信芳所寄；《赖氏族谱》节抄本，为赖特才先生邮寄。[⑥] 后来他将历年调查所得的客家各姓族谱数十种，编成《客家史料汇篇》第一册，为客家学研究打下基础。同时，在调查研究中，十分重视口述资料，并将口述资料与史书记载相互印证，得出“科学实证”的结论。如20世纪60年代他在香港新界调查，得到粉岭崇谦堂村陈育才先生及龙跃头村陈添先生等口述资料，参考彭乐三先生编《香港新界龙跃头崇谦堂村志》《曾庭辉自序小史》等篇，并证之清末新安何肇椿所撰《新安县土客合办官立高等小学堂例案序》，从而得出结论：“当时宝安沿海一带以复界而招人垦殖的地区，是尝列为军田的。以荒田而列为军田，可知其地前此荒废的程度，与

① 罗香林《制礼与作乐》，载《风物志》，1946年。

② 罗香林《古代越族考》，《中山大学文史学研究所月刊》1933年第3期。

③ 罗香林《汉族的构成》，《民族文化半月刊》第1卷第2期。

④ 罗香林《宁化石壁村考》，载《客家史料汇篇》，中国学社，1965年，第377～387页。

⑤ 罗香林《广东民族概论》，《民俗》1929年第63期。

⑥ 罗香林《客家源流考》，载《兴宁文史》第13辑，1989年，第53～54页。本段所引未注出处者，皆见该书。

地区的广大,及迁入客人的众多了。”①

此外,罗香林重视民俗学的研究,常利用民俗学的研究手段去进行民族史的研究。如叙述商承传夏时,就提到商氏族在政治上“兄终弟及”的制度,“在行事方面,特别注重龟卜的办法”②,以这些习俗上的事例来说明商氏族的特点。关于客家人的民俗文化,他提到夏氏族“利用他优越的文化,尤其是城堡的运用”③,而顺适自然环境和社会环境的变迁。我们体会他这句话:夏氏族为了防卫外族侵犯而建起了城堡,客家人承传了这种优越的文化,民间建筑形式风格也为城堡式的客家围龙屋,这就有力地说明客家先民是由北方迁移南方的。至于客家人习俗上用数词排辈法,他引用刘国翔修《嘉应刘氏族谱》第一册云:“按旧谱自宋季至元代,名字多称法称郎,及十百千万数目者,兄弟亦多不按照次第。”④据此排辈法考出其辈分及迁移年代,而用之于民族史的研究。

正因为有上述特点,本书具有相当的学术价值。罗香林在研究客家历史文化中所做的贡献,一向为学术界所认同。他的研究成果常被当代和后学所引用。如著名的语言学家罗常培教授在他所著的《临川音系》一书第一章论临川的环境,就是参考了《客家研究导论》而撰述的。今天引用罗香林先生观点的人就更多,如罗香林先生研究中华民族融合、相互关系的主张,就被朱洪同志肯定。朱洪在《谈畲族与汉族客家民系的文化互动关系》一文中,就认为这一课题的论述“最早是客家学开拓者罗香林于1933年著《客家研究导论》中提出‘客家先民与畲民通婚,血缘交融’。又于1950年著《客家源流考》中研究客家方言特征而提出:‘一以表白客语实际与体系,一以推证客家与其他族系的交互关系。’”⑤类似例子尚多,不一一

① 罗香林《客家源流考》,载《兴宁文史》第13辑,1989年,第39页。

② 罗香林《客家源流考》,载《兴宁文史》第13辑,1989年,第16页。

③ 罗香林《客家源流考》,载《兴宁文史》第13辑,1989年,第15页。

④ 罗香林《客家源流考》,载《兴宁文史》第13辑,1989年,第32页。

⑤ 朱洪《谈畲族与汉族客家民系的文化互动关系》,载施联朱、雷文先主编《畲族历史与文化》,中央民族大学出版社,1995年,第128页。

举出。

自然,一代有一代的学术,改革开放的中国,随着社会的进步,客家历史文化的研究,已经不断地深入,客家学研究在形成中。罗教授在《客家源流考》所提出的问题,如清初四川田地荒废的原因是"曾经张献忠多年的屠杀"[①]的结果,考之史实,难以苟同。这是个别的、受时代局限的表现。其他很多问题,如客家人的界说,客家民系形成的时间,客家人分布地区,客家人在历史上五次迁徙,客家人与畲族、瑶族等融合等问题,今天的学者也都有了新的发现和说明。这是自然的、能够理解的。但也说明他所提出的这些问题的重要意义,研究的大方向是对的,从而为客家历史文化的研究奠定了基础。我们应该承传他的优良的学术传统,特别学习他在研究上的调查研究和创新精神,把他开创的客家学研究推向新的高峰。

(原校对:肖文评)

① 罗香林《客家源流考》,载《兴宁文史》第 13 辑,1989 年,第 39 页。

略论《柳如是别传》的研究方法

《柳如是别传》是我国著名史学家陈寅恪先生晚年的一部长篇巨著。该书对明清史、清初文学史以及明清社会文化史、风俗史等方面的研究，都做出了重大的贡献，向为中外学术界人士所推崇。因此，探讨其研究方法，借鉴其研究经验，对后学治明清史和清初文学史就有重要的参考价值。笔者不揣浅陋，提出一些粗浅的看法，求教于博雅诸君。

《柳如是别传》的研究方法，归纳起来，有如下特点：

一是承继了乾嘉学派考据学的优秀传统，如严谨的考据方法，辨别古书、史料真伪，以及疑古、求实精神等，在《柳如是别传》中，随处可见，而且取得很大的成功。如根据牧斋《有学集》卷六《丙申春就医秦淮，寓丁家水阁浃两月。临行作绝句三十首，留别留题，不复论次》，考证出"牧斋此次留滞金陵，与有志复明诸人相往还，当为接应郑延平攻取南都之预备"。又据牧斋《有学集》卷七《高会堂诗集》，考证出顺治九年（1652），牧斋经河东君、黄太冲之怂恿，赴金华游说马进宝反清，响应郑成功率舟师攻取南京。[①] 可见陈先生通过大量的诗文，考证钱、柳抗清复明活动的事迹，使300年来被人们隐讳歪曲的事实真相大白于天下，有助于对历史人物的重新评价，实在是对南明史研究的重大贡献。对乾嘉学派考据学的缺点，如认为"考据学即为史学"，描述历史只作烦琐的考据，为考据而考据，不作综合的内在及外在联系的研究，持否定的态度。陈先生说：乾嘉学派治经

① 参见陈寅恪《柳如是别传》，上海古籍出版社，1980年，第1104～1107页。

学,“则但能依据文句各别解释,而不能综合贯通,成一有系统之论述”。又说:“既止于解释文句,而不能讨论问题”,当然不能解决问题。[①] 陈先生考据的目的,是务求“真理实事”[②],务求事物真相,恢复历史本来的面目。如陈先生说:“此段时间(指河东君‘适云间孝廉为妾’之前——引者),材料极少,又多为不可信者。……其间若有诬枉或不可信者,则稍加驳正。固不敢谓尽得其真相,然亦不至甚远于事实也。”[③]然后在此基础上,综合研究,贯通事物内外联系,形成系统论述。可见陈先生在承继乾嘉学派考据学的传统时,能做到取其精华,去其糟粕,并在此基础上,有所创新,形成自己的研究方法体系,比乾嘉学派更高一筹。

二是以诗证史、以史释诗的研究方法。有人认为此研究方法是黄宗羲提出的,根据《华笑庼杂笔》卷一《黄梨洲先生批钱诗残本·一年诗》批云:“金陵一年(指弘光小朝廷——引者),久将灭没,存此作诗史可也。”或《南雷文定·前集》卷一《万履安先生诗序》:“今之称杜诗者以为诗史,亦信然矣。然注杜者,但见以史证诗,未闻以诗补史之阙。虽曰诗史,史固无藉乎诗也。”如此可成立。但元遗山比黄宗羲更早,如钱牧斋在顺治丙戌年(1646)与程孟阳辑《列朝诗集》,仿元遗山《中州集》之例,“借诗以存史”[④],可为佐证。但不管是谁提倡的,过去都没有实践过。如果真是他们提倡的,陈先生承继和实践了他们的主张,开创了历史和古典文学研究的新领域。《柳如是别传》和《元白诗笺证稿》就是属于这方面的典型的成功著作。陈先生的实践表明,这种研究方法对考订史实的真伪、加强论据的完备和准确性,尤其是对历史人物思想灵魂深处的勾稽起着重要的作用,是正史所不逮的,完全可补史乘之阙如,修正历史记载的错误等。有人担心以诗证史,容易把历史的真实和艺术的真实混同,流于烦琐枝节的考证,

---

① 陈寅恪《陈垣元西域人华化考序》,载《陈寅恪史学论文选集》,上海古籍出版社,1992 年,第 505 ~ 506 页。

② 陈寅恪《柳如是别传》,上海古籍出版社,1980 年,第 283 页。

③ 陈寅恪《柳如是别传》,上海古籍出版社,1980 年,第 43 ~ 44 页。

④ 陈寅恪《柳如是别传》,上海古籍出版社,1980 年,第 987 页。

是不足取的。其实历史的真实和艺术的真实是不同的,但是现实主义的作品,正如毛泽东同志所说:“作为观念形态的文艺作品,都是一定的社会生活在人类头脑中的反映的产物。”①因此,艺术的真实与历史的真实又有统一的、共通的一面,即艺术的典型性是现实生活的反映,是真实的。正如陈先生说:“应注意小说中的个性和通性的问题,个性即小说中的具体人物,往往是虚托的,而通性即人物的典型性,是真实的。”②艺术的真实完全可以和历史的真实互相印证,运用得当,可以两相益彰,使论证的真实性更加可靠,论证更具说服力,取得历史与古典文学研究的重大成就。它不失为一种研究历史和古典文学的方法之一。至于说易流于烦琐的考据,如不为考据而考据,考据为其综合研究服务,便可以避免。陈先生有的考据,表面看起来好似烦琐,其实却是很有必要、很有意义的。如考证河东君脚的大小以及穿什么鞋,她穿的弓鞋的款式及生产过程等③,不仅反映了河东君的生动形象、爱好及生活,有利于对河东君的评价,而且揭露了人们喜爱纤足的事实,河东君就以纤足自负,说明那时人的审美观,以纤小为美,这就可以为风俗史、文化史的研究提供素材,也可以为古装戏的表演提供参考资料。

三是评价历史人物,重视其所处的时代背景,陈先生说:“盖古人著书立说,皆有所为而发。故其所处之环境,所受之背景,非完全明了,则其学说不易评论。”④他反对脱离时代实际,用今天的思想经历去苛求古人。他批评20世纪30年代研究墨学的人,“往往依其自身所遭际之时代,所居处之环境,所熏染之学说,以推测解释古人之意志。……则去古人学说之真相愈远。此弊至今日之谈墨学而极矣”⑤。他提出评价历史人物的标准是

① 毛泽东《在延安文艺座谈会上的讲话》,载《毛泽东选集》第3卷,人民出版社,1991年,第860页。

② 胡守为《略谈陈寅恪先生的诗文证史》,载《学林漫录》第5集,中华书局,1982年,第75页。

③ 陈寅恪《柳如是别传》,上海古籍出版社,1980年,第270、645页。

④ 陈寅恪《冯友兰中国哲学史上册审查报告》,载《陈寅恪史学论文选集》,上海古籍出版社,1992年,第507页。

⑤ 陈寅恪《冯友兰中国哲学史上册审查报告》,载《陈寅恪史学论文选集》,上海古籍出版社,1992年,第507页。

“愚贤”,如他说:“‘但就贤愚判死生,未应修短论优劣。’意旨可与论河东君事相证发也。”[1]所谓“愚贤”,实则是人的品格,即“人品”。他从此出发,不囿旧见,实事求是地、全面地、客观地评述历史人物。如钱牧斋,过去被戴上“社会贤达”的桂冠,但实际上被评为土豪恶霸兼汉奸的民族败类,一无是处,属于反面历史人物的典型。而陈先生的评价不同。对钱牧斋的恶劣品行,如在明末兼并豪夺邻人屋地的事,进行了无情的揭露。在顺治元年为了当官,钱牧斋与阮大铖、马士英同流合污,不顾国家民族的安危,终日游宴,还无耻地上疏歌颂马士英,终至“身败名裂”,表示“极可鄙”的态度。特别是在顺治二年五月多铎率清军至南京,钱牧斋率先以城降,被斥为无耻“丑行”[2]。但对钱牧斋后来的思想转变:从贰臣思想转变为复明思想,参与郑延平攻取南都之计划及进行复明活动,陈先生则认为“亦关民族兴亡之大计”[3],表示称许赞同态度,从而对钱牧斋这段时期所写的作品,给予高度的评价。他说:“牧斋投笔集之命名,自是取班定远投笔从戎之义。……投笔集诸诗摹拟少陵,入其堂奥,自不待言。且此集牧斋诸诗中颇多军国之关键,为其所身预者,与少陵之诗仅为得诸远道传闻及追忆故国平居者有异。故就此点而论,投笔一集实为明清之诗史,较杜陵尤胜一筹,乃三百年来之绝大著作也。”[4]同时,对钱牧斋的一些抒情诗,如《有美诗一百韵》亦给予一定的评价,说该诗“不独为东山酬和集中压卷之作,即初学、有学两集中,亦罕见此希有之巨制。可知其为牧斋平生惨淡经营,称心快意之作品。后来朱竹垞《风怀诗》固所不逮,求之明代以前此类之诗,论其排比铺张,波澜壮阔,而又能体物写情,曲尽微妙者,恐舍元微之《梦游春》,白乐天《和梦游春》两诗外,复难得此绝妙好词也”[5]。此外,对钱牧斋所写的疏文一类作品,如评颂马士英一疏云:“细绎牧斋此疏,措辞巧

---

① 陈寅恪《柳如是别传》,上海古籍出版社,1980 年,第 564 页。
② 陈寅恪《柳如是别传》,上海古籍出版社,1980 年,第 851 页。
③ 陈寅恪《柳如是别传》,上海古籍出版社,1980 年,第 1168 页。
④ 陈寅恪《柳如是别传》,上海古籍出版社,1980 年,第 1168 ~ 1169 页。
⑤ 陈寅恪《柳如是别传》,上海古籍出版社,1980 年,第 581 页。

妙，内容固极可鄙。若就文章论，则殊令人欣赏不置。”[①]又如评《亡儿寿耇圹志》云：“牧斋作志，本借小儿妄语，以抒其悲感。文情并茂，自是能手。”[②]无怪河东君说钱牧斋和汉代马融约略相似，“才高博洽，为世通儒”，又洞达禅理，博深佛藏，高出时流。这便成为她颂扬钱牧斋的诗句“声名真似汉扶风，妙理玄规更不同”[③]的注脚。陈先生不但肯定河东君的评语，而且说：“牧斋之淹通博雅，盖有云间几社诸子所不能企及者矣。”[④]由于他对历史人物的评价，坚持上述的方法和原则，因而许多历史人物在他的笔下，生动传神，栩栩如生。例如柳如是不仅是位美貌艳绝、弱质多病、性格倔强、博通群籍、“淹通文史”、能诗画、善歌舞的“天下风流佳丽”，而且是位“衣朱曳绮留都女，羞杀当年翟茀班”的愿以死存大节的巾帼女流。[⑤] 黄陶庵不往南京与牧斋共马、阮合流，“人品刚正高洁”[⑥]。谢三宾“气量偏狭”，欲达到追求河东君的目的，“手段阴狠”，恶毒中伤他人，“人品卑劣”。[⑦]

最后，陈先生还继承了我国学术界的优良传统，研究学问采取严谨的态度，不强不知为知之，而是存疑待问地提出问题，供大家研究参考。如河东君《清明行》中的“绣阁花骢绮香旨”一句，其“音”字误为“香”字，其“绮”字，“寅恪疑为‘绝’字之形讹。‘绣阁花骢绝音旨’或‘情旨’者，佳人绣阁中骑花骢公子之‘音旨’或‘情旨’断绝也。若如此校改，辞意虽甚可通，然辗转揣测，终嫌武断。姑备一说于此，以俟通人之教正耳”[⑧]。又如惠香之意，陈先生多方研究，苦思冥想，终无法解决。他说：“‘尚托惠香成

① 陈寅恪《柳如是别传》，上海古籍出版社，1980 年，第 838 页。

② 陈寅恪《柳如是别传》，上海古籍出版社，1980 年，第 554 页。

③ 陈寅恪《柳如是别传》，上海古籍出版社，1980 年，第 516 页。

④ 陈寅恪《柳如是别传》，上海古籍出版社，1980 年，第 643 页。

⑤ 参见陈寅恪《柳如是别传》，上海古籍出版社，1980 年，第 409、439、461、528、374、392、866、417、524、564、568 页。

⑥ 陈寅恪《柳如是别传》，上海古籍出版社，1980 年，第 508 页。

⑦ 陈寅恪《柳如是别传》，上海古籍出版社，1980 年，第 426、396 页。

⑧ 陈寅恪《柳如是别传》，上海古籍出版社，1980 年，第 455 ~ 456 页。

狡狯，至今疑滞未能消。’意在于此。当世通人傥能补此遗憾，则幸甚矣。”[①]同时，纠正过去人的错误，以免谬误流传，贻误后学。如《梅花集句》三卷，陈先生经过广征博引、认真考订后，说非河东君的作品。又说：“牧斋此诗作于崇祯十一年，可证牧斋在河东君未访半野堂前，家中早已藏有廷瑞集句。河东君既归牧斋之后，曾手钞其本，或题署书名，或加钤图记。后人不察，遂误认为河东君所集耶？方志记载错误，因恐辗转传讹，特附订正之于此。”[②]类似例子很多，今不备举。这两种学术研究的作风，都可为后学的表率。

① 陈寅恪《柳如是别传》，上海古籍出版社，1980 年，第 487 页。
② 陈寅恪《柳如是别传》，上海古籍出版社，1980 年，第 625 页。

评陈学霖的两部元明史力作

——《刘伯温与哪吒城》《明代人物与传说》

邱树森　李龙潜*

一

我们与陈学霖先生的学术交往算来已经20年了。1979年底,应中国社会科学院的邀请,陈学霖以美国学术团体联合会中国文化研究小组委员的身份参加专团,访问北京、成都、上海、南京、广州等地,这是最早访问中国的美国社会科学学术团体之一。我们曾有机会接待过这个代表团,并与陈学霖就中美两国元明史研究现状进行了广泛交谈。此后,陈学霖与大批美国和海外学者,踊跃地参加了中国举办的各种学术研讨会,中外学者学术交流的渠道打通了。

陈学霖先生是海外著名的宋金元明史专家。他原籍广东新会,出生于香港,早年在香港大学随著名史学家罗香林学习中国古代史,获港大硕士学位后,于1963年赴美国普林斯顿大学历史系攻读博士学位,1966年获得博士学位后,先后任职于新西兰奥克兰大学、澳大利亚国立大学远东研究所、美国哥伦比亚大学、西雅图华盛顿大学杰克逊国际研究学院,担任研究员或

* 【作者简介】邱树森(1937—),男,江苏苏州人,教授,博士生导师,中国元史研究会副会长,主要研究元史、蒙古史。

李龙潜(1931—),广东化州人,教授,主要研究明清经济史。

教授。这段时间内,学霖教授学术成果卓著,他是海外影响很大的《剑桥中国明代史》《蒙元前期名人传记集》《明代名人传》的主要撰稿人,并为海峡两岸与海外各国学者之间开展学术交流出过许多力。

1995 年,陈学霖教授赴香港中文大学历史系任讲座教授(一度兼任历史系主任),从此与内地学术交流更加密切,他曾多次应邀赴海峡两岸做学术讲演,多次邀请内地学者赴香港中大进行学术访问。特别是 1997 年在暨南大学召开“元史暨宋元文化国际学术研讨会”期间,带头使港、台、澳学者成为中国元史研究会的会员。

频繁的学术交流,一方面使陈学霖的学术成果在内地学术界得到广泛传播,另一方面也使陈学霖的学术视野不断拓宽,并从内地学者的研究成果中得到充实。《刘伯温与哪吒城》《明代人物与传说》的出版,其实就是海内外学术交流促进学术水平不断提高的重要例证。

二

陈学霖撰写《刘伯温与哪吒城——北京建城的传说》(台北,东大图书公司,1996 年),从孕育、构思,到找资料,以至断断续续地着笔,前后经过悠长的 20 多个寒暑。整个过程,体现了一种景象,即一位负责的史学家对历史上广为传播的一种传说,探索其历史背景,考究其演变轨迹,对这一传说故事之起源、蜕变及传播做出合理、科学的解释。

“刘伯温建造哪吒城”是我国民间,特别是华北地区家喻户晓的民间传说。刘伯温,名基,生于元至大四年(1311),卒于明洪武八年(1375),是明太祖朱元璋的帷幄军师、明朝的开国功臣。传说明成祖朱棣登基后决定营建首都北京城,请大军师刘伯温和二军师姚广孝承担建造任务。姚广孝(1335—1418)为燕王朱棣藩府谋士,朱棣即位后曾主持修撰《永乐大典》,后退隐。刘伯温卒时朱棣尚未即位,姚广孝也与北京城修建毫无关系。传说中,二人受命后分别从东、西城出发考察地形,构思绘图建城。在考察时,耳边都听到“照着我画,不就成了吗?”这句话,而且无论走到哪里,总看见一个穿红袄短裤的小孩在前面溜达,可是没法赶得上。这红袄小孩就是托塔天王李靖的第三个儿子哪吒。他用法力帮助刘伯温、姚广孝建造北京城,一切皇城的布置,都是照着他身体各部分的形象安排的,即脑袋、八臂和两足,成了北京十一座城门,皇城就是哪吒五脏。这个故事显然是无名文艺家编织虚构后,经过说书、演剧、唱曲等媒介渲染增饰,成为脍炙人口的民间传说。

对于这一民间传说,作者并没有采取简单的否定,而是从学术研究角度进行多方面的探讨。首先,作者从史事着手,对其神化过程进行探源。作者根据大量史料,对北京城建置的沿革进行了全面论述。从远古至燕国的蓟城,秦汉的蓟城,隋唐的幽州城,辽代的南京城,金代的中都城,元代的大都城,明代永乐帝建造北京城,直至清代北京城和今日北京城,在读者面前凸现出北京城真实的演变过程。而刘伯温建造北京城的故事,滥觞于元世祖忽必烈的谋士刘秉忠营建元大都的传说。发现这一点正是陈学霖的贡献,但他毫不讳言得益于海内外的学术交流,他在本书的《自序》中说:

> 在修订元人传记之时,意外发现足以破解一个多年令我困惑苦恼的问题的线索。这个线索来自刘秉忠的传记。事缘在增补这篇旧传时,检读刚出版的陈高华①所著《元大都》(这书在1982年出版,一年后才在海外流通),发现两则冷僻的史料,修订了我对刘伯温制造哪吒城故事的缘起的推断。是书叙述刘秉忠设计营建大都城,曾产生"那吒城"的传说。这个故事首见张昱的"辇下曲"其中一首诗:"大都周遭十一门,草苫土筑那吒城,谶言若以砖石裹,长似天王衣甲兵。"随后署名长谷真逸撰的《农田余话》申释:"燕城系刘太保定制,凡十一门,作那吒神三头六臂两足",再把故事渲染夸张。这里道出"那吒城"的传说,始于好事者穿凿附会,曲解刘秉忠之在大都开辟十一座

① 陈高华,中国社会科学院历史研究所前任所长、研究员,中国元史研究会会长,暨南大学兼职博士导师。

城门，是为要象征那吒神的身躯模样。那吒作为托塔天王的第三太子，据说具备守护城垣和降龙治水的法力，所以刘秉忠在设计大都城时要崇祀神灵以求庇护。这两则史料提供我多年冀望不得的答案，正好填补了拼图缺失的片块，使我恍然大悟，原来刘伯温制造哪吒城的故事滥觞于元代营建大都城！

其次，作者在找到传说滥觞于元代营建大都城之后，并未到此为止，而是继续旁征博引，探索哪吒城传说的来源和刘伯温的传说。他所引用的材料，除了元明正史、文集、笔记、小说，还有元明杂剧、佛道著作，以及海内外有关论著，其内容涉及民俗学、人类学和社会学，正如澳大利亚国立大学柳存仁教授在本书序文中所说：

老实说，我觉得像他这部书的写法，是打破了传统的史学书的樊篱，而为它注入了新的活生生的养料的，那就是说，它是用了史学的架构，去发掘民俗学、人类学和社会学的新园地的。既说民俗，当然宗教也包括在内。它虽然不曾离开史学的大前提，但是它和普通的史学论文很不一样，它实际是要把史学多和旁的有血缘的学问接榫，开创新的途径，因而才扩大了研究的内容。

其实，陈学霖研究刘伯温与哪吒城的方法正是与二战后国际史学的潮流相吻合的。随着年鉴——新史学范型主导地位的确立，文化史与社会史结合的倾向十分强烈，文化史本身日益从传统史学模式中脱离出来，转向新史学模式。西方史学中的文化史研究具有以下特点：以大众文化为主体的研究角度更新了传统史学的文化史研究，研究重点转移至探讨大众文化与精英文化的关系，方法、途径多样化和跨学科、跨领域研究形成倾向，因而使得文化史研究显得丰富和深刻。陈学霖的这部著作正具有上述特点。

最后，这部著作深层地探讨了传说研究的时代意义。以刘伯温建造哪吒城为例,传说故事的价值观,虽然每一时代有异,但大致说来都是反映民众对王朝统治者的迎拒态度、对英雄人物的歌颂崇拜,作为表露他们心声的途径。这个神异骇俗的传说,所蕴藏的代表以儒家为基础、天人合一的人伦社会价值观念,由于与当时统治者的意识形态与价值观念不悖,才得以曼延和发扬。

故事滥觞于元世祖忽必烈时刘秉忠修大都城,大都城修建首要解决的是水源问题,因而就出现了附会能护持佛法、降伏天龙的哪吒;到元末天下大乱,又流传出大都十一门,预示元朝享祚一百一十年的故事;又有大都筑城开基,得一巨穴,内有几万红头虫,预示元亡于红巾军的故事。明朝建立后,后两个故事渐渐失去时代意义,便很少流传,但建哪吒城的故事则移植于刘伯温身上,这是因为民间对他的建国勋业的景仰和高超学艺的尊崇。刘伯温博学多才、足智多谋,加之清末反清的革命分子渲染塑造,使之变为盖世神算的军师、预知未来的大预言家,因而刘伯温与哪吒城的故事又增添了不少情节与人物。中华人民共和国成立后,从20世纪50年代开始,北京市文艺工作者多方采录、宣扬、口述之民间传说,于是出现了许多经过加工的刘伯温建造哪吒城的故事,其内涵也发生了若干变化,把都城的建造归功于广大群众的血汗劳动,而将刘伯温看作设计建筑北京城的许多无名英雄的总代表。陈学霖在书中洞察了这一传说在各个时代的演变,并正确地指出每个时代的民间文化都有其自己的价值观。

三

《明代人物与传说》(香港中文大学出版社,1997年)是陈学霖近二十年来探索明史的论文结集,主要是研究明代的人物与传说,故以此为书名。内容包括:一、明太祖文字狱案考疑;二、明初都督宁正父子传记辑补;三、《明史·徐贲传》纠谬;四、刘伯温建北京城传说探赜;五、《真武神·永乐像》传说溯源;六、永乐朝宦祸举隅;七、王景弘下西洋之史事与传说;八、李贤与“土木之役”史料；九、漆工杨埙事迹考述；十、暹罗贡使“谢文彬”事件剖析等。这些论文，原先在港台的学术刊物发表，由于具有较高的学术水平，受到国内学术界同仁的重视，其中有的论文被转载或简介，介绍给读者。如《明太祖文字狱案考疑》一文，就被中国社会科学院历史研究所明史研究室主编的1991年出版的《明史研究论丛》第5辑全文转载。可见作者的论文的影响和价值。我们在认真拜读本书后，深感本书具有鲜明的特色，概括起来有三点：

第一，选题审慎，目的明确。在史学研究中，选题是非常重要的。本书收录论文所选的题目，都不是信手拈来，而是如作者在《自序》中所说，“都是按平日读书所见或触类旁通而定”。换言之，就是经过审慎考虑决定的。因此，所选的题目，如传主杨埙，原是明代从事制造漆器的工人，“由于传统社会对技艺末事有偏见，鲜有文献记载”①，但他对明代工艺史是有贡献的人物，值得研究。再如传主黄俨，原是明代永乐朝的宦官，由于“宦寺不受内阁六部管辖，朝廷无由察知其活动，史馆亦阙其册牍，而后来史官又或出于忌讳，多所矫饰隐秘”②，所以有关黄俨的中国记载寥寥无几。幸好他奉命出使朝鲜，朝鲜《李朝实录》记载大量他出使朝鲜的活动的资料，不但可补史乘阙如，而且从中可看到宦祸的个案、明朝与朝鲜的宗藩关系，很有意义。凡此种种情况，便成为作者的选题对象。正如作者所说：“有些是明史上并不显著，甚至鲜见记载、难登大雅之堂的人物。然而，经过爬梳勘察史料，寻根索源，恢复他们原来的面貌和在历史扮演的角色，足以凸显或反映尚鲜的史实和问题。”③就很有学术研究价值，反映了作者独到的眼光。同时，每篇文章，要解决什么问题，达到什么目的，作者是非常明确的。要做到这点，必须要了解研究史源，前人研究达到什么水平，存在什么问题，在这样的基础上，才能发现问题、提出问题、解决问题。在这方面，作

① ［美］陈学霖《明代人物与传说》，香港中文大学出版社，1997年，第249页。
② ［美］陈学霖《明代人物与传说》，香港中文大学出版社，1997年，第131页。
③ ［美］陈学霖《明代人物与传说·自序》，香港中文大学出版社，1997年。

者在每篇论文介绍前人研究状况及详尽的注释索引等，就反映了作者对研究史源的熟悉、研究目的明确，如《永乐朝宦祸举隅——黄俨出使朝鲜事迹缀辑》写作目的是“为永乐朝宦祸及明鲜交往史事作一补篇”①；《漆工杨埙事迹考述》写作目的是“为明代漆工艺发展史作一补笔”②等。所以能避免空泛之论，做到文章札实，有的放矢。

第二，知人论世，实事求是。历史人物传记评介历史人物，不仅对传主的社会背景及其本人要有充分的了解，而且要对其有联系的人事进行述评，扩大研究层面，提出个人见解。一言以蔽之，就如作者所一再强调要做到的“知人论世”。如论黄俨时，写道：“钩稽诸籍，归纳成章，以便知人论世。”③论王景弘时，写道：“近代学者有称王景弘为郑和的副贰，不是误解就是囿于成见，与史实不符，必须厘清，然后能知人论世。”④论漆工杨埙时，写道：“兹刺取有关资料，归纳成篇，使知人论世。”⑤所谓“知人论世”，就是指鉴别人物的好坏，议论世事的得失，同时，根据客观事实，实事求是，进行评论，并提出个人意见。如评价宦官王景弘说，王景弘是出身卑微的闽南舟子，因时际遇，进入内宫，成为宦官，得与郑和相交，并因随从燕王“靖难”建立军功，获得永乐帝的重用，衔命下西洋，与郑和一时瑜亮。“他不独是历次航海的主要领航员、统帅，曾经亲自率领艅船游弋东西洋各处，而且也在一二次出洋当中，单独负起招徕番国的任务，足见他亦具备外交使节的干才。”⑥他是一位有丰富的航海技能和经验的航海家，在中华航海交通史上，无疑占有一席重要的位置。评价漆工杨埙说，杨埙是明代的漆工，“一介寒微，以眷念旧谊，激于正义，肯冒虎威为上司击鼓诉冤，诚是难能可贵”。“此举在权势横行之日，尤具特别意义。因为他不特可作一代

① ［美］陈学霖《明代人物与传说》，香港中文大学出版社，1997 年，第 131 页。
② ［美］陈学霖《明代人物与传说》，香港中文大学出版社，1997 年，第 249 页。
③ ［美］陈学霖《明代人物与传说》，香港中文大学出版社，1997 年，第 131 页。
④ ［美］陈学霖《明代人物与传说》，香港中文大学出版社，1997 年，第 198 页。
⑤ ［美］陈学霖《明代人物与传说》，香港中文大学出版社，1997 年，第 249 页。
⑥ ［美］陈学霖《明代人物与传说》，香港中文大学出版社，1997 年，第 226 页。

榜样,而且舆论可籍之指桑骂槐,清议窳政”,抨击腐败的封建政治。在漆艺上,“他不独继承嘉兴西塘填漆的技艺,而且能善仿倭漆,精制泥金、彩漆、漂霞器皿,使宣德朝的漆器臻于至善”,在漆器艺术发展史上,他是位继往开来的人,应该占有一席之地位。[①] 这样从出身到人事关系进行评骘,剀切中肯,言之有据,言之成理,真实可靠,具有很强的说服力,令人折服。

第三,研究方法上的承继传统和创新。明朝距今只有六百多年的历史,但由于“官史讳书,而私家所传多系俗说野闻,不可当作事实。后代史家由于史料不足而过信野史”[②],所撰史书中,许多重要的历史人物事件或被淹没,或被歪曲,真相不明,是非不分,因此,需要考据补遗,恢复历史的真面目,才能进一步研究,得出科学的结论。作者在这方面,受到老师罗香林先生的影响,非常熟练地运用考据方法,从文字训诂义理,到归纳考证、辨析推理,无不尽展其长,贯彻到每篇论文之中。从论文题目和标题看,有的直接标明是考据文章,如《明太祖文字狱案考疑》《漆工杨埙事迹考述》等;有的虽然没有明确标出,如《〈明史·徐贲传〉纠谬》,实际上也是正宗的运用考据方法进行研究的。从史实考订来看,如考订杭州教授徐一夔得善而终于建文二年(1400),享年八秩,释来复因胡惟庸党致死,蒋景高坐于国子学任,都不是死于文字狱,证据确凿,令人信服。从制度考订来看,如“岳坤”一词,作者指出为暹语 Ockans 译音,一作“握坤”,在暹罗为四品官,明人严从简不谙其制,遂以明之“学士”(五品)对等[③],显然是错误的。至于文字校勘,相当精湛,匡正良多。如《明太祖实录》洪武二十七年(1394)八月丙戌记“陕西阶、文千户张者等叛”[④]。而明初俞本撰《纪事录》载此事系于十月,“张者”作“张赭”,因俞本曾亲自参加诸役,自然确实可靠,应以为准。又如《鸿猷录》《野记》等书的姚广孝传中描述真武帝翊

---

① [美]陈学霖《明代人物与传说》,香港中文大学出版社,1997 年,第 266 页。

② [美]陈学霖《明代人物与传说》,香港中文大学出版社,1997 年,第 24 页。

③ (明)严从简《殊域周咨录》卷 8《暹罗》。

④ 《明太祖实录》卷 234。

助燕王起兵“靖难”的政治神话，都载“成祖即披发仗剑相应”。只有《明书·姚广孝传》载“太宗仿其像，披发仗剑相应”，于是作者指出《明书》仅添一“仿”字，画龙点睛，指出永乐因见到真武的肖像，于是仿其模样亦作披发样，较诸前此记载更加明了。[①] 可见考据学作为研究方法，还是有效可用的。从本书中，我们深深地感受到考据学的风采和余韵。在这里应该指出，作者在继承和运用传统的考据学方法中，有所革新，有所创造，如形式上是考证历史事实，实际上是为了通过考证，求出实状，解决实际问题，即上述的所谓“知人论世”，评价人物及其有关的人事关系。这和传统的考据学为考据而考据不同，是旧的考据学不可企及的。

同时，运用民俗学、社会学的研究手段，进行历史研究，开辟了历史研究的新途径。本文在评述《刘伯温与哪吒城》已有所论。民间传说异闻或传说流言，虽然“荒诞不经，不可持之证史”，但从民俗学和社会学的观点来看，仍有其历史意义，可以说明一些重要的历史问题。如《刘伯温建北京城传说探赜》一文，叙述主角刘伯温叫徐达向北方射箭，落箭的地方，即建京城。这一传说的内容，显然不符合历史事实，因为永乐帝 1417 年开始建北京城时，刘伯温早在 1375 年已去世，不可能参加建北京城。但从民俗学的观点来考察，它来源于蒙古族“箭距划地界”的习俗，其本身反映了蒙古族游牧社会赐封制度。作者指出，刘伯温射箭建北京城的传说，反映了明初在北京和南京建城的史实和蒙汉两民族传说的相互融合、相互交流，具有重大的意义。[②] 又如印尼的三保洞、三宝井与三宝墩等传说异闻，从社会人类学的观点来考察，作者指出“其崇祀华人航海祖先，反映华人和巫族人对历史事件的集体记忆与怀念，有特殊的宗教和文化意义”[③]。

此外，本书战斗性较强，对前人研究中的错误观点，作者一定指出批判。如清末易本义撰《三保洞记》，把王景弘下西洋说成是殖民事业，便遭

① ［美］陈学霖《明代人物与传说》，香港中文大学出版社，1997 年，第 106 页。
② ［美］陈学霖《明代人物与传说》，香港中文大学出版社，1997 年，第 67～71 页。
③ ［美］陈学霖《明代人物与传说·自序》，香港中文大学出版社，1997 年。

到作者的批判，作者指出："他所盛誉王氏（指王景弘——引者）的事业，无非藉此烘托夸大汉族之地位及其在海外的成就，与客观事实不相侔。这因为明代下西洋并非一项殖民事业，而王氏就算因公曾寓居其地，亦不能称之为'中华殖民史的最光荣之伟人'。"[①]这种中肯的批判，是必要的，以免贻误读者。同时，作者治学态度非常严谨，没有根据的不说，要说亦做说明。如引王世贞撰《武当歌》中"不闻成祖帝王须，曾借玄天师相发"之句，按永乐帝"披发，装扮为真武神以玄惑天下，抑或出于后来的传闻，史料阙如，只能揣度"[②]。又如他考证暹罗贡使坤禄群、谢提素英必美亚时说："既知后者华名为'文彬'，而误以其汉译暹名系以谢为姓，故此将姓名还原为汉文时便成'谢文彬'？以上俱是揣测，需要文献佐证。"[③]既然是揣度、揣测，即有可能而未有文献证实之，公布出来，供大家研究。这是一种严谨老实的做学问态度，值得提倡和学习。

① ［美］陈学霖《明代人物与传说》，香港中文大学出版社，1997 年，第 221 页。
② ［美］陈学霖《明代人物与传说》，香港中文大学出版社，1997 年，第 103 页。
③ ［美］陈学霖《明代人物与传说》，香港中文大学出版社，1997 年，第 291 页。

读《惠州府志》札记八则

李龙潜　刘正刚

20世纪70年代，因应广东省水利厅撰《珠江水利史》，我们浏览了数种《惠州府志》，对有兴趣的史事，做了索引。目下据此写成《惠州府志》八则，就教于方家。

一　历代纂修《惠州府志》总数

惠州在《禹贡》扬州南境，春秋战国为百越地，秦为南海郡地，宋天禧四年称为"惠州"，洪武元年改为"惠州府"，清因之，属县九，具有两千多年的历史，地处东江与西枝江的汇口，"东接漳潮，西连汀赣"[①]，水陆交通便利。境内有罗浮山、丰湖，名胜著天下，名人辈出，人杰地灵，古称岭东名郡，实不虚传。而《惠州府志》始纂修于何时呢？嘉靖三十五年姚良弼说："郡志见其始于天顺丁丑。"[②]这是就明代而说的。其实《惠州府志》见于记载的，最早是宋佚名的《（祯州）图经》，至明永乐年间"命廷臣督修天下郡志"[③]，故有明一代修志颇盛，以后历朝亦有纂修，现列表于后：

---

① （明）曾佩《重修惠州城垣记》，载（明）姚良弼修，（明）杨宗甫纂《嘉靖惠州府志》卷16《词翰志》。

② （明）姚良弼《惠州府新志序》，载（明）姚良弼修，（明）杨宗甫纂《嘉靖惠州府志》。

③ （明）苏润《惠州府旧志序》，载（明）姚良弼修，（明）杨宗甫纂《嘉靖惠州府志》。

历代《惠州府志》一览表

志　名	年　代	卷　册	版　本	纂修者
(祯州)图经	宋代			宋佚名
(惠阳)图经	宋代			宋余嘉纂
(惠阳)旧志	咸平五年后	6 卷		宋佚名
惠阳志	宋代	10 卷		宋黄以宁纂
惠州路志	元大德间		稿本	元姜文龙修
惠州府志	明永乐间	12 卷		明古龚宾修
惠州府志	明景泰六年	16 卷		明邓琏纂
惠州府志	明天顺元年		刻本	明苏润修
惠大记	明嘉靖七年	6 卷	刻本	明郑维新纂
惠州府志	明嘉靖十七年		稿本	明史立模修
惠州府志	明嘉靖二十一年	12 卷	蓝印本	明李玘修,刘梧纂
惠州府志	明嘉靖三十五年	16 卷	刻本	明姚良弼修,杨宗甫纂
惠志略	明嘉靖三十九年	不分卷	刻本	明杨载鸣纂
惠州府志	明万历二十四年	21 卷	刻本	明林国相等修,杨起元纂
惠州府志	明崇祯十五年	21 卷	抄本,北图存3、4、7～13、16、17 各卷	明梁招孟修,郑伯升纂
惠州府志	清康熙二十七年	20 卷首 1 卷	刻本,缺第 20 卷	清吕应奎修,黄挺华纂
惠州府志	清光绪七年	45 卷首 1 卷	刻本,中图藏	清刘溎年修,邓抡斌纂

从上所统计,由宋代至清代共纂修了 17 种惠州府志,虽然其中许多已佚,不能再见,但有的府志事迹翔实可靠,如嘉靖三十五年纂修的《惠州府志》成为后来修志的基础,后来修志多取材于该志。《嘉靖惠志略 · 赋役志》与该志的内容完全相同,可见前者是后者的节本。

二　明代惠州府的杂税——牛判银

明代惠州府杂税很多，诸如鱼课米、户口食盐钞等，其中影响最大、百姓受害最深的是牛判银。所谓“牛判银”，又叫“斤角银”，就是屠牛出卖的税饷。原来明初因耕牛短缺，曾严禁屠牛出卖，只有丧失劳动力的老牛，才被允许屠宰出卖，但要交税领牌照后才能宰杀。当时全省都实行这种政策，且采取定额制，规定每年全省要缴纳税金3500两，至嘉靖年间降至1200两，其中惠州负担最重，史称：“今广税金千二百有奇，潮未及四百，而惠乃至九百八十余，几与广等，而潮不啻倍之。况琼韶列郡加少，而雷得以春夏兑征，则惠初定税不已浚乎？”所收税饷充作军饷之用。由于采取包税制，“承税者既籍名于官，呼号徒党，名一而数人共之，射利多门，于是攘窃乘机而窝藏接买皆此辈矣”。结果商民俱困，“惠人每论此，以为患苦”①。

三　明代惠州府路引的实施和内容

清吕应奎修，黄挺华纂《惠州府志》（康熙二十七年刻本）卷5《郡事上》载：

> 旧志史氏曰：按令甲军民出百里外，官给路引，今当下令客民各赴领本县路引以来，引目内开原某都某图某约某户长下丁，今移居某县某村佃耕某人田土，□（带）妻子几名口，既领引矣，□（请）所居县籍之署，其引□□□（曰验讫），乃付约正收保，□□□（盖纲在），纲则有条而不乱□（也），当拿（事）者图之。

这是万历十七年惠州府办理路引的通知和过程。该志记载有错漏，今

① （明）姚良弼修，（明）杨宗甫纂《嘉靖惠州府志》卷7上《赋役志上》。本段未注出处者，俱见此。

按《光绪惠州府志》卷17《郡事上》增补，如上引。按“路引”又称为“文引”，早在宋代就已经出现，《宣和遗事·前集》载：“蔡京又更茶法……令客人赴官请引，自于茶园买茶，赴官秤验，纳息批引，限日贩卖。”到了明代洪武年间，为了推行黄册制度，管理户口，巩固封建政权，规定：“凡军民人等往来，但出百里者即验文引……凡军民无文引……必须擒拿送官”①，处以刑罚。明代严格地执行路引制度，不管什么阶层的人，没有路引，寸步难行。如《翰府紫泥全书·托人给引》：“某欲他往，烦给一引，使奔四方关津处所得无留难。”而地方官员利用手中权力，亦不随便给引，要经过一定程序，如奏请等，才发给。其办理手续，《西游记》第54回：“请投馆驿注名上簿，待下官执名奏驾，验引放行。”甚至要用钱打点，请给路引。《警世通言》第24回《白娘子永镇雷峰塔》：“许宣吟诗已毕，央李员外衙门上下打点，使用了钱，见了大尹，给引还乡。”可见在明代要拿到一纸路引，并非易事，在惠州亦不例外。上述惠州府的路引内容，非常详细：一是给引人的身份，二是籍贯，三是外出原因，四是属员几人。路引给发机关是县一级，持证人到达目的地，要经当地机关检验，合格后，路引要交回约正收保。依此办理，才能做到“有条而不乱”，社会秩序得到安定。

四　明代惠州府的田地数据

据《光绪惠州府志》卷14《赋役上》所述数据，列表于下：

明代惠州府田亩

年　代	田地山塘	附　注
洪武二十四年	23704顷11亩	各年亩下小数删去
永乐十年	21125顷86亩	渡14所

① （明）申时行等重修《明会典》卷139《关津二》。

（续表）

年　代	田地山塘	附　注
嘉靖元年	28428 顷 69 亩	
嘉靖十一年	28428 顷 69 亩	
嘉靖二十一年	28444 顷 67 亩	
嘉靖三十一年	27750 顷 39 亩	
嘉靖四十一年	28441 顷 39 亩	
隆庆六年	28933 顷 34 亩	
万历十年	45646 顷 58 亩	
万历二十年	46309 顷 96 亩	

从上表看，需要解析有二：一是洪武二十四年惠州府田地山塘共23704 顷 11 亩，而姚良弼修的《惠州府志》卷 7 上《赋役志上》为 23074 顷11 亩。同时，记载各县田地山塘数相加，亦有差异。经考证，姚修《惠州府志》是据郭棐《万历广东通志》编的，其数字和结论与之完全相同。该年惠州府属七个县，分别是：归善县 7145 顷 37 亩，博罗县 7687 顷 62 亩，海丰县 3678 顷 47 亩，河源县 3123 顷 10 亩，龙川县 548 顷 40 亩，长乐县 404 顷55 亩，兴宁县 486 顷 55 亩。[①] 各县数字相加，正好是 23074 顷 11 亩。因此，姚修《惠州府志》数字正确，应以为准。而《光绪惠州府志》基本据前志编辑，故有谬误。

二是从嘉靖元年开始，惠州府田地山塘数基本呈增加趋势，至 28000余顷。这是因为嘉靖元年添设和平县，隆庆三年添设长宁、永安县。[②] 府境扩大，人口增加，土地耕种面积自然增加，这是必然的事实。

---

① （明）郭棐纂修《万历广东通志》卷 36《惠州府 · 赋役》。

② 参见（明）姚良弼修，（明）杨宗甫纂《嘉靖惠州府志》卷 5《地理志》；（明）申时行等重修《明会典》卷 16《州县二》。

五　明代惠州府的官田

明代惠州府的田制，有两大类：官田和民田。官田又可分为职田、贡士田、学田、僧道田等。顾炎武说："官田，官之田也，国家之所有，而耕者犹人家之佃户也。民田，民自有之田也。"[①]这是以土地所有权不同来划分的。由于土地所有权不同，官田严禁私人卖买，而民田"民自买卖者也"[②]。同时，官田比民田税则较重，官田按租佃起租，如在归善县，官田每亩科正耗米一斗七升一合二勺，民田每亩科正耗米一升七合一勺二秒，相差十倍。[③] 但是，自明中叶以后，土地买卖盛行，官田亦被偷卖，或由于税则重，无人承佃，如在惠州府兴宁县，流民聚集，"官田税重，莫肯承籍"，迫得官府将"官田减同民产定赋"。[④] 这样官田与民田的界限逐渐消失。所以史称："历朝更变，册籍湮灭，所称官职学贡书院空存故号，而田尽属于民矣，欲即其坐莫可指识。万历九年清丈，仅有官民僧道四额，官田无在官者，悉随民田带派例，丈有余亩粮足额而止。"[⑤]自明中叶以后，商品经济发展，私有性加强，传统的封建土地所有制亦被侵蚀，官田向民田转化，这是明代社会经济发展的必然结果，也是明代社会经济发展的特点之一。

六　明代惠州府的采矿业

明代惠州矿产资源十分丰富，种类繁多，有金、银、铜、铁、锡诸矿。如方志记载：惠之归善、河源、长乐、兴宁产铁；万历年间，内监李敬在惠州采银矿；天启六年，长乐诸山采锡。由于明政府怕民间采矿出乱子，因此，一般都采取封禁政策，引起民间私采反抗斗争，除非申请批准，领请执照，方

---

① （明）顾炎武《日知录集释》卷10《苏松二府田赋之重》。

② （明）顾炎武《天下郡国利病书·广东备录上·增城县志》。

③ （清）刘溎年修，（清）邓抡斌纂《光绪惠州府志》卷14《赋役上》。

④ （明）姚良弼修，（明）杨宗甫纂《嘉靖惠州府志》卷11《名宦传·夏则中》。

⑤ （清）刘溎年修，（清）邓抡斌纂《光绪惠州府志》卷14《赋役上》。

许开采。但地方政府需要铁及收取税课,因而又允许产铁地开炉炼铁。史称:

> 自(嘉靖)三十二年分巡道议将归善等县产铁地方许诸人开煽,每炉一座,纳军饷银十两,至是(指嘉靖三十八年——引者)布政司复议,每炉增银五两,计开炉二十三座,商人赴商法道告纳军饷,完足领票,照往本府查验放行。[①]

可见经营炉冶的都是商人。商人首先赴商法道告纳军饷,领票经惠州府查验,方许赴矿场开采,进行炉冶。商人在炉场上称为炉首总甲,他以炉为单位组织生产,史称:“每炉以百人为率,每十人编小甲一名,并听总甲钤束,十月初开炉……二月终歇工。”当时惠州府炉冶税银,归善、河源、长乐三县通计 180 两,“解司转部,接济边储”,充当军饷。[②]

七 明代惠州府的蛋民和鱼课

惠州的水上居民,明代称为“蛋民”,有麦、濮、吴、苏、何诸姓。明初归善、兴宁蛋户置河泊所管辖。海丰、河源、龙川没有置河泊所,其蛋户归县管辖。正统时,兴宁县因蛋户少,奏革河泊所,蛋户“以其人附贯下六都籍”,编保甲,由甲首管领。[③] 明初向鱼民征收鱼课米和鱼油翎鳔等料,如洪武二十四年,兴宁县由河泊所向鱼民征收鱼课米 155 石 1 斗。[④] 据姚修《嘉靖惠州府志》卷 7 上《赋役志上》,嘉靖年间惠州府征收鱼课米如下表:

---

① (清)刘湝年修,(清)邓抡斌纂《光绪惠州府志》卷 17《郡事上》。

② (明)姚良弼修,(明)杨宗甫纂《嘉靖惠州府志》卷 7 上《赋役志上》。

③ (明)黄国奎修,(明)盛继纂《嘉靖兴宁县志》卷 4《人事部》。

④ (明)黄国奎修,(明)盛继纂《嘉靖兴宁县志》卷 3《地理部下》。

嘉靖年间惠州府征收鱼课米一览表

县　名	鱼课米	折　银	附　注
归善县	1261 石 4 斗	397 两 3 钱 4 分	1. 长乐、和平二县缺额 2. 斗下、分下小数删去
博罗县	546 石 6 斗	172 两 1 钱 8 分	
海丰县	428 石 4 斗	134 两 9 钱 6 分	
河源县	236 石 4 斗	74 两 4 钱 7 分	
龙川县	249 石 5 斗	74 两 4 钱 2 分	
兴宁县	158 石 4 斗	49 两 9 钱 2 分	

兴宁县征收鱼课米情况

年　代	鱼课米	折　银
洪武二十四年	155 石 1 斗	
永乐十年	190 石 6 斗	
正德元年	158 石 4 斗	41 两 9 钱
正德二年	171 石 4 斗	45 两 4 钱
正德十年	171 石 4 斗	53 两 9 钱
嘉靖元年	158 石 4 斗	41 两 9 钱
嘉靖三十一年	158 石 4 斗	49 两 9 钱

当时如何征收，不明。在兴宁县，正统以后，仅存三十八户，户一船，计户验船，按每“船纳米四石余，而与料皆折银”缴纳，使征收鱼课货币化。同时，从兴宁县征收鱼课米来考察（见上表），可以看到：第一，永乐十年较洪武二十四年原额有所增加，由 155 石增至 190 石。以后由于征课繁重，蛋民逃亡，征收渐少。史称：“蛋民水居，河狭而水清，得鱼不易一饱。或质其舟，或质其妻孥，或自鬻其身，流徙殆尽。”第二，折银亦增加，如正德二年与正德十年所征鱼课米相同，都是 171 石 4 斗，而折价却

上涨了,由 45 两 4 钱增至 53 两 9 钱,当时市价最贵是每石三钱五分。随着剥削加重,蛋民逃亡,官府为了征足额,而"取盈于见在者",更加促其逃亡。故到了弘治七年巡按御史吴一贯不得不改革,"奏请不分本折,每石通征三钱五分"。亦不能维持,后又改为"责偿于新田之无税者"①,即征于新开垦之田地,而变成永久征收的田赋,杂课演变为正赋。这是明代课税征收的特点。

八　明代惠州府的巡检司

明代惠州府的巡检司,据嘉靖三十五年知府姚良弼记载,各县建立和分布如下:

归善县巡检司四:

1. 内外管里,在府东南 130 里的饭罗冈,洪武元年建。
2. 碧甲(一曰碧泉),在府东南 180 里海滨,正统八年建。
3. 驯雉里,在距府 400 里的都乌石屯,嘉靖中建。
4. 宽仁里,在距府 400 里的宽得都桃子园,嘉靖时建。

以上设官,巡检、吏各一人,徭编弓兵各五十人。

博罗县巡检司二:

1. 善政,在县北 30 里的湖镇村,洪武四年建。
2. 石湾,在县西 130 里的石湾村,洪武四年建。

以上设官,巡检、吏各一人,徭编弓兵各五十人。

海丰县巡检司二:

1. 长沙港,在金锡都,深、广各 30 丈,洪武十三年建。
2. 甲子门,在石帆都,深、广各 20 丈,洪武五年建。

二司屡有重建,至弘治八年,"二巡司正堂、后堂、仪门、谯楼咸备"。

以上设官,巡检、吏各一人,徭编弓兵各五十人。

---

① (明)黄国奎修,(明)盛继纂《嘉靖兴宁县志》卷 4《人事部》。本段未出注者,俱见此。

河源县巡检司三：

1. 蓝口，在蓝能都蓝口驿前，洪武六年建。

2. 忠信，在县北100里，洪武四年建。

3. 长吉，在县北120里戈罗山下，洪武五年建。

以上设官，巡检、吏各一人，徭编弓兵各五十人。

龙川县巡检司二：

1. 十一都，在县150里，洪武二年建，成化十年重修。

2. 通衢，在县北百里，洪武九年建，成化十年重修，嘉靖年间改为社学。

以上设官，巡检、吏各一人，徭编弓兵各五十人。

长乐县巡检司二：

1. 清溪，在县西30里，洪武五年建，徭编弓兵四十五名。

2. 十二都，在县南百里黄牛渡，洪武五年建于平乐寨。佥事施儒徙建于此，后增盖黄流渡公馆，徭编弓兵五十名。

以上设官，巡检、吏各一人。

兴宁县巡检司二：

1. 水口，在县南40里（一说60里），洪武八年建，后毁。成化十二年重建于下岸，寻圮。正德中迁之上岸，建厅三间，穿堂三间，左右廊各三间，更望楼三间。① 徭编弓兵四十人。

2. 十三都，在县北120里（一说200里），洪武四年建，后毁。正德五年寇乱，移于白水寨。徭编弓兵五十人。

以上设官，巡检、吏各一人。

和平县巡检司一：

浰头：正德十六年，浰头平提督都御史王守仁移和平巡检司于此，以镇要害。

---

① （明）祝枝山修《正德兴宁县志》卷1《乡都》。

设官，巡检、吏各一人，徭编弓兵四十人。

长宁县巡检司二：

1. 垰坪，在象冈。

2. 长吉，在水西地。[①]

永安县巡检司二：

1. 宽仁里，旧在苦竹派驿侧。

2. 驯雉里，旧在归善县水东驿侧，后徙凤凰冈。[②]

上面姚良弼所述明代惠州府属只有八县，而《明会典》所载有十县，缺长宁和永安两县。查这两县为隆庆三年添设，《光绪惠州府志》卷1《舆地·沿革》称：隆庆三年析归善、长乐县地置永安县，析河源、翁源县地置长宁县，所以姚良弼修《嘉靖惠州府志》没有记载长宁、永安两县事。而归善县置宽仁里巡检司和驯雉里巡检司也归永安县管辖。

历史上记载巡检司起源有二说。一如顾炎武说："巡检即古之游徼也。"[③]按汉代乡亭之制，游徼，"徼循禁贼盗"[④]。说明巡检司的职能及其源起于汉代。另一说巡检司始于五代后唐庄宗。至宋代有所发展，当时京师府界东西路各置都司巡检二人，京城四门各置巡检一人。又于沿边、沿海、沿江置巡检司，掌训练甲兵，巡逻州邑，职权颇重，后所在县令节制。明清时期，巡检司职掌更明确具体，明太祖时，十分重视。洪武十三年二月丁卯，特赐之敕称："朕设巡检，扼要道，验关津，必士民之乐业，致商旅之无艰……今特差人诣所在，谕以巡防有道，讥察多方。"[⑤]并通过法律规定下来，《明御制大诰续编·纵囚越关》载："巡检之设，本为察奸顽而捕私邪。使境内民安，是其责任也。"后来还定出考课之法，公布执行。[⑥] 可见巡检

---

① （清）刘溎年修，（清）邓抡斌纂《光绪惠州府志》卷7《建置·廨署》。

② （清）刘溎年修，（清）邓抡斌纂《光绪惠州府志》卷7《建置·廨署》。

③ （明）顾炎武《日知录集释》卷8《乡亭之职》。

④ （汉）班固撰《汉书》卷19上《百官公卿表上》。

⑤ （明）朱元璋撰《明太祖集》卷7《谕各处巡检》。

⑥ 《明太祖实录》卷223。

司是地方治安组织。当时,在镇市、关隘要害处,俱设巡检司,归县令管辖。如上述洪武初年,惠州府就普遍建置了巡检司,以后根据需要逐有增设,设置最多的县是归善县,共设置巡检司四,主要建于沿海或交通要道如有驿站设置的地方,如碧甲巡检司,距府东南一百八十里海滨,正统八年建。宽仁里巡检司,距府四百里宽得都桃子园,旧在苦竹派驿侧,后徙建于此。又如龙川县通衢巡检司署,原在宁仁都,去县七十里,明洪武九年建,至嘉靖年间,佥事雍澜迁老隆,"以便水陆盘诘"[①]。至于巡检司的建制,司署的建筑,历史记载简略,如海丰县长沙港巡检司署,史称:"在金锡都,深、广各三十丈,洪武十三年巡检白肃敏建。"[②]规模比较完备的,如兴宁县水口巡检司在县南四十里,洪武八年建,后毁。成化十二年重建于下岸,寻圮。正德中迁之上岸,建厅三间,穿堂三间,左右廊各三间,更望楼三间。嘉靖二十九年,巡检朱榕建鼓楼一座。[③] 建设经费由所在县筹集,如兴宁县十三都巡检司,在县北一百二十里,洪武四年建,后毁。至嘉靖年间,分县治,重建县城,"巡检陈躬筑城,出赎金六百,府县出赎金二千,立司于城之中。城周围三百六十七丈,高一丈七尺,辟三门,有千户所在司东………所东为捕盗公署,岁委主簿镇之为保障"[④]。巡检司设官都是巡检、吏各一人,巡检又称检事。徭编弓兵多少不一,最多是五十人,最少也有四十人。所谓"徭编",即由地方里甲"均徭"中提供。

明代巡检司的职掌本来是"察奸顽而捕私邪"。但是,有的地方官员却利用手中的权力,胡作非为,贪污贿赂公行,史称:在惠州府之徭族居于兴宁、长乐徭山上,"巡司假搜捕惊扰,甚者诬盗责贿,盖屡形愬言矣"[⑤]。有的官员利用巡检司巡察之便,征收商税,史称:兴宁县水口巡检司,"嘉

---

① (清)刘溎年修,(清)邓抡斌纂《光绪惠州府志》卷7《建置・廨署》。

② (明)姚良弼修,(明)杨宗甫纂《嘉靖惠州府志》卷6《建置志》。

③ (明)姚良弼修,(明)杨宗甫纂《嘉靖惠州府志》卷6《建置志》;(明)祝枝山修《正德兴宁县志》卷1《乡都》。

④ (明)姚良弼修,(明)杨宗甫纂《嘉靖惠州府志》卷6《建置志》。

⑤ (明)姚良弼修,(明)杨宗甫纂《嘉靖惠州府志》卷14《外志・徭蛋》。

靖丙午(嘉靖二十五年,1546),长乐千户所吏目姜尚质署司事,榷商舟太苛。众商谋联数十舟,呼哨挽舟而上。姜遣人放舟截之,捕二商入司,闭其门,众商环攻之,飞石如雨集。姜势促无策,自火其门,火发,众商惧,乃逸去"[①]。反映了商人的反抗斗争,说明了明代地方官违法征收商税的事例,所以时人称明代是有治人、无治法的社会,亦可说是明代社会经济的特点之一。

2014 年 5 月 1 日草稿

---

① (明)姚良弼修,(明)杨宗甫纂《嘉靖惠州府志》卷 6《建置志》。

治学谨严　实事求是

——读《梁方仲读书札记》的体会

梁方仲教授是我国当代著名经济学家，中国社会经济史研究的奠基人。他一生刻苦读书，从事历史教学和研究工作。他从20世纪30年代开始撰写读书札记，常至深夜，如他撰《〈东塾集〉与先世之关系》（页9～10），篇末注明“乙巳除夕灯下记，十一时三刻”；撰《明代福建一田三主（四主）》（页9～18），篇末注明“1965年6月21日夜二时半写毕”。作为著名的学者，中华人民共和国成立后能这样为党的科学事业辛勤地劳动，不能不令我们肃然起敬。由于他的努力，至1966年初，共写了496篇札记，凡46万字。这些札记，他生前曾经两次亲自修改和补充编目内容，但终因他事延宕，而未能完成编辑出版。2007年，因中华书局要出版他的全集，才由他的哲嗣梁承邺和研究生黄启臣教授组织研究生多人，重新誊清、校订、编辑出版，实现了仲师生前的写作计划，保存了他留给我们的非常珍贵的学术遗产，意义极大。

20世纪50年代，我曾受业于梁方仲教授门下，研究中国经济史。当年仲师言传身教的情形，至今历历在目，现在又读了新出版的《梁方仲读书札记》（以下简称《读书札记》）[1]，倍感亲切，兴趣盎然，体会良多，收获极大。

《读书札记》的内容非常广泛，从空间看，从古巴比伦北部的伊拉克到

---

① 梁方仲《梁方仲读书札记》，中华书局，2008年。

今日的越南;从社会发展看,从原始社会到资本主义社会;从传统学科分类看,包括政治学、经济学、法学、历史考古学、文学和语言学等。其中以明代经济史的篇目最多,包括人口、田地、赋役、课税、货币、物价、耕作和手工技术等。所以仲师最初定名为《明史札记》,后来因内容扩充,最后才定名为《读书札记》。

仲师治学,素尚严谨、实事求是的精神,这在《读书札记》中有充分的体现。在学术研究中,努力以马克思列宁主义为指导思想开展工作。中华人民共和国成立后,他"认真钻研马克思主义经典著作,尤其有关封建社会瓦解过程的典型论述,要求我们对于经济史所使用的理论范畴、概念、术语尽量弄懂它们的真正涵义,领会其精神实质,尽力避免生搬硬套的毛病"①。仲师这样教导我们,他自己也是这样实践的。如他要在中国经济史中开展有关人口统计的计量研究,首先学习了马克思列宁主义有关计量的原理以及毛泽东关于人口阶级的理论,并以此作为指导开展计量研究。这从他撰写的《马克思列宁主义与统计》(页445~448)、《毛主席关于人口、阶级》(页431)诸篇就知道。他明确马克思列宁主义人口统计的研究对象,是"研究人口的阶级构成及其变化,以及各阶级内部的人口学过程等"②,并以此定出出生率、死亡率及自然增长率(或自然降低率)的公式,还结合实际研究了1962年广东省的人口,指出当年人口出生率增到千分之四十三,超过全国水平,比任何一省都高。随着人口增加,人均耕地面积相应下降,如广州市郊区由1952年的人均一亩六分六厘降至1962年的人均一亩二分二厘。这样从理论到实践,论与史相结合,从而得出令人信服的结论。在《读书札记》中,计量学的研究还有《唐初高丽人口》(页6)、《越南户口》(页120~121)、《县志户口开列男女大小口数》(页121~122)、《云南洪武年间户丁数》(页122)、《新旧〈唐书〉户口数》(页228~

① 汤明檖《辛勤耕耘的硕果——序〈明清经济史〉》,载李龙潜《明清经济史》,广东高等教育出版社,1988年,第1页。

② 梁方仲《梁方仲读书札记》,中华书局,2008年,第445页。

230)、《生命统计》(页232)、《江西东乡县城之人口构成》(页327)、《户籍、人中(潜按:应为“口”)杂记——隋唐两宋杭州城户口》(页413)、《耕地统计资料》(页362)、《土地统计》(页437)等,都是很有价值的统计参考资料。在《度量衡与生产关系》(页426～427)一篇,他引用杨宽等人的论著,论证春秋以前,“钱”“镈”等金属农具逐渐成为交易的媒介物,并模仿它的形式铸造货币。这种解释,也是属于唯物主义的,是正确的。至于他后来编著的《中国历代户口、田地、田赋统计》一书,更是计量研究的硕果,在计量研究中做出重要的贡献。

与此同时,仲师在运用史料方面也非常严谨。他常说:“对历史记载真伪的甄审,对历史上典章制度的考释,以及材料本身含意所允许引申的限度,都需要认真讲求。只有这样,才不致滥引论据,断章取义,或以主观臆想戴在历史实际的头上。”[①]因此,在《读书札记》中,考订名物,如《眼镜》(页493～494)、《番薯》(页453～454)、《家兵之起原》(页495)、《生平属谓(生肖)》(页498～499)、《明武臣加三公之始》(页500)、《天平、法马之名始于明》(页386)和《秤字始用于晋魏之后》(页386)等;考释典章制度的源流,如《买办制》(页341～342)、《制钱(明末)》(页204～205)等;以及专有名词的解释,田制如《井田彻田》(页522)、《畲田及赋率》(页649～650)、《磳田》(页502)等,赋税如“苗”“租”“米”的区别(页15)等。其中《折叠扇》(页510～522)一篇,篇幅达12页,对折叠扇的来龙去脉、流传地区及用途考订最详,论据精密。由于都是在使用大量史料并弄清史料含义的基础上得出结论,因而准确可信,具有很高的学术价值。

仲师治学,除了学风严谨,还提倡实事求是的科学态度,这就是“评骘史籍,衡量得失”,贯穿在这本《读书札记》中。仲师读书,素不盲从,常从理论与史料方面切入,考察、研究其中的因果关系,发现问题——错误者,纠谬;正确者,肯定;不足者,补遗。如评介《刘光蕡〈《前汉书》食货志注〉》

---

① 汤明檖《辛勤耕耘的硕果——序〈明清经济史〉》,载李龙潜《明清经济史》,广东高等教育出版社,1988年,第1页。

（页4），指出刘光蕡是戊戌新政的拥护者，“其议论亦颇有精辟之处，如言：‘王者为政，食货重于仁义，以食货养民即是仁，以道制民食货即是义，不为食货之事，而空言仁义，则仁义无从见，而大乱起矣。’此在当日尚不失为进步之观点”。但对他的缺点亦毫不掩饰地揭露，说其粗疏之处亦多，“如评班书云：‘志以食货为名，当及市肆之治；又农有三，仅及平原，不及山泽，皆班史之疏。”经过考实，仲师说：其实“班书于市肆、山泽之治，固有论述，特不甚详耳”，不能据此指责班史粗疏。既有肯定，亦有评述。又如评介陈子龙等合编的《明经世文编》（页274），1962年该书由中华书局据原书影印，共504卷，补遗4卷。这是明代十分重要的著作。仲师首先介绍编者和刻印时间，次论其内容以政治为主，社会经济资料较为缺乏。所选文章作者，明初为多，明末作者尤为罕见，如毕自严、杨嗣昌等人之著作均未收入，“详远略近，不能无憾”，这是编者的缺失。然“文中又有编者旁注，对读者颇有帮助”，这是编者的优点。最后指出吴晗序谓此书由松江书坊雕版印刷，他据此书中鱼尾下的题字及封面朱印，论证为松江知府方岳贡助刻而成，“吴说殊误”。既说明原编者的优缺点，也指出吴序的错误。

尤其难能可贵的是评骘古籍中的创新意见，如评明熊过撰《熊南沙文集》（页284～285），该集前四卷为疏、序、书、记，后四卷为题、跋、引、传、碑铭、祭文、杂著。《四库全书总目提要》卷177《集部·别集类存目四》第1585页谓：“集中诸作，大抵应酬之文也。”但仲师经过研究后，不这样看，认为集中卷4《与李令书》《答李令让税粮驿传盐策册籍四事书》，“论富顺粮役事，甚有参考价值”，并补充说，作者“留心经学，著有《周易象旨决录》七卷，《春秋明志录》十二卷……盖开汉学之先河者也”。这样既纠正了《四库全书总目提要》的不实之词，提出新的看法，又给予作者应有的学术地位。又如他撰《均田与明亡之关系》（页501）一篇，他根据朱之瑜的《中原阳九述略》，说明清初统治者接过农民起义军的“均田役”口号，散布流言，获得民众合力一心，才推翻了明朝的统治。这就为清朝代替明朝的原因提供了新的见解，为前人所未发。至于补史之阙的，有《曾钊：〈面城楼集钞〉补遗》（页305）、《〈宋史·食货志〉补阙》（页382）等。这类事例很多，今不备举。但以上所列事例，已可说明仲师读书非常精细，治学严谨，学贯中西，学养深厚，具有广泛的文史哲知识，才能独具慧眼，提出创新意见，达到评骘史籍、衡量得失的目的。

我学习了仲师这部内容丰富的《读书札记》后，感触很多，体会深刻，归纳起来，有如下几点：

一是获得大量的研究历史的信息。仲师对史料的收集工作非常重视，认为“没有大量的资料，是不可能写出好的历史的”。因此，他在这部《读书札记》中，辑录、评介了大量的明清人的著作，共达一百多部，包括文集、笔记、小说、方志等，其中有的是十分珍贵的本子，如《明代地方志中经济史资料三十一则》（页558～583）一篇，所介绍的都是明代刻印的稀见的地方文献或志书，今天不易看到，所辑的资料就非常珍贵。对待重要的有意义的史料，特别注明要抄录，如介绍《万历慈利县志》卷6《风俗》时，就注明“待抄”；介绍卷8《附险粮议》时，就注明“甚重要，待抄，民族与阶级矛盾孰重？”[①]介绍《嘉靖惠州府志》卷5《户口志》时，注明“载里甲制，极重要，均平”[②]字样。这就给我们留下了大量的研究历史的索引，也给我们指明了研究的课题和方向。

二是学习研究方法。仲师研究，讲求方法，除了大家所熟知的小题大做，在《读书札记》中明显地表现出来的，首先是历史比较研究法，在以辩证唯物主义的研究方法为主的同时，确实不失为一种辅助的研究方法。他常说，有比较才有鉴别，从古今对比中，可以寻找出历史线索；从中外对比中，可以从复杂的历史现象寻找出历史发展的特殊规律。所以，他十分重视比较研究。在这本《读书札记》中，他就运用了历史比较法来阐述或论证问题。如《明代著名炼铜工人及锌的提炼》（页416）一篇，介绍明万历年

---

① 梁方仲《梁方仲读书札记》，中华书局，2008年，第579页。

② 梁方仲《梁方仲读书札记》，中华书局，2008年，第602页。

间苏州周文甫等制铜技术工人,已经炼出了黄铜,黄铜是铜和锌的合金。而宣德炉就是由这种铜锌合金的黄铜制成的,说明我国在 15 世纪 20 年代,已经能生产金属锌。而欧洲于 18 世纪才开始提炼锌,我国生产金属锌早于欧洲近四百年。此外,《新旧唐书食货志之比较》(页 383)、《〈魏书·食货志〉与〈金史·食货志〉之比较》(页 416)诸篇,也指出二者之异同、舛误之处,以及说明新食货志"似胜于旧"。

其次,以诗证史的研究法,早在唐宋就已经有人使用,不是仲师独创,但他常使用。如《读书札记》中《制钱(明末)》(页 204 ~ 205)一篇,他据《韵石斋笔谈》记载:天启三年(1623),南京工部废前朝钱不用,俱作废铜回炉铸新钱,然而新钱因质量低劣,民间不愿使用而失败。并引用了严启隆的《破钱行》和杨炤的《今日》两诗为证,形象地反映了当日市场上"旧钱如粪土",新钱"形滥不殊锡",个个都是"恶钱"——"薄小穿",无人愿意使用的现象。《明末吴中水利与耕种之关系》(页 387 ~ 388)一篇,引用《楼山堂集》中《耕田苦》一诗,说明吴中地旱,农民"翻车"灌田的辛苦,以及水利的重要。《占城米》(页 501)一篇,引用苏轼《白塔铺歇马》一诗,论证宋苏轼时代占城稻种就已传种至江西省的白塔铺了。甚至明代歌曲、风俗画等亦成为仲师研究经济史的素材。如《明代歌曲中的社会经济史料》(页 27 ~ 28)一篇,重点介绍了陈铎的《滑稽余韵》中的《赛鸣秋》《天净沙》《沉醉东风》《雁儿落带过得胜令》,反映了各行业的劳动条件、生产技术水平及商品市场的阶级性,对研究明代手工业生产、商品市场及一条鞭法用银之害,都"富参考价值"。运用以诗证史的研究法,用歌曲作为研究素材,形象生动、贴切,开拓了题材的空间,增强了读者的兴趣。

在此需要进一步指出的是,仲师重视利用历史文献资料的同时,也注意实物的收集,并将文献资料和实物结合进行研究,也很成功。如在本《读书札记》中,披露的实物有户帖、户口册、田契、易知由单、太平天国田凭、便民由单、执照、串票、墓表、神道碑、石刻地券、居延汉简、流沙坠简、领约存照,等等,大都已和文献资料结合进行研究,并得出说服力很强的结论。如《附洪武户帖考》(页627～628)一篇,采用洪武三年户帖一纸,论证明初编制户籍的内容和目的,由于户籍"各书其户之乡贯丁口名岁,合籍与帖,以字号编为勘合,识以部印。籍藏于部,帖给于民,仍令有司点户比对",因此,"版籍无一隐漏"。

三是启发和坚定我对研究课题的信心。仲师的《读书札记》中《坊厢里甲》(页609)一篇,只有"谢国桢《明清之际党社运动考》第263页"字样。查原文:

> 即以常州而论,乡里与城市之租税仍不一律,百姓非及时交纳不可,但城市则可延至一年。如乡间有士大夫之家,即将其所居之地,定案作为城厢。如贵乡罗野湾即因贵族所在,而有半图为坊厢。①

可见坊厢里甲与乡村里甲不一样,坊厢里甲是明代里甲制度的一种徭役,个别城市比乡村还重。仲师已经注意到坊厢里甲的徭役,如《读书札记》中的《嘉靖末年南京坊长费用》(页364)、《嘉靖南京官吏和买》(页373～374)等,可见这个问题的分量和意义。20世纪80年代初,我研究明初迁徙富户问题,知道有的富户承充坊长而破产逃亡,地方官检补富户,用征银代替富户充役,所以我写《明初迁徙富户考释》一文时,用"兼论京师坊厢徭役制度"作为副题来论述,没有开展全面的研究。② 今读了仲师《读书札记》有关篇章,我受到启发,坚定了我研究这一课题的信心,争取早日写出论文来。类似例子,还有《崇祯中年山东拟加赋之经过》(页286～288)一篇。仲师研究过《万历会计录》[万历十年(1582)刻本],知道该书是现存于世的唯一的一套(按:该书原存于山东,20世纪30年代,中央研究院买入收藏,录有副本,原书现存台北。20世纪80年代,书目文献

---

① 谢国桢《明清之际党社运动考》,商务印书馆,1935年,第263页。

② 李龙潜《明初迁徙富户考释——兼论京师坊厢徭役制度》,《中国社会经济史研究》1988年第3期。

出版社据原书影印出版），但亦缺了卷6《山东布政司田赋》，需要补充。所以他写了这一篇，引彭孙贻《茗斋杂记》作为说明，待后作补充之用。可惜天不假年，英年便弃世而去，未能完成夙愿。我于20世纪50年代在广州文德路旧书肆买到《茗斋杂记》，至今保存着。该书引了济南左卫蔡会龙的条议，便知道彭孙贻查过万历十年（1582）刻本《万历会计录》卷6，山东田土六十一万七千四百九十八顷九十九亩零（按：蔡会龙从《万历会计录》中抽出卷6，写了条议后，没有放回去，经明末兵火之灾而遗失了，所以现存的《万历会计录》就缺了卷6）。这就可补《万历会计录》卷6《山东布政司田赋》之缺的田土数目。遵照《万历会计录》的编辑原则和凡例，检讨全布政司府县的田土及赋役征收数目，则可补《万历会计录》的缺失。仲师这篇《崇祯中年山东拟加赋之经过》，给我启发，增强我补《万历会计录》山东田赋卷的决心，争取早日完成，实现仲师的夙愿。

最后，我需要提出《读书札记》出版存在的问题。一是校对不精细，引用文献错漏很多，如第108页："而同（里）程君房几超而上之"，漏一"里"字。第204页："每钱上（止）重七分"，"止"字误为"上"字；又"控官清（请）禁"，"请"字误为"清"字。类似错漏，经粗略统计，列表于后，在此不赘。二是年号前后抵牾。如第225页：化州李应珏编著《乡董箴言》卷一（光绪廿六年庚子，1900年刊）；而第211页：化州李应珏《蚕桑说略》一卷（载氏著《乡董箴言》之尾，是书分为《乡董箴言》《十三经家训》及《蚕叶说略》各一卷，刊于光绪三十年）。按光绪三十年是1904年，与上说1900年矛盾。三是改动篇名，如第75页，篇名为《明代松江佃农劳动生产率及租额》，仲师手稿原题为《明代松江佃农租额及生产率》。"生产率"是生产效率的意思，用单位时间内生产某种产品的数量来表示。"劳动生产率"同单位时间内所生产的产品成正比，而同单位产品所包含的劳动量成反比。因此，这是两个不同的概念，不能随意调用。又如第391页，篇名为《万历初会稽县土地分配不均情况（物产、风俗附）》，仲师手稿原题为《万历初会稽县土地集中情况》，"土地分配不均"与"土地集中"是两个不同概念，也不能随意调用。又如第136页，篇名为《松江细布》，仲师手稿原题为《松江折布》，“细布”与“折布”概念不同，后者与内容贴切，不宜改动。至于第413页，篇名为《户籍、人中杂记——隋唐两宋杭州城户口》，仲师手稿原题为《隋唐两宋杭州城户口》，并无“户籍、人中杂记”，显然是将414页的篇名《户籍、人口杂记》移至此，且将“口”字误为“中”字。以上这些差错，与仲师无关，应由我们负责。

附勘误表

页	行	误	正
77	11	万恭上(人)耕水车二法	漏“人”字
107	19	盖复用黄金(之)矣	多“之”字
108	6	而同(里)程君房儿超而上之	漏“里”字
116	8	(乃)大珰	多“乃”字
117	7	皆(由)宫人出钱	多“由”字
124	4	二十一年壬戌中(,)机布每匹	逗号应在“中”字之前
161	倒数10	遂罢不(放)	“设”字误为“放”字
169	倒数1	河泊所,官之税务尽没,其从出之原	河泊所官之税务,尽没其从出之原
170	3	以输,将其始	以输将,其始
171	倒数8	补(发)牛……收(租纳银)	补(官)牛……收(租细粮)
172	14	定设(宜)卫……命调沿海诸军士	定设(军)卫……命调沿海诸(卫)军士
204	倒数2	每钱(上)重七分	“止”字误为“上”字
	倒数1	控官(清)禁	“请”字误为“清”字
217	3	(高)可恃此	“尚”字误为“高”字
218	倒数10	(卒)力靡他	“萃”字误为“卒”字
219	10	(“)一妇之手	应删(“)
220	3	(大)都学会了	“人”字误为“大”字

（续表）

页	行	误	正
221	7	失金者移（之）妻子	“其”字误为“之”字
	9	当（是）时	漏“是”字
231	倒数2	火药云（。）今议鬻其缗（，）谓	火药（。）云今议鬻（，）其缗谓
239	15	民得番（充）	民得番（休）
	18	计其（收）入	计其（所）入
	19	当数而（上）	当数而（止）
	20	供（应）悉在	供（亿）悉在
256	倒数4	广东驿（逆）	广东驿（递）
280	倒数10	为百（家）养	为百（室）养
281	7～8	一以（周）食……一以（用）饥寒	一以（为）食……一以（周）饥寒
287	4	蔡（金）龙	蔡（会）龙
323	倒数7	俵马自（达）	俵马自（多）
440	倒数8	（十六）以上开除	（六十）以上开除
463	3	（大）监	（太）监

试谈《东莞历代著作丛书》出版的意义

东莞地处岭南，地望最古，山川最淑，人文最隽，真是人杰地灵。自唐宋以来，名人辈出，他们给我们留下了十分丰富的典籍，需要我们去发掘、总结，为今天社会主义建设服务。鉴于此，东莞领导十分重视，领导东莞热心古籍文献的同志开展了大规模的古籍文献整理出版工作。《东莞历代著作丛书》就是其中的一种。

《东莞历代著作丛书》，截至2014年1月，已出版了48册，如果包括单独出版如《悬榻斋集》及《莞水丛书》等，数量就更多了。以后还将继续出版。从出版的书中，已彰显了出版的重大意义。概括言之，有如下数点：

一是抢救濒于消亡的古籍文献，以补国家出版文献的不足，保护了文化遗产。如陈琏的《琴轩集》为海内孤本，王猷的《壮其遗集》为抄本，陈履的《悬榻斋集》为万历刻本，属善本，这些珍本秘籍，向来没有排印出版过，其中个别本子如《邓云霄诗文集》虽然被《四库全书》收入，但版本不同，可补《四库全书》本之缺漏。搜罗这些古籍文献固然要付出很多的劳动，就是整理校勘补佚也要不辞艰辛。如《悬榻斋集》的出版，钟淦泉的《序》称："我们还要感谢杨宝霖先生，他为查找此书付出了淘沙翻垄的艰辛，并精心校勘补佚；感谢热心人岁志欢先生、李炳球先生，他们为该书不厌其烦地追踪索隐；还有刘劲智先生、陈梓英先生为该书回归策划筹谋，更钦谢上海图书馆鼎力惠助"①，才能使该书顺利地出版。在

① （明）陈履撰《悬榻斋集·序》，广东教育出版社，2005年，第4页。

此需要特别提出的是杨宝霖先生，他在搜求、整理东莞古籍文献中所做的补佚工作，如陈琏的《琴轩集》三十卷本，是目前唯一保存下来的。但经他研究，并非完整的本子。因此，他经过不懈的努力，补充了三卷诗文，加上附录，共一百多页，使三十卷本成为较完整的本子（当然没有补齐，见下）。又如王希文的《石屏遗集》，原海内孤本，亦作了辑佚，使一些重要的地方史料得以保存，如《上方伯东湖吴公苏民十二策》就是一篇非常重要的地方政治经济史料。

二是嘉惠学林，为学术研究提供了珍贵的资料。在这方面，各书前言已有提及，可惜过于简略，不够全面，需要补充的又很多，现只能以《邓云霄诗文集》为例，如卷一二《举刺南京城门官疏》所举事述，《万历邸抄》第1208页就有记载，可为佐证，这对研究明代南京城市很有参考价值。同卷《劾赵世卿饰辩疏》亦有事实根据，反映了明代解运军饷不节省的事实。卷一《湛园赋》，不仅在文学研究方面有价值，而且对研究明代田园建筑文化亦有参考价值。又如《悬榻斋集·文集》卷三《上司鹾陈公祖书》，反映了明代东莞灶户的生产组织、生产和纳税情况。我曾据此写了一篇《明代东莞盐政钩沉》，发表在《东莞历史文化论集》上。至于该书辑存的佚文，如《方田议》，对研究明代土地制度有参考价值。《修复邑城北河渠记》，为明代东莞修建水利事业提供了研究资料。又如陈琏的《琴轩集》卷十三《重修滁阳驿记》，对明初的交通研究有用。卷十五《重修金利梁巡检墓记》，说明巡检司起于元代，至明成为维护地方治安的组织。类似例子很多，庶不备举。

三是为东莞图书馆建设提供内容。《东莞历代著作丛书》出版后，东莞图书馆肯定会入藏，除了收集本地作者的作品，外地出版东莞籍作者的作品，如北京中华书局出版的陈建的《皇明通纪》也会入藏，使典藏充裕，形成特色。然后才能有条件开展研究，做专题目录和索引，为研究提供参考。东莞图书馆建设的扩大，反映了东莞文化的发展，《东莞历代著作丛书》的出版起了促进作用。

四是《东莞历代著作丛书》《莞水丛书》等内容十分丰富，其中值得注意的是历代东莞人低调、务实、勤学、进取、爱国爱乡的精神，不计个人得失，热心公益，多做好事，为社会、族群捐资捐物，慷慨解囊的精神。至于为官清廉、耿直、敢于谏诤的觉醒精神，也十分突出。如王希文针砭时弊，直言敢谏，弹劾不避权贵，奏革暴敛不法的总镇太监，罢劳民伤财的粤东珠池、市舶，又奏减芜湖、南赣、梅关八省商税。又如陈履积学，不求闻达，开朗直率，奏撤为丞相徐阶守卫其故里的华亭兵船，上书减轻故乡靖康盐场壮丁的徭役。又如罗亨信温雅，心胸开阔，“无城府町畦”，正统年间，土木之变，也先兵围城下，他毅然仗剑卫宣城，使宣城无虞，明朝免至灭顶之灾，因此，后人称他有安社稷之功。又如陈志敬的保里安民，张家玉的反清复明，在当时的历史条件下亦属爱国爱乡之举。至于为社会做公益的人就更多，如邓云霄在万历年间，遵照先君的教导，倡导公益事，捐资置义田，以济族中贫者，又倡导役田，以助十一都之疲于役者。莞城人翟溥福，居官数十年，清廉忠耿，捐俸市材，重修白鹿洞书院，延请老师教育民间子弟，还亲往讲学，开宏学风。北栅人陈圭，创义塾，延师训育乡邑子弟，乡中岁饥，捐资赈济。类似事例尚多，今不备举。今天出版《东莞历代著作丛书》等，目的如陈琏所说，“以扬潜德，以励生人”，就是要发掘历代东莞人的“潜德”，弘扬历代东莞人的爱国爱乡精神，为今天民族复兴、社会主义建设服务。

最后我想借此对《东莞历代著作丛书》等提点不成熟的意见：第一，校对不够，不细致。如陈琏著《琴轩集》之《前言》第 1 页“琴轩集”误写为“琴集集”。第二，陈琏的著作很多，杨宝霖先生已经尽了很大的努力补辑了三卷，但尚有遗漏，如《万历滁阳志》（载《稀见中国地方志汇刊》第二十二册）卷十三《艺文》载陈琏撰《谒柏子潭记》，《康熙滁州志》卷二十九载陈琏撰《乐器记》，均未收入陈琏集中。又该志尚载有陈琏诗数首，未知陈琏集是否收入。又该志卷二十一《名宦》有《陈琏传》亦可参考。又如《罗亨信集》第 368 页《乞免刘广罪，俾图自新疏》，可补《昭代典则》卷十五，正统元年十二月“亨信劾贵敬等老师玩寇，侵克军饷”条。第三，标点有误，如《罗亨信集》第370页《请禁贩私茶及免纳边军税粮疏》:“茶课本以利中国,便番民。近许客商自备脚力,关运官茶往甘肃西宁,交纳给与淮浙。官盐客商,恃有执照文凭,惟贩私茶。”其中部分内容相应地应改为:“关运官茶往甘肃西宁交纳,给与淮浙官盐,客商恃有执照文凭,惟贩私茶。”第382页《请修理屯堡疏》:“或人多堡少,及旧堡不便之处,俱听随,宜修筑以固边防。”其中部分内容相应地应改为:“俱听随宜修筑,以固边防。”以上这些都属于技术性的失误,瑕不掩瑜,借此机会提出,仅供再版时参考。

2014年元旦草稿

历史小品文

诲人不倦

——深切怀念导师金应熙

20世纪50年代初期，我在广州中山大学历史系读书的时候，金应熙老师是系中最年轻、风华正茂的教授，也是博古通今、学贯中西的知名学者。当时，他主讲“中国现代史”“中国职工运动史”等课程，并指导学生撰写学年论文和毕业论文。他在讲课和指导论文过程中，循循善诱、诲人不倦的精神，深刻地印在我的脑海中，至今不忘。

记得在1953年我上大一时，写了第一篇学术论文，题目是《鸦片战后十年间中国社会经济的变化》。这篇文章与其说是论文，不如说是课堂讨论稿。那时年轻幼稚，不知学术研究的高低，我冒然地请他审阅。出乎我的意料，他不仅接受，而且十分热情，极细心地审查，写了《意见提纲》（见下图）。替我校对了引文，指出引文的错误。特别要我注意的，提了两点：一是写论文，收集资料，应“先从基本的一些类书中找”，最好不要用二手材料，迫不得已亦要查对原文才用，以免别人错自己也跟着错，“有些不宜引用，例（甲）、贾植芳为不可引，亦不必引，直用Martin的书”。同时，“注要详细，如注七，美国国会蓝皮书，卷页须补”。二是“论点方面，共分六点，才致不误，但分析不够具体深入”。同时，“六点中间互相联系的地方，还强调的不够”。产生这些缺点，主要是没有认真钻研马恩论中国中间许多提法，从报刊专文收集材料，没有从原始资料入手，六点内部联系，自然分析不深入，难有自己的见解和创新。这篇文章，因我后来转向研究明清经济史，便作为习作，把它放下来了，一直没有再研究或重新修改发表。但是，金师给我写的《意见提纲》，字体工整，细小秀丽，令我十分珍爱。我把它一直保留在身边，时而习之，作为学术研究的指南，受益匪浅。

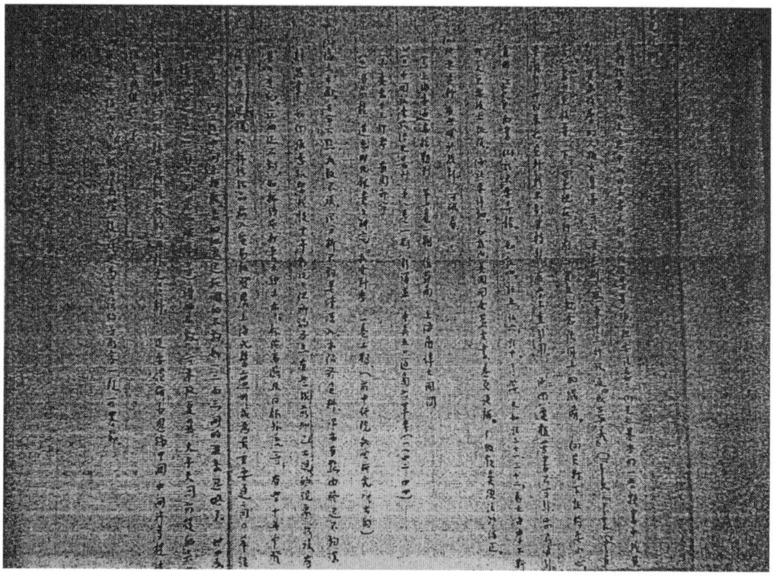

金应熙老师写的《意见提纲》

从20世纪70年代以后，我非常幸运，一直在金师领导下，开展教学和学术研究工作。记得1975年至1979年省委宣传部理论组编写《简明中国通史》，主编就是金师。那时他是中国社会科学院广东分院的副院长，家住在东山大院，我住在黄华路省委党校，相距不远，晚饭后，常到他家去，聆取教益。在这期间，有两件事他给我留下深刻的印象：

一、当时我是借调来理论组工作的人，时间长久，想念家中爱人小孩，不安心，想回原单位。有一次，我买了回家的机票，去向他辞行。他不同意我回去，因工作未完全结束，要我安下心来，读书研究历史。他甚至提出要和我合作，计划由我研究中国沿海地区经济史，他研究东南亚地区经济史，大家收集材料，先撰专题论文，然后再深入比较研究，找出中国沿海地区和东南亚地区经济上的差异、特点及互相影响等问题。我当然无条件地接纳他的意见和指导,依约定我先从广东沿海地区手工业入手。我到中山图书馆和广东社科院图书馆去,广泛读书,收集资料,结果写了《清代前期广东采矿、冶铸业中的资本主义萌芽》一文,发表于《学术研究》1979 年第 5 期上。他写了《十九世纪中叶前的越南华侨矿工》一文,发表在暨南大学《东南亚史论文集》1980 年第 1 集上。他写这篇文章时,我给他提供了一些资料,如康熙三十九年(1700)商人何锡在潮州府丰顺县仲坑山开采规模很大的银矿,注册矿工十三万余人的情况①;云南矿业生产组织和合伙经营的情况②。他依据这些资料,写了十八世纪越南华侨矿工人数激增的历史背景,着重指出越南送星厂生产组织形式是小本合伙经营,和云南矿业中的合伙经营一样,都是"在资本积聚过程缓慢的条件下较为低级的生产组织形式"③。他写这篇文章时,还在注释中介绍我上述的文章。上述他和我的约定,可惜后来因工作需要,他调往香港,研究香港史,而我亦调往暨大任教,才没有继续履行下去。不过,记得那时我提供给他的资料,是抄在我的《读书小札》上的,不光是摘抄,还加上按语。不知他是否合用,因此,我把《读书小札》给他看,他如果认为合用,就抄取给他。他看了以后说,合用,还说:抄书加按语是中国文人的传统,表示首肯和欣赏我的读书方法。由于得到他的肯定,我得到很大的鼓励。三十多年来,我一直坚持《读书小札》的写作,直到现在已有四十多本。

二、1988 年史学界出现了革新的潮流。他又倡导和运用比较法去研究历史,撰写论文。他曾和我谈过运用比较法去研究经济史的好处。运用比较法,他开始于 1948 年,那时,运用比较法在人类学研究上,已有非议,但在经济史研究方面使用这种方法,则颇有成功。因此,他早就接受 Gapanovich 的意见,提出运用比较法要有两个原则:一是注意时间性,如"把两个经济制度拿来比较,其必要条件之一是两个制度不要在时间方面

① 参见刘禹轮《丰顺县志》卷 12《矿产》《银产》,卷 23《文艺》。
② 参见(清)林则徐《林文忠公政书 · 云贵奏稿》卷 9。
③ 金应熙《十九世纪中叶前的越南华侨矿工》,载《东南亚史论文集》1980 年第 1 集,第 81 页。

相差得太远”；二是比较分析中，“应力求把握制度的基本性质，而不要只从表面上的类似做文章”。否则全失败。他将汉朝与罗马经济进行比较，并写了《汉与罗马经济之比较兼论汉代社会性质——纪念杜锡藩先生》一文，说明汉朝与罗马这两大帝国衰亡的经济原因是大致相同的六点因素，并由此推断两大帝国的社会性质也是基本相同的。① 这一结论，虽然因史料不全，未能确定下来，但和上述提到的将广东矿业和越南矿业经营做比较一样，为我们做出了样板。这真是“绣出鸳鸯从君看，又把金针度与人”，使我从中学习、获益良多。

此外，在这期间，和金师聚谈，主要是向他请教，谈学术研究问题。他学识渊博，才思敏捷，妙语解颐，兴致勃勃，诲人不倦，乐为人梯。和他聚谈学术，真是一种享受，给人启迪，使人获益。他常常提出一些具有重大意义的课题，让你深思，引起重视，成为自己的研究导向。如他叫我研究香港经济史，和我谈香港早期的商业，特别是南北行占着重要的地位，弄清楚南北行的营运内容和规律，对香港早期经济发展有重要意义。他还告诉我这个课题的史源。在他的启迪和指导下，我开始注意和收集有关史料，结果和王钜科写成《论述香港南北行》一文，发表在暨南大学《历史文献与传统文化》第七集上，引起了同行的关注。

在我从事学术研究的道路上，金师带领过我，教导过我，帮助过我，鼓励过我，其中高情厚谊，未能尽述，而我终生不会忘却，特撰此文，聊作纪念。

2007 年 3 月 24 日

① 金应熙《汉与罗马经济之比较兼论汉代社会性质——纪念杜锡藩先生》，载《金应熙史学论文集》（古代史卷），广东人民出版社，2006 年，第 14～20 页。

回忆陈乐素教授二三事

陈乐素教授是我国著名的宋史专家。早在20世纪50年代我便闻其名。直到1978年秋天，我和林乃桑等同志代表省委宣传部《简明中国通史》编写组前往杭州大学，征求他对我们编著的《简明中国通史》的意见时，始初次见面。1978年底，我调来暨大历史系工作。次年冬天，他也从杭大调来暨大历史系任教，并主持筹备建立古籍文化研究所工作。当时，暨大复办不久，缺乏教授宿舍，他被临时安排在山顶一座狭窄的房子居住。历史系陈华教授认为我是古代史教研室的教师兼资料室主任，要听陈乐素教授关于筹建古籍文化研究所的意见，便叫我同他一起去拜访陈教授。因为早已认识，见面后稍行礼仪，便转入正题。记得他首先谈筹建古籍文化研究所的意见，认为目前困难的是研究人员不足，一时难找到很好很多的合格人员，要有计划地自己培养。其次是图书资料严重不足，要资料室想办法增置，将来正式挂牌成立研究所时，才从资料室分出，另立研究所的资料室。最后还谈了他的研究计划，准备开展《宋史艺文志考证》及《日知录集释补注》的研究工作，两书都是洋洋数十万字的巨著，还要研究岭南地方史和文化史。当时正逢党中央粉碎"四人帮"不久，他心情舒畅，目光炯炯，侃侃而谈。他的谈话，令我十分感动，使我认识到他虽是77岁的高龄，但为了科学与教育事业，壮心未已，志在千里，奋斗不息，大大地鼓舞我向历史科学进军。从此，我就跟他学习和工作，直到1990年7月他去世止。整整十多年，权作他的私淑子弟，时相过从，渐有认识。有事他喜欢找我去做，如他的研究生张其凡从北京来，他就找我和他及常先生到广州北站迎接。在和陈乐素教授相处的日子里，他给我留下印象最深的二三事如下：

一是笃志宋史研究和治学的求是学风。

七十年来，无论环境如何变迁，陈乐素教授都锲而不舍坚持宋史研究。如1978年在“四人帮”粉碎之前，他被迫退休在杭州家中，每天从郊区住地步行十多里到西湖畔的浙江图书馆看书抄资料。他这种笃志宋史研究的精神，实在令人佩服。同时，他治学严谨，言必有据，形成了“广事商略”和实事求是的学风。如1981年他开始研究流放岭南的元祐党人时，首先遇到的是流放岭南的元祐党人“入瘴乡之路”的“瘴毒”究竟是什么。他到处向人调查、请教。有人说是疟疾的病毒，也有人说是风寒的病毒，但在史籍中找不到根据；相反的，史籍《通真子·瘴气论》说：“岭南瘴，犹如岭北伤寒。”因此，他对调查所得只作参考，不肯据以论述，以防错误，宁愿用《通真子·瘴气论》的材料来说明“瘴毒”的险恶，并以苏轼在岭南染上瘴毒，归至常州，病毒发作而死为例，说明“瘴毒”是一种严重的传染病毒。这样就言之有据，比较稳妥。此外，他做研究、写文章，十分注意文字功夫，要求做到言简意赅，文字流畅。如他写《珠玑巷史事》一文，其中有“一是所从来，一是所定居范围”之句，就值得我们很好地体验。他写了文章，一般都搁一段时间，修改几次，才肯刊布。如1980年他写《陈振孙与〈直斋书录解题〉》一文，经多次修改，题目也改为《略论〈直斋书录解题〉》，于1983年8月才定稿发表。这是对读者负责的态度，而对于汲汲于名利的人来说，实在是一种鞭挞。

二是毕生从事教育，为培养国家有用之才而贡献自己的力量。

陈乐素教授一生教过中学和大学，负担指导研究生和青年教师的任务，还做过中央人民教育出版社的编审，审定中小学历史教科书的工作，是位名副其实的教育专家。他调来暨大以后，已是七十多岁的高龄，不仅带研究生，还为我们年轻教师和研究生讲目录学课程。我记得1980年春在文学院的小课室，他每周讲授两小时。他讲课认真负责，准时上课。他强调目录学对研究工作的重要意义，认为掌握目录学是研究的先决条件，不懂目录，找不到研究资料，就像好媳妇难为无米之炊一样。但是，运用目录学知识，去找研究资料，只是第一步，第二步还要对史料的校勘对比工作做到去粗取精，然后分析、综合，得出结论，据以撰文。他在这门课程中，还介绍了各种综合性目录和专题目录，如《四库全书总目提要》《直斋书录解题》及袁本与衢本《郡斋读书志》《郑堂读书记》等，使我们眼界大开，增长了知识，有助于指导我们治学的门径。

他以培养后学为己任，对后学不吝教诲。他治学有家学渊源，遵从父亲陈垣老倡议的史源学方法去研究，如他撰写《宋史艺文志序文证误》一文，追查原始文献，并进行校勘，结果“考其误有八，而可疑者二”。这成为他运用史源学方法进行研究的例证。他也希望我掌握史源学的研究方法，1980年他送给我一本《陈垣史源学杂文》，要我认真学习。我学习以后，很有感触，知道史源学方法的重要。以后我阅读别人的文章或古代文献时，遇到疑问不解的问题，也学习追求史源，考其讹误。我写的《明代广东三十六行考释》一文，就运用史源学的方法进行研究，结果指出前人多处错误。该文在北京《中国史研究》发表，他看到以后很高兴，建议我将题目改为《明代广东三十六行与清代十三行考辨》，使内容与题目一致，更为贴切。通过这个事例，我深深地体会到他培养后学，真是做到“绣出鸳鸯从君看，又把金针度与人”的境界，给我的鼓励和教育很大。

三是为我校图书资料的建设做出重大的贡献。

我校复办初期，图书资料十分缺乏，做研究工作十分困难。陈乐素教授面对这种情况，并不悲观失措，而是千方百计克服困难去解决，主动地和全国各地的书店、藏书家联系，积极为学校图书馆和资料室购买图书文献。如1982年暑假，他亲自带我去苏州、镇江、扬州、泰州、南京等地访书购书。为了争取时间购到好书，他不辞劳苦，干劲十足。记得在扬州时，闻人说泰州古籍书店有影印及善本书出售，立刻叫我买车票，乘晚班车赶去泰州。到泰州时已是晚上十点多，和他住在一间简陋的客店，只有两张木板床和毛毯，吃一碗白面就休息，第二天早上才去书店找人买书。记得当日选购了王明清的《挥麈前录》《挥麈后录》、王方庆的《魏郑公谏录》、陈振孙的《直斋书录解题》等，特别是买到善本顾炎武的《日知录》，令他高兴不已。值得特别介绍的是在苏州，他通过朋友介绍，在锦帆路10号章氏故居，找到了章太炎的后代，多次商谈，才谈妥条件，如在图书馆建室珍藏等，让其后代以章氏名义捐赠了章太炎的全部藏书给暨大，共3000余册，其中善本445册。这批书中，有不少有章太炎的评语和眉批。如《景德传灯录》卷一眉批云："传灯录所载中土诸师皆有实事，其印度二十七祖，多涉附会，且达磨言论无多，亦断无此种传述，大抵后代所为耳。"又《张太岳(居正)文集》卷十七《先考观澜公行略》眉批云："夺情事无以厌众人心，故托其父生之言以自解耳。"这些眉批虽简单，但帮助读者了解书中内容，免走弯路。同时，给予读者启示，具有相当高的学术研究价值和文献价值。又如1982年间，台湾成文出版社有限公司印行《中国方志丛书》第一期、第二期共1362种3128册，定价8万多美元，折合人民币40多万元。我和他商谈，希望学校图书馆购买这批图书。他立刻支持，并向学校和系领导反映，说明这批方志对教学和科研大有裨益。他让我以历史系资料室名义打报告，经系领导审批，再上报学校审批。由于他的支持，当时主管系工作的副主任吕宝郎同志十分重视，全力办理。由于这批方志是通过中国进出口公司广州分公司办理的，有时间的限制，所以学校领导破例在星期日下午开会讨论，吕主任就坐在会议室旁边等候讨论结果。获得参加会议领导一致通过，吕主任立刻找我去广州办理订购手续。总之，陈教授为我校图书资料的建设工作尽了努力，为后人的研究工作创造了良好的条件。

四是生活俭朴，倡导体育运动，关心别人健康。

陈乐素教授豁达乐观，刻苦自励，与人相处，十分厚道，和蔼可亲。他生活朴素，从不讲究吃什么。如我和他出差到扬州时，觉得他年事已高，工作辛苦，便提议吃好一点。他却说：粗茶淡饭，安之若素。我起名乐素，就是为了吃素菜哩。吃素菜，身体健康。我拗不过他，知道他喜欢食扬州蟹黄灌汤包，就和他去吃，外加一碟素菜，权作正餐，大家就很高兴了。

和他相处,深感到他爱护和关怀别人胜过自己。如他关心我的研究,叫我到他的研究所去兼研究员,拨款给我,支持我校点《万历会计录》。对我健康的关心,就更为突出。有一次出差在杭州,工余之闲,他带我游西湖,步行九曲十三弯,登龙井饮茶。因为路途较远,我怕累坏了他,便建议乘车。他说不要,并语重心长地对我说,一个人的学问,不是一蹴而就的,需要长时间的磨炼才成,身体不好,就难以维持长久。所以他每天都运动,实行"万步走",出街可以不坐车的就不坐车,走自己的路。走路促进血液循环,帮助消化,增加食欲,身体自然健康。我不懂上龙井的路,他叫我跟着他走,锻炼走路。当进入西湖时,他念了苏东坡的诗:"欲把西湖比西子,淡妆浓抹总相宜。"上下梯级,他似小孩一样跳上跳下。我看到他年近八旬,心情舒畅,精神矍铄,步履矫健,十分高兴。当时,我很感动,并向他说,我以后一定注重健康,参加锻炼。他微笑着慈祥地看着我点头,表示相信我一定能做到。又有一年除夕的前夜,隆冬天气,寒冷异常,我到他家看望他。他见我打战,有冷意,便提醒我要穿够衣服,注意健康,并送我一对橡木的健康球,叫我带在身上,有空就拿出来练手握力,他示范给我看,并解释说:我祖父几代人都做健康球运动,简易可行,十分方便。你不要看不起这小小的健康球,转扭数次,十指都动,手肩渐热,促进血液循环,减少心血管毛病。我家的人都没有患上心血管毛病,就靠此球运动。从此,我就拿着他送给我的健康球运动,至今不断。每天当我拿起他送给我的橡木健康球运动时,他的音容笑貌就历历在眼前,使我想起他对我的深厚情谊、对我的关怀和教育,令我永志不忘。

在他百年诞辰的时候,回忆他和我相处的日子,留给我印象最深的上面几件事,我如实地写出来,以窥他的优秀品行。他一生研究宋史,发表了两卷《求是集》和巨著《宋史艺文志考证》,创办了古籍文化研究所,并为我校图书资料的建设做出贡献,硕果累累,为人称颂。在教育上,他培养人才成绩斐然,从宋晞、徐规到张其凡,都是著作丰赡,成为国际宋史研究领域中的佼佼者。1990 年,我校副校长王越教授为他写的一副挽联称:"宣扬求是精神，两卷鸿文堪问世；树立过庭风范，一门史学有传人。"这真是概括了他一生业绩的写照。今天我们纪念他，就要学习他生活俭朴、淡泊名利和关心别人的作风，学习他治学严谨的求是学风，学习他培养人才的言传身教以及艰苦创业的精神，与时俱进，为建设具有我国特色的社会主义社会而奋斗。

2002 年 11 月 10 日初稿

海瑞墨迹谈丛

海瑞的墨迹，今尚保存下来的，据我所知，一是保存在海口市郊苏公祠内的两块石碑，隆庆四年正月用楷书写的《管子·牧民篇》，尾梢有嘉庆二十四年仁和费炳章和定安莫绍惠的题跋，在费炳章的题跋中写道："是卷为忠介公真迹，□玩一过，觉刚正之气，奕奕如生。"以及用行书写给吕调阳的一封信，信内大意是要吕调阳在会试主考时，要秉公办理，不能徇私作弊。二是保存在北京中国历史博物馆内，用行书写的立轴，纵一百一十三厘米，横五十二厘米，上书"大学中庸治平天下"，下题"钦署粤东海瑞"字样，并钤两大方印，上一方文为刚峰，朱文，下一方文为海瑞，白文。此外，流入香港的，有用行书写给长翁的一封信，信内钤有许多收藏名家的印章，如"迂庵秘玩"，朱文；"伍元蕙俪荃甫评书读画之印"，朱文；"伍氏俪荃平生真赏"，白文，等等。此信意义较大，不易见到，值得介绍。信上说：

> 昨有鄢转运过境，乘彩舆，用多多女子辇之，声势赫赫，殃我子庶甚苦，殊可悲悯！是以不惮其强骄，抑之使去。瑞所持者无他，抚治内元元，不至饥寒以答主知耳。伏愿长翁先生示我周行，为此致候善，近日风冷，望珍重珍重，不宣。谨上。五月八日，海瑞启。

这封信大概是嘉靖四十年（1561）在浙江淳安知县任上写的。时逢奸臣严嵩的党羽鄢懋卿，以都御史奉命出巡盐政。这个家伙，坐着五色彩轿，声势赫赫，所到之处，贪污勒索，穷奢极欲，地方官吏深怕得罪他掉了官职，阿谀奉承，替他选美女，送钱银，供酒席，甚至小便壶也用银的做了给他。而这些财物，势必是榨取农民来补偿。海瑞闻讯，愤懑异常，认为“殃我子庶甚苦，殊可悲悯”，从而“不惮其强骄”，与他的朋友慈溪知县霍与瑕（广东人）相约，既不办酒席迎接，也“无赂遗”。海瑞甚至抓住了鄢懋卿的辫子，写了一封信给他，说您的通知中自称“素性俭朴，不喜逢迎”，但据我派人探听的结果，恰巧相反，如果照通知办事，恐获简慢之罪，大肆招待，又怕违背了您体贴平民的好意。请示大人究竟应怎样办？鄢懋卿接了信，气得咬牙切齿，狼狈不堪，但深知海瑞铁面无私，犯不着去碰他的钉子，于是只好说：“当然照通知办事。”然后便绕道过去了，不敢到海瑞所辖的淳安地方。上面海瑞给长翁的信，就是这件事发生后不久写的。从信上看，充分表现了他廉洁刚直，关心人民饥寒，不避权贵，阻击豪强，禁止侵渔，敢于和坏人坏事做斗争的风格。所以当时浙江人民称他与霍与瑕为“两廉吏”。

去年，我还看到一幅声称为海瑞写的对联拓片（残破），写的是：“干国家事，读圣贤书。”当时我曾误听人说是他的手笔。目下仔细研究一番，非真实赝。理由：一是海瑞书法刚劲有力，而是联字体肥大，圆润，相去颇远；二是是联尾有海瑞的题名、印鉴和忠介的印鉴，“忠介”是海瑞死后，统治者给他的谥号，怎么海瑞死后尚能写字呢？显然这是骚人墨客或牟求暴利的书肆商人所为。

海瑞书法，写得很好。“笔法奇矫”（康有为《广艺舟双楫》）、“笔力苍秀”（袁枚《随园诗话补遗》）是他的特色，细细观摩，真有笔力透纸背之感。

元旦的起源

我国的旧历元旦，早在夏代就已经出现。《晋书·律历志》载："颛顼以今之孟春正月为元，其时正月朔旦立春。"这是说夏代黄帝的孙子颛顼以正月朔旦立春之日为元旦。历汉、晋至南朝，"元旦"一词，便正式记载于文献，如《梁三朝雅乐歌》中有"四气新元旦"之句。到了元代，赵孟頫为元旦写诗，有"正月新献岁，最先理农器"之句，说明我们的祖先很久以前已经把元旦看成是一年开始的第一天，并赋予意义，成为总结一年劳动成绩、为即将来临的繁忙的农耕做好准备的节日了。

至于定哪一月哪一天为元旦呢？标准如何呢？因为世界各地使用的历法不同，并不一致。例如我国的旧历，是以月亮绕地球公转而定，创始于夏朝，叫作夏历。古时广大农民普遍使用，又叫作农历，以正月朔旦立春之日为元旦，一般是在阳历二月四日或五日。而在阿拉伯的伊斯兰教国家里，是以太阳绕地球公转而定（古时以为太阳绕地球旋转，是错觉），叫作伊斯兰教历，以春分之日为元旦，一般是在阳历三月二十日前后。由于使用的历法不同，元旦的具体时间相差好多天。

说到阳历（新历）元旦，原是古代罗马格雷果里历所定，以地球绕太阳公转为一年，以冬至后十天为元旦。配以公元纪年，以耶稣诞生之年为元年，这是罗马僧侣狄安尼西提出来的。后来格雷果里历成为国际历法，世界通用，同时配以公元纪年，比较方便。我国在 1912 年已经开始采用，但还不实行用公元纪年。到 1949 年 10 月 1 日，中华人民共和国成立，便正式通令全国，改用公元纪年，并以阳历为国家通行历法。

今天，庆祝元旦的时候，应该发扬我们祖先“献新岁，理农器”的优良传统，做有意义的活动，以迎接新的大跃进的一年。

饮冰和冻藏的史话

根据最早的历史记载,我国饮冰开始于东周。《周礼·凌人》称:当时诸侯朝见,宴会上,周天子供给他们饮冰。《庄子·人间世》载:春秋时,叶公子高奉命出使齐国,事成与否,未能知之,心中灼热,晚间饮冰。杨侃《两汉博闻》卷七云:汉李陵远征沙漠,军中缺水,命令每人带一大片冰,"以备渴"。明人陈继儒《销夏部》卷四也云:三国时,曹操在临漳西南,建石虎于上藏冰,三伏日以赐大臣。据上所述,可见从东周到三国,已经把冰作为饮料,只是还未普遍罢了。

唐宋以后,饮冰的人逐渐多起来。唐朝的首都长安,每逢夏月,"价等金璧"①,可见冰的价格比较昂贵。但到了宋代,市民饮冰,消夏解渴,已成为普遍现象。宋代诗人杨万里诗中,反映了这一情况:"帝城六月日亭午,市人如炊汗如雨。卖冰一声隔水来,行人未吃心眼开。"

唐代以前,人们饮的多是自然冰,即每当冬天,水凝为冰,取之储于"鉴"(一种陶器制成的器具)或深井中,使其保持低温,不致融化,盛夏出而饮之。这种办法,势难满足越来越多的人饮冰的需要。同时,饮自然冰,虽经过储藏起过过滤作用,但仍不够卫生,于是人工制冰或冰条便应运而生。宋人陈元靓的《岁时广记》记载:"以新汲水炽火煮千沸,取越瓶口小腹大者,满盛其汤,以油帛密封口,勿令泄气,复以重汤煮千沸,急沉井底,平旦出之,破瓶,冰已结矣!"这是运用一种高温突冷的原理制造出来的。

---

① (唐)冯贽《云仙杂记》卷6《冰雪至夏价等金璧》。

当时，人工制冰条，比较昂贵，一般要在宴会上才能吃到，故称“寒筵冰”。元明以后，一直沿用此法制冰，而且传播于城乡之间。元代人很喜欢用冰拌他种食物而饮，如临洮地方，即有人“以蜜浆调之，如真珠粉然”，称为“珠子冰”。[①] 马可·波罗的《东方见闻记》里说的“奶冰”，大概也是用水拌牛奶通过上述方法制造出来的，实际上就是我们今天吃的雪糕、雪条了。

至于冰藏、雪藏食物，如生果之类，《周礼》中已有“凌人掌冰……春始治鉴”之句。郑玄注云：“鉴如甀，大口，以盛冰，置食物于中，以御温气。”犹如今之冰箱也，可见冰藏食物，发明甚早。雪藏食物，始于宋代，宋人袁文的《瓮牖闲评》卷八说：“自古藏冰，盖有用也，见于《周礼》并《诗》，至本朝始藏雪。……藏雪之处，其中亦可藏酒及柤、梨、橘、柚诸果。……夏取出，光彩灿然如新，而酒尤香冽。”可惜雪藏方法，他没记载下来。

从上述历史记载，可见我们的祖先远在很久以前就知道冰藏、雪藏食物了，这对长久地保持食物的新鲜美味提供了条件。

1963年6月16日

① （金）元好问《续夷坚志》卷3《珠子冰》。

关于影火镜和火柴的历史

从《华南研究资料中心通讯》第一期上,读到科大卫博士撰《从一封信谈起》一文,其中提到影火镜和火柴,我想就其历史状况,谈一下我的看法。

一 从钻木取火到影火镜、火刀火石的使用

我们的祖先是最早发明人工取火的民族。相传远古时代人们"茹毛饮血",燧人氏发明钻木取火,教人熟食。《韩非子·五蠹》称:"民食果蓏蚌蛤,腥臊恶臭而伤害腹胃,民多疾病。有圣人作,钻燧取火,以化腥臊,而民说之。""钻燧取火"的"燧",即"木燧"。古人钻木取火,因季节变换改用不同的燧木取火。东汉马融称:"春取榆柳之火,夏取枣杏之火,季夏取桑柘之火,秋取柞楢之火,冬取槐檀之火。一年之中,钻火各异木。"所以唐人朱湾《平陵寓居再逢寒食》诗有"火燧知从新节变"之句。

钻木取火的同时,我们的祖先又发明了"金燧"取火。据《礼记·内则》称:古代品官"左佩纷、帨、刀、砺、小觿、金燧,右佩玦、捍、管、遰、大觿、木燧"。郑玄注云:"金燧,可取火于日";"木燧,钻火也"。可见这种"金燧",实际上是一种很薄的金属做成的镜子,在烈日照耀下,也能生火,故称"火镜"。这就是科大卫博士在文中所提到的"影火镜"一类的东西,可见其历史渊源之长久。我小时候,曾做过在烈日下用"眼镜影得火"的实验,颇有趣味。

以上两种人工取火方法,都不方便,且受到一定条件的限制,如用火镜

取火，没有烈日，就不能实现；钻木取火，要耗费一定时间。故后来又发明了火刀、火石的人工取火方法。这种方法的由来，可能在旧石器时代，人们打制石器时，两石对击冒出火花时发明的。但直到铁器使用时代，始实践成功。可惜，唐以前，一直未见文献记载。唐宋以后，始有文献记载。如火石，即燧石，取火之石，主要由隐晶质石英组成，普遍为浅灰至褐黑等色。《旧唐书·舆服志》称："武官五品已上佩鞊韘七事，七谓佩刀、刀子、砺石、契苾真、哕厥、针筒、火石袋等也。"武官佩火石袋，主要是军队到达目的地生火之用。火刀，即火镰，取火之具。用钢制成，形似镰刀，故称。《水浒传》第118回："你等身边，将带火炮、火刀、火石，直要去那寨背后，放起号炮火来。"元李好古《张生煮海》第三节称："家僮将火镰火石引起火来。"火刀和火石相撞击，虽然能生出火星来，但尚需要火媒始能生出火来。以上《水浒传》等都省略了火媒。这种火媒子，清代叫作火纸筒，是用涂着硝的纸条搓成的引火物，外套竹筒，故称。《儒林外史》第55回称："他无以为生，每日到虎踞关一带卖火纸筒过活。"硝纸易引火，打火时，将硝纸从竹筒推出，贴在火石面上，火星便点燃出火来。科大卫博士在文中说："我在香港新界访问时，听老人家说过，以前生火，是用两块石头相碰把火打出来。"大概就是上述用火刀、火石及火纸筒的打火方法，稍异的，只是用一般烧过的土纸代替硝纸而已。抗日战争时期，在湛江乡间，我父亲就是用这种方法取火点烟吸的。这种取火方法的历史渊源亦很久远，但到了唐宋以后，才普遍使用，开始有文献记载。

综上所述，燧人氏是否真有其人，不得而知，极有可能是发明人工取火的集体的代名词。它反映了我国原始时代从利用天然火到人工取火的情况。恩格斯在《自然辩证法》中曾指出：火的使用是人类社会"有决定意义的进步"之一，这一进步"直接成为新的解放手段"。以后人们又发明了"金燧"和火刀、火石的人工取火方法，反映了我们的祖先离更有效地控制人工取火，又前进了一大步。

二　我国最早的火柴

冯梦龙编《古今小说》第一卷《蒋兴哥重会珍珠衫》称婆子设圈套使陈大郎会三巧儿时,写道:婆子故意灭了灯,说出去点个灯来。出去不久,便窜回来道:"忘带个取灯儿去了。""取灯儿"是什么呢?清福格《听雨丛谈》卷11《取灯》条载:"京师有市取灯者,其名甚雅。以芝麻藍削为细枝,涂硫黄于顶,遇火即燃,用以引烛。"故又名"发烛",亦名"淬儿"。

按冯梦龙在小说里所述的事,是发生在明代成化年间。其实这种"取灯儿",在成化以前已经出现,不过名称不同罢了。据田汝成《西湖游览志余》卷25载:"(北)周建德六年(577),齐后妃贫者,以发烛为业。"始至宋时,人呼为"引光奴",又叫"火寸"。宋陶穀撰《清异录》卷下《火寸》云:"夜中有急,苦于作灯(点灯)之缓,有智者批杉条,染硫黄,置之待用,一与火遇,得焰穗然。既神之,呼引光奴。今遂有货者,易名火寸。"由此可见,这是一种寸许的芝麻藍或杉木削为小枝,染以硫黄的易燃之物,用火为引,借以发火,有专人制造,并以商品的姿态出现在市场上。

欧洲广泛使用火柴,始于十九世纪初。先是奥人柏来歇耳制作的非安全火柴,其法以木条蘸已熔之硫黄,外覆以用磷质氨酸钾及胶水红料制成之糊,随处摩擦,即能生火。缺点是容易引起火灾,非常不安全。故稍后,瑞典人伦特斯脱路姆才加以改制,其法以硫化锑易去磷质,加入重铬酸钾、铅丹,必与红磷及硫化锑摩擦,始能生火,称为安全火柴。① 这种火柴大概是嘉庆、咸丰年间传入中国,当时称"洋取灯",与上述"取灯儿"不同者是"不必用火为引,惟向粗木或砂布一划即燃"②。其他无论制作还是规格上都大致相同。因此,"取灯儿"应该是我国最早的火柴,它开始广泛使用至少比欧洲使用"洋取灯"早几个世纪。

---

① 徐珂《清稗类钞》第5册《工艺类·制火柴》。

② (清)福格《听雨丛谈》卷11《取灯》。

三　战前港澳产销火柴概况

我们的祖先虽然早就知道制作和使用火柴,可是,由于封建统治者长期实行"重本抑末"政策,近代又受到西方帝国主义国家的侵略,工业不振,经济上一直处于落后的地位,所以直到宣统时(1909—1911),始"有人于天津、上海、杭州、长沙设厂自制"①火柴。

香港得风气之先,设厂生产火柴,比内地为早。光绪二十四年(1898)由华人出资组织香港隆记公司,在香港设立工场,生产火柴。当时该工场聘请日人为技师,原料亦由日本输入,药品仰给于德国,拥有工人百人以上,每年出产火柴有二三千函,其"为南中国最早的火柴工场"②。但在光绪二十年(1894)成书的《香港杂记》已提到香港自制火柴一事,隆记工场是否最早尚需考证。

清末民初香港的经济重心是转口贸易,人们不热心设厂生产,只做澳门火柴的营销生意。民国元年(1912)在澳门设立的东兴火柴厂,在香港就设有办事处,分销火柴。③ 20世纪二三十年代,是我国火柴工业的全盛时期。在广东省内有吉祥、永安、义和、广中兴、大和、文明、老怡利、巧明等火柴公司,年产量在三万函左右。④ 在澳门亦有昌明、东兴、大光三家著名火柴厂。如昌明火柴厂,民国十七年(1928)黄庆堂创办,在澳门惠爱街设立工场,生产三角唛、昌明牌、单鹿牌、V字牌、田角牌、双环牌、中国牌、OK牌及国民牌等品牌火柴,在香港德辅道西115号设立办事处,分销火柴。⑤直到1939年,仍是做澳门火柴厂的营销生意。史称:近年"本港未有火柴厂开设。近者(火柴)来源多自澳门,并以该处厂商之出品,销流最为普

---

① 徐珂《清稗类钞》第5册《工艺类·制火柴》。
② 李史翼、陈湜编《香港——"东方的马尔太"》,上海华通书局,1930年,第192页。
③ 参见陈大同《香港商业录》,第43页。
④ 李史翼、陈湜编《香港——"东方的马尔太"》,上海华通书局,1930年,第192页。
⑤ 参见《香港工业调查》,1947年。

遍，盖执业者但求市情畅旺，人多乐用，转手货当有增益也”[1]。是年，由于提倡国货，反对日本火柴贱价的倾销政策，所以国产火柴一度畅销，如1939年澳门昌明、东兴、大光三华资工厂出品外销共值港币二百余万元，比上年增加了一倍。[2] 欧战发生以后，日本军国主义者企图控制中国命脉，在华北、华中、华南沦陷区实行统制华商火柴政策，摧残华资火柴厂业务，同时，以武力收买各厂，使国内许多火柴厂落入日人之手，剩下一些厂，亦面临苟延残喘局面。澳门火柴厂虽然未遭直接摧残，但受战争影响原料来源缺少，生产亦在衰退中。所以抗战时期，国产火柴是非常不易买到的，于是如上所述，只好用影火镜及火刀、火石来取火了。这或许就是如科大卫博士所说的“一个生活上的演变”吧。

1997年6月4日于广州

① 《香港华侨商业年鉴·工业概况》，1939年，第35页。
② 《香港华侨商业年鉴·工业概况》，1939年，第35页。

《中国大百科全书》(1992年版)条目

海禁 明政府禁阻私人出洋从事海外贸易的政策。亦称“洋禁”。始于明初,在明一代虽时张时弛,但直至明末,未曾撤销。

海禁的实施 明太祖朱元璋出于政治上的需要,在对外贸易上,除了为“怀柔远人”,允许部分国家或部族通过“朝贡”的方式进行贸易,其他私人海外贸易一律禁止。洪武年间(1368—1398)屡申“通番禁令”,规定“滨海居民不许与外洋番人贸易”,颁布“将人口军器出境及下海者,绞”等严刑峻法。又在山东至广东的沿海地区修筑海防工事,建立严密的“巡检”制度。永乐以后,明廷仍屡申“严私通番国之禁”,但远不如洪武年间严厉,禁令的范围也逐渐缩小。永乐年间(1403—1424)对朝贡贸易的违禁事件,成化年间(1465—1487)对官吏私通番国的贸易事件,都采取比较宽容的态度。正德、嘉靖年间(1506—1566),西方殖民主义者渐次到东方寻找殖民地。嘉靖三十二年(1553),葡萄牙殖民者以晾晒水渍货物为由,强借澳门(见壕镜澳)。他们盘踞澳门,不服“抽分”,贩卖奴隶,危害明朝主权,并转向福建、浙江沿海从事违法的贸易活动。当时从事海上贸易者获利甚巨,故官僚地主多与商人相勾结,凭恃权势和厚资,串通官府,逃避禁令,招诱破产贫民出海。或违禁“私造双桅大舡下海”,有的则“私充牙行,居积番货,以为窝主”。有的舶主更“名为商贩,时出剽劫”,既是走私商,又是海盗。有些豪门世家、奸商舶主,利欲熏心,不仅与葡萄牙殖民者进行非法贸易,而且勾结倭寇在东南沿海一带掳掠杀害中国人民,构成了有明一朝的“倭寇之患”。嘉靖元年(1522),给事中夏言认为倭寇起于市舶(即贡舶)，建议罢市舶，厉行海禁。朝廷接受建议，封锁沿海各港口，销毁出海船只，禁止下海捕鱼捞虾，断绝海上交通。凡违禁者，必依法处以极刑。

危害　明廷严厉的海禁政策，并不能阻遏私人海外贸易的发展，相反，参加对外贸易的人越来越多。朝廷无法禁绝。正如徐光启所说："官市不开，私市不止。"这是一种自然的发展趋势。同时，正德、嘉靖年间海禁政策与洪武年间有所不同，洪武年间尚进行有限制的贡舶贸易，而正德、嘉靖年间所有的对外贸易都被禁止。这实际是闭关主义的表现形式，它阻碍了中国与邻近国家的商品交流和国内工商业的发展，故广东和福建的地方官员主张开放海禁。隆庆初，旧日的海禁政策已经不可能维持下去，而东南沿海的倭患又已大体平息，朝廷在舆论影响下，才批准福建巡抚都御史涂泽民的建议，开放海禁，"准贩东、西二洋"，以征收商税，增加财政收入。

开洋禁　开放海禁，即等于明政府允许私人海外贸易的合法存在，这使参加海外贸易的中小商人大大增加，他们凑集资金，建造海船，装载土产，径往东、西洋，与海外诸国贸易。明朝政府的商税也因此不断增长。漳州府在万历三年(1575)征收税银六千两；万历二十二年(1594)则征收银约三万两。海外贸易的发展，促进了东南沿海地区商品性农业和手工业的繁荣，为资本主义萌芽的成长提供了有利条件。但海禁的开放也是有限制的，弛禁初期颁发"引票"五十张，万历中增至八十张，东、西洋各四十张。出海贸易者，均须经海防同知批准，领取"引票"，到指定地区贸易，并在规定的期限回港。对前往贸易的国家和地区也有一定限制，日本即在禁止通商之列。另外，对出口货物的品种也有所限制。这类规定依然严重地束缚着海外贸易的正常发展。

贡舶　又名市舶。本指明初海外诸国贡使所乘的船舶，引申为明清时代官府的对外贸易。明制，外国贡使来中国，除了携带贡品，获准附带商货进行贸易。对各次朝贡的贡品，明政府均照例偿以相当代价。非朝贡国家的船舶来华互市例加禁止。明政府对海外诸国来华朝贡的贡期、贡道、船舶数和朝贡人数都有具体规定。贡期有两年一贡(如琉球)、三年一贡(如暹罗、高丽)、十年一贡(如日本)数种,通常为三年一贡。为辨认贡舶的真伪,洪武十六年(1383),礼部制定勘合制度,并开始对暹罗等五十九国发放勘合文册。贡舶到达港口后,先由市舶司检验“勘合”,相符者方许入京朝贡。贡舶带来的商货,可由贡使带入京师,在会同馆开市三日或五日,中国商人及军民人等可将非禁货物运入馆内,在礼部派员监督下“两平交易”。也可以在市舶司所在地互市,由市舶司主持,官设牙行,与民交易。初,贡舶贸易全免课税。弘治、正德年间始行抽分制,税率不一,弘治年间(1488—1505),在北京会同馆互市,抽税十分之五。正德年间(1506—1521),在广东市舶司所在地互市,抽税十分之二,此后一般以此为准。隆庆以后,贡舶贸易渐趋衰落。诸国来华之互市船舶,渐称市舶。入清以后,市舶成为外国商船的专称。

明市舶司 明代沿袭前朝之制,市舶司管理海外诸国朝贡和贸易事务,置提举一人,从五品,副提举二人,从六品,属下吏目一人,从九品。提举,或特派,或由按察使和盐课提举司提举兼任。市舶司隶属于布政司。因此,税收大权完全掌握在布政司等长官手中。直至明末,采取了定额的包税制,才改由提举负责征收。

吴元年(元至正二十七年,1367)设市舶提举司于直隶太仓州黄渡镇(今江苏太仓附近),洪武三年(1370)以太仓逼近京城便改而设在广东的广州、福建的泉州(后移至福州)、浙江的宁波各一司。在广东的是专为占城(越南)、暹罗(泰国)、满剌加(马来西亚)、真腊(柬埔寨)诸国朝贡而设,在浙江的是专为日本朝贡而设,在福建的是专为琉球朝贡而设。七年,上述三司曾经一度废止。永乐元年(1403)又在广州设怀远驿,在泉州设来远驿,在宁波设安远驿,由市舶司掌管接待各国贡使及其随员。广东怀远驿,规模庞大,有室二十间。广东市舶司命内臣提督。六年,为了接待西南诸国贡使,又在交阯云屯(今越南广宁省锦普港)设市舶提举司。嘉靖元年(1522),因倭寇猖獗,罢去浙江、福建二司,唯存广东一司,不久亦被废止,直到三十九年,经淮扬巡抚唐顺之的请求,三司才得到恢复。四十四年，浙江一司以巡抚刘畿的请求，又罢。福建一司开而复废，至万历中始恢复。自此以后，终明之世，市舶司无大变动。

邓茂七起义　明代中期邓茂七领导的农民起义，于正统十三年（1448）爆发于福建沙县，景泰（1450—1456）初失败。邓茂七（？—1449）原名云，江西建昌（今南城）人，佃农出身，因在家乡杀死地主而逃到福建宁化，后又移居沙县，改名茂七，佃种为生。当时，地主在征取田租之外，还要佃户交纳鸡鸭等“冬牲”，佃户生活极其困苦。正统十二年，茂七被编为甲长，趁机领导佃农拒绝送租，拒交冬牲鸡鸭等额外剥削。次年二月，知县派巡检逮捕茂七，茂七乃杀弓兵，聚众起义。起义军杀巡检和知县，远近响应，数日内众至十余万人，在沙县陈山寨建立政权，自称铲平王，设官属，杀富民，缔置里图甲役，并与活动于闽浙赣边界的叶宗留领导的矿徒起义军（见叶宗留起义）取得联系，彼此声援，共同作战，顺利占领沙县县城，然后向延平府（今福建南平）进军。御史丁瑄遣使招降。茂七杀使者，击败御史张海所派官军的讨伐，继于延平城外大败明军，杀都指挥范真、指挥彭玺。此后起义军乘都御史张楷被叶宗留起义军堵截于浙江之机，在群众的支持下，连破二十余县，“控制八闽”，三省震动。明政府惊惶万分，于次年正月以宁阳侯陈懋为征南将军，率京营及江浙诸路大军共四万七千人前往镇压。张楷此时亦由浙入闽，招降起义军首领罗汝先、张繇孙及黄琴等人。二月，罗汝先等诱茂七攻延平。邓茂七遭明军重兵合击，中箭牺牲。起义军受挫，余部在茂七之侄邓伯孙、廖氏夫妻及部将郑永祖等率领下继续斗争，因众寡悬殊，与矿徒起义军又缺乏密切配合，终于景泰初被陈懋等所率官兵镇压下去。

《广东百科全书》(1995年版)条目

《广东通志》 指清末以前广东所编的各种省志。最早的广东省志是宋代无名氏编的《广东路图经》57卷,已佚。及至明清,修志之风大盛,省志亦改以通志名书。现存主要有6种:

《嘉靖广东通志初稿》。40卷,首1卷,明戴璟辑。现存版本有嘉靖十四年(1535)原刻本和1946年据原刻本蓝图晒印本。该志编写仓促,潦草芜杂,门类不恰当。事记疏误之处亦不可免。然"其文丽,其事核,而一方文献大备"。尤其记载番舶、海寇、少数民族以及驿传、赋役等,内容翔实。

《嘉靖广东通志》。70卷,明黄佐纂修。现存版本有嘉靖四十年(1561)原刻本和1977年香港大东图书公司据补刻本影印本。该志资料丰富,"体裁韵雅,考证精详"。然随意褒贬,是非不明。

《万历广东通志》。72卷,明郭棐纂修。现存有万历三十年(1602)刻本。该志体例分藩省志,叙述全省性的事情,郡县志分叙各府州县事迹,突出地方史的特点。同时,叙述人物,内容详榷,为后来修志者所重视,引用颇多。其缺点是体例不够协调。

《康熙广东通志》。30卷,清金光祖纂修。现存有康熙三十六年(1697)刻本。该志卷目清楚,粗具崖略;详今略古,较为突出。

《雍正广东通志》。64卷,清郝玉麟纂修。现存版本有雍正九年(1731)刻本和乾隆年间《四库全书》本。该志"采掇补苴,较为赅备"。至外番一门,为他志所罕见,亦具特色。然因赶工完成,质量不高。

《道光广东通志》。334卷,首1卷,清阮元纂修(见下图)。现存版本有道光二年(1822)刻本、同治三年(1864)重刻本和 1934 年上海商务印书馆据重刻本影印本。该志的纂修,缘起于编辑《大清一统志》。该志体例雅饬,采摭繁富,叙事详赡,旁征博引,编纂质量较高,是现存《广东通志》中较为重要的一部,海内外视为善本。缺点是叙事前后矛盾,观点不统一;缺略过多;不收广东抗清的著名人物。

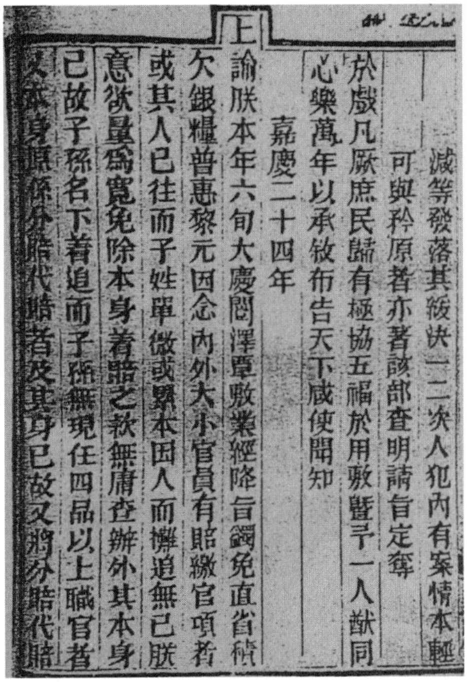
減等發落其餘決一二次人犯內有案情本輕
可與矜原者亦著該部查明請旨定奪
於戲凡厥庶民鬍有極協五福於用敷暨予一人猷同
心樂萬年以承敬布告天下咸使聞知
嘉慶二十四年
上諭朕本年六旬大慶闓澤覃敷業經降旨蠲免直省積
欠銀糧普惠黎元因念內外大小官員有賠繳官項者
或其人已往而子姓單微或累本因人而攤追無已朕
意欲量爲寬免除本身着賠之款無庸查辦外其本身
已故子孫名下着追而子孫無現任四品以上職官者
又或本身原係分賠代賠者及其身已故又將分賠代賠

《道光广东通志》局部书影

以上 6 种《广东通志》,记述了广东政治、军事、经济、文化、教育、民俗、地理、科技的若干资料,对研究广东地方史有重要的参考价值。此外,尚有《宣统续广东通志》不分卷,朱庆澜修;《民国广东通志稿》不分卷,邹鲁修。这两部通志都是未成的稿本,现仅存稿抄本。

《农桑易知录》 清郑之侨(1708—1785)编。郑字茂云,潮阳人,乾隆进士,官至宝庆知府。该书是清代广东农书,据典籍和访问材料编成,共 3 卷,介绍清代广东农桑种植知识,如种稻、麦、棉等的方法和程序,农桑种植工具的使用说明,防涝以及备荒等善后事宜。现存有 1760 年潮阳郑氏刻本,载《郑氏丛刻本》中。

《南海百咏》 南宋一部专咏南海(广州)古迹的诗集。著者方信孺(1177—1222),字孚若,莆田(今福建莆田)人,以父荫入仕。此书是其早年任广东番禺县尉时作,共 100 题,每题咏七言绝句 1 首,并于诗前叙其事始末。所咏古迹今存者有法性寺(今光孝寺)、番塔(今怀圣寺光塔)、南海庙、峡山广庆寺(在今清远境)等。今存有清旧钞本道光年刊本、《岭南丛书》本、《丛书集成初编》本等。

《粤东闻见录》 清张渠撰。张字浚川，武强人，雍正初年任惠州知府和广东按察使，后官至巡抚。该书是他宦粤期间的见闻，仿屈大均《广东新语》而写成，共两卷。内容包括山川名胜、遗闻轶事、人情风俗、田制赋役、采矿制盐、水利物产等。本书是一部有史料价值的笔记。现存乾隆三年(1738)刻本和《岭南丛书》校点本。

《粤东金石略》 清翁方纲辑。翁字正三，号覃溪，大兴人。乾隆进士，官至内阁学士。该书是翁督学广东时所作。自序称他周历崖扪，搜集金石，有与图经可互证者，才编入该书；若为世所共见者，即书其目，弗书其文。全书共12卷。卷首为康熙、乾隆宸翰，自卷一至卷九，著录广东自唐至清的金石碑刻，凡62种，或存其目，或录其文，并各为考释。体例周详精细，博而有要。末附《九曜石考》，分上、下两卷，上卷为石刻，下卷为考证及诗，体例与前迥异。现存有石洲草堂刊本和光绪十七年(1891)广州石经堂影印本。

《五山志林》 清罗天尺撰。罗字履先，广东顺德人。该书是清代广东笔记。因五山在顺德，故以名书。共八卷，分为谈艺、纪胜等八类，按类辑录，且加标题，记述广东史迹、名人言行、遗闻轶事、声名文物、政教风谣、虫鱼草木等。所述有据，内容翔实，可补史乘之阙。现存有乾隆原刻本、《岭南遗书》刻本和《丛书集成》排印本。

《粤中见闻》 清范端昂撰。范字吕男，广东三水人，生卒年不详，官至州同。该书是清代广东笔记，以天地人物分部，共35卷。所记“或得诸游览，或传于故老，一一参订以典籍”。内容包括广东山川、名胜、气候、时序、人物、物产、民俗等，具有史料价值，可补史志不足。现存乾隆范氏刻本、嘉庆五典斋刻本以及1988年《岭南丛书》校注本。

《南越笔记》 清李调元撰。李字羹堂，号雨村，绵州人，乾隆进士，官至吏部主事，乾隆时，视学粤东，将所见闻择其当于理者随笔记载，编撰成书，共16卷。内容包括粤东民族、名山大川、节令习俗、田制稻种、工艺特产、方言歌谣、鸟兽虫鱼等。内容较为广泛翔实,足资参考。现存《函海》丛书刻本、《丛书集成》排印本。

《粤东文海》 清温汝能辑。温字希禹,号谦山,广东顺德人,乾隆举人,官至内阁中书。该书66卷。自序称:为了“考世变,察得失”而去读书,而那些年代久远的简断编残,不得专集以行于世者,又多佚于山海间,不便阅读和保存。于是他网罗散佚,凡言语文章有义理法度可观者,都在编辑之列。因“盖有并包之象”,故名《粤东文海》。所收诗文,自汉赵佗至清仇巨川共280人,是一部广东先哲的诗文总集。该书搜罗较全,抉择较精,编辑目的明确,保存了有价值的文献。现存嘉庆十八年(1813)刻本。

《百越先贤志》 古代百越先贤的传记。明欧大任撰。欧字桢柏,别号仑山,广东顺德人,曾任南京工部郎中。古越族居江浙闽粤之地,称百越,作者因以名书。全书搜集自周迄汉凡120人,为之立传,共4卷。所收人物,多凭史传记载而不甚采录杂书,因而有应收而未收者。但“每传之末必注所据某书……一句一字必有所本”,体例谨严,内容翔实可靠。万历时郭棐修《广东通志》,凡汉前人物小传,皆采是书。现存有清伍崇曜辑《岭南遗书》本。

《粤剑编》 明王临亨撰。王字止之,苏州人。万历二十九年(1601)使粤时所记。用了陆贾百金剑故事,故以粤剑名编。共4卷,分为古迹、名胜、时事、土风、物产、艺术、外夷、游览8类,对研究明代广东史很有价值。现存《玄览堂丛书》本和1987年中华书局出版的元明史料笔记丛刊本。

《岭南文献》 明张邦翼辑。张字君弼,蕲州人,万历年间进士,官至广东提学副使。该书是一部诗文总集。辑者采粤中前哲260人之诗文,分类编次,先文后诗,自唐至明,汇集成编,共32卷。其搜集诗文范围颇广,有保存文献之功,然编辑原则不明确,所收较滥,又有繁芜之嫌。现存有明万历四十四年(1616)刻本和清初抄本。继张邦翼任广东提学副使的杨瞿崃,复辑补遗6卷。补遗有文无诗,间缀评语。编选体裁有出入,用意亦迥异,然亦有参考价值。

《粤雅堂丛书》 清伍崇曜辑。该丛书是清末最有影响的综合性大型丛书，分初编、二编、三编共30集208种1289卷，因辑于广州粤雅堂，故以名书。全书内容广泛，经史子集，无所不包，且多为罕见之书。时人评论云“或七录之所未述，或四部之所见遗，以至兵铃谱学，史论诗评”，亦博采无遗，其中虽有断编残简，但重新刊刻，亦有不致湮没之功。是书由南海谭莹参订，每书所附跋文亦主要出自他的手笔。跋文叙述该书源流和作者生平、学术造诣，评论得失，体例一致，征引广博，功力较深。从道光三十年至光绪元年（1850—1875）始剞劂工竣。现有道光、咸丰和光绪南海伍氏刻本。

《岭南遗书》 清伍崇曜辑。该丛书共6集60种234卷，收集广东学者文士遗著编辑而成，故名。遗著始于汉、晋，迄于明、清，尤以明、清为多，范围包括经、史、子、集四部，内容涉及地理风俗、金石碑刻、科学技术等。其中南海冯经《群经互解》1卷，顺德欧大任《百越先贤志》4卷，新会陈献章《白沙语要》1卷，增城崔与之《崔清献公集》5卷，嘉应吴兰修《南汉地理志》1卷、《南汉金石志》2卷，鹤山吴应逵《岭南荔枝谱》6卷等，都是流传绝少之书。每书末刊载伍崇曜跋文，内容比较广泛。由南海谭莹校雠，只字之差，必经驳正，较为精确。从道光十一年至同治二年（1831—1863）次第刊行。现存南海伍氏粤雅堂文字欢娱室刊本。

《学海堂丛刻》 又名《启秀山房丛书》。编辑人不详。全书二函13种30卷。第一函收有阮元的《石画记》、吴兰修的《桐花阁词钞》等6种，第二函收有朱次琦的《是汝师斋遗诗》、谭莹的《乐志堂文略》等7种。丛刻多是清末广东人的诗词、论文、笔记和随笔等作品。现存光绪三年至十二年（1877—1886）广州刻本。

《海山仙馆丛书》 清潘仕成辑刊。潘号德畲，原籍福建，世居广州番禺，举人，十三行商人，官至刑部郎中。是书刊于道光二十九年（1849），因辑于广州荔枝湾海山仙馆，故以名书。全书59种485卷120册。卷首例言称按经、史、子、集分类，其选编取舍原则是“择前贤遗编，足资身心学问，而坊肆无传本者”。同时，“不加删节，即立说未尽曲当，悉仍其旧”。“除经史外，兼及书数、医药、调燮、种植、方外之流，而讲武之谋略，四夷之纪录”，均在编选之列，包括海国舆图、西洋火器诸书。该丛书不仅保存许多文献资料，且纂辑之旨亦较前人有所进步。其规模虽稍逊于伍崇曜所辑《粤雅堂丛书》，其学术价值却与之相等。现存有番禺潘氏刻本。

《“明清珠江三角洲(东莞)区域史国际学术研讨会”论文集》序

欣逢暨南大学历史系八十周年华诞,由原暨南大学校长周耀明和东莞市政协主席刘树基倡议,东莞市政协、中国明史学会和暨南大学历史系共同主办的“明清珠江三角洲(东莞)区域史国际学术研讨会”于2008年8月19日至20日在东莞举行。会议自筹备以来,得到周耀明校长和刘树基主席的关怀和指导,暨南大学历史系主任冀满红教授的亲自领导,以及中外学者的支持,使这次会议能顺利地召开。这是1987年广州国际清代区域社会经济学术讨论会的延续。参加这次会议的有来自美国、日本、我国港澳地区和内地的中外学者共80多人。在会上,他们在全球一体化的前提下,在科学发展观的指导下,本着探索求实的精神,各抒己见,热烈发言,探讨珠江三角洲(东莞)区域的历史。他们为会议提供了50多篇论文,会后由我们编辑成这本论文集,成为这次会议的一项成果,是非常可喜的。

近几十年来,区域史的研究已成国际性的学术潮流。中国是个大国,各地区社会经济发展不平衡,区域性的研究尤其有必要,特别是典型的有代表性的,如珠江三角洲区域,通过研究,提出其特殊性,有助于今天建设中国特色社会主义社会参考,有助于说明社会发展规律,乃至整个人类发展的进程。因此,我们这次对明清时期珠江三角洲区域史的研究,是很有必要的、很有现实意义的。

本论文集的特点:第一,从区域范围看,基本上局限于珠江三角洲(东莞)区域,不包括长江三角洲区域、成都平原区域等;从研究的客体看,除了经济，还包括政治、文化、教育、宗教，甚至区域空间如自然地理环境等，因而内容广泛、深入。如文化教育方面，收入本集的论文就有11篇，他们从学校建设、科举考试、宗教信仰、民俗民风、书法艺术、商业旅游、历史文献等方面进行深入的研究，如郭培贵的《明代东莞地区的科举群体及其历史贡献》一文，统计明代东莞举人、进士及庶吉士的人数及其在广东所占的比重，说明明代东莞的科举实力在不断地加强，在文化教育等方面做出了积极的历史贡献。曾光光的《康熙〈东莞县志〉中的“祥异”与“忠烈”》一文，分析了编者所处的时代背景及具有“遗民”意识，因而所编纂的方志，时有“拂逆”之语，其中“祥异”与“忠烈”两门，体现了编者的春秋笔法和反抗方式，从而折射出明末清初社会历史的真面目，成为研究这一历史时期的珍贵史料。

第二，在研究方法上有所创新，如将历史地理和区域史的研究结合起来，将地理环境的演变和历史建置沿革结合起来，拓展了区域史的研究领域，从不同的角度进行考察，得出了较为满意的全面的结论。如刘志伟在会上的主题发言《东莞区域变迁历史略述》，从东莞自然地理空间观念的变化入手，结合历史地理沿革演变来考察，指出从秦汉以来，中经隋唐至明代，东莞的区域一直在缩小，但是，从唐代开始，东莞的区位始终依托广州，以广州为中心，控驭着岭南东边地区，是广州通往海洋的门户。这种优势，直至今天仍然存在。在经济领域全球一体化的趋势下，东莞利用其地理区位的优势，把握周边地区港、澳、深圳、珠海等的发展给东莞创造的新机遇，对建设有特色的东莞有促进作用。又如叶显恩、林燊禄的《桑基鱼塘生态农业与珠三角近代风云》一文，从生态农业入手，论述珠江三角洲桑基鱼塘的生产形式的出现机缘、历史演变过程，以及对经济社会的推动，进而探讨其文化底蕴，即从稻作文化向海洋文化的嬗变。珠江三角洲之所以成为中西文化的交汇地，开风气之先，引领时代潮流，实拜海洋文化之赐。吴宏岐、张伟龙的《明清东莞城市形态及其内部结构的演变》一文，运用历史城市地理学的相关研究方法，对明清东莞县城的城市形态及其内部结构进行了初步研究,并对东莞城市发展、城市形态及内部结构演变的动力机制进行分析,从城市的封闭与开放的角度,揭示了古代东莞山水生态城市的建城理念,从而得出了令人满意的结论。此外,刘强的《博弈:明代珠三角地区的人类社会与生态环境》一文,亦是从自然生态环境出发,探讨明初珠江三角洲地区人类社会的发展,指出了生态环境与社会发展的关系,从失衡到短期的均衡。但从"长期来看,均衡的可能性却不再存在"。这是历史经验,值得注意。

第三,开辟新的研究课题,扩大了区域史的研究空间。如对珠江口外众多的岛屿,过去很少有人作个案研究,致使对一些历史事件的历史地理背景不了解。郭声波、鲁延召的《明清东莞、新安县属珠江口东南部诸岛名实研究》一文,弥补了前人研究的不足,对明清时期东莞、新安县属珠江口东南部诸岛的名实演变过程做了认真的考订和深入的研究,基本上弄清楚了这些岛屿的历史地理位置与原貌,填补了区域史研究空白。同时,勇于创新,提出不同见解。如谭世宝的《澳门开埠前后的一些问题新探》一文,对过去关于澳门开埠史及庙宇建立史的观点,如对西文"Macao"之名来源于澳门妈祖阁庙名,提出不同意见,认为据中外古地图的研究,"Macao"是广东方言"泊口"的译音,是西人对广州黄埔(珠江东岸)一带地方的称谓,后来逐渐变为今澳门地区的专称。其间还对平托的《远游记》作了与时人不同的评价。另外,还围绕林旭登的《葡属印度水路志》的中国 Macau 记述进行讨论,如指出林旭登所述"Macau"肯定不是今"澳门",而是早期葡人停泊贸易的位于西江口的上川或浪白一带的某一地名。又如明中叶历史学家东莞陈建,是个历史上有争议的人物。李龙潜的《关于研究陈建〈皇明资治通纪〉中的几个问题》一文,对陈建的著作遭到不合理的禁毁和不符合事实的评价,作了揭露和评议,建议根据其原著进行研究,恢复他的学术地位。

此外,以诗证史,这种历史研究方法,早在宋代就已经出现,不是今天独创。但把研究诗的手段引入研究区域史层面上,尚属少见,既开拓了研究视野，又弥补了史料的不足，有利于个案研究，还是值得重视的。如高惠冰、全利的《明清诗人笔下的珠江三角洲社会风貌》，列举了明清诗人的诗篇，反映了广州商业的繁华、珠江三角洲的自然风光、桑基鱼塘的生产方式及社会经济的情况。又如颜广文的《论区大相“壬辰之役”纪事诗》一文，首次将区大相“壬辰之役”的纪事诗作为极具价值史料加以利用，补充了史书不曾反映的史实，这对于全面公正地评述区大相及其参加的“壬辰之役”就具有很大的价值。

综上所述，这本论文集反映了近年中外学者研究本区域史的新趋势和新成果，他们探讨本区域的社会结构和经济结构及其变化，恢复了一些历史人物的本来面貌；他们勇于开拓新的研究课题，探索新问题，研究范围明显扩大，较以前深入。这反映了在全球一体化的大潮中，他们辛勤的研究工作是有成绩的，是有所创新的、有所进步的，是值得高兴的。高兴之余，就写下这些读后的感受，聊以为序。

2008 年 10 月 28 日

鱼课非商税辩

《明史》卷八十一《食货五·商税》条载有税目“鱼课”一项。其实鱼课并非商税，乃是杂税的一种。

考明代鱼课，在湖广、四川和广东等地的府、州、县建有河泊所。洪武十五年(1382)共有河泊所二百五十二处。[①] 河泊所置大使、吏、攒典以及摧首，征收鱼课。[②] 渔户捕鱼与农民种田一样，都要缴纳赋税。鱼课的客体原是征收鱼油、鱼鳔、翎毛，后来便视官府的需要改折其他实物。如太平府芜湖县，渔户每年额办鱼油折收黄麻一千九百五十六斤六两六钱，鱼鳔折收鱼线胶三十二斤八两八钱，翎毛折收鹅翎一万四千六十五根；当涂县采石匾檐河泊所每年额办鱼油折收鱼线胶十七斤九两七钱四分。[③] 又如瑞安县河泊所，永乐十年(1412)额征渔户鱼油折收桐油三千三百六十一斤二两七钱，鱼鳔折收黄麻八十四斤七两六钱六分。[④] 还有折收米麦、金银钱钞的。已故著名中国经济学家梁方仲教授指出：“明初尝设河泊所官，收渔户的鱼油翎鳔等项，后来改折麻铁铜漆诸物；或折米，就叫作‘鱼课米’；或折钞，就叫作‘鱼课钞’。”[⑤]明初原征鱼油、鱼鳔等项的标准如何，目下尚不清楚，不过后来征收鱼课的标准各地不同，有如下情况：一是以丁计，如钦州，“渔

① (清)张廷玉等撰《明史》卷75《职官四》。

② (明)鲁储修，(明)童承叙纂《嘉靖沔阳志》卷7《创设》；(明)黎晨修，(明)李默纂《嘉靖宁国府志》卷6《职贡纪》。

③ (明)林钺修《嘉靖重修太平府志》卷2《宫室志》。

④ (明)刘畿修，(明)朱绰等纂《嘉靖瑞安县志》卷3《课程》。

⑤ 梁方仲《梁方仲经济史论文集》，中华书局，1989年，第29页。

民每丁月输米二斗八升五合八勺五抄三撮四圭，一年该米三石四斗二升二勺四抄，折银一两八分五厘二丝五忽六微”①；二是按船的大小征税，如景泰六年(1455)，令湖广等布政司各委官取勘渔户，规定：“凡新造船有力之家，量船大小，定与课米。”②嘉靖年间，绍兴府亦是“题定渔船各立一甲头管束，仍量船大小纳税，给与由帖，方许买盐下海捕鱼”③。究竟按船大小该税多少，不明。嘉靖年间，温州亦是“量船大小纳收税银”，规定每年“税银：大中双桅船银二两正，单桅船银一两二钱，尖船七钱，船银五钱，河条船三钱”④。可见各地标准不一。需要指出的是，鱼课和商税虽然同是杂赋项目，但鱼课不是商税，正如商税不是鱼课一样。为何《明史》把鱼课列入“商税”的税目内容呢？原因在于，明中叶以后，无论河泊所或税课司、局，各地都时有裁革，而这两大部门的长官都是大使，从九品，是同级的税收机构，其业务常被委派兼管。如正德二年(1507)，浙江海宁之汤镇、嘉善之魏塘等三十三处税课局被裁革，“其课令所属府县及附近河泊所带管”⑤。相反，杭州“城南河泊所事务归并城南税课司兼摄”⑥。所收鱼课并未单列，而是和门摊诸课一起入册上纳。《明史》的作者不察，便把鱼课混入商税之中，造成混乱。亦有因河泊所革罢，鱼课由府州县带管而误列入秋粮项下的。即使渔户逃绝，税粮仍向农民照收。如广东博罗县就把鱼课米“派于民田”⑦。《明史》的作者亦不察，又把鱼课列入两税中秋粮的项目⑧，造成更大的混乱。《明会典》作了正确表述，把“鱼课”单列卷目，是为卷三十六《课程五・鱼课》，不再窜入商税。这样就不易混淆了。

---

① (明)林希元纂修《嘉靖钦州志》卷3《田赋》。
② (明)申时行等重修《明会典》卷36《课程五・鱼课》。
③ (明)顾炎武《天下郡国利病书・浙江备录下・绍兴府志》。
④ (明)汤日昭修，(明)王光蕴等纂《万历温州府志》卷6《渔税》。
⑤ 《明武宗实录》卷30。
⑥ (明)顾炎武《天下郡国利病书・浙江备录上・北新关志》。
⑦ (明)顾炎武《天下郡国利病书・广东备录上・博罗县志》。
⑧ (清)张廷玉等撰《明史》卷78《食货二・赋役》。

清代广州十三行的权舆（提要）

——兼谈明代广东三十六行的性质

研究清代广州十三行的产生和发展及其性质，对研究清代对外贸易的历史有重大的意义，因此，是值得研究的。

关于清代广州十三行的渊源问题，20 世纪 50 年代，有人提出明代广东三十六行和清代广州十三行是一脉相承、密切联系的，明代广东三十六行原是十三行，十三行在明末已经出现，清代沿用其名而已。我不同意这种看法，当时便写了《明代广东三十六行考释》一文，发表在《中国史研究》上，前两年收入《明清广东社会经济研究》一书中，由上海古籍出版社出版了。

在《明代广东三十六行考释》一文中，我分析了明人周玄玮在《泾林续记》中记述三十六行的史料，认为他说的明代广东三十六行，实际上就是三十六个手工业行业或商业行业。其头头与“揽头”的性质一样，在市舶提举的包庇下，向澳门外商领银，为他们提供他们市场所需要的手工业制品，从中攫取利润。而市舶提举向三十六行索取“十而取一”的陋规，虽然“无簿书刑杖之劳”，“安坐而得”，但是，无论如何总比不上盐课提举捞到的油水多，所以“广人屈指，小官多得钱者必首盐司云”。这就是他记述的主题。由于嘉靖年间尚处于海禁时期，三十六行的活动是非法的，自然谈不上是当时承揽对外贸易的一个商人行帮的总称，也不是在官府控制下从事对外贸易的官商，更没有替市舶提举主持对外贸易、盘验外国商船、抽收税课的职责，不具有牙行的性质。明代广东三十六行，只能视为三十六个组织手工业生产并将产品非法出口的手工业和对外贸易相结合的行业。

清代广州十三行和明代嘉靖年间广东的牙行倒有点渊源关系。史称："嘉靖三十五年（1556），海道副使汪柏乃立客纲、客纪，以广人及徽、泉等商为之。"[①]所谓"客纲"，实际上就是牙行的组织机构。每纲设一"纲首"，总理牙行事宜，主持对外贸易。"客纪"就是牙行的经纪人。这些都是由广东、安徽、福建泉州的商人充当的。当时，究竟有多少"纲"，每"纲"有多少家，目下已很难查考。裴化行根据法文材料说：1555 年下半年，葡萄牙的商船来广州贸易，"商业的利源，是被原籍属于广州、徽州（安徽）、泉州（福建）三处的十三家商号垄断着"[②]。这十三家商号都是在广州的，极有可能就是当时汪柏所立的牙行。又根据《东方诸国记》记载，从隆庆元年（1567）以后，马六甲商船来广州时牙行活动的情况看，官府设立的牙行，内部组织已渐趋严密，职权亦渐扩充。它已经不是明代早期单纯的买卖中介人，而成了代替从前广东地方官主持和操纵外国商船来广州贸易的商业团体，并且起着半官方的作用。这些牙行后来便成为清代广州十三行的权舆了。

综上所述，明代广东三十六行是组织手工业生产并将产品非法出口的手工业和对外贸易相结合的行业，不具有牙行的性质，和清代广州十三行没有社会的、历史的、必然的联系，两者之间，无论在内容还是经营方式上都不同，不能相比。至于明代广州对外贸易的牙行——"客纲""客纪"，和清代广州十三行相比，论其性质，自然有相同之处，都是为封建的政治经济服务的行会组织，都是封建官府管制对外贸易政策下的产物。就其内容来说，却有如下差异：第一，广州十三行拥有垄断对外贸易的经济特权，而明代的牙行虽然享有一定的对外贸易的经济特权，如收购部分进口商品，并为外商提供粮食和商品等，但还未发展到像广州十三行那样完全垄断了对外贸易的阶段，它和一般牙行的差别，仅在于本身同是商人，经营进出口商

① （明）黄佐纂修《嘉靖广东通志》卷 68《外志五 · 杂蛮》。

② ［法］裴化行著，萧浚华译《天主教十六世纪在华传教志》，商务印书馆，1937 年，第 94 页。

品而已。第二，鸦片战争前夕，广州十三行行商中的个别人，已经替外国资本家经营商业。如嘉庆十四年(1809)会隆行行商郑崇谦，由于不善经营，资本亏损，欠了英国公司四十五万余两银，从而接受英国大班喇咈的“资本”，“仍以会隆行名收货售卖，将行内应得用银……每月给郑崇谦伙食银二百五十圆外，余银陆续扣还旧欠，俟旧欠扣清，仍将会隆行交还郑崇谦管业”①。郑崇谦表面利用英人的资本，自己经营商业，实际上所得利润要偿付欠账，欠账过多，清还无期，成为变相的英国资本家在中国商业的经纪人，只能靠少量的佣金和回扣过活。而这种情况，在明代的牙行中还未发现。第三，广州十三行替清政府经办一切对外商联系事宜，如代传达命令，送交外商公文，传递外商意见、禀帖等，此外负责管理外国商船人员等任务，拥有一定的行政外交权。而明代的牙行只能在主持对外贸易中，在代替官府向外商征收税饷方面，“起着半官方作用”而已，根本上没有行政外交权。以上这些不同，决定了广州十三行的行商，在鸦片战争以前，虽然未具备真正的买办的意义，但是他们和鸦片战争以后买办资产阶级的产生和形成，有着社会的历史的渊源联系。鸦片战争以后，废止了广州十三行垄断对外贸易的规定，外国资本主义侵略者首先就在从前十三行中寻找他们的代理人——买办。上海最早的美商旗昌行的买办吴健彰，原名是吴爽官，就是十三行时期同顺行的行商。因此，广东十三行的行商应该是中国买办资产阶级的前身。仅此一点，就不能把明代广州对外贸易中的牙行和清代十三行等量齐观。

① 参见梁嘉彬《广东十三行考》，商务印书馆，1937年，第319～320页。

正德年间顺德县一桩夺田凶杀大案的真相

——史籍记载失实举隅

许　云　李龙潜

正德年间，顺德人梁储，官至吏部尚书，华盖殿大学士，后被劾卸任还乡。时人给事中田赋称："没储资，可减天下财赋之半。"可见他家财之富裕。万历年间，广东人郭棐却说，他从京"归，囊橐萧然"[①]，说明他家贫如洗。因此，有的学者认为"梁储是一位有争议的人物"，而不做评论。我们认为弘治年间明政府仅田赋一项收入有夏税米麦共4625594石，一半亦有2312797石；而同年广东夏秋粮米收入只有1016764石[②]，假如全属于梁储所有，亦不及全国收入的半数。因此，说他拥有"天下财赋之半"，是极端夸大的，不符合史实。但说他家贫如洗，也是极端的言论，不符合史实。他家有多少财产，目下一时难查清楚，但从他的儿子次摅一次侵夺别人的土地就以顷计来看，估计他家至少有土地千亩以上。次摅这次侵夺别人土地，酿成凶杀大案，曾经震动朝野。《明史》卷190《梁储传》载：

> 先是，储子次摅为锦衣百户，居家与富人杨端争民田。端杀田主，次摅遂灭端家二百余人。

① （明）郭棐《粤大记》卷16《献征类·梁储传》。

② （明）张学颜《万历会计录》卷1《原额》、卷11《广东布政司田赋》。

《光绪广州府志》卷121《梁储传》亦有同样的记述，甚至近年出版的《简明广东史》亦据此说："他们在争占民田过程中，甚至残杀田主。"①由于次摅是宰相之子，过去史家或是闭口不言，或是同乡、同事关系，每多"曲笔"回护，因而《明史》所述不准确、不全面，隐晦难明，而且失实，如所杀者不是端的家人，而是邻居异姓男女二百余人，见以下所论。这桩夺田凶杀大案的真相，据朱吴怀《纪略》云：

> 南海县民谭观海者，坐法诛。家有田百余顷，为富人杨端等侵占，观海之子振遂以献大学士梁储子锦衣百户次摅、故罢职尚书戴缙子仲朋及豪民欧阳元、李润成为业，并献杨端等祖遗产。次摅与仲朋益募郡徭，悉佃种之。端不胜忿，以家众与谭氏哄，杀其干四人。自是杨、谭相仇，攻无已。而他受献者谋尽杀诸杨，以快其忿，且绝后患，请于次摅。次摅时已躐迁本省都司，许之。于是率诸佃徭，夜属刃纵火攻杨氏，悉杀之，并杀其邻居异姓男女二百余人，焚其室庐，掳其财畜……②

这段材料很重要，我们才不厌其长而抄录。从这里的叙述中，可见这是一桩基于地主阶级内部矛盾，为争夺田地而火并的凶杀大案。由于在社会上产生了很大的影响，明廷不得不命给事中刘禔、刑部郎中张文麟，往会抚按勘查审理。三法司会审后，定谳是："拟（徭人林）润等（佃户）二十名谋叛，当籍没其家"，按《大明律》，谋叛罪，处以极刑。同时，"坐（首犯）元、润成等凌迟斩罪"，而主谋次摅、仲朋"所犯，虽系从而不行，但情重律轻，难以常例处之，仲朋发南宁府编管，次摅发边卫立功，五年还职"③。这样定谳，混淆是非，主从倒置，完全失实。如徭人林润等佃户，根本上不是谋

---

① 蒋祖缘、方志钦主编《简明广东史》，广东人民出版社，1987年，第262页。

② （清）罗天尺《五山志林》卷4《锦衣受投献》。

③ 《明武宗实录》卷106；（清）罗天尺《五山志林》卷4《锦衣受投献》。

叛，而是听从主人驱使造成的过错，无辜地成为替罪羊，实在冤枉！而主犯次摅、仲朋本是谋主，“谋出次摅，次摅亦输服”，“法当极典”，却判为从犯，而且“从而不行”，“情重律轻”，判发边卫立功了事。所以明人沈德符揭露：梁储恃权势，“曲法庇之，举朝无敢言者”[①]。《明武宗实录》卷106亦说：“是狱也……止坐以杀一家非死罪三人律，已为失实，而次摅辈竟免于死，盖当时守土之臣及执法之官，怵于权势，无有为冤民力争者，可慨也已。”

① （明）沈德符《野获编》卷18《梁文康子杀人》。

后　记

本书汇集了李龙潜教授的部分学术论文、书评、历史小品文等，主要是社会经济史方面的成果。李龙潜教授研究明清社会经济多年，几年前拟以“明清经济探微续编”为名，整理部分学术成果结集面世，奈何此事未竟而遽然远游。我们在李龙潜教授已有设想的基础上，继续汇集其成果，包括已刊和部分未刊稿结集推出，因为内容已经不限于明清社会经济史，故暂以“李龙潜文集”总其名，一则为怀念李龙潜教授，告慰其一生笔耕之事业，一则不敢以偏概全而姑且以文集总之。不当之处，还请明君教正。

本书的出版，得到暨南大学校董梁志斌先生资助，亦有劳于李龙潜教授的学生和朋友——东莞政协的李炳球主任、暨南大学图书馆罗志欢研究员加以协调和引导，广东省社会科学院李庆新研究员百忙之中为本书撰序，在此一并致以深深的谢意。

梁燕华携女李东红、李东珠拜识
己亥年冬月